徐州市圖書館珍貴古籍圖録

徐州市圖書館　編

國家圖書館出版社

圖書在版編目（CIP）數據

徐州市圖書館珍貴古籍圖録／徐州市圖書館編.—北京：國家圖書館出版社，2014.12

ISBN978-7-5013-5503-7

Ⅰ.①徐… Ⅱ.①徐… Ⅲ.①古籍—圖書目録—徐州市 Ⅳ.①Z838

中國版本圖書館CIP數據核字（2014）第268373號

書　　名　**徐州市圖書館珍貴古籍圖録**

編　　者　徐州市圖書館　編
責任編輯　許海燕
裝幀設計　九雅工作室

出　版　國家圖書館出版社（100034　北京市西城區文津街7號）
（原書目文獻出版社　北京圖書館出版社）
發　行　（010）66114536　66126153　66151313　66175620
66121706（傳真），66126156（門市部）
E-mail　cbs@nlc.gov.cn（郵購）
Website　www.nlcpress.com→投稿中心
經　銷　新華書店
印　裝　北京信彩瑞禾印刷廠
版　次　2014年12月第1版　2014年12月第1次印刷

開　本　889×1194毫米　1/16
印　張　22.5
印　數　1—1300册

書　號　ISBN978-7-5013-5503-7
定　價　320.00圓

編纂委員會

序

“龍吟虎嘯帝王州，舊是東南最上游。”（清邵大業《徐州》詩）《禹貢》九州，徐州在列，可見徐州地區文明發源之早，歷史文化底藴之豐厚。這座千古文化名城的文化重地——徐州市圖書館，亦有着80多年的歷史，列藏了近10萬册古籍、8000餘册善本，在地市級圖書館中，館藏善本之舉目琳琅，堪爲前茅。其中，尤以藏品宋版《四書章句集注》、清銅活字版《欽定古今圖書集成》全本等，聞名於世。

多年來，在江蘇省文化廳、財政廳的古籍保護專項經費資助下，該館在歷史文獻的修復和整理工作上一直走在同級館前列。該館先後開展古籍修復、更换書套和藏書櫃等項工作，在多方努力下，如今古籍收藏的軟硬環境都獲得了改善。自2007年以來，該館還積極參與到國家和省級珍貴古籍名録的整理申報工作中。現在，在上述工作基礎上整理而成的本館珍貴古籍圖録也即將付梓，實屬可喜可賀。借此機會，我也談一點對古籍善本圖録的認識。

自清末楊守敬《留真譜》以來,百年間陸續有古籍書影、版本圖録編輯出版。在這其中，圖書館編輯本館珍本、善本圖録，貢獻很大。版本圖録之體裁,無非是“圖版”（或稱“書影”）與“書録”（或稱 “題跋”)的相輔相成，通常人們將之看成是輔助研究版本學的工具書以及圖書館整理古籍的“應有之義”。但僅以此目之,雖無可厚非,却“義”猶未盡,尚不足以顯現古籍版本圖録的學術價值與社會文化價值。

從學術價值上看，首先，圖録的出現對傳統版本鑒定具有里程碑式的重大貢獻。版本鑒定講“觀風望氣”，其精髓最難把握。且珍善本經眼不易，一些有條件見到真本的藏書家和版本家，其對真本的描述全賴文字著録，言不盡意者比比皆是。在構成版本形態的各要素中,刀工、墨色、紙張、字體等往往最難以辭達意。圖版書影的出現就是彌補“觀風望氣”的玄虚,而提供的“準實物”經驗參照，比文字著録更爲直觀可信。另外，圖録與書録相結合，不僅將傳統版本學主要功能推進了一大步，而且也擴大了傳統版本學的學術範圍，使得更多的研究者參與其中。其次，圖録的遴選絶非任意而爲，而是有較爲嚴格的選編原則和標準，華東師範大學古籍整理研究所嚴佐之研究員認爲，圖録所選圖版一般而言具有可信性、代表性和典型性，我認爲似可再總結一“鑒賞性”。“可信性”是指圖録對入選版本鑒定的必真非僞、正確無誤；代表性是指入選版本在多大程度上代表題旨；“典型性”是指對收録版本的書頁遴選,在多大程度反映了該本的特徵。鑒賞性則是指所選書頁是否清晰、完整，是否具有美感。如果從以上四性來考量，那麽一部好的圖録，其編選工作必須是對所有古籍進行鑒定、翻閲、遴選、協調，實非易事。《徐州市圖書館珍貴古籍圖録》選編嚴謹，所選圖版四性兼具，可謂圖録之善者。

從社會文化價值看，首先，圖書館通過圖録編選，可以進一步摸清家底，對本館歷史文獻的價值有更爲清晰、直觀的認識；其次，一館圖録的編製出版，通過現代技術印製與裝幀，製作成精美特裝書，展示於本館，既是本館古籍整理實績，又將起到向讀者宣傳與推介的社會作用；最後，一館圖録的出版，也爲地方文化貢獻了一份力量。本書一册在手，徐州地方的古籍善本存藏情况一覽無餘，亦是地方文化之最佳名片。

張志清

2014年12月

前　言

徐州市圖書館始建於1930年，時稱江蘇省銅山縣縣立公共圖書館。1953年，更名爲江蘇省立徐州圖書館。1954年年初，改用今名徐州市圖書館。到20世紀90年代，老館已不能滿足社會需求，新館建設再次列入市政府重點工程。新館於1999年12月開工建設，2003年12月18日正式對公衆開放。建築面積2.15萬平方米，設計藏書容量160萬册（件），設閱覽坐席1000多個，設計日均接待讀者可達2000人次，年借閱文獻100餘萬册（件），總體劃分爲成人館與少年兒童館兩大部分。

歷史文獻部位於該館三層，設有古籍書庫400平方米，現藏古籍近10萬册（件）。其來源主要爲新中國成立前的館藏，其中列入《全國古籍善本書目》的國家級善本58種5935册，館級善本45種618册，普通古籍5101種71022册；其中明刻本即達287種，近4000册（件），堪稱珍品，清代（1911年）以前古籍機讀書目數據輸入已告完畢。

自2007年開展全國古籍普查工作以來，本館參與了四批次的國家珍貴古籍申報，計有25種5212册館藏古籍入選《國家珍貴古籍名録》，并有155種入選《江蘇省珍貴古籍名録》。先後被認定爲“全國古籍重點保護單位”和“江蘇省古籍重點保護單位”。其中館藏宋版《四書章句集注》，清銅活字版《欽定古今圖書集成》及明晉藩刻、清何焯等題跋《文選》等，皆可謂鎮館之寶。

《四書章句集注》是宋代著名學者朱熹的代表性著作之一。二十八卷，十四册，南宋刻本。該書刻印精美，罕見存世，其字、墨、紙俱佳。書中刻工均爲南宋臨安地區人。書之卷端鈐有清初常熟大藏書家席鑑的藏書印。該書在古籍普查之前從未見著録於各大書目，直至開展古籍普查後纔被發現。經國家古籍保護中心專家組組長、古籍版本鑒定專家李致忠先生親臨本館詳爲甄別，終定爲趙宋本。李致忠先生回京後寫出了《徐州市圖書館發現宋本〈四書章句集注〉》一文，其中有這樣兩句話："一個江蘇最北邊緣的地級圖書館，竟藏有如此衆多的珍貴圖書，在全國屈指可數。""在評選《國家珍貴古籍名録》時，徐州市圖書館竟報來一部宋刻本《四書章句集注》，實在是個耀眼的亮點。"《人民日報》《光明日報》均曾報道。以其十分珍稀，《國家珍貴古籍名録》《江蘇省珍貴古籍名録》均予入選。

《欽定古今圖書集成》是古代存世最大的一部類書，分類輯入了我國清初以前所存文獻。總計一萬卷目録四十卷，五千零二十册，清蔣廷錫、陳夢雷等輯。本館珍藏者爲清雍正四年（1726）内府銅活字印本。保存完整，并配有508個樟木書函。書内鈐有"冀縣王富晉印"等印。因此書迄今完存者稀少，故以其特别重要的史料和版本價值，《全國古籍善本書目》、第一批《國家珍貴古籍名録》及《江蘇省珍貴古籍名録》，皆予入選。

《文選》六十卷，二十册，南朝梁蕭統輯，唐李善注。明嘉靖四年（1525）晉藩養德書院刻本。此書雖傳世較多，但此版本存世較少，更因經名家何焯所藏，并於清康熙四十年（1701）在書上多處親筆題跋，加之清嘉慶十二年（1807）何涑的題跋而獨具特色，故《全國古籍善本書目》、第一批《國家珍貴古籍名録》及《江蘇省珍貴古籍名録》，并予入選。

值本書出版之際，謹向國家和江蘇省古籍保護中心、國家圖書館出版社以及所有爲關心、幫助和支持本項工作而付出努力的單位與同志深表謝忱！

趙　萍

2014年11月12日

凡　例

一、本圖録收録範圍爲徐州市圖書館入選《中國古籍善本書目》（簡稱《善本書目》）、《國家珍貴古籍名録》（簡稱《國家名録》）及《江蘇省珍貴古籍名録》（簡稱《省名録》）的館藏善本古籍。其中入選《善本書目》者58種；入選《國家名録》者25種；入選《省名録》者155種。

二、本圖録按照国家古籍保護中心統一使用的經、史、子、集、類叢、新學六部分類法進行分類，其下再按子目進行排序，類目相同者以版刻年代先後爲序。因六部中新學沒有收録，故衹有經、史、子、集、類叢五部。

三、每種古籍一般甄選能夠反映該書版本特徵與內容特色的書影1—3幅。選編原則：1.首選正文首卷卷端，凡卷端缺失或反映不出題名、責任者的，則選取能反映該書版本特徵的書葉；2.選取與版刻年代有關的書葉；3.選取具有版刻特色的書葉；4.選取有藏書印或批校題跋的書葉。

四、每種古籍著録館藏索書號、題名、卷數、責任者、版本、版式、册數等。入選《國家名録》和《省名録》的注明編號。

五、板框與尺寸的單位統一爲厘米。

目　録

經　部

史部

子　部

集　部

類叢部

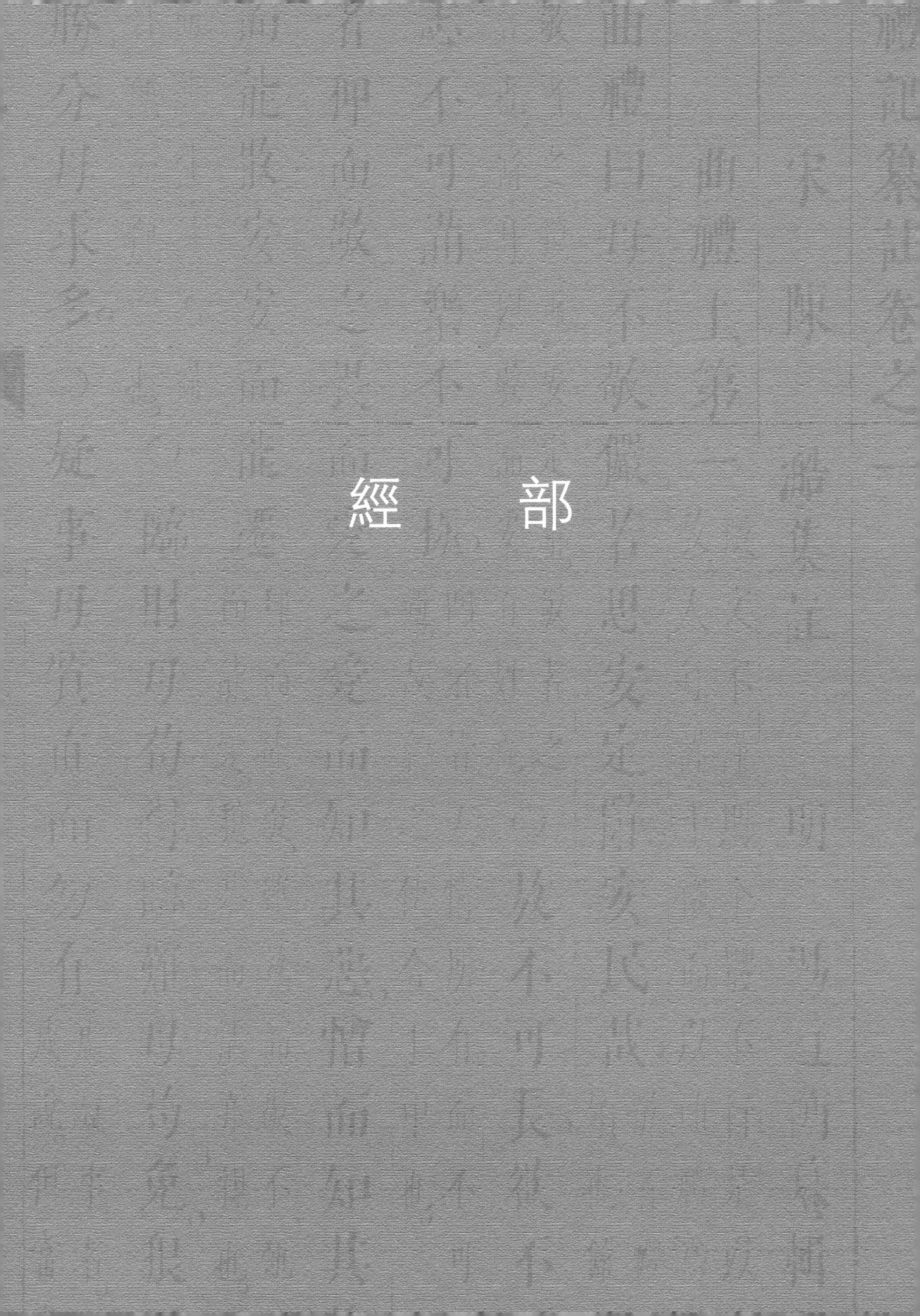

經部

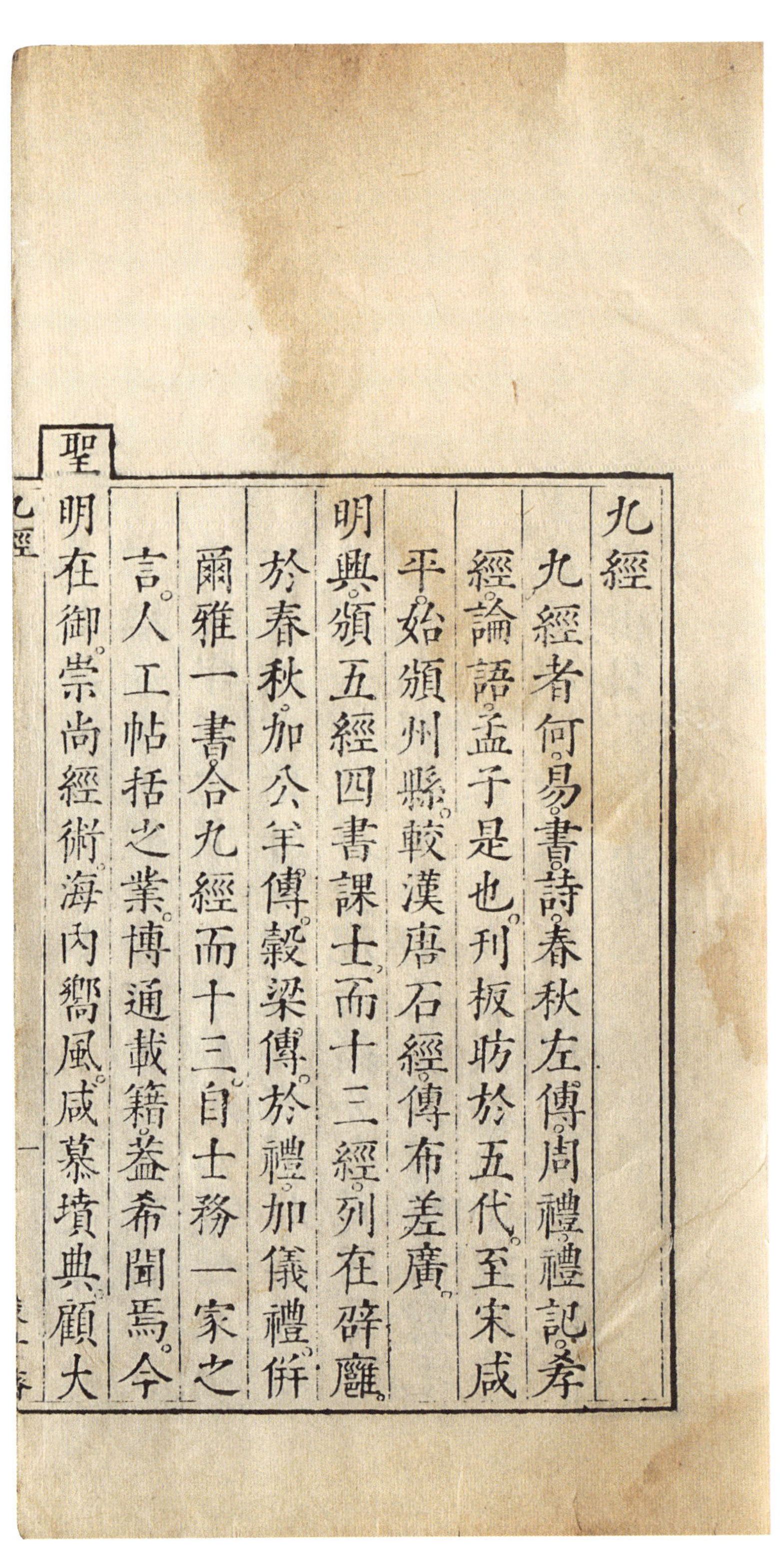
九經

九經者何易書詩春秋左傳周禮禮記孝經論語孟子是也刊板昉於五代至宋咸平始頒州縣較漢唐石經傳布差廣

明興頒五經四書課士而十三經列在辟廱於春秋加公羊傳穀梁傳於禮加儀禮併爾雅一書合九經而十三自士務一家之言人工帖括之業博通載籍盖希聞焉今

聖明在御崇尚經術海內嚮風咸慕墳典顧大

13216　九經五十一卷附四卷　（明）秦鏷輯　明崇禎十三年（1640）求古齋刻本

版框：1.2+13.6×10.6　上下雙欄　十三行二十四字　白口無魚尾　四周雙邊　尺寸：23.4×13.4

册數：十二册　《國家名録》：07249　《省名録》：01589

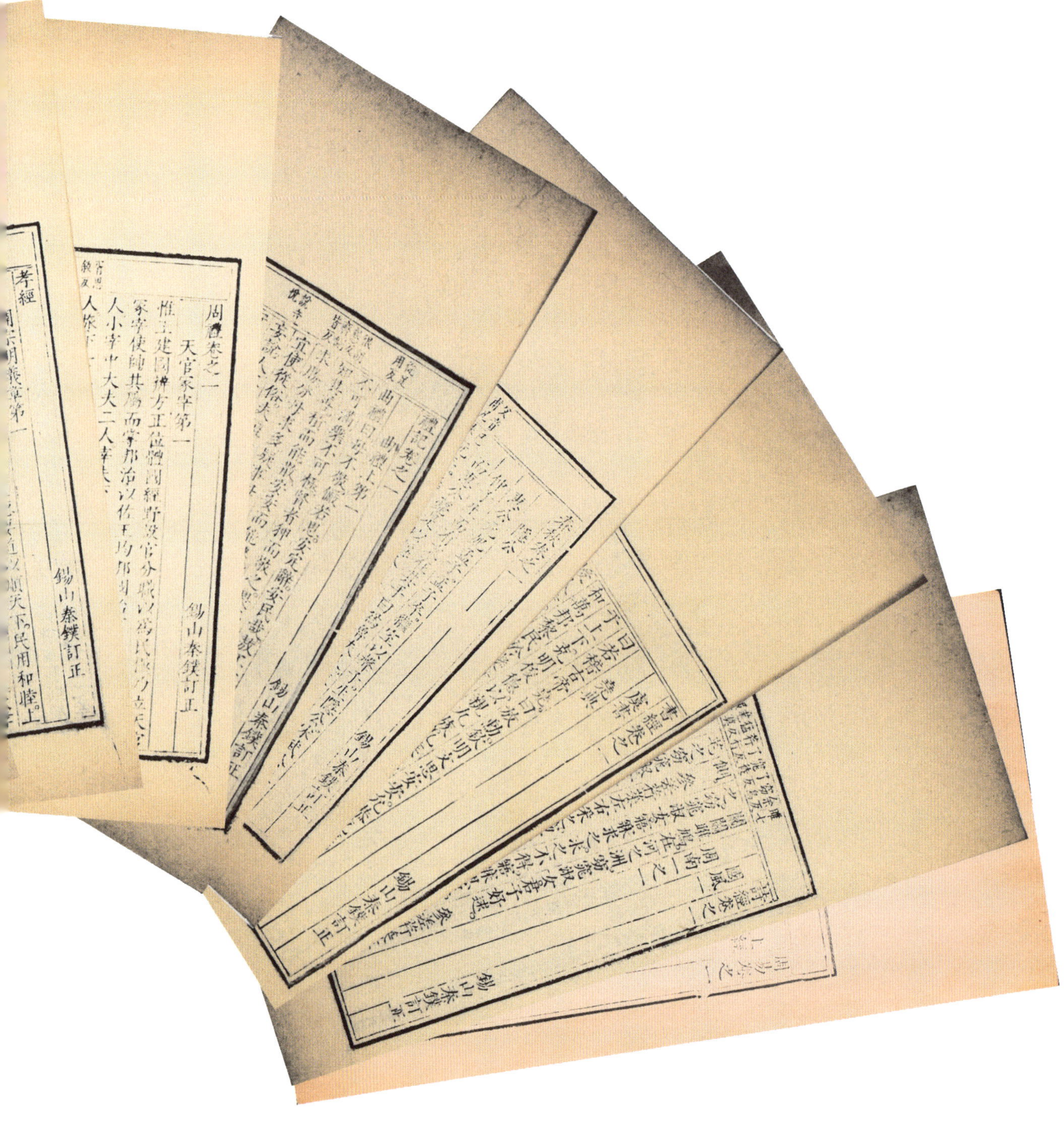

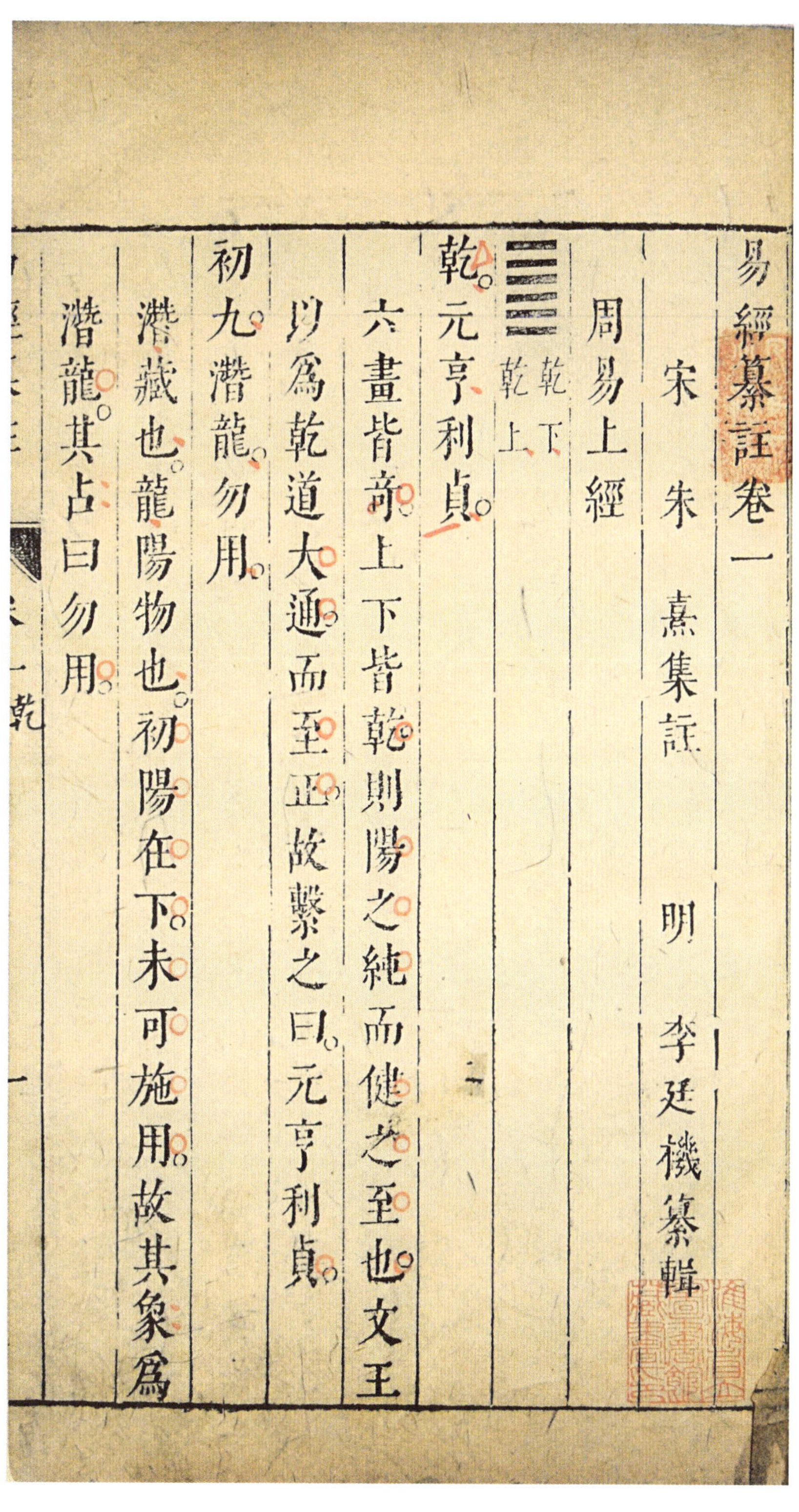

15715　五經纂註五十六卷　（明）夏璋編　明崇禎刻本

版框：21.2×14.7　十行二十字　白口黑單魚尾　左右雙邊　尺寸：26.4×16.4　册數：十八册

《善本書目》：經部58　《省名録》：01590

書經集註卷之一

宋 蔡沈集註　明 袁黃纂輯

虞書

雖紀唐堯之事，然本虞史所作，故曰虞書。

堯典

此篇以簡冊載堯之事，故名堯典。

曰若稽古帝堯，曰放勳，（撮積德業）欽明文思安安，（本其德性而言也）允恭克讓，（以其行實而言也）光被四表，格于上下。（以其事業而言也）稽，考也。放，至也。勳，功也。敬而祗肅曰欽，昭而顯徹曰明，章美內含曰文，睿慮通微曰思。安安，安而又安，所謂性之也。允，信。克，能也。惟堯性之，是以信恭而能讓也。光，德之華也。被，及。表，外。格，至也。言其德之盛如此，故其所及之遠如此也。

克明俊德，以親九族。九族既睦，平章百姓。百姓昭明，協和萬邦。黎民於變時雍。俊，大也。九族，高祖至玄孫之親。平，均。章，明也。昭明，皆自明其德也。變，革其故也。時，是。雍，和也。

此言堯推其德自身而家而國而天下，所謂放勳者也。過化存神之妙，於此亦可想見。

詩經纂註卷一

宋 朱熹集註　明 鍾惺纂輯

國風一 國者。諸侯所封之域。而風者民俗歌謠之詩也。諸侯采之以貢于天子。天子受之而列于樂官。合之凡十五國云

周南一之一 周國名。南。南方諸侯之國也。謂之周南。言自天子之國而被於諸侯。不但國中而已也。其得之南國者。則直謂之召南。言自方伯之國。被于南方。而不敢以繫于天子也

關關雎音疽鳩。在河之洲。窈音杳窕徒了反淑女。君子好逑。音求○興也。關關。雌雄相應之聲也。雎鳩。水鳥。一名王雎。狀類鳧鷖。生有定偶。而不相亂。偶常並遊而不相狎。言彼關關然之雎鳩。則相與和鳴於河洲之上矣。此窈窕之淑女。則豈非君子之善匹乎○參

禮記纂註卷之一

宋陳澔集註　明湯道衡纂輯

曲禮上第一　微文不謹則全體不行足以先王教人每謹于微而以曲禮爲首篇

曲禮曰毋不敬儼若思安定辭安民哉　敬者禮之綱領也儼若思敬者之貌也安定辭敬者之言也脩身以敬而安百姓也○敖不可長欲不可從志不可滿樂不可極　四者皆人情所有而不可過故約之使合于中也○賢者狎而敬之畏而愛之愛而知其惡憎而知其善積而能散安安而能遷　狎而能敬雖熟而敬不弛也畏而能愛貌恭而情亦親也安安而能徙義不圖自便而憚改也○臨財毋苟得臨難毋苟免很毋求勝分毋求多○疑事毋質直而勿有　處疑事者毋執成說但當盡言

平王四十九年在位五十一年孫桓王嗣立

春秋纂註卷一

左氏胡氏傳　明　蕭良有纂輯

隱公 公名息姑魯惠公子自周公子伯禽始受封傳世二十三而至隱公攝主國事諡法不尸其位曰隱在位十一年

按鄒鄘而下多春秋時詩也而謂詩亡然後春秋作何也自黍離降爲國風天下無復有雅而王者之詩亡矣春秋作於隱公適當雅亡之後春秋不作於孝公惠公者東遷之始流風遺俗猶有存者鄭武公入爲司徒善于其職則猶用賢也晉侯捍王於艱錫之秬鬯則猶有誥命也王曰其歸視爾師則諸侯猶來朝也義和之薨諡爲文侯則列國

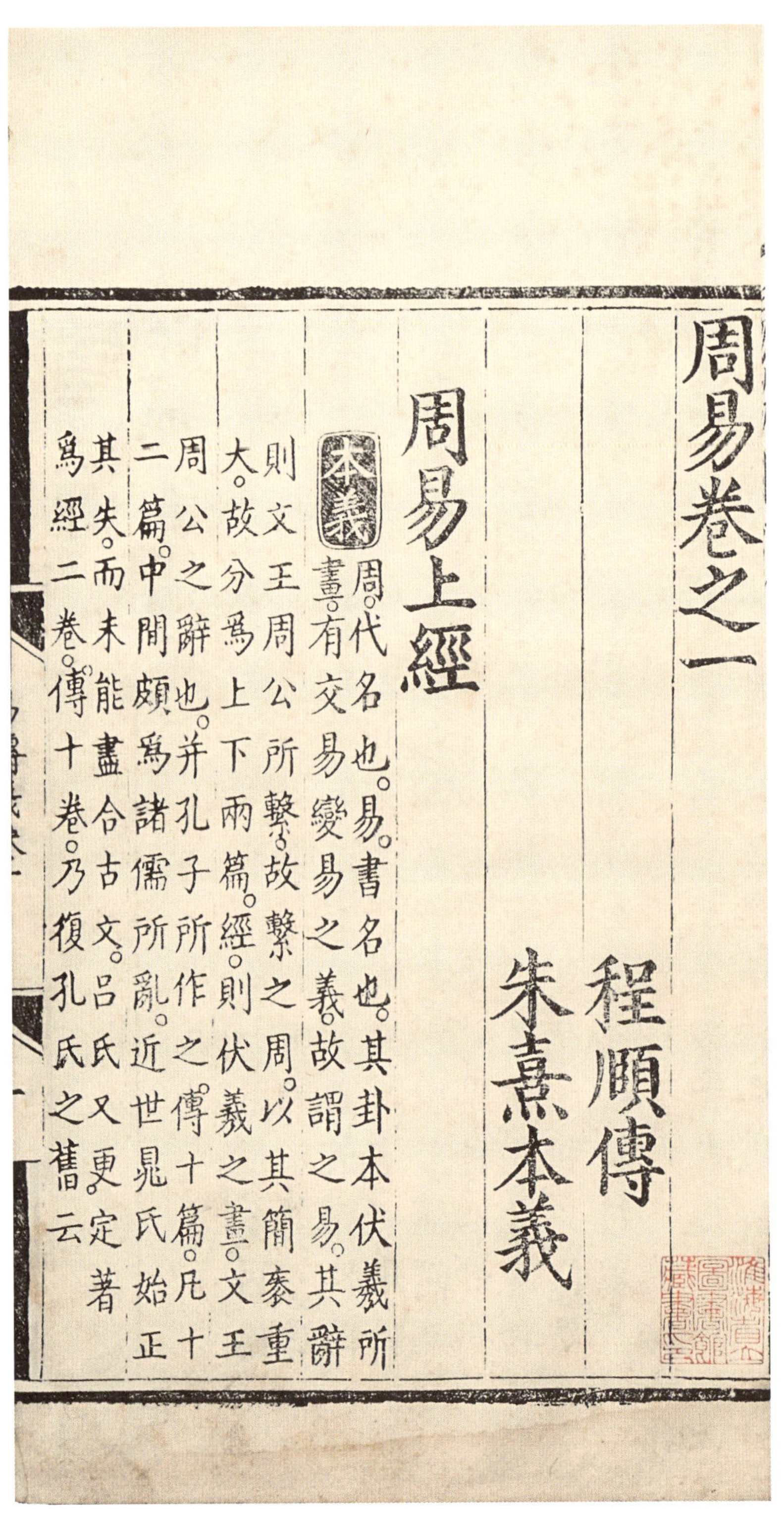
周易卷之一

程頤傳

朱熹本義

周易上經

本義 周代名也。易書名也。其卦本伏羲所畫。有交易變易之義。故謂之易。其辭則文王周公所繫。故繫之周。以其簡袠重大。故分爲上下兩篇。經則伏羲之畫。文王周公之辭也。并孔子所作之傳十篇。凡十二篇。中間頗爲諸儒所亂。近世晁氏始正其失。而未能盡合古文。呂氏又更定著爲經二卷。傳十卷。乃復孔氏之舊云

21557　周易傳義十卷　（宋）程頤　（宋）朱熹撰　易圖集録一卷　（宋）朱熹撰　明刻本

版框：22.9×16.3　八行十四字雙行小字十八　黑口黑雙順魚尾　四周雙邊　尺寸：30.4×18.7

册數：六册　《省名録》：0020

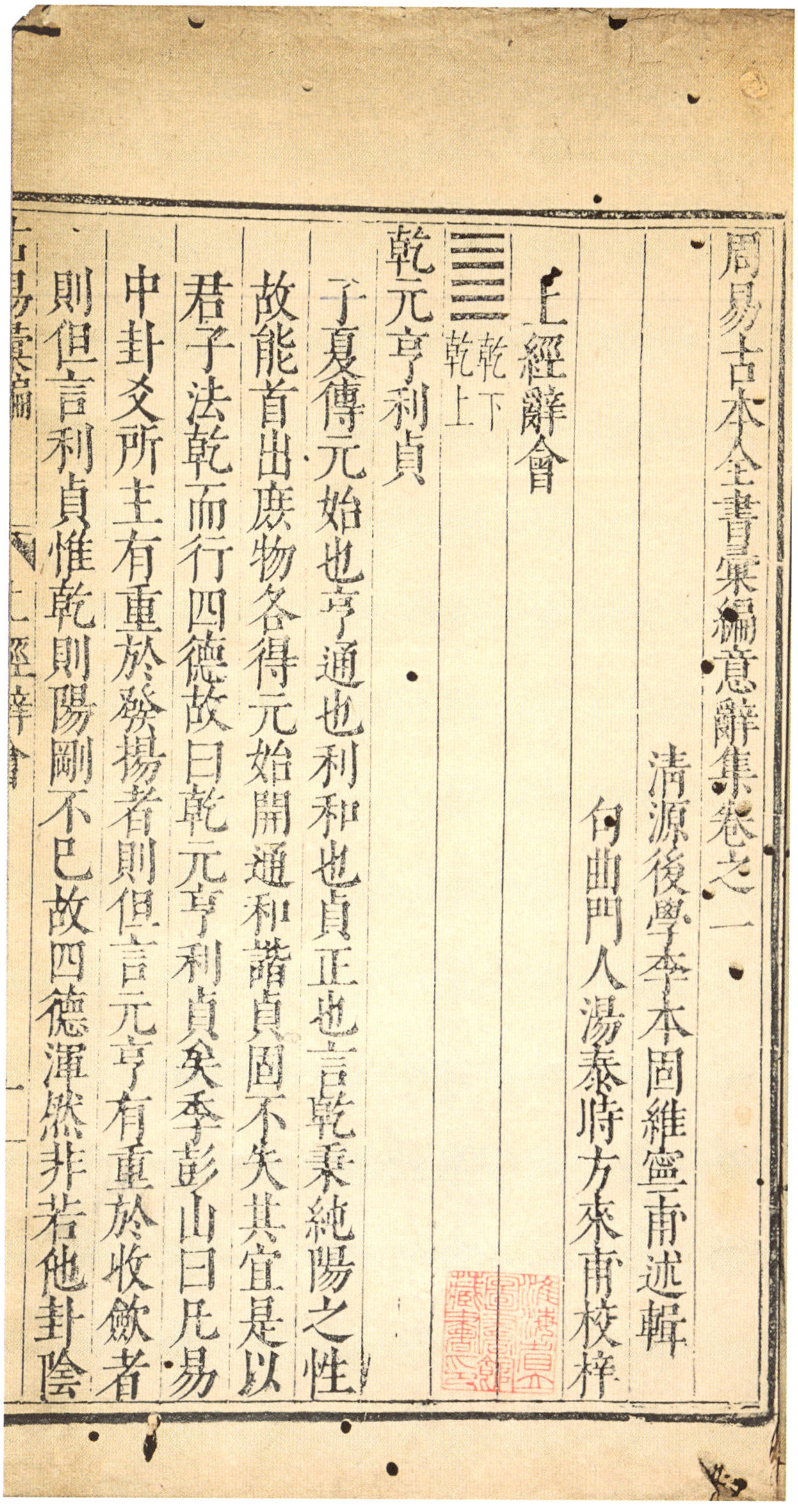
周易古本全書彙編意辭集卷之一
清源後學李本固維寧甫述輯
句曲門人湯泰時方來甫校梓
上經辭會
☰☰ 乾下乾上
乾元亨利貞
子夏傳元始也亨通也利和也貞正也言乾稟純陽之性
故能首出庶物各得元始開通和諧貞固不失其宜是以
君子法乾而行四德故曰乾元亨利貞矣季彭山曰凡易
中卦爻所主有重於發揚者則但言元亨有重於收斂者
則但言利貞惟乾則陽剛不已故四德渾然非若他卦陰
周易彙編　上經辭會　一

18614　周易古本全書彙編十七卷　（明）李本固輯　明萬曆四十年（1612）湯泰時刻本

版框：22.4×14.8　十一行二十三字　白口黑單魚尾　四周雙邊　尺寸：27.7×16.5　册數：八册

《省名録》：01602

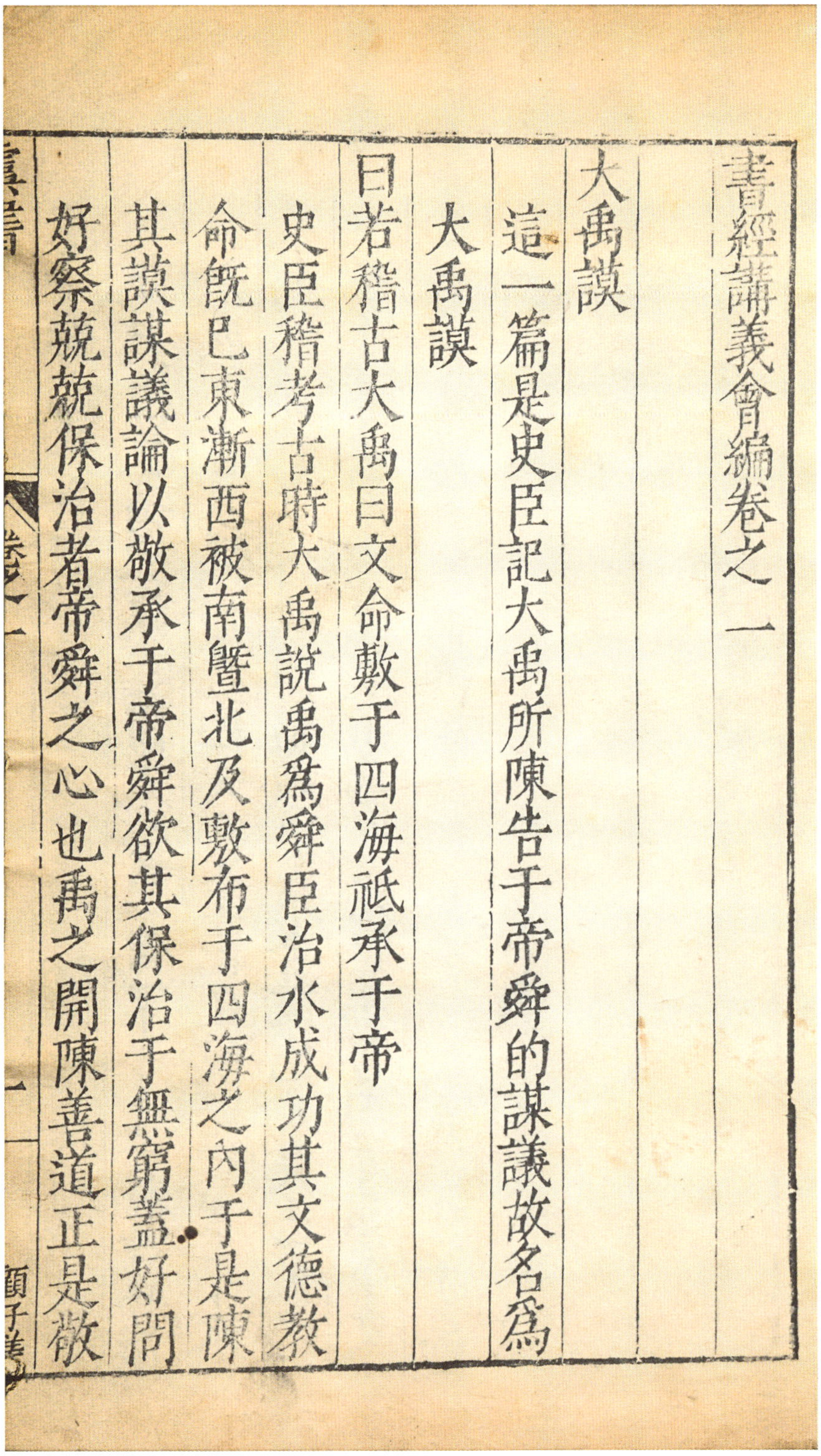

書經講義會編卷之一

大禹謨

這一篇是史臣記大禹所陳告于帝舜的謀議故名為

大禹謨

曰若稽古大禹曰文命敷于四海祗承于帝

史臣稽考古時大禹說禹為舜臣治水成功其文德教命既已東漸西被南暨北及敷布于四海之內于是陳其謨謀議論以敬承于帝舜欲其保治于無窮蓋好問好察兢兢保治者帝舜之心也禹之開陳善道正是敬

18017　書經講義會編十二卷　（明）申時行輯　明萬曆二十五年（1597）刻本

版框：22×14.4　十行二十二字　白口黑單魚尾　四周單邊　尺寸：26.4×17.2　冊數：十二冊

《省名録》：01614

禮記集說大全卷之一

曲禮上第一

經曰曲禮三千言節目之委曲其多如是也此即古禮經之篇名後人以編簡多故分爲上下○張子曰物我兩盡自曲禮入

曲禮曰毋不敬儼若思安定辭安民哉

毋禁止辭○朱子曰首章言君子脩身其要在此三者而其效足以安民乃禮之本故以冠篇○范氏曰經禮三百曲禮三千可以一言蔽之曰毋不敬○程子曰心定者其言安以舒不定者其辭輕以疾○劉氏曰篇首

17966　禮記集說大全三十卷　（明）胡廣等輯　明永樂十三年（1415）内府刻本

版框：27.6×18　十行二十二字雙行小字二十一　大黑口黑雙向魚尾　四周雙邊　尺寸：36.4×22　裝訂：包背裝　存卷數：卷一至十二　册數：九册　《省名録》：0086

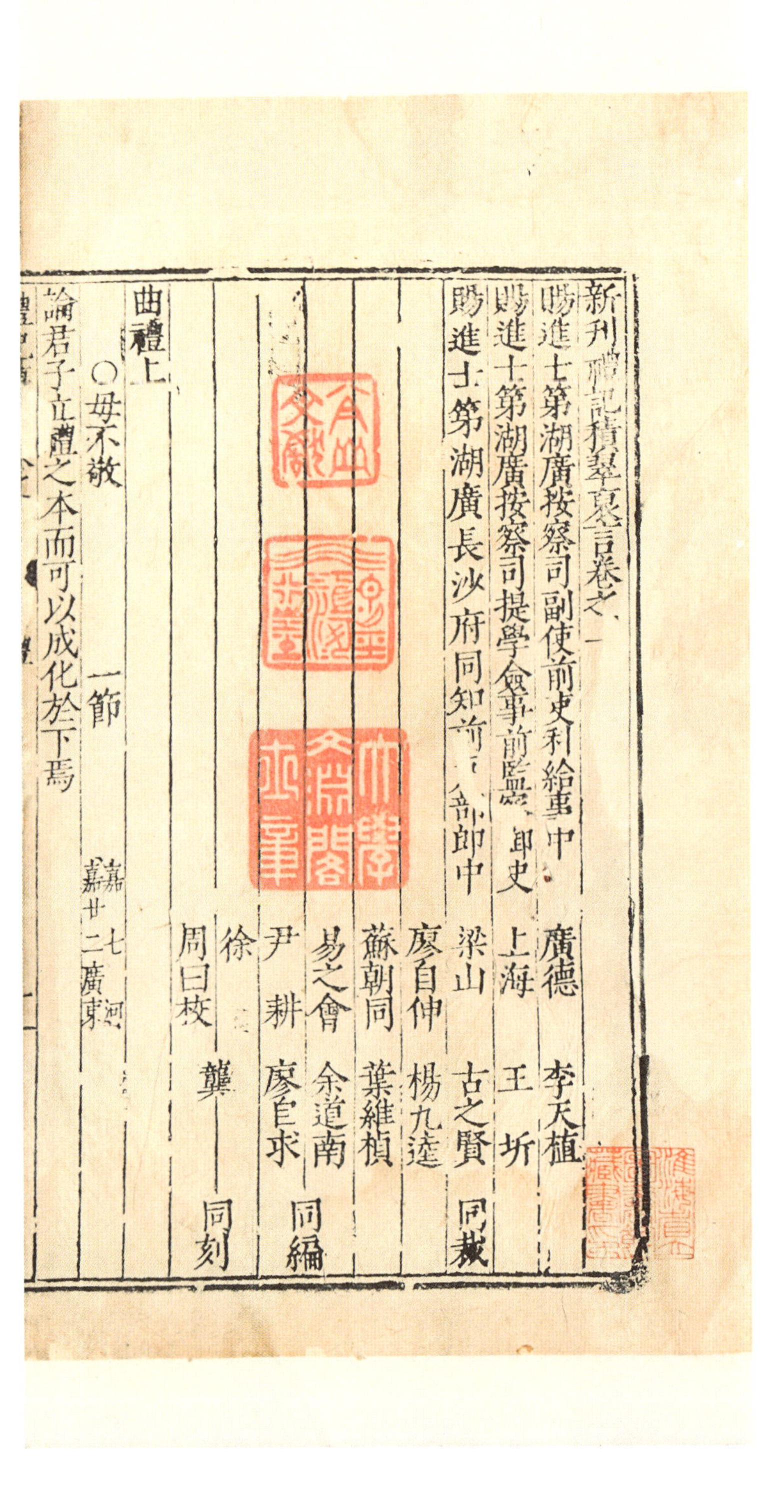

21172　新刊禮記積翠裒言十六卷　（明）王圻　（明）李天植等撰　明隆慶徐龔、周曰校刻本

版框：20×12.2　十三行二十九字　白口黑單魚尾　四周雙邊　尺寸：29.7（25.1）×17.5　裝訂：金鑲玉　存卷數：缺卷二　册數：十五册　《省名録》：0088

禮記卷之一

曲禮上第一

經曰曲禮三千言節目之委曲其多如是也此即古禮經之篇名後人以編簡多故分爲上下○張子曰物我兩盡自曲禮入

曲禮曰毋不敬儼若思安定辭安民哉 毋禁止辭○朱子曰首章言君子脩身其要在此三者而其效足以安民乃禮之本故以冠篇○范氏曰經禮三百曲禮三千可以一言蔽之曰毋不敬○程子曰心定者其言安以舒不定者其辭輕以疾○劉氏曰篇首三句如曾子所謂君子所貴乎道者三而籩豆之事則有司存之意蓋先立乎其大者也毋不敬則動容貌斯遠暴慢矣儼若思則正顏色斯近信

18715　禮記集說十卷　（元）陳澔輯　清内府刻本

版框：20.8×14　九行十七字雙行小字十七　白口無魚尾　四周單邊　尺寸：25.5×17.6　册數：十册　《省名録》：0085

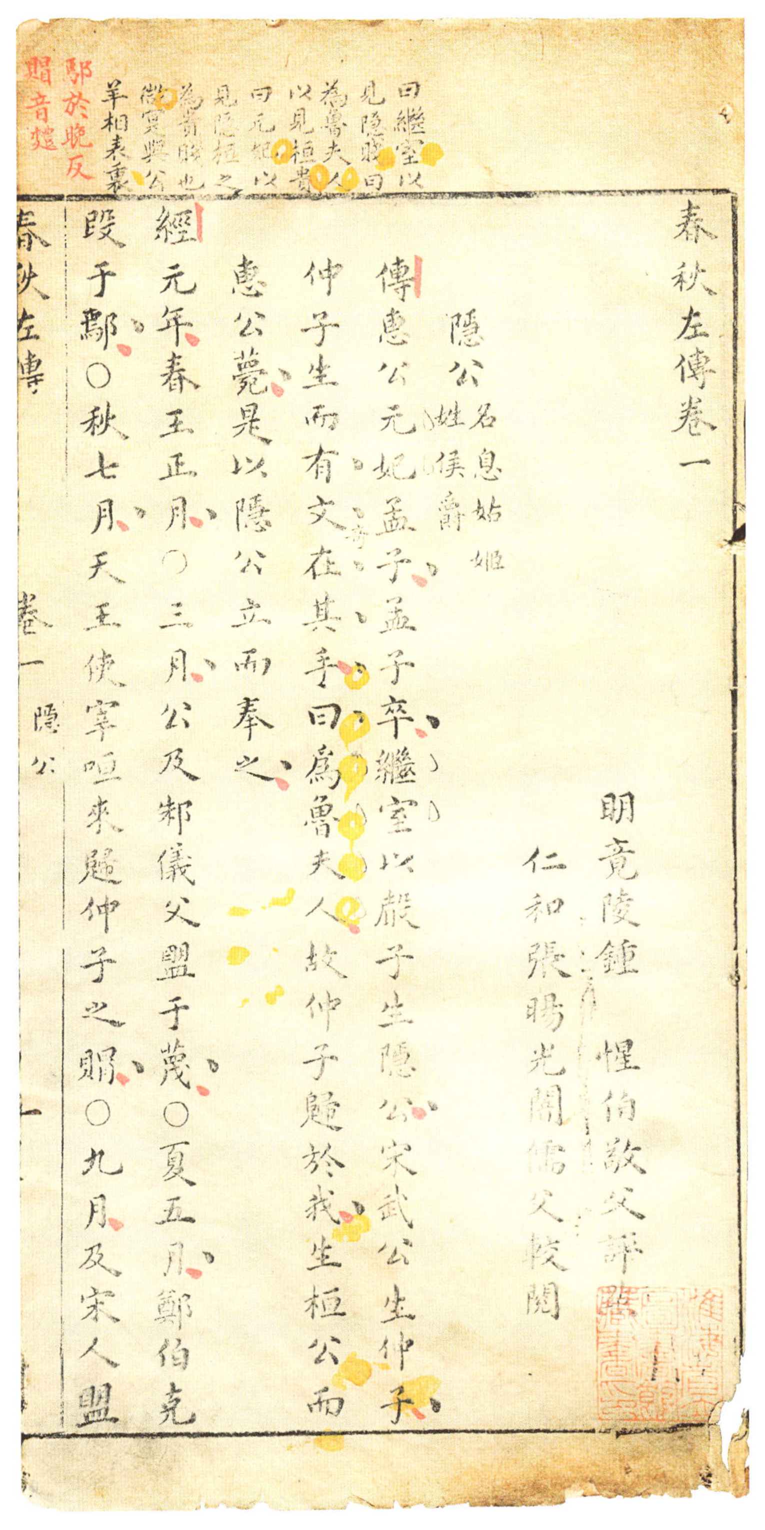

18861　春秋左傳三十卷首一卷　（明）鍾惺評點　明崇禎武林擁萬堂刻朱墨套印本

版框：21×12.5　九行二十五字雙行小字二十五　白口無魚尾　四周單邊　尺寸：25.2×13.5　冊數：十六冊　《省名録》：01641

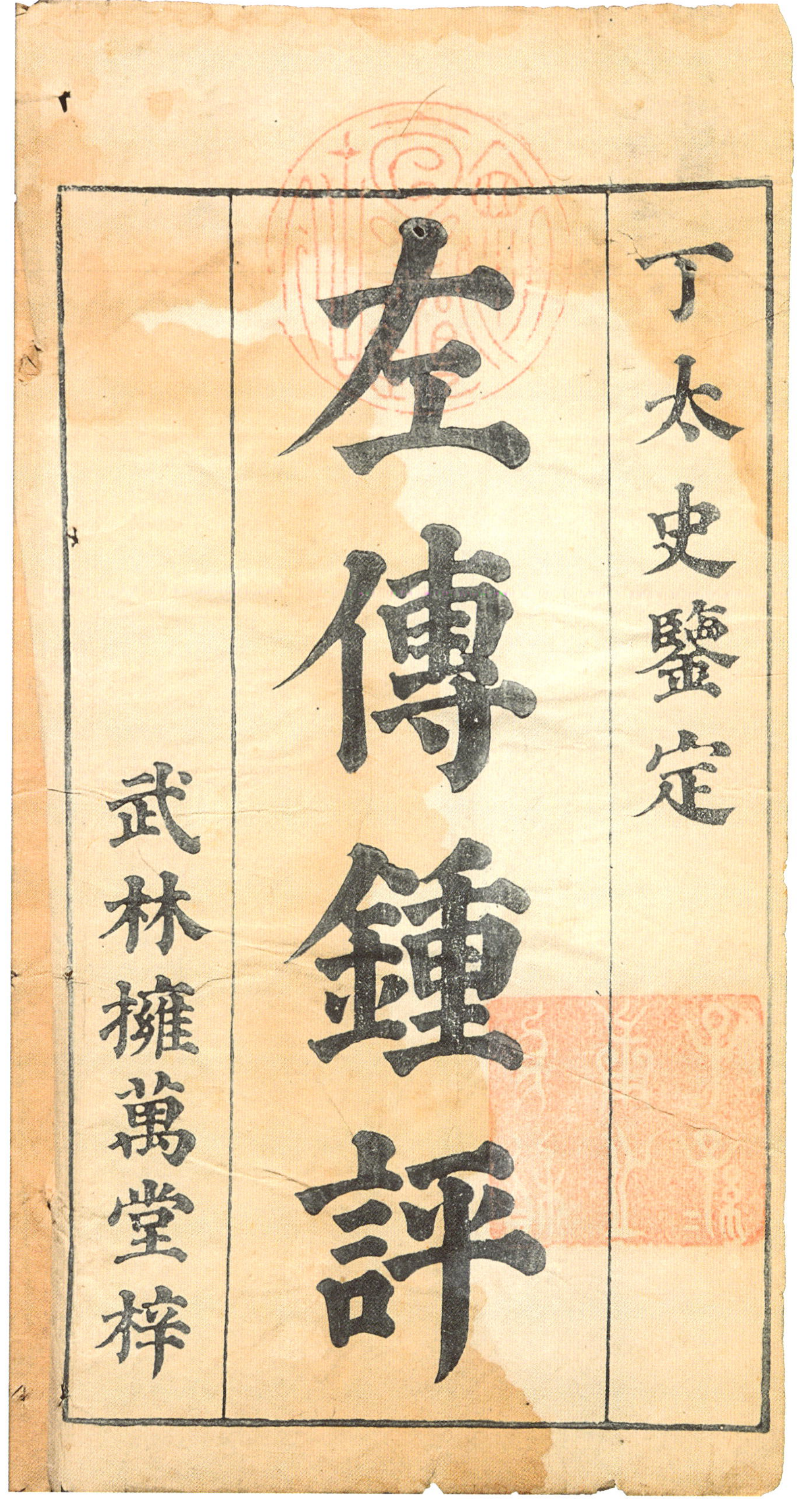
丁太史鑒定
左傳鍾評
武林擁萬堂梓

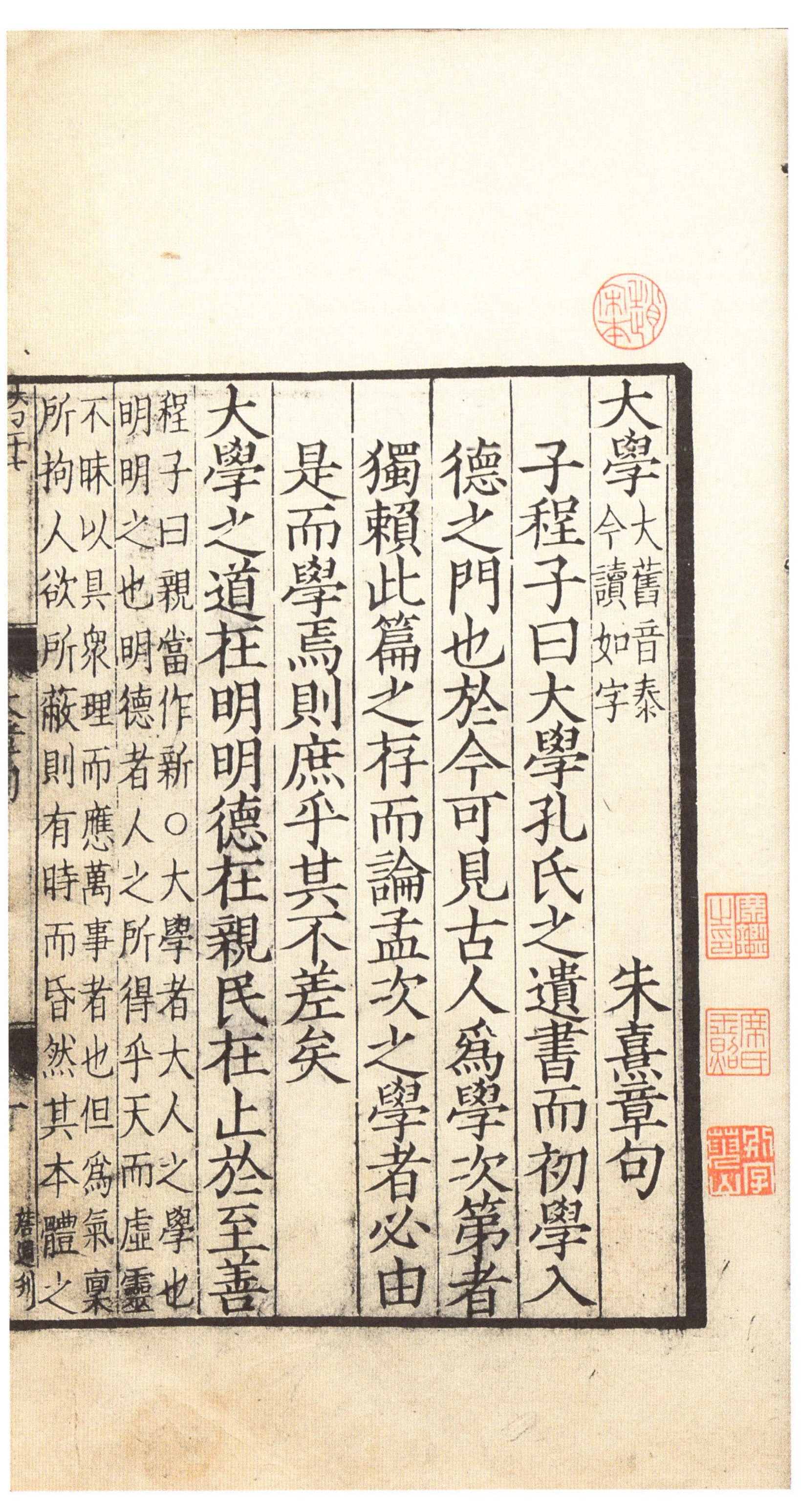

大學 大舊音泰 今讀如字　　朱熹章句

子程子曰大學孔氏之遺書而初學入德之門也於今可見古人爲學次第者獨賴此篇之存而論孟次之學者必由是而學焉則庶乎其不差矣

大學之道在明明德在親民在止於至善

程子曰親當作新○大學者大人之學也明明之也明德者人之所得乎天而虛靈不昧以具衆理而應萬事者也但爲氣稟所拘人欲所蔽則有時而昏然其本體之

73450　四書章句集註二十八卷　（宋）朱熹撰　南宋刻本

版框：19.1×14　八行十六字雙行小字十六　白口黑雙順魚尾　左右雙邊　尺寸：29.2×18　存卷數：缺論語序說一卷　冊數：十四册（宋刻本九册，清影宋抄本五册）　《國家名録》：09934　《省名録》：02171

論語卷第一　　朱熹集註

學而第一 此爲書之首篇故所記多務本之意乃入道之門積德之基學者之先務也凡十六章

子曰學而時習之不亦說乎 說悅同○學之爲言效也人性皆善而覺有先後後覺者必效先覺之所爲乃可以明善而復其初也習鳥數飛也學之不已如鳥數飛也說喜意也既學而又時時習之則所學者熟而中心喜說其進自不能已矣程子曰習重習也時復思繹浹洽於中則說也又曰學者將以行之也時習之則所學者在我故說謝氏曰時習者無時而不習坐如尸坐時習也

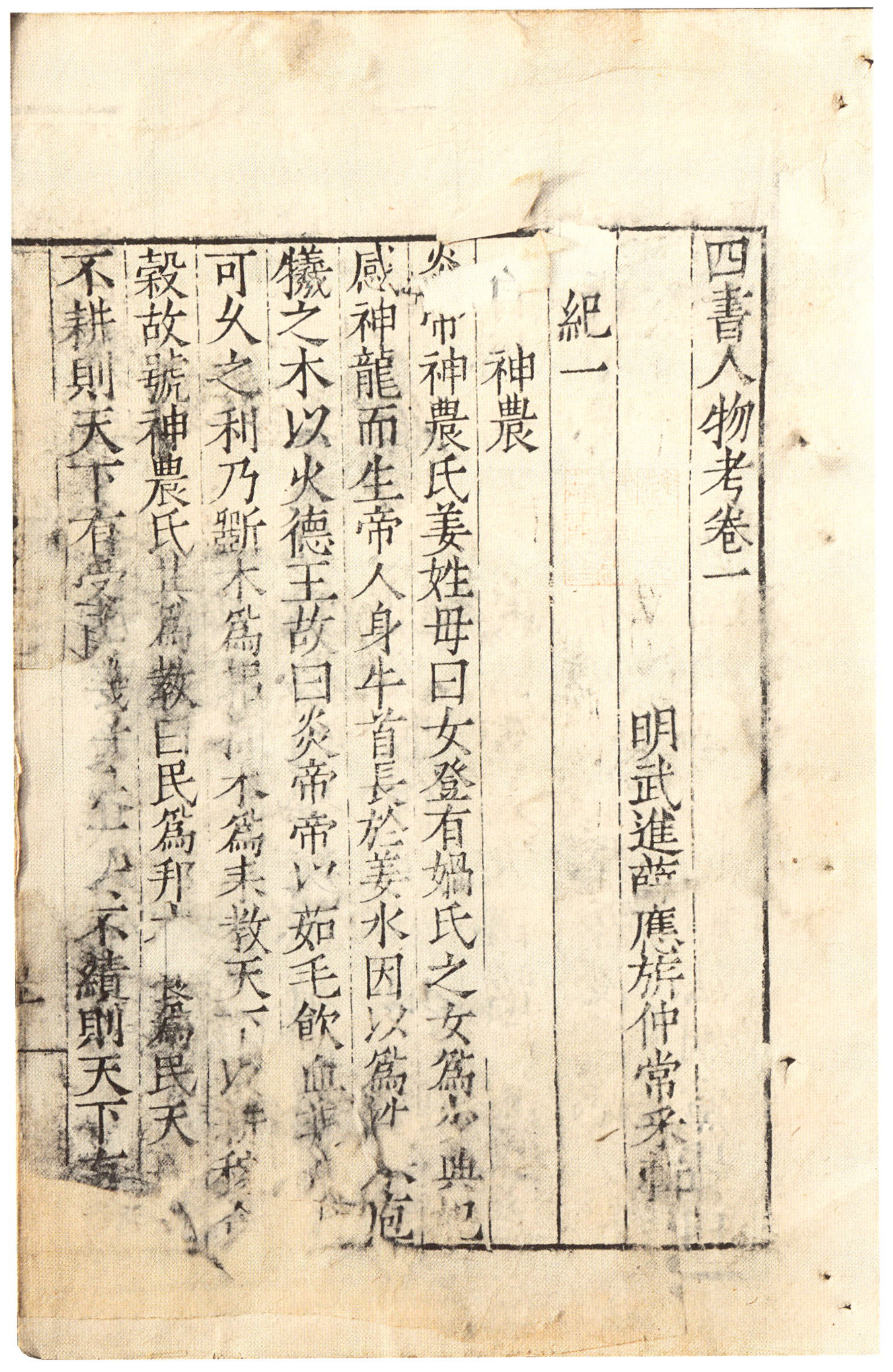

36375　四書人物考四十卷　（明）薛應旂輯　明嘉靖刻本

版框：19.4×14.7　十行二十字　白口黑單魚尾　四周雙邊　尺寸：25.5×17　册數：十册　《省名録》：01661

四書人物考卷三十三

明武進薛應旂仲常采輯

傳三十 異學

原壤

原壤周文王第十六子原伯之後孔子之故人也其母死孔子助之木槨原壤登木曰久矣予之不託於音也乃歌曰貍首之斑然執女手之卷然夫子為弗聞也者而過之蓋老氏之流也

子桑伯子

子桑伯子即子桑戶魯人也樂正子輿與子桑友霖

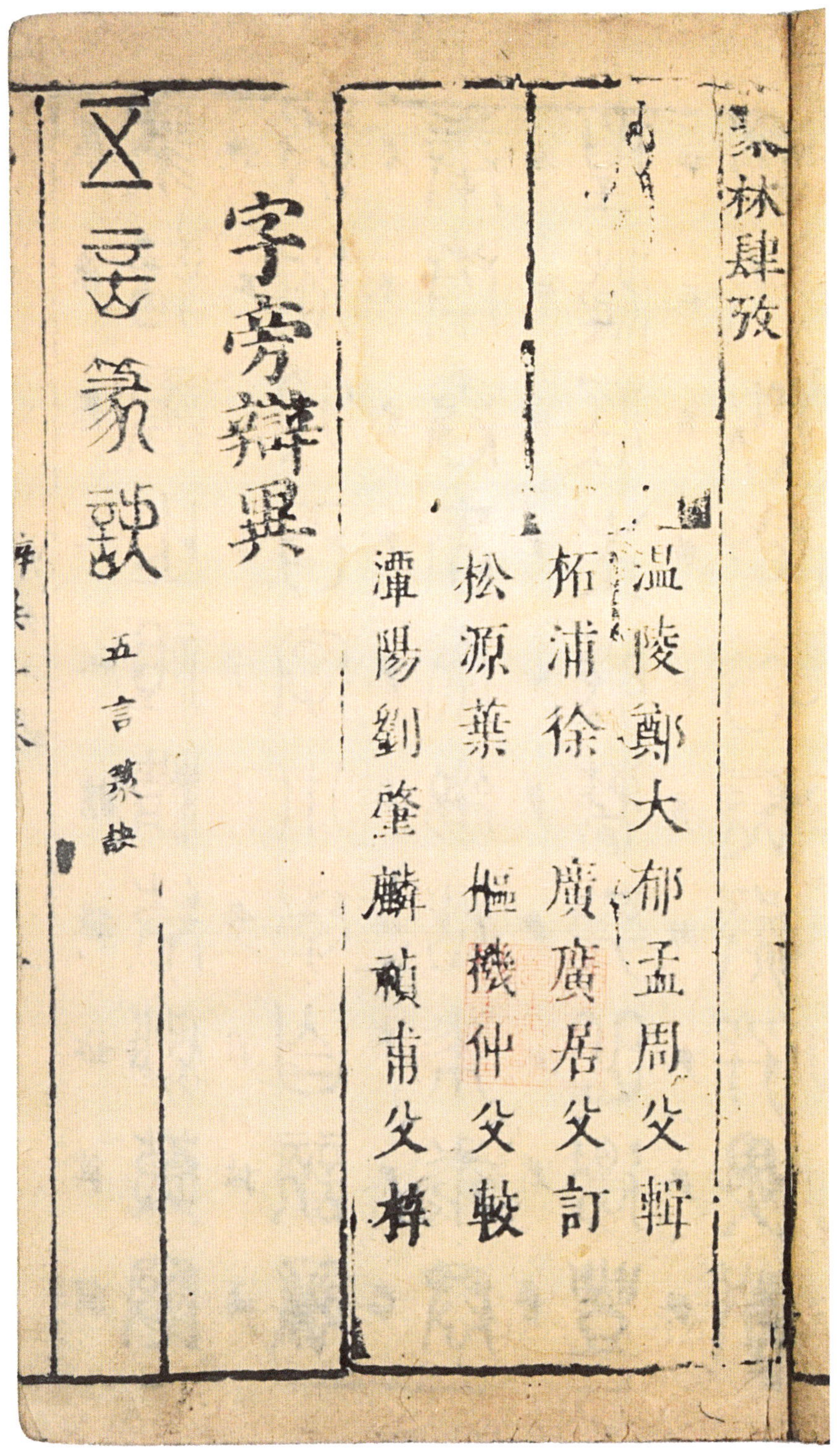

19380　篆林肆攷十五卷　（明）鄭大郁輯　明崇禎十四年（1641）劉肇麟刻本

版框：20×12.3　十行每行五篆字雙行小字字數不定　白口無魚尾　四周單邊　尺寸：22×13

册數：四册　《善本書目》：經部4685　《省名録》：01678

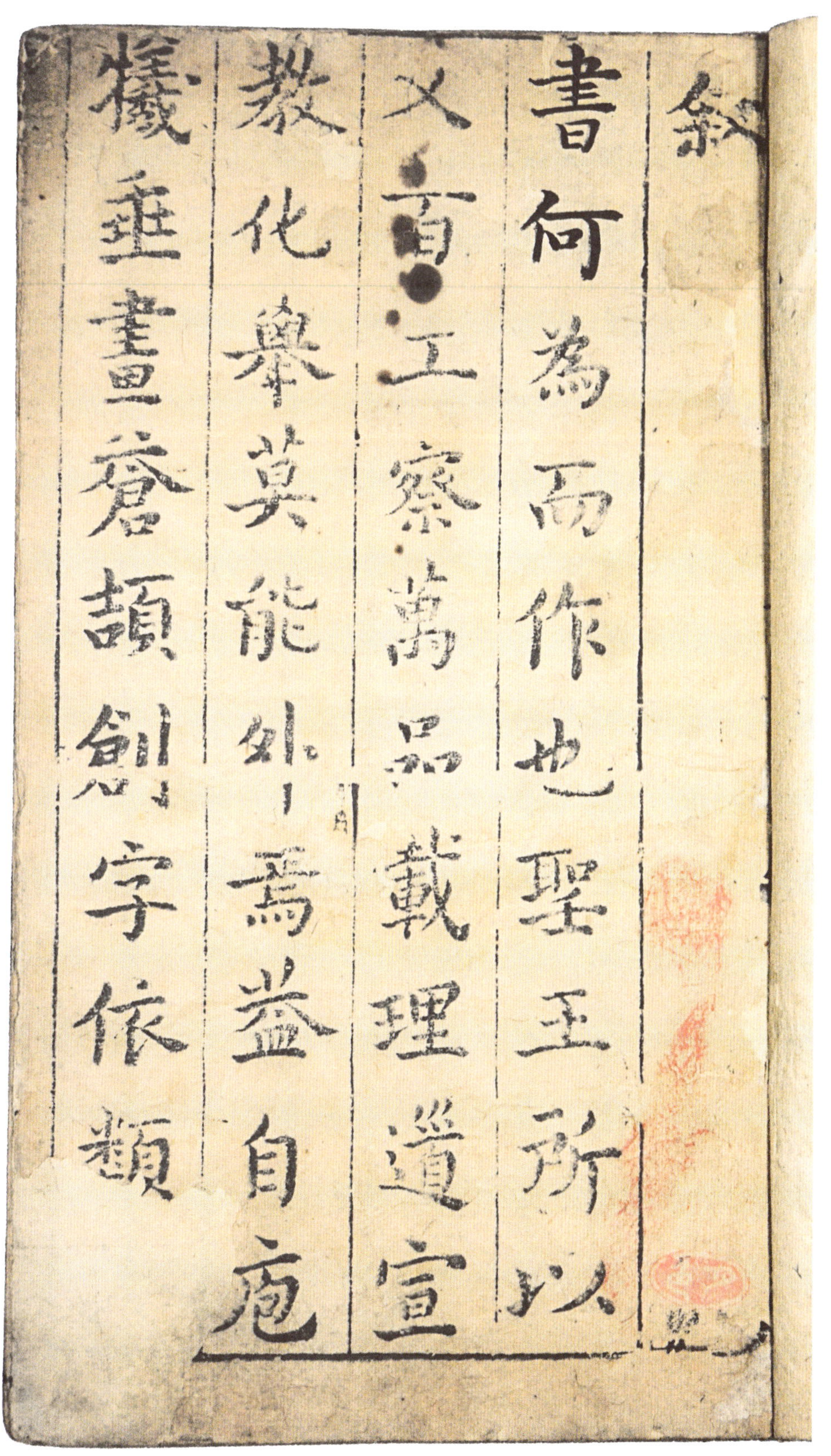

敘

書何為而作也聖王所以

又百工察萬品載理道宣

教化舉莫能外焉益自庖

犧垂畫蒼頡創字依類

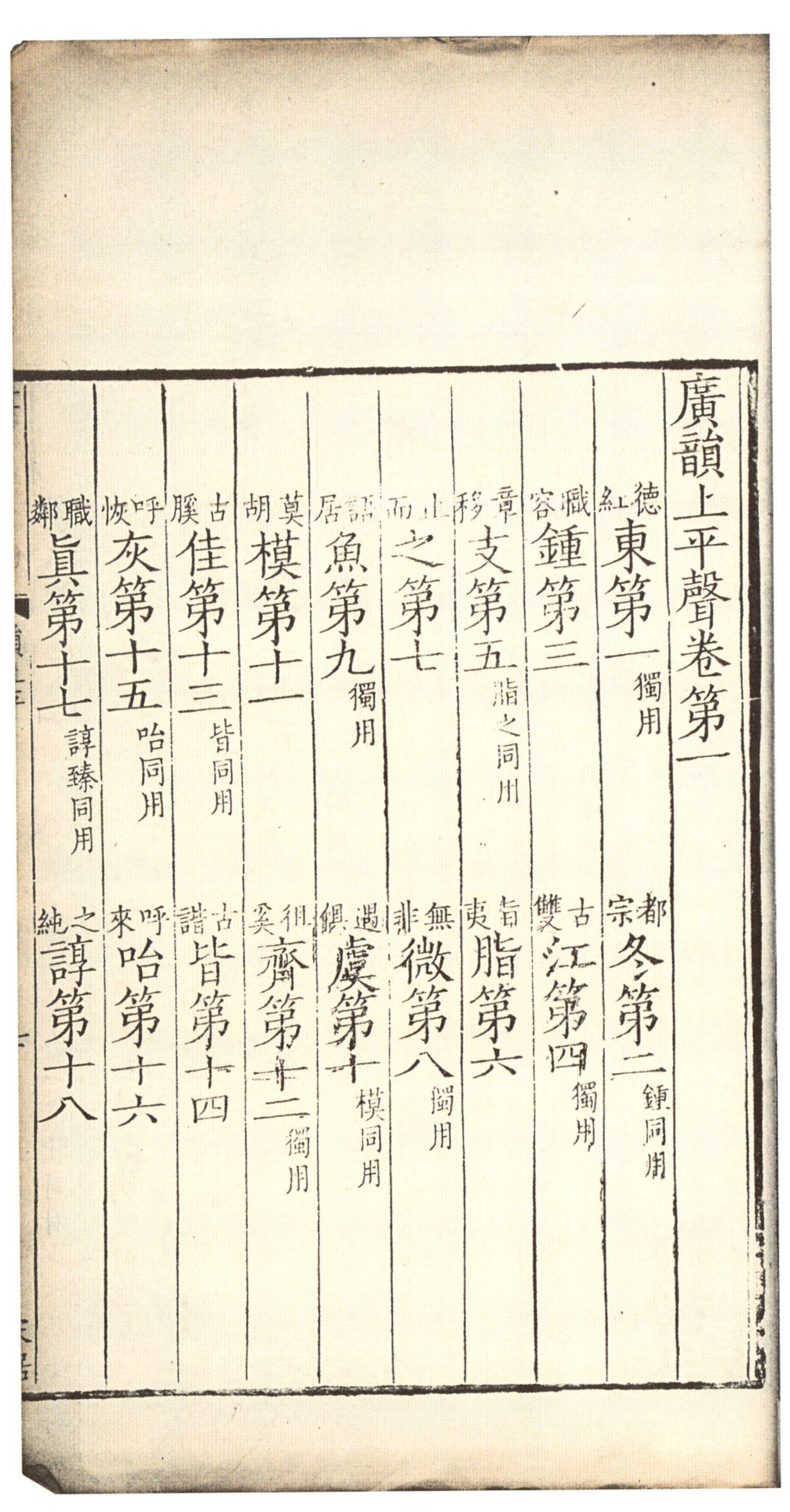
廣韻上平聲卷第一
德紅東第一獨用　都宗冬第二鍾同用
職容鍾第三　古雙江第四獨用
章移支第五脂之同用　旨夷脂第六
止而之第七　無非微第八獨用
語居魚第九獨用　遇俱虞第十模同用
莫胡模第十一　徂奚齊第十二獨用
古膎佳第十三皆同用　古諧皆第十四
呼恢灰第十五咍同用　呼來咍第十六
職鄰眞第十七諄臻同用　之純諄第十八

52831　廣韻五卷　（宋）陳彭年等撰　清康熙四十三年（1704）張士俊澤存堂五种影宋刻本

版框：20.8×14.9　十行十四字雙行小字二十八　白口黑單魚尾　左右雙邊　尺寸：29.6×18　册數：五册　《省名録》：0163

重濁

穴胡決反窟穴也　芵古穴反芵明也　薛思列反人姓也　籍秦昔反典籍也　悉息七反悉來也　一於質反一數也　擲雉戟反擲投也

博補各反博學也　閣古洛反樓閣也　鄂五各反鄂國名　莫忙各反人姓也　鶴下各反靈鶴也　訖居乞反訖畢也　出赤律反出進也

顧炎武書廣韻後

余既表廣韻而重刻之以見自宋以前所傳之韻如此然惜其書之不完也路史曰周有井伯廣韻曰子牙後今井字下無此文又曰廣韻云漢有鄗城侯今鄗字灰等二韻兩收而亦無此文又引鄗下云鄉名在右扶風而今灰韻注但鄉名二字困學紀聞曰廣韻以賁為姓古有勇士賁育今賁下但亦姓二字又曰廣韻云後蜀錄有法部尚書屯度又曰廣韻引何氏姓苑有況姓廬江人今屯下況下但又姓二字禮部韻略續引廣韻攸字注云論語子西攸軻字注云孟子居貧轗軻故名軻字子居今並無此文又注鼮字云漢光武得此鼠竇攸識之廣韻以為終軍誤今亦無此終軍之文也太原傅山曰宋姚寬戰國策後序引廣韻七事晉有大夫芬質羋干者著書顯名安陵丑雍門中大夫藍諸晉有亥唐趙有大夫摩晉齊威王時有左執法公旗蕃蓋注中凡言又姓者必以其人實之而今書皆無其文又史炤通鑑釋文所引廣韻其不載今書者亦多也十干皆引爾雅歲陽而戊下不引著雍又考之玉海言廣韻凡二萬六千一百九十四言注一十九萬一千六百九十二字今僅二萬五千九百言注一十五萬三千四百二十一字則注之刪去者三萬八千二百七十一而正文亦少二百九十二言矣又文獻通考曰有陸法言長孫訥言孫愐三序今止愐序又言首載景德祥符敕牒今亦無之則亦後人刪去之矣其幸而存者天之未喪斯文也嗚呼惜哉

證之好古君子襄其事者家孝廉大受與閭丘顧

孝廉嗣立均有功焉吴郡查山六浮閣主人張士

俊敬識刻書本末於後

無隱聲聞室一過眼

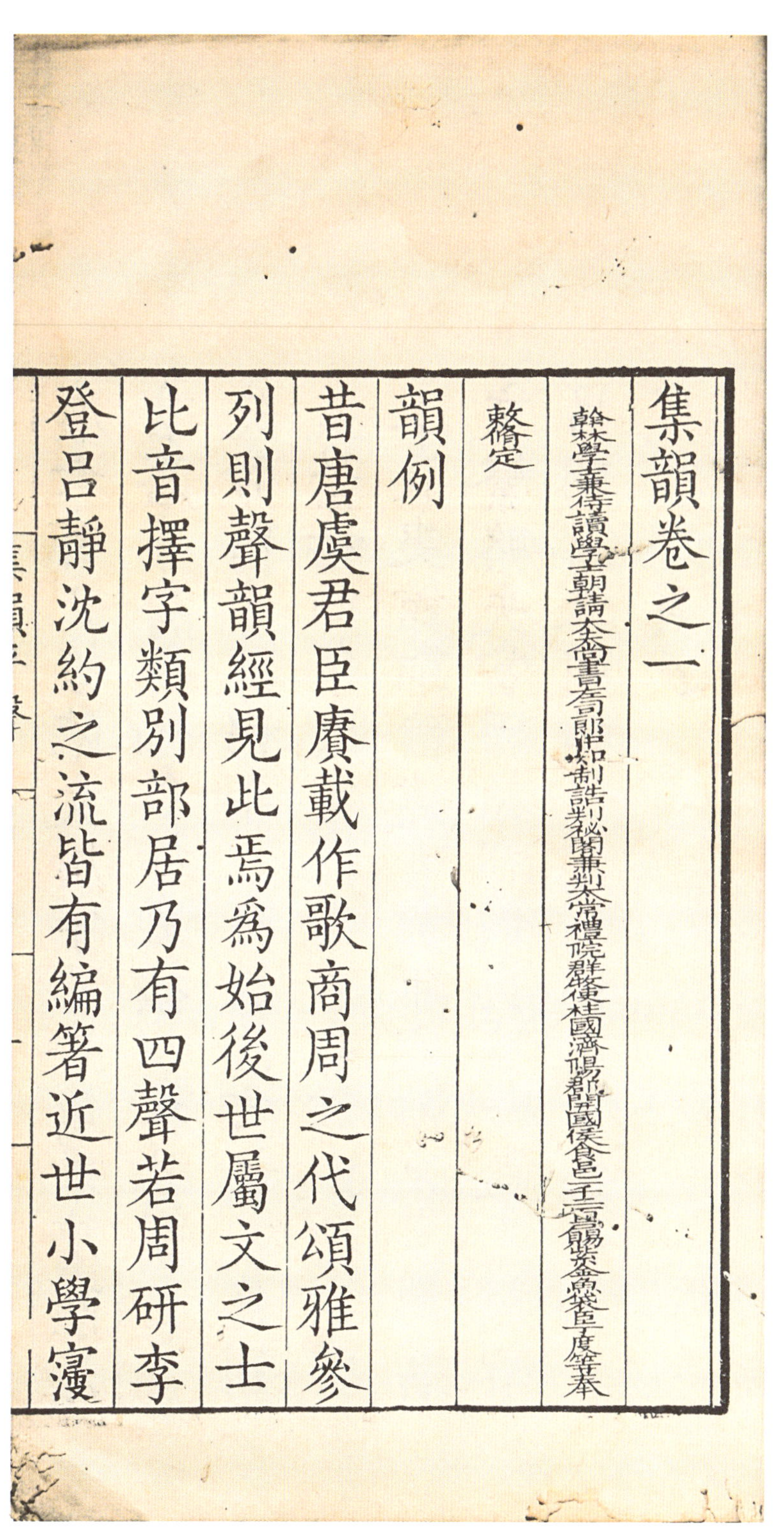

53331　集韻十卷　（宋）丁度等輯　清康熙四十五年（1706）曹寅揚州使院刻本

版框：16.3×11　八行十六字雙行小字二十一　白口無魚尾　左右雙邊　尺寸：23.3×14　册數：十册　《省名録》：0164

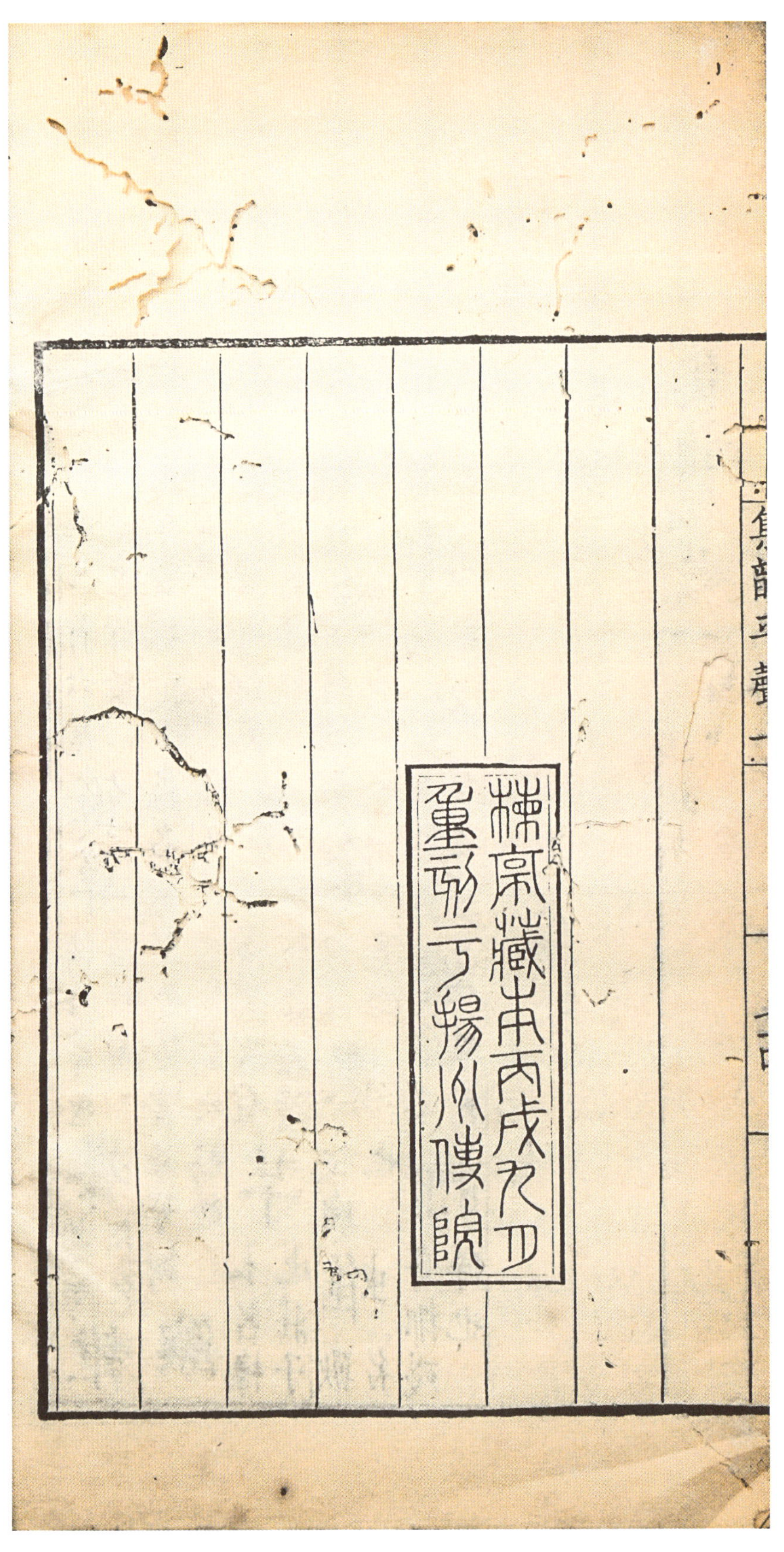
楝亭藏本丙戌九月
重刊于揚州使院

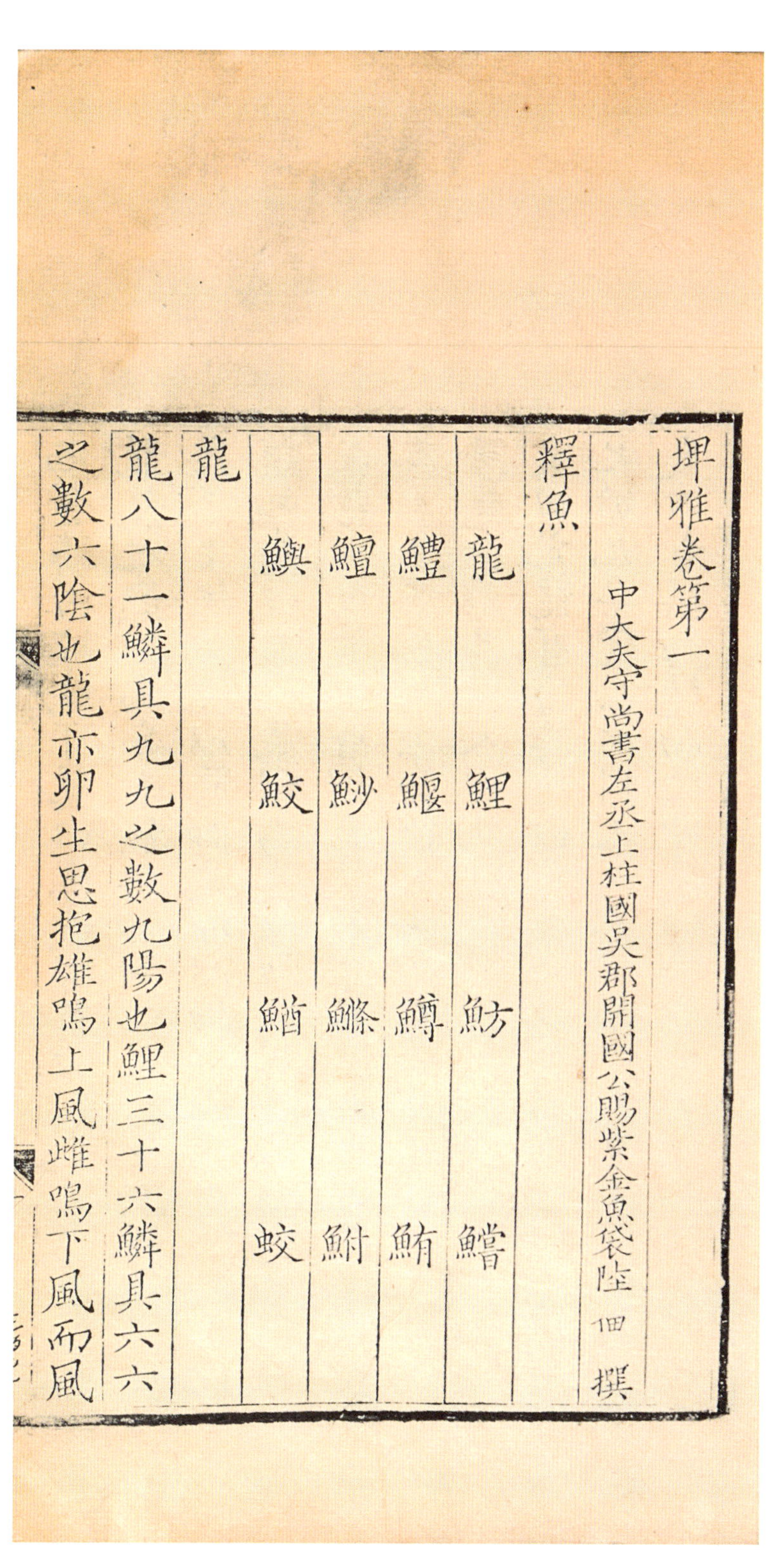

18834　埤雅二十卷　（宋）陸佃撰　明刻本

版框：18.7×13.8　十行二十一字　白口黑雙順魚尾　四周雙邊　尺寸：27.6×17.5　存卷數：卷一至十八　冊數：四冊　《國家名録》：07432　《省名録》：01672

重刊埤雅序

昔周公著爾雅其事詳矣而有未備也至宋元豐閒有尚書左丞陸佃撰埤雅若干卷埤輔也言爲爾雅之輔也則事愈備而文愈加詳矣類非博極羣書深窮萬物之理者不能爲也書成授其子宰始敘以傳之時宣和七年矣其後五世孫壡由祕閣脩撰來知贛州再用刻于郡庠歷世既久悉燬於兵燹閒有遺編多爲世俗祕而藏之人罕得聞豈非斯文之一厄歟當

天子　會奉議大夫江西　按察　司僉事古閩林公瑜字子潤巡按贛上公莫遑他務首以興

史　部

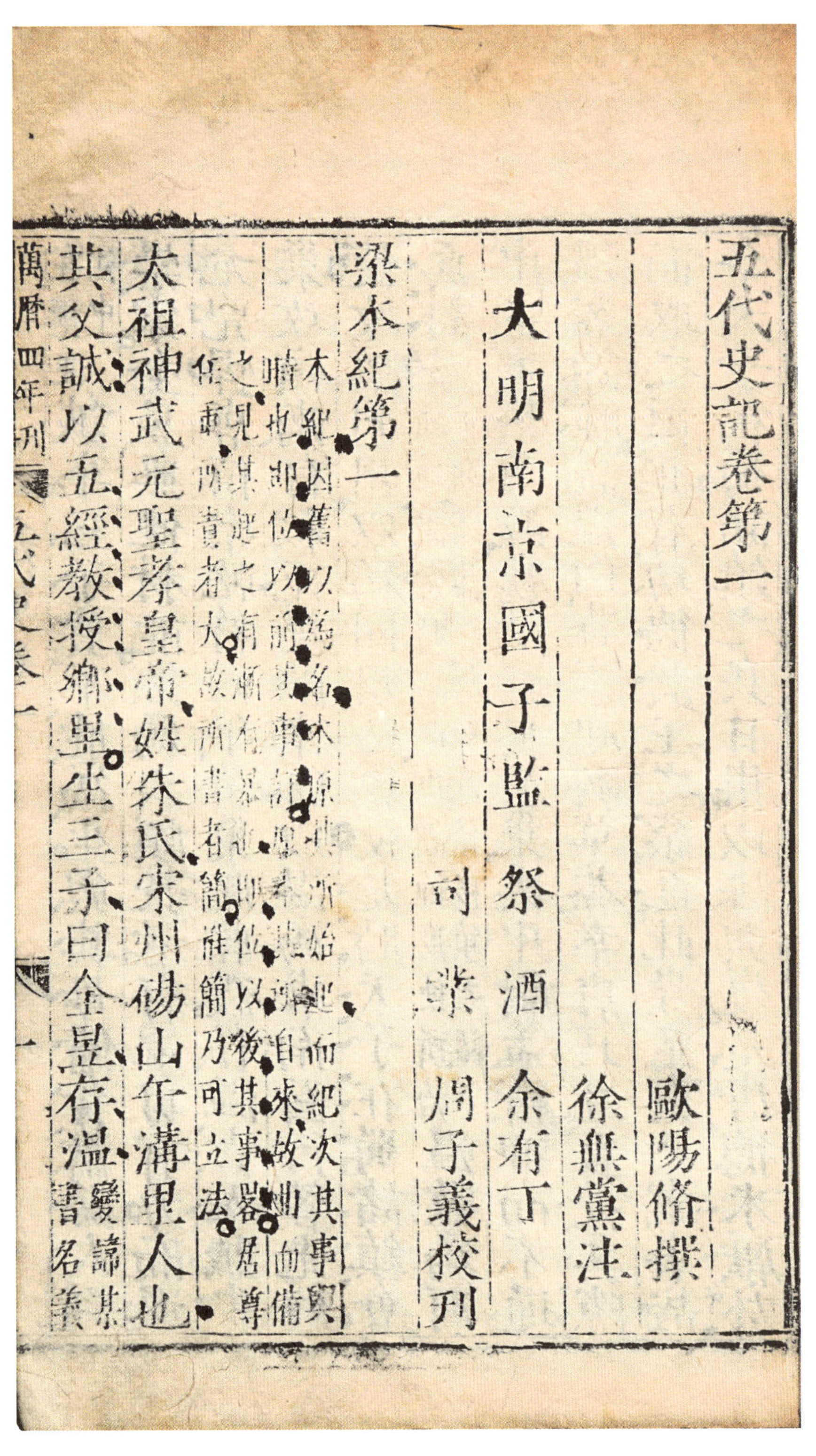

31191　五代史記七十四卷　（宋）歐陽修撰　（宋）徐無黨注　明萬曆四年（1576）南京國子監刻本

版框：20.8×15　十行二十一字雙行小字二十一　細黑口黑雙順魚尾　四周雙邊　尺寸：26×16.4　册數：八册　《省名録》：02180

季漢書本紀卷一

欽　謝陛撰

長興臧懋循訂

孝獻皇帝

孝獻皇帝諱協孝靈皇帝中子也（謚法曰聰明睿智曰獻　帝王紀曰協字伯和）毋王美人懷帝畏何皇后乃服藥除之而胎堅不動又數夢負日而行帝始生后酖殺美人而董太后養帝號曰董侯中平六年四月少帝即位封帝爲渤海王徙封陳留王（張璠漢記曰帝以八月庚午爲諸黃門所劫步出穀門走至河上諸黃門旣投河死時帝年十四陳留王年九歲兄弟獨夜步行欲還宮闇暝逐螢火而行數里得民家以露車載送辛未公卿以下與卓共迎帝於北芒阪下　袁暐

9803　季漢書六十卷正論一卷答問一卷　（明）謝陛撰　（明）臧懋循訂　明萬曆刻本

版框：20.8×13.7　十行二十二字雙行小字二十二　白口白單魚尾　四周單邊　尺寸：27.5×16.9

册數：十二册　《善本書目》：史部631　《省名録》：01704

季漢書叙

昔宋涑水氏纂述資治通鑑嫡魏庚昭烈正統淆譙識者譏焉其原葢出于陳壽壽之為三國志也僴然以正統予魏壽晉臣也晉承魏禪尊魏所以尊晉也然其書尚以三國為名三國敵體之稱也壽亦心知漢統之必

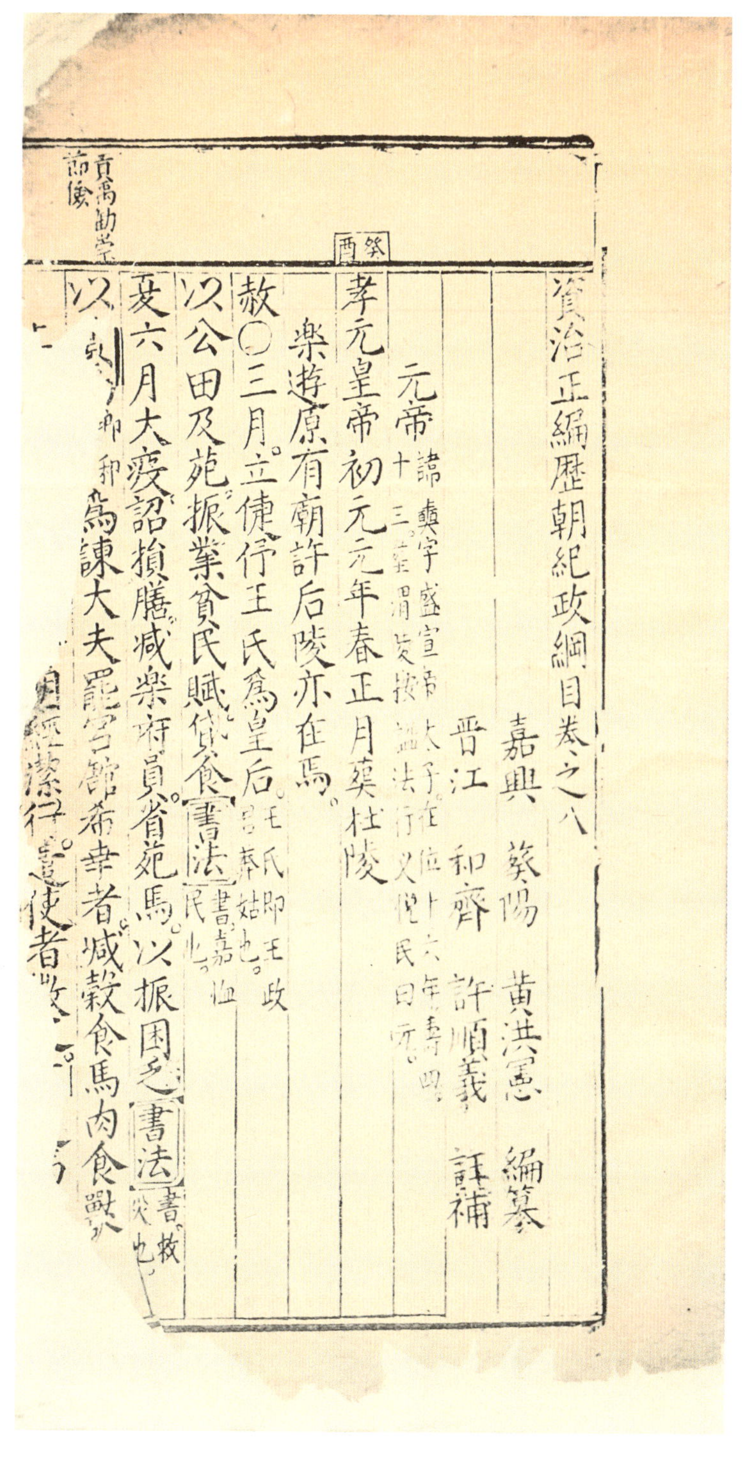

20884　資治歷朝紀政綱目前編八卷正編四十卷續編二十六卷　（明）黄洪憲編纂　（明）許順義注補　明萬曆建陽余彰德刻本

版框：1.4+20.6×12　上下雙欄　十一行二十四字　白口黑單魚尾　四周雙邊　尺寸：27.8×17.5　存卷數：正編：卷三、六至八、十至十二、十八、二十、二十二、二十四至二十六、二十八至三十六、三十八至四十，續編：卷一至六、九至十一、十三至十六、十八至二十一、二十三至二十五　册數：四十五册　《省名録》：01725

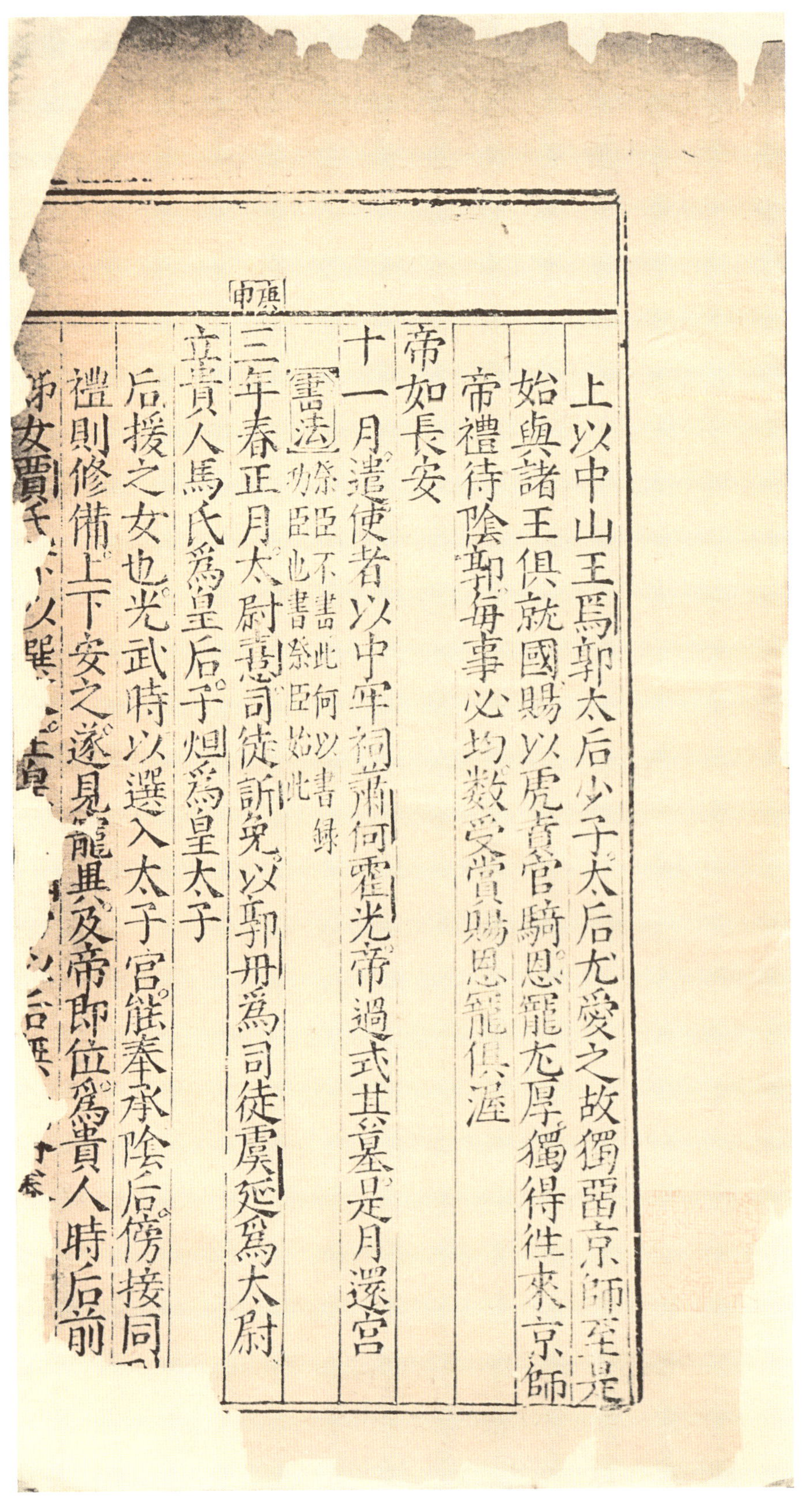

上以中山王焉郭太后少子太后尤愛之故獨留京師至是始與諸王俱就國賜以虎賁官騎恩寵尤厚獨得往來京師帝禮待陰郭每事必均數受賞賜恩寵俱渥

帝如長安

十一月遣使者以中牢祠蕭何霍光帝過式其墓是月還宮

[書法]祭臣不書此何以書録功臣也書祭功臣始此

中元三年春正月太尉熹司徒訢免以郭丹爲司徒虞延爲太尉

立貴人馬氏爲皇后子炟爲皇太子

后援之女也光武時以選入太子宮能奉承陰后傍接同列禮則修備上下安之遂見寵異及帝即位爲貴人時后前

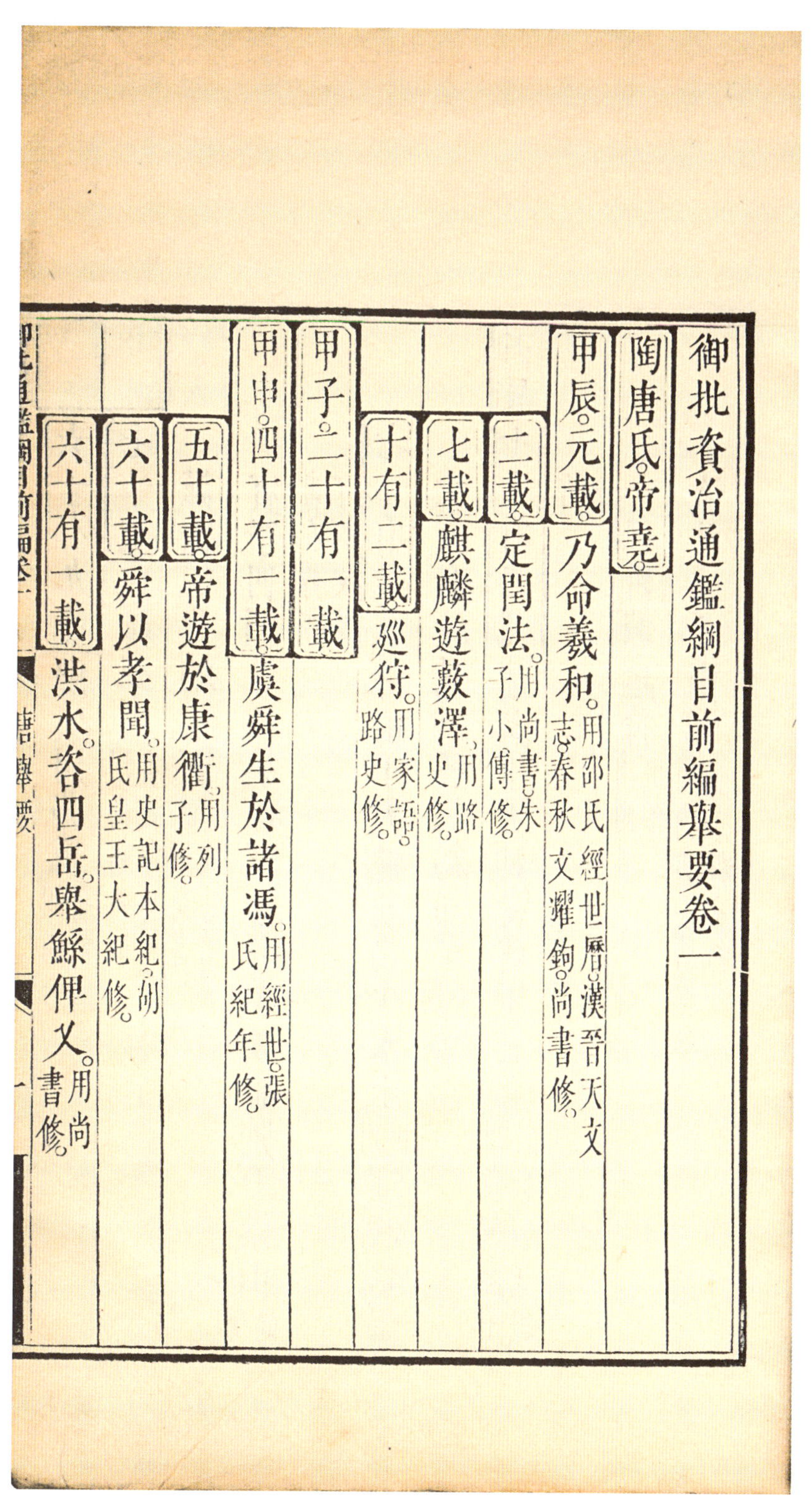

13052　御批資治通鑑綱目全書一百九卷　清康熙四十六年（1707）内府刻本　清道光己酉（二十九年，1849）趙樸庭題跋

版框：18.2×13　十行二十二字雙行小字二十二　下黑口雙順黑魚尾　四周雙邊　尺寸：26×16.7

册數：五十册　《省名録》：0270

此書為宋商邱奉
勅校刊本字畫顏若列眉綫帙無一玄缺乙未除夕武林舊
族為債家所迫持來匄易二萬錢樸急質衣得之板
藏
武英殿廷聞近已蠹蝕漶漫殘缺不完故此本流傳人
間者正如家魏公跋定武蘭亭有日減無日增樸以翰
尺留
福公師幕府者前後幾十年今 師將赴閩南樸亦將青
車北上對此茫茫百端交集謹以持獻左右或亦為鄴籤
長物云又得是書不數日復有持當時續刊明紀三編
索四番蚨者心訖其妄意少遲回竟為他人所得於延
津之劍仍於相合異日者儻或可遇之易湖弟子趙樸庭

謹識
旹道光己酉秋七月十有四日

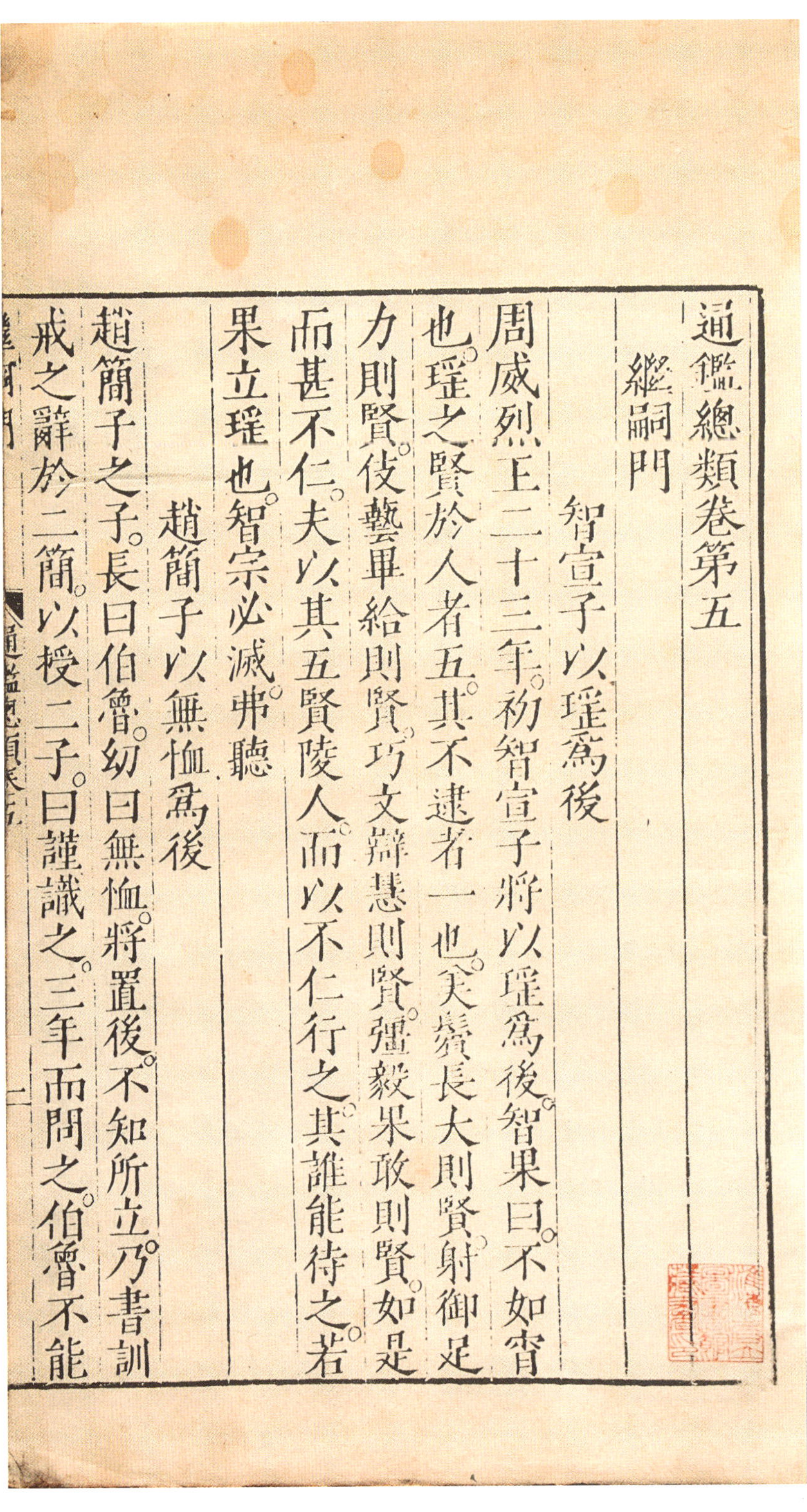
通鑑總類卷第五
繼嗣門
智宣子以瑶爲後
周威烈王二十三年。初智宣子將以瑶爲後。智果曰。不如宵也。瑶之賢於人者五。其不逮者一也。美鬢長大則賢。射御足力則賢。伎藝畢給則賢。巧文辯慧則賢。强毅果敢則賢。如是而甚不仁。夫以其五賢陵人。而以不仁行之。其誰能待之。若果立瑶也。智宗必滅。弗聽
趙簡子以無恤爲後
趙簡子之子。長曰伯魯。幼曰無恤。將置後。不知所立。乃書訓戒之辭於二簡。以授二子。曰謹識之。三年而問之。伯魯不能

21475　通鑑總類二十卷　（宋）沈樞撰　明萬曆三十九年（1611）劉成刻本

版框：24.4×17.8　十一行二十三字　白口黑單魚尾　左右雙邊　尺寸：32.2×20.5　册數：十六册　《省名録》：01781

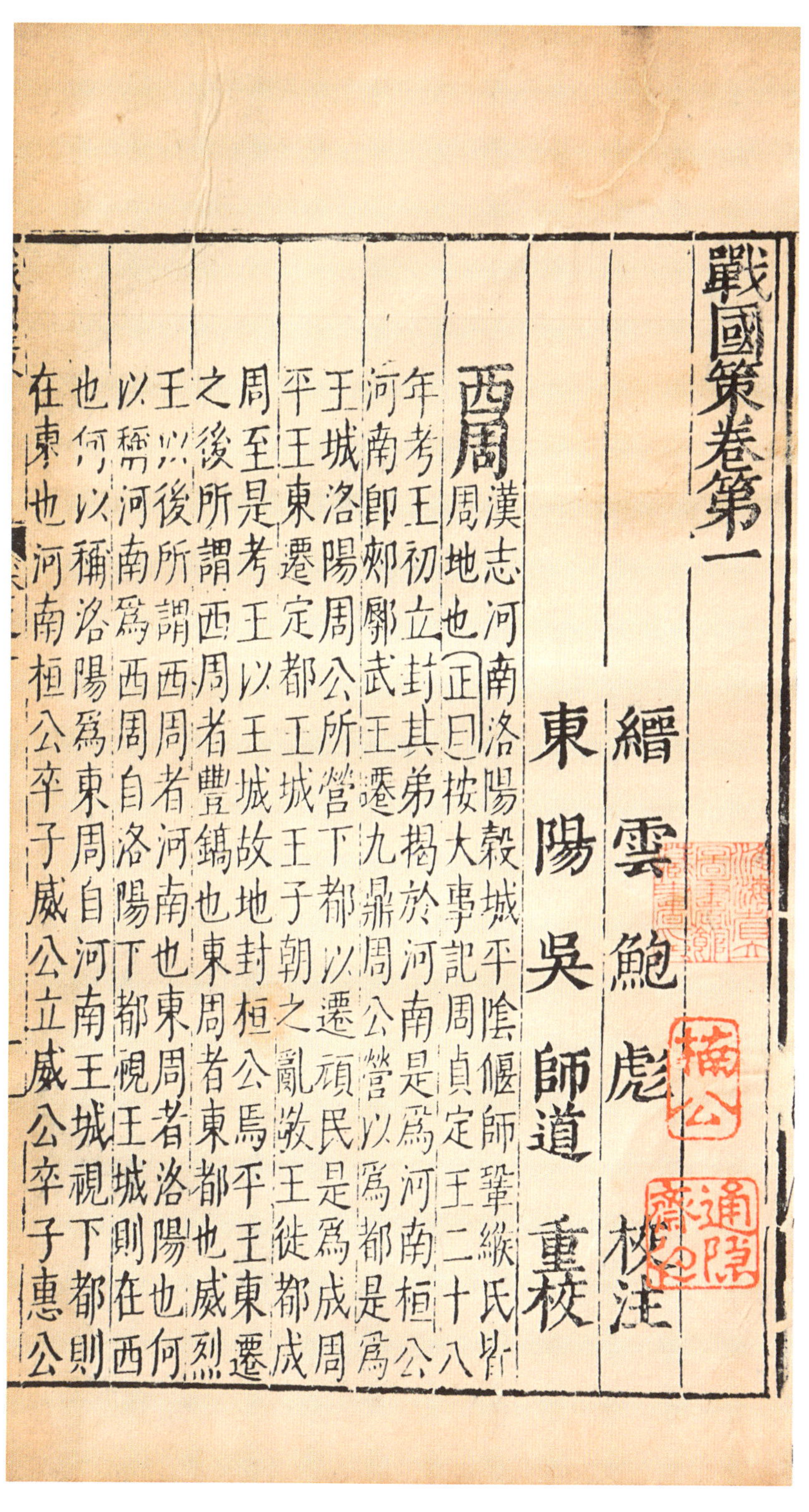

31393　戰國策十卷　（宋）鮑彪校注　（元）吴師道重校　明萬曆九年（1581）張一鯤刻本

版框：21.2×14.4　九行二十字雙行小字二十　白口黑單魚尾　左右雙邊　尺寸：26.6×16.4　册數：十六册　《省名録》：02201

刻戰國策序

劉知幾曰縱横互起力戰爭雄秦兼天下而著戰國策劉中壘亦云臣向所校戰國策書錯亂糅莒其書出秦無疑至劉始定為三十三篇晉孔衍又引劉與司馬二家聚為一録號春秋後語世尤其不量力劉本注於後漢高誘校於宋

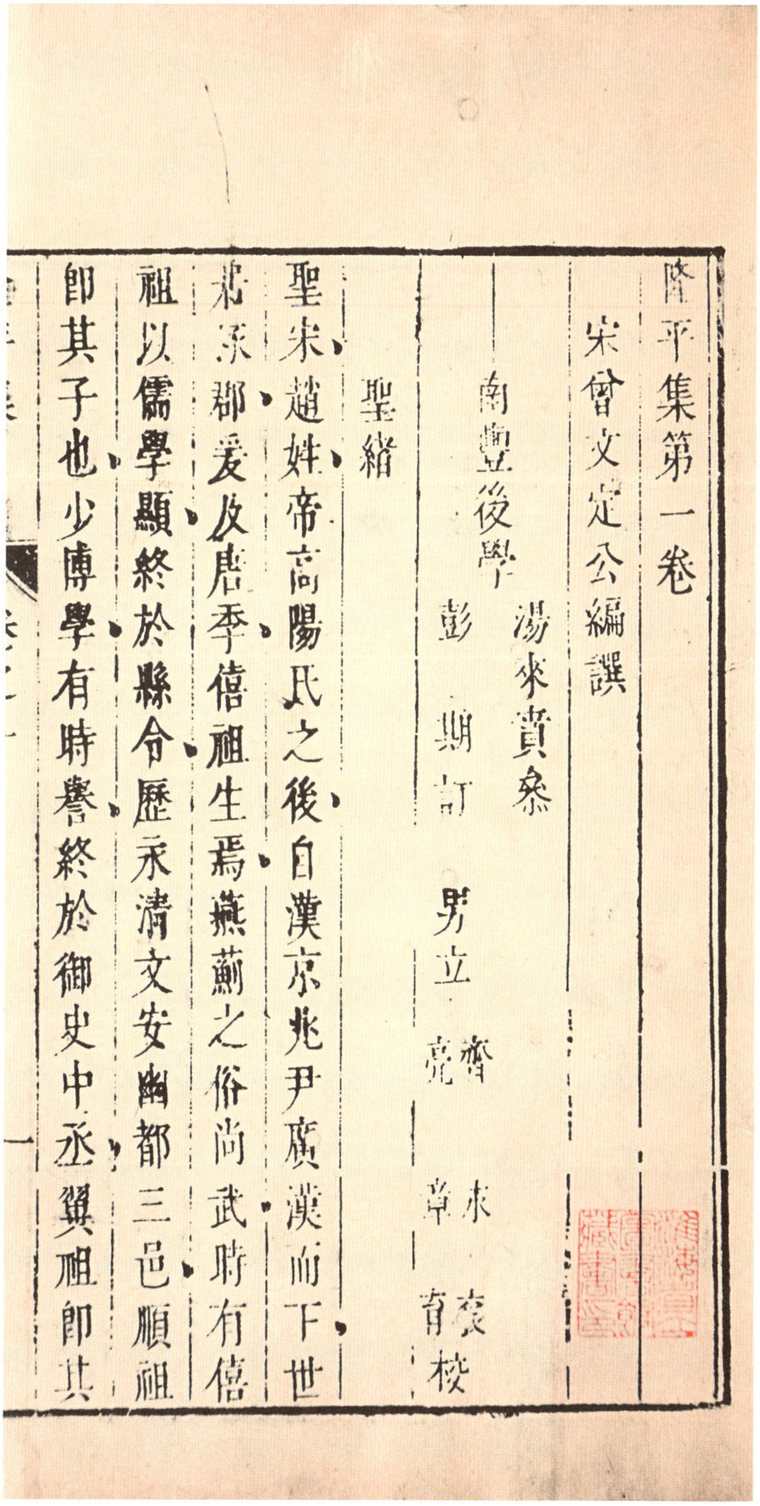

11433　隆平集二十卷　（宋）曾鞏撰　清康熙四十年（1701）彭期七業堂刻本　清寶珣跋
版框：20.4×13.2　九行二十字　白口黑單魚尾　左右雙邊　尺寸：26.6×16.6　冊數：八冊
《善本書目》：史部2443

宋曾文定公隆平集目錄

序 三首

第一卷

聖緒 符應 都城 官名 官司

館閣 附文籍 郡縣 學舍 寺觀 宫掖

第二卷

行幸 取士 黜隱逸 御貢獻

第三卷

愼名器 革弊 節儉 宰執

文定公名鞏字子固登進士官中書舍人以文章名天下為有宋一代蔚名臣弟肇字子開亦舉進士官翰林學士長於文。謝[illegible]克家後山集序云少時以文章謁南豐曾舍人曾一見奇之許其必以文著時人未之知也其相士獨具法鑒非徒以文擅長陳師道詩云向來一瓣香敬為曾南豐蓋指文定而言其學醇品粹為人之深已可概見於

咸豐七年孟春游宣南書坊得此卷展讀一通宋太祖太宗真宗仁宗英宗五代人文掌故晰若列眉其表揚盛德闡發忠正得史之正宗後之學者宜以瓣香奉之誠不誣也

翰林侍講東山寶珣敬誌

國策抄卷之一

瑯琊焦竑弱侯　輯

周赧王

司寇布爲周最章

司寇布爲周最謂周君曰。君使人告齊王以周最不肯爲太子也。臣爲君不取也。（司寇官名布其名閔王善最欲其爲太子以賂進之最時讓立周以最不肯立告齊）函冶氏爲齊太公買良劍。公不知善。歸其劍而責之金。（歸還之也責取買劍之金）越人請買之千金。折而不賣。（雖千金猶爲虧折其價而不賣也）將死而屬其子曰。必無獨知。（屬囑同言凡有售必使衆識其良不可獨知也）今君之使最爲太子。（周雖

18640　國策抄四卷國語抄四卷　（明）焦竑輯　明萬曆四十七年（1619）焦竑刻本

版框：20.3×14.5　十行二十字雙行小字二十　白口無魚尾　四周單邊　尺寸：26.5×16.8　册數：四册　《省名録》：01783

國語抄卷之一

瑯琊焦竑弱矦　輯

周

杜預世族譜云黃帝之苗裔姬姓后稷之後封於邰及衰稷子不窋失職竄於西戎至十二代孫曰大王爲狄逼遷岐至孫文王受命武王克殷而有天下至幽王爲犬戎所殺平王東遷乃居王城今按舊音毋國之前特於國名下序其世系始末甚詳他皆倣此

謀父諫征犬戎

穆王將征犬戎。穆王周康王之孫昭王之子穆王滿也征正也上討下之稱犬戎西戎別名在荒服**祭公謀父諫曰。**祭莊界切父音甫按經史唯父毋字如字其餘凡涉地名人名皆音甫○祭畿內之國周公之後爲王卿士謀父字也**不可。先王耀德不觀兵。**耀明也觀示也明德尚道化也不示兵者有大罪惡然後致誅不以小小而示威武**夫兵戢而**

史要編卷之一　正史

真定鳴泉梁夢龍選

史記自序

司馬遷

太史公既掌天官不治民有子曰遷遷生龍門耕牧河山之陽年十歲則誦古文二十而南游江淮上會稽探禹穴闚九疑浮於沅湘北涉汶泗講業齊魯之都觀孔子之遺風鄉射鄒嶧戹困鄱薛彭城過梁楚以歸於是遷仕爲郎中奉使西征巴蜀以南南略卭筰昆明還報命是歲天子始建漢家之封而太史公留滯周南不得與從事故發憤且卒而子遷適使反

18299　史要編十卷　（明）梁夢龍輯　明隆慶六年（1572）刻本

版框：19.4×14.5　十行二十字　白口白單魚尾　左右雙邊　尺寸：26.3×16.3　册數：四册

《善本書目》：史部7699　《國家名録》：04037　《省名録》：0383

命攜至會省宗正西亭先生見而異之曰

余昔刻經序錄不圖今見茲編殆可

並傳因終校之繡諸梓標其名曰史

要編工竣示余曰盍叙之因漫題如

左云

隆慶六年仲冬望日

欽差巡撫河南都察院右副都御史陞戶

部右侍郎真定鳴泉梁夢龍書于會

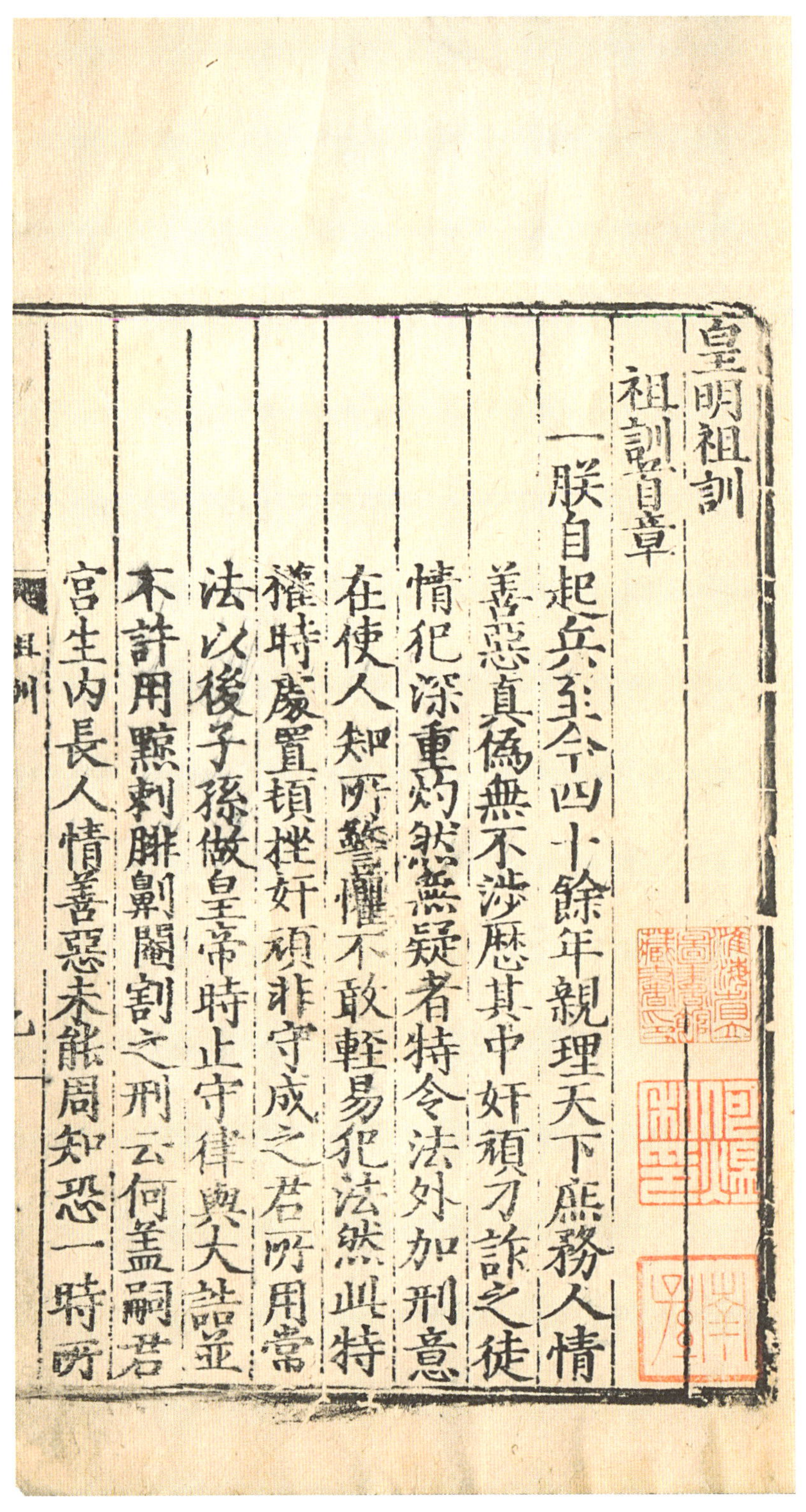

58488　皇明祖訓一卷　（明）太祖朱元璋撰　明初刻本

版框：20.6×14　十行二十一字　白口黑單魚尾　四周雙邊　尺寸：28.2×17　册數：二册　《國家名録》：03862　《省名録》：0317

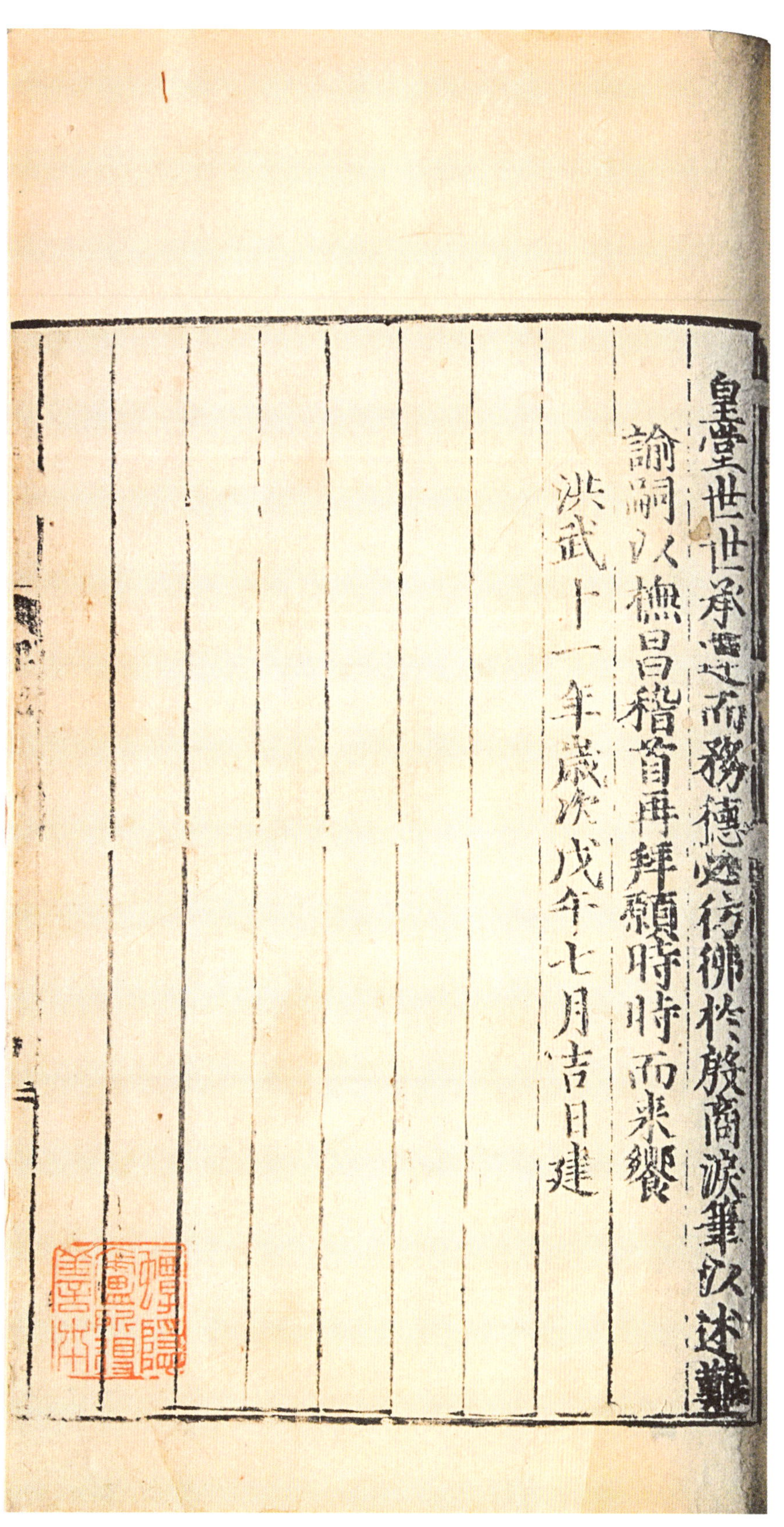

皇上世世承迺而務德必彷彿於殷商漢華以述難
諭嗣以樵昌稽首再拜顛時時而來饗
洪武十一年歲次戊午七月吉日建

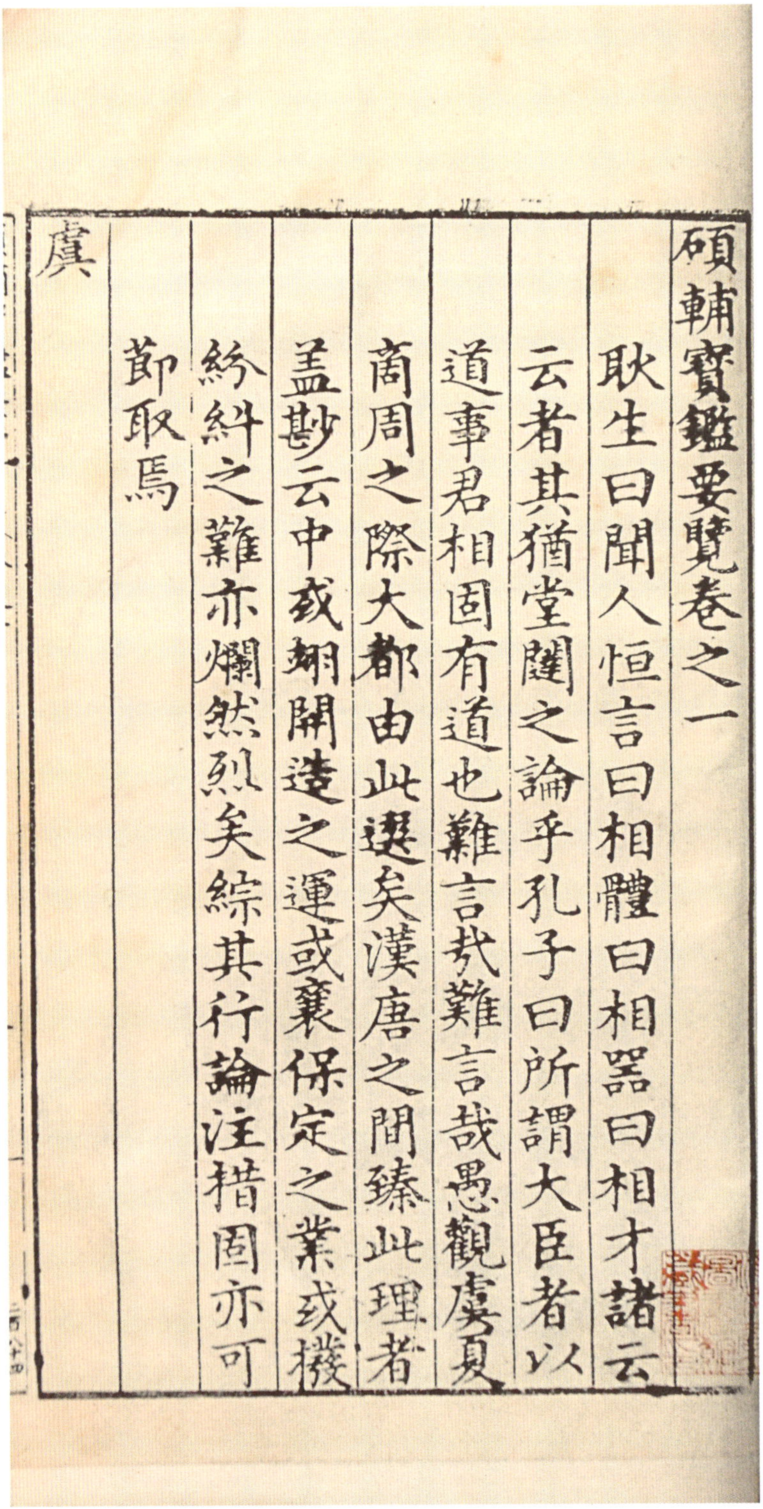
碩輔寶鑑要覽卷之一
耿生曰聞人恒言曰相體曰相器曰相才諸云
云者其猶堂閾之論乎孔子曰所謂大臣者以
道事君相固有道也難言哉難言哉愚觀虞夏
商周之際大都由此選矣漢唐之間臻此理者
蓋尠云中或翊開造之運或襄保定之業或機
紛糾之難亦爛然烈矣綜其行論注措固亦可
節取焉
虞

31618　碩輔寶鑑要覽四卷附録一卷　（明）耿定向輯　明嘉靖刻本

版框：20.8×13.6　九行二十字　白口無魚尾　四周單邊　尺寸：26×16　册數：六册　《善本書目》：史部4409　《國家名録》：03926　《省名録》：0341

富彦國初侃直不撓其英氣如出礦之金乃晚年酷嗜内典深究性命之旨所謂禮失求野者歟觀其入相時言論注措所得非淺淺者若韓稚圭余詳其行事想見其人即願執鞭猶恐其不我欲也嘗玩其喜雨詩云須臾慰滿三農望却斂神功寂若無其於學也深乎深乎世儒竟未有以知道歸公者豈公唯以身發揮不[illegible]世儒藉口吻耶就歐陽永叔世都目為文章家予讀其文非苟作者似亦有所見矣

碩輔寶鑑序

儒者稱大人之學豈虛語哉孟子云萬物皆備於我既曰備我則天地民物通於人心有痛痒焉其大者固然也而君相者所以行其大之具其制與文其行大之跡也是故得其痛痒之固然者以立大之本而出制與文則可以裁成輔相以左右斯民此之謂大人之學繇載籍以来若古皋益之徒大者著矣而尤詳於伊尹之事尹始一耒夫耳非其道義雖千駟一介不以自

剖訟實狂且瞽則何罪之辭

嘉靖乙丑孟冬既望楚黄耿定向自序

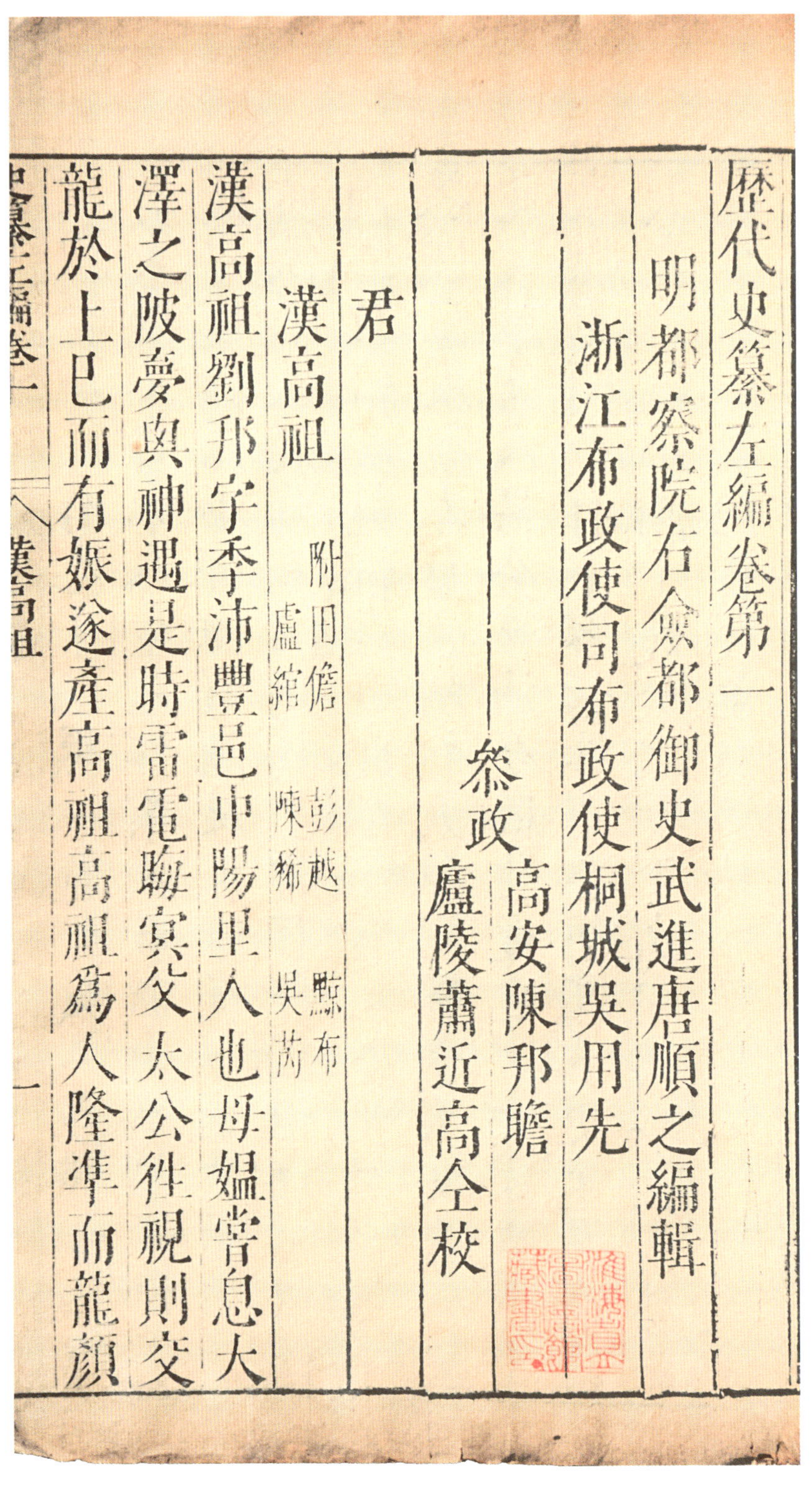

57927　歷代史纂左編一百四十二卷　（明）唐順之輯　明萬曆三十九年（1611）吴用先等刻本

版框：22.4×14.6　十行二十字　白口白單魚尾　左右雙邊　尺寸：25.8×16　册數：九十五册

《省名録》：02205

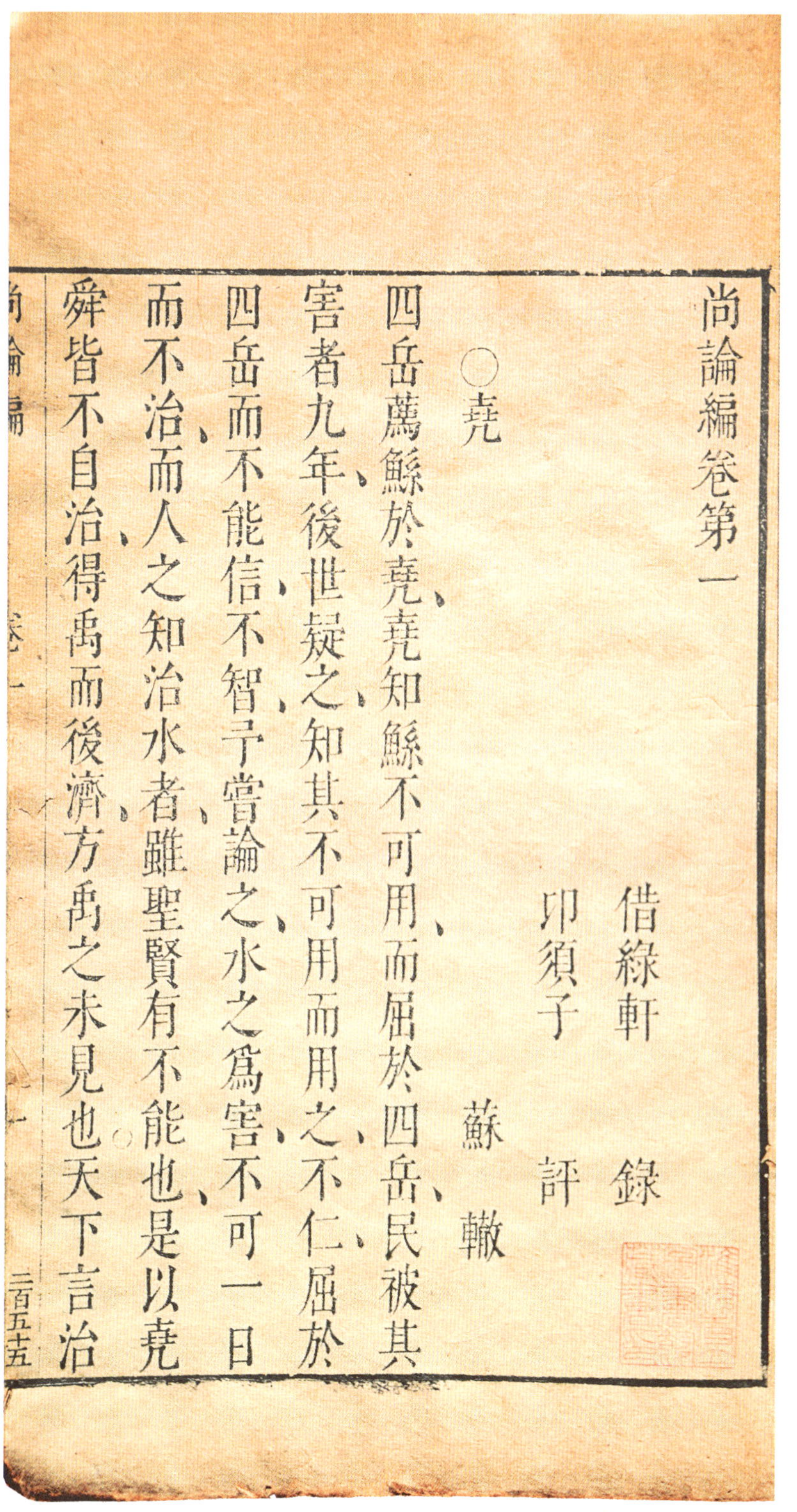

32027　尚論編七卷　明末刻本

版框：20.4×14.4　九行二十字　白口無魚尾　四周單邊　尺寸：27×16.7　册數：四册　《善本書目》：史部15631　《省名録》：01836

新鐫繡像旁批詳註總斷廣百將傳卷一

古閩黃道周石齋註斷

後學周亮輔猷菴增補

長洲陳元素孝平原本

姜太公呂尚

呂尚者東海上人本姓姜從其先祖封於呂故名呂尚字子牙尚抱經天緯地之才嘗著有六韜備言陰陽以爲兵書之祖時值商紂暴虐避居東海之濱坐石磯垂鈎絲不設餌鈎不曲鈎毋言不釣魚鱉獨釣王侯人多笑之困窮老矣聞西伯賢善養老遂往歸

13206　新鐫繡像旁批詳註總斷廣百將傳二十卷　（明）黃道周注斷　（明）周亮輔增補　明崇禎十六年（1643）本立堂刻本

版框：19×13.2　九行二十字　白口黑單魚尾　四周單邊　尺寸：26（21.9）×15.8　裝訂：金鑲玉　册數：十册　《省名録》：01867

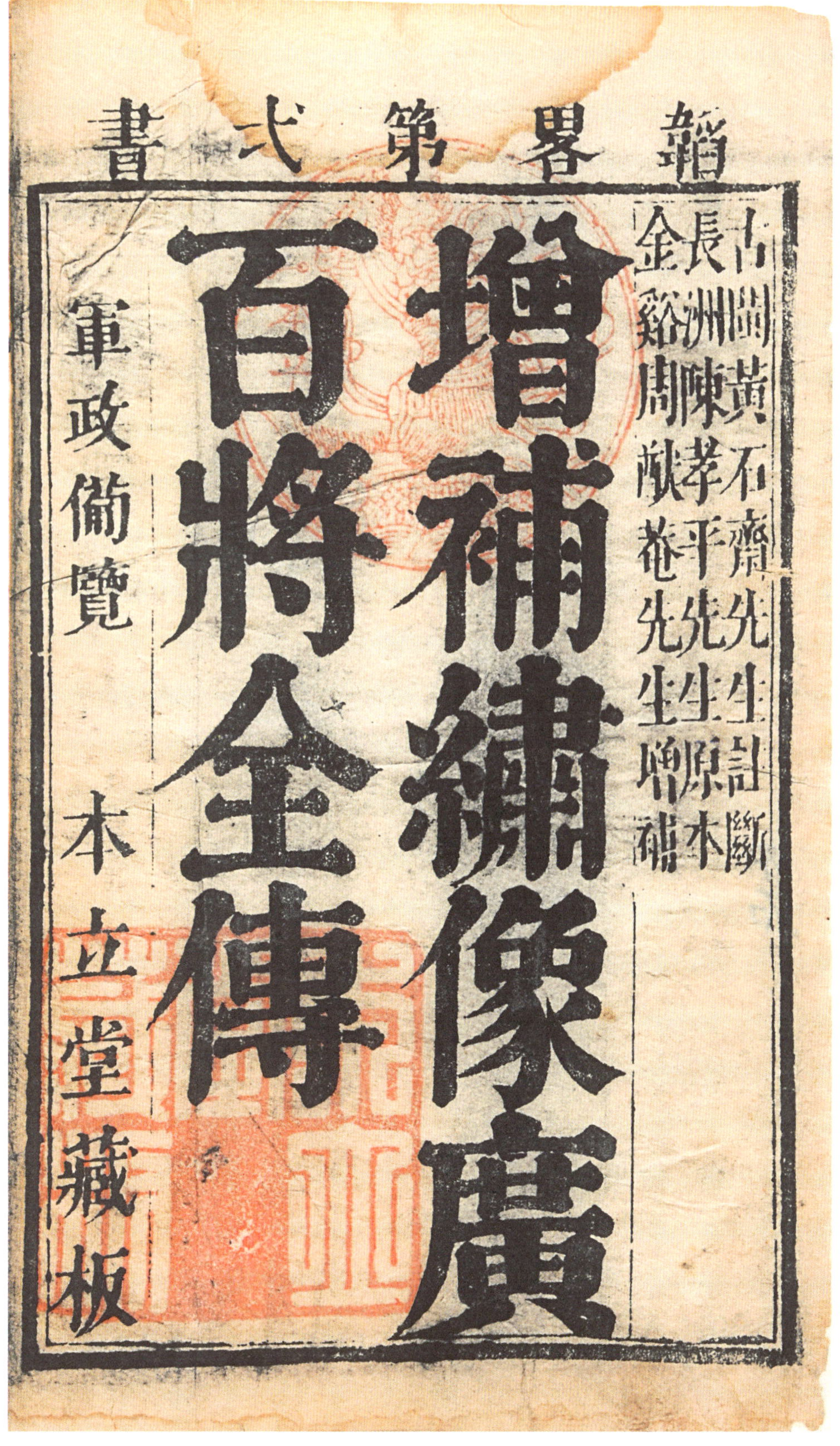

韜畧第弍書

古閩黃石齋先生訂斷
長洲陳孝平先生原本
金谿周猷菴先生增補

增補繡像廣百將全傳

軍政備覽

本立堂藏板

姜子牙調將破崇
侯虎

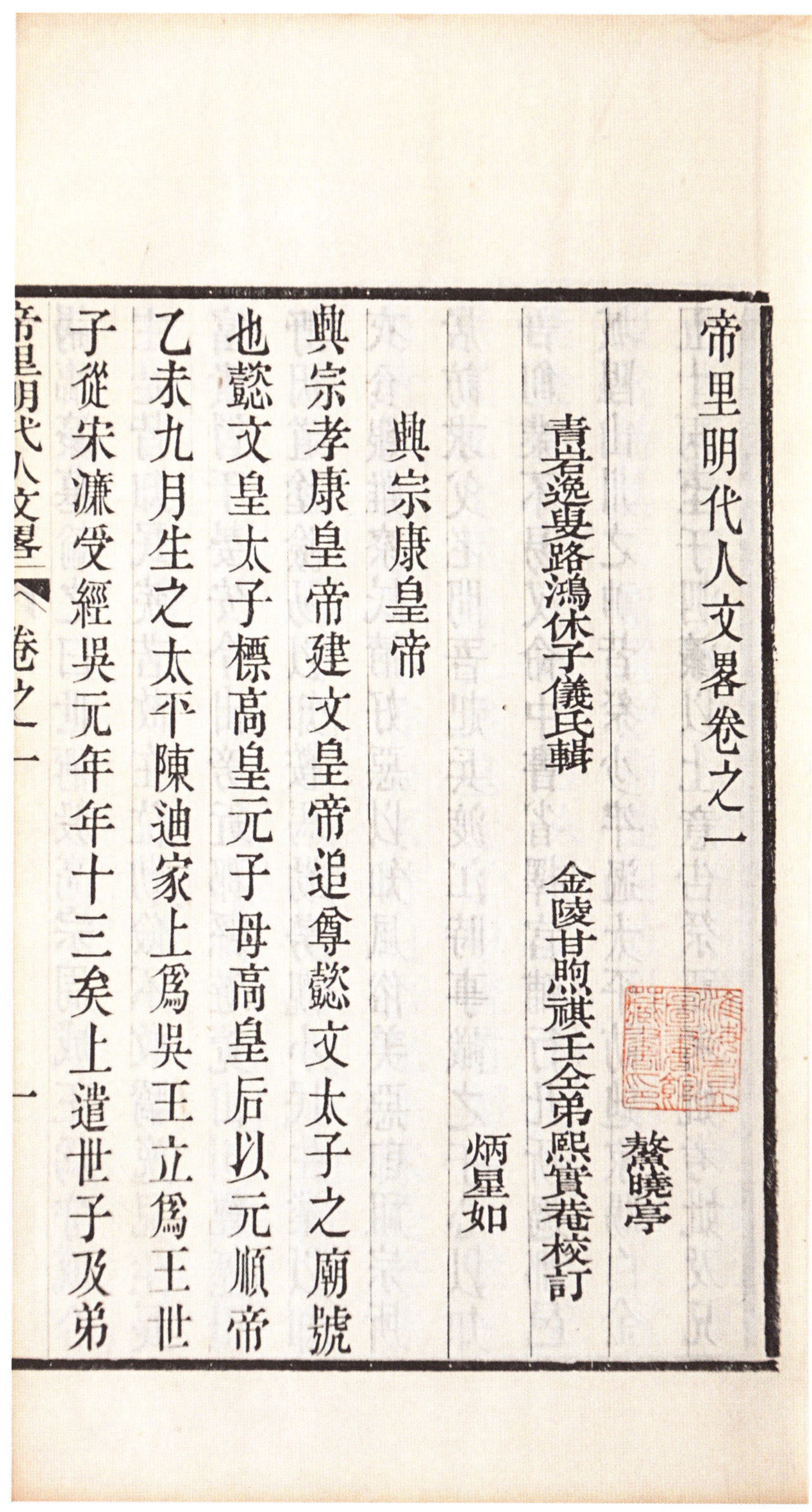

帝里明代人文畧卷之一

青若逸叟路鴻休子儀氏輯

金陵甘煦祺壬全弟熙實菴校訂

鰲曉亭

炳星如

興宗康皇帝

興宗孝康皇帝建文皇帝追尊懿文太子之廟號也懿文皇太子標高皇元子母高皇后以元順帝乙未九月生之太平陳迪家上爲吳王立爲王世子從宋濂受經吳元年年十三矣上遣世子及弟

帝里明代人文畧 卷之一 一

12322　帝里明代人文畧二十二卷附後一卷　（清）路鴻休撰　清道光三十年（1850）甘煦津逮樓活字印本

版框：19.5×14.2　九行十九字　白口黑單魚尾　四周單邊　尺寸：27×16.5　冊數：二十四冊

《善本書目》：史部4910　《省名録》：01764

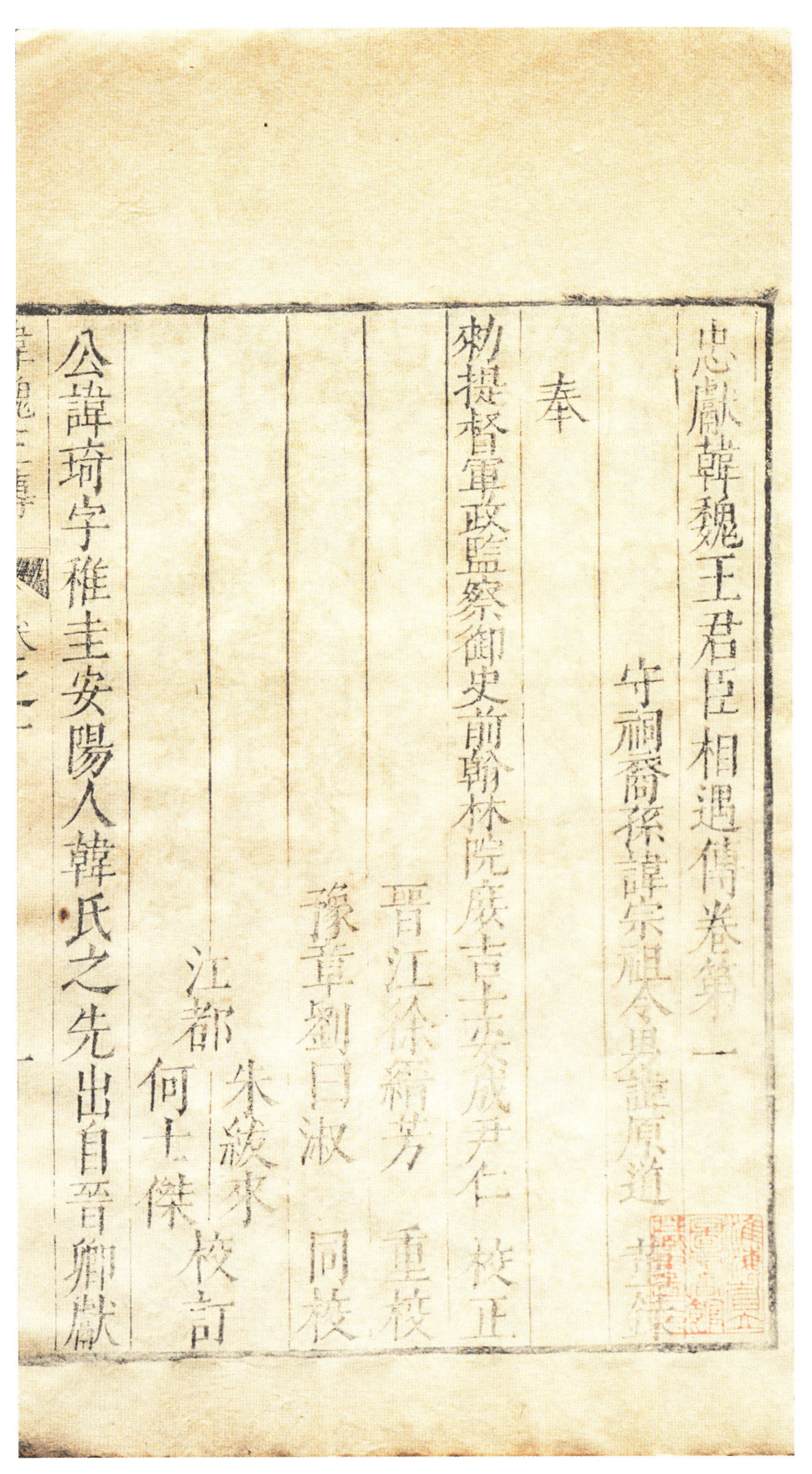

21652　忠獻韓魏王君臣相遇傳十卷　（宋）韓宗祖　（宋）韓原道録　别録三卷　（宋）王原叟撰　遺事一卷　（宋）强至撰　明萬曆四十二年（1614）徐縉芳刻本

版框：19.6×14.5　九行十八字　白口黑單魚尾　左右雙邊　尺寸：26.4×17.4　册數：二册

《省名録》：01766

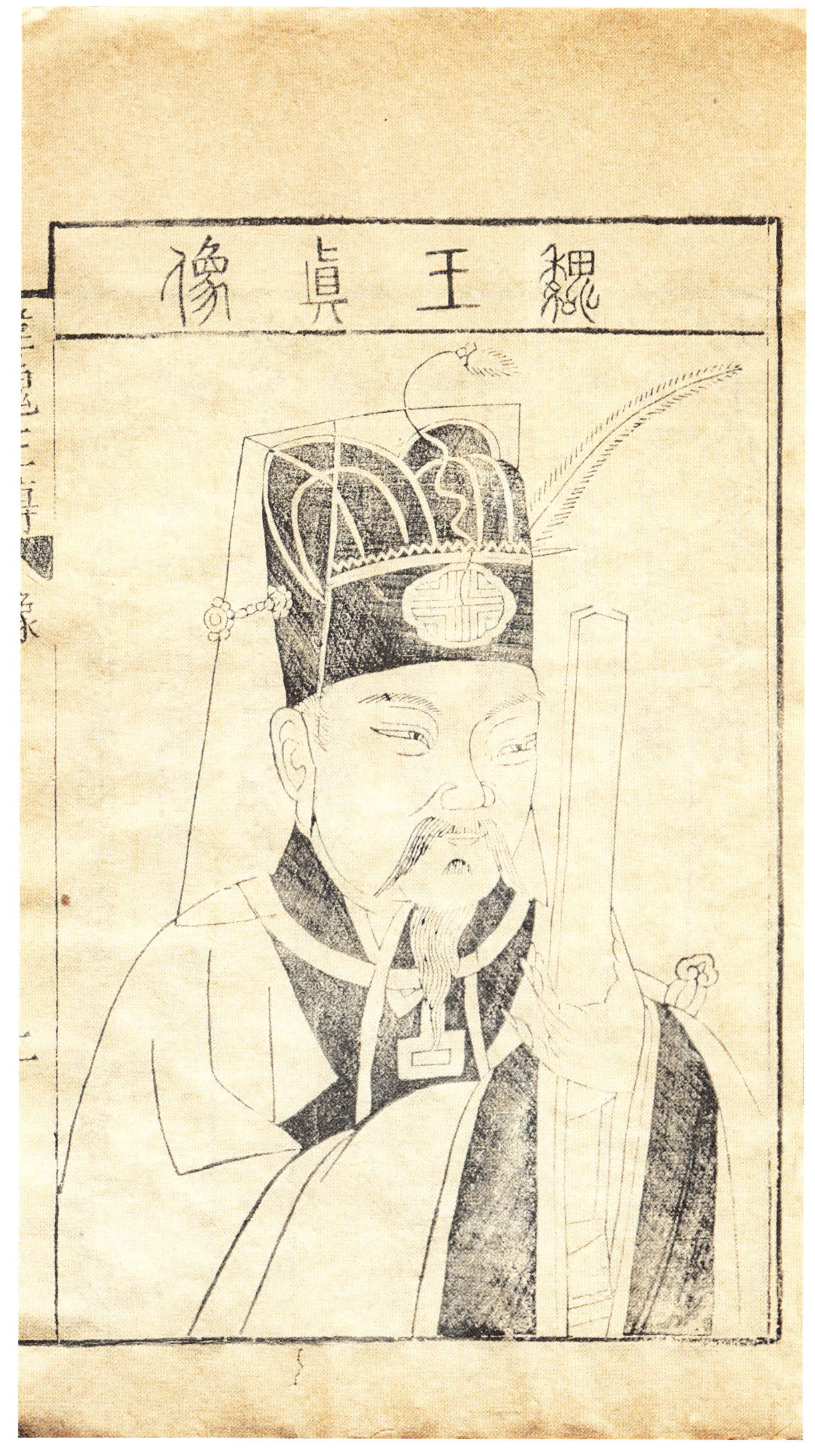
魏王真像

通典卷第一

唐京兆杜佑君卿

佑少嘗讀書而性且蒙固不達術數之藝不好章句之學所纂通典實采群言徵諸人事將施有政夫理道之先在乎行教化教化之本在乎足衣食易稱聚人曰財洪範八政一曰食二曰貨管子曰倉廩實知禮節衣食足知榮辱夫子曰既富而教斯之謂也夫行教化在乎設職官設職官在乎審官才審官才在乎精選舉制禮以端其俗立樂以和其心此先哲王致治之大方也故職官設然後興禮樂焉教化隳然後用刑罰焉列州郡俾分領焉置邊防遏戎狄焉是以食貨爲

16223　杜氏通典二百卷　（唐）杜佑撰　明嘉靖李元陽刻本

版框：20×15　十行二十三字　白口黑雙順魚尾　四周單邊　尺寸：26.9×16.5　冊數：四十二册（卷一至卷二配抄本）　《省名録》：0450

通典卷第三

食貨三

鄉黨土斷 版籍並附

昔黃帝始經土設井以塞諍端立步制畝以防不足使八家爲井井開四道而分八宅鑿井於中一則不洩地氣二則無費一家三則同風俗四則齊巧拙五則通財貨六則存亡更守七則出入相司八則嫁娶相媒九則無有相貸十則疾病相救是以情性可得而親生產可得而均均則欺淩之路塞親則鬬訟之心弭既牧之於邑故井一爲鄰鄰三爲朋朋三爲里里五爲邑邑十爲都都十爲師師十爲州夫始分之於

杜氏通典目錄

○食貨凡一十二卷

卷之一

田制上

卷之二

田制下　水利田　屯田

議論

葉正則論唐許民買賣而先王之制遂壞

蘇明允論井田難復宜少爲之限以利民

夏氏竦請興水利則仁義之化漸行

文獻通考纂卷之一

武康駱騄曾象先

宋鄱陽馬端臨貴與著　海鹽彭宗孟孟公較

明海鹽胡震亨孝轅纂　秀水朱茂時葵石

田賦　小序

古之帝王。未嘗以天下自私也。故天子之地千里。公侯皆方百里。伯七十里。子男五十里。而王畿之內。復有公卿大夫采地祿邑。各私其土。子其人。而子孫世守之。其土壤之肥磽。生齒之登耗。視之如其家。不煩考覈而姦

48265　文獻通考纂二十四卷　（宋）馬端臨撰　（明）胡震亨輯　明天啓刻崇禎十六年（1643）朱彝叙鶴洲草堂重修本

版框：22.2×15　十行二十一字　白口黑單魚尾　左右雙邊　尺寸：27×17　冊數：十冊　《省名録》：02228

輿地

第二十四卷

四裔

是書裁輯精要洵爲學海之楫維顧雖經較訂字畫不無舛訛敘偶得是板遂重加讐對依全書善本悉正之庶讀者無嘉穀草邑之誤於先生此書亦有涓涘之助云

崇禎癸未後學朱彛敘謹識

李卓吾先生批選鼂賈奏疏

賈誼

治安策

臣竊惟事埶可爲痛哭者一可爲流涕者二可爲長太息者六若其它背理而傷道者難徧以疏舉進言者皆曰天下已安已治矣臣獨以爲未也曰安且治者非愚則諛皆非事實知治亂之體者也夫抱火厝之積薪之下而寢其上火未及燃因謂之安方今之埶何以異此本末舛

鼂賈奏疏　卷上　一

58787　李卓吾先生批選鼂賈奏疏二卷　（明）李贄輯　明刻本

版框：20×14.1　九行十八字　白口黑單魚尾　左右雙邊　尺寸：27×17　册數：一册　《省名録》：02102

硃批陳時夏奏摺

雍正元年正月二十三日河南開歸道仍帶廣西

道監察御史臣陳時夏謹

奏爲恭謝

天恩事竊臣蒙

皇上擢臣河南開歸道仍帶御史銜前往恭聆

聖訓諄切周詳

隆恩異數超逾格外臣雖捐糜頂踵未足仰酬

高厚敢不竭盡愚誠以矢報効於萬一臣於正月十三

日抵開封十四日到任一路訪察地方情形自彰

硃批諭旨　一　陳時夏

71324　硃批諭旨三百六十卷　（清）世宗胤禛批　清乾隆内府刻朱墨套印本

版框：20.5×14.5　十行二十一字　白口黑單魚尾　四周雙邊　尺寸：27.5×18　冊數：百六冊

《省名録》：0320

奏

朕並無沽名示惠與爾等大臣爭譽之心也即如此水利一條事在可行朕斷不湮沒爾之好處諭旨發出時爾自當知悉也若將不可行之事先露意市恩於人至不能行時令歸怨於朕朕深惡者此也所以云一切未定未行之奏密字甚有關係不然面是背非大失一德同心之理矣自漢唐以來君臣之大道漸泯殊可嘆息再者閱爾所開米價單價值殊覺過昂當青黃不接之時須加意籌畫也

雍正五年正月二十八日蘇州巡撫臣陳時夏謹

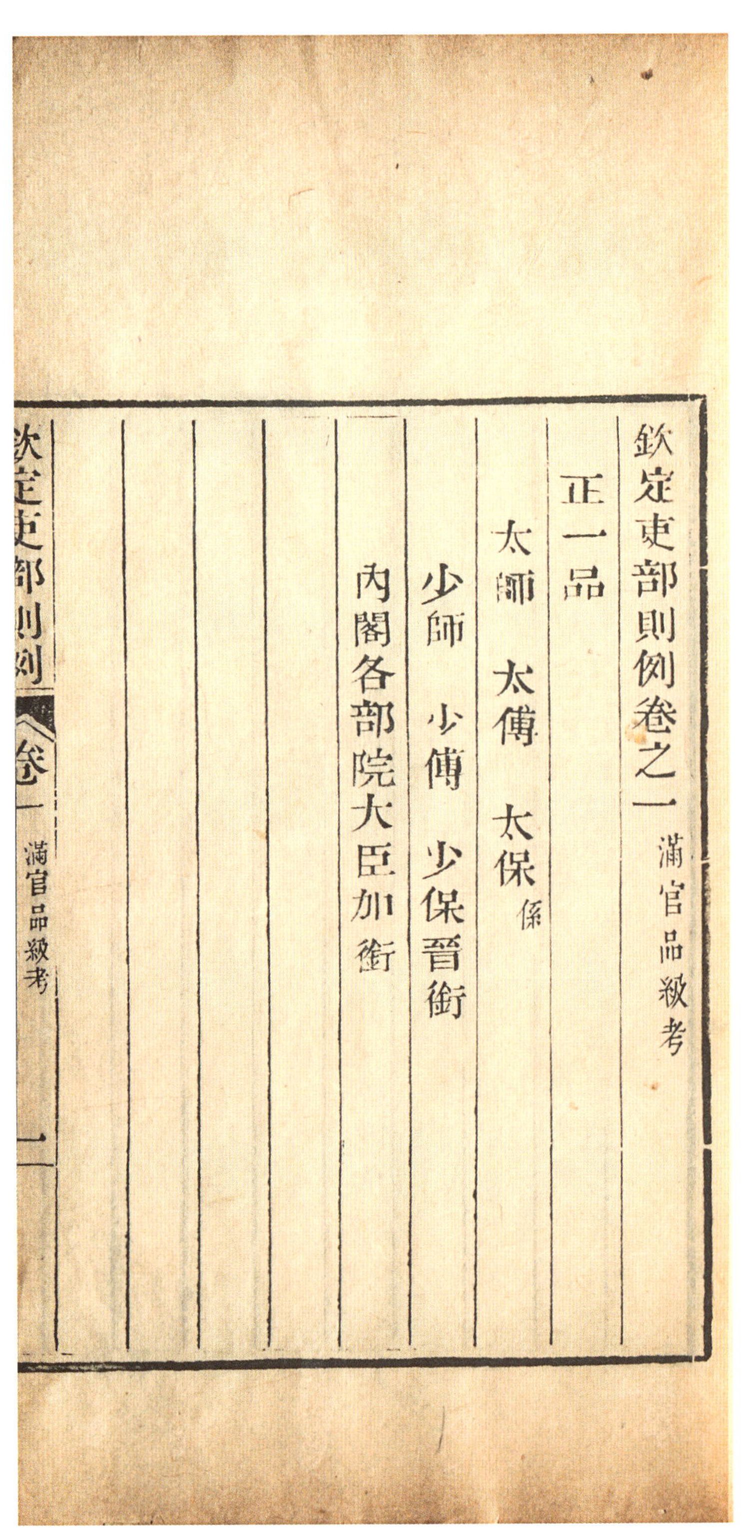

12080　欽定吏部則例六十八卷　（清）保寧　（清）吉綸等纂修　清乾隆六十年（1795）武英殿活字印本

版框：18.5×12.2　九行二十字　白口黑單魚尾　四周雙邊　尺寸：28.2×17　冊數：四十八册

《省名録》：0457

武英殿刊刻頒發俾內外一體遵循除臣等并提
調纂修繙譯等官不敢仰邀議敘外所有留館
供事二十名檢查檔案繕寫一切書冊及紙張
飯食等項均係該供事等自備提辦今清漢全
冊業已依限完竣實屬始終勤奮仰懇
聖恩仍照上屆清書告成之例給予議敘以示鼓勵
如蒙
俞允臣部移咨都察院照例辦理至該供事等仍俟
繕寫副本校對等事完竣再行分別飭令回籍

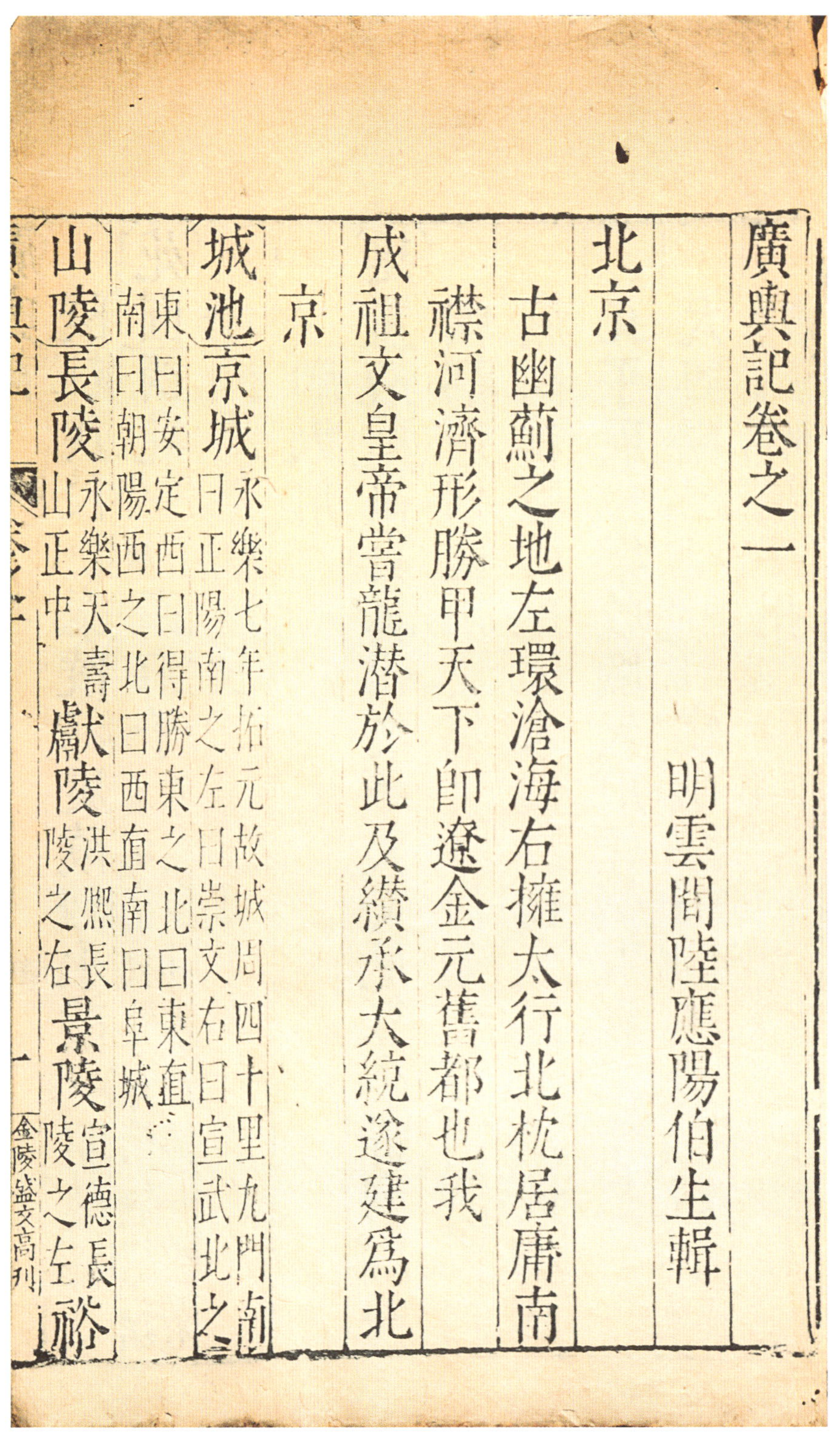
廣輿記卷之一

明雲間陸應陽伯生輯

北京

古幽薊之地左環滄海右擁太行北枕居庸南襟河濟形勝甲天下即遼金元舊都也我成祖文皇帝嘗龍潛於此及纘承大統遂建爲北京

城池京城永樂七年拓元故城周四十里九門南曰正陽南之左曰崇文右曰宣武北之東曰安定西曰得勝東之北曰東直南曰朝陽西之北曰西直南曰阜城

山陵長陵永樂天壽山正中　獻陵洪熙長陵之右　景陵宣德長陵之左　裕

金陵盛文高刊

93792　廣輿記二十四卷　（明）陸應陽撰　明萬曆刻本

版框：20.7×15　十行十九字雙行小字十九　白口黑單魚尾　左右雙邊　尺寸：25.7×16.7　册數：八册　《省名録》：01793

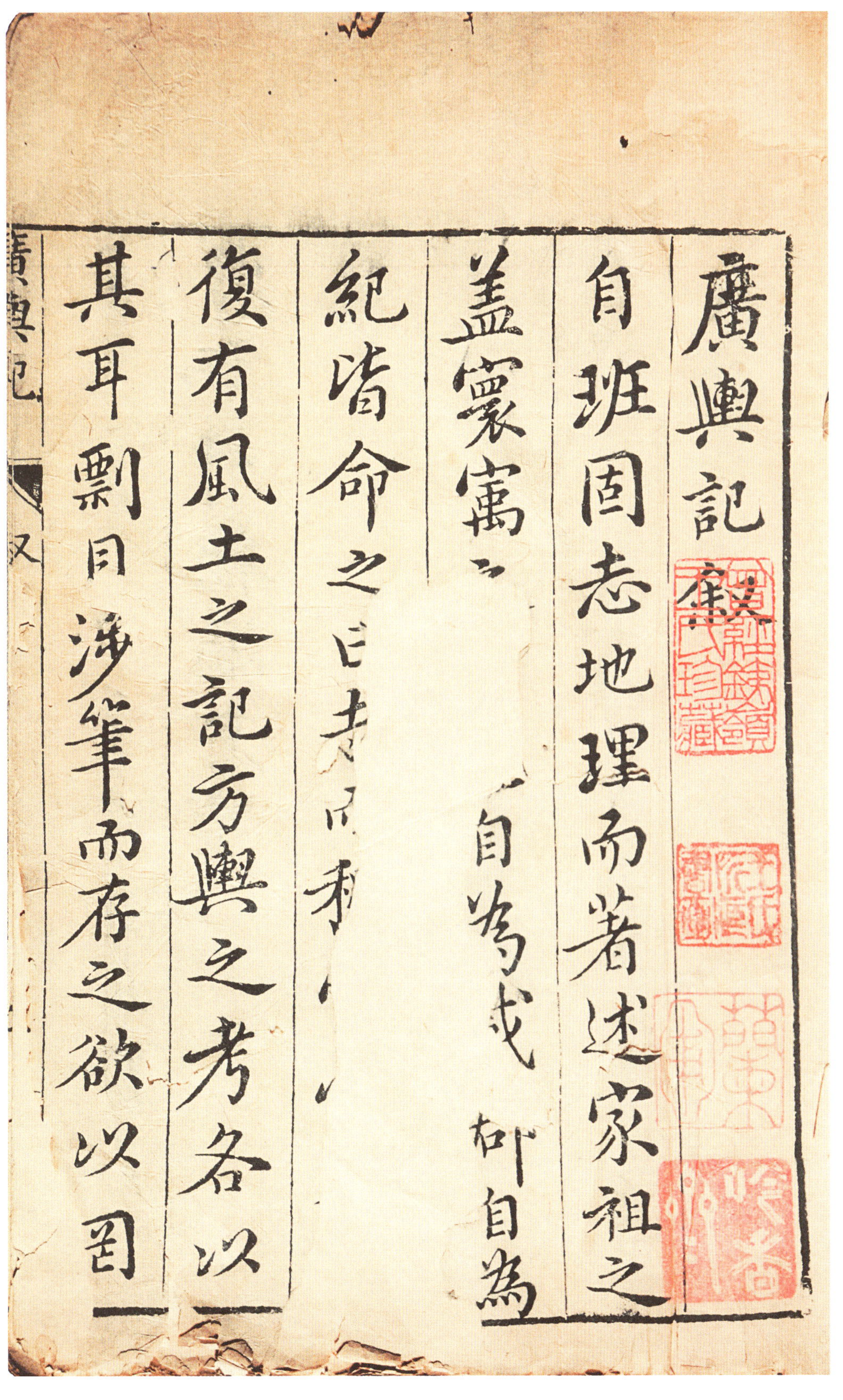

廣輿記敘

自班固志地理而著述家祖之

蓋寰寓之[illegible]自為[illegible]郁自為

紀諸命之曰志[illegible]稱[illegible]

復有風土之記方輿之考各以

其耳剽目涉筆而存之欲以罔

常熟縣破山興福寺志卷一

偈菴程嘉燧輯

破山　宋文林郎秘書省較書郎守縣尉陳于頂山路記云常熟居海濵地無大山縣依山之陽是爲隅山以瀕海之隅也又名虞山以昔人治虞于此也山北行九里是爲破山以鬬龍破山而爲澗也又北行九里爲頂山又北行六七里爲小山山之南北相距繞二十四里而名已不一矣又合而名之或曰烏目

卷一　一

58232　常熟縣破山興福寺志四卷　（明）程嘉燧撰　明崇禎十五年（1642）刻本

版框：19.2×12　八行二十字　白口無魚尾　四周單邊　尺寸：26.4×15.8　冊數：二冊　《省名録》：01813

興福寺圖
觀音殿
方丈
空心亭
高僧殿
瓔珞柏
空心潭
團瓢
雲會堂
天王殿
地藏殿
救虎閣
白蓮池

物理論曰所以立天地者水也夫水也者本也吐元氣發日月經星辰而興也釋名曰水准也平準物也抱朴子曰黃帝曰天在水外水在天外浮天而載地

水經注删卷一　成都朱之臣鈔評

河水注

春秋說題辭曰、河之爲言荷也、荷精分布、懷陰引（妙）度也、釋名曰、河下也、隨地下處而通流也、考異郵曰、河者水之氣、四瀆之精也、所以流化、元命苞曰、五行始焉、萬物之所由生、元氣之腠液也、管子曰、水者地之血氣、筋脉之通流者、故曰水、其具財也、（經絡截然古人文字分曉如此）而水最爲大、水有大小、有遠近、水出山而流入海

水經注删卷一　一　河

52386　水經注删八卷　（明）朱之臣輯并評　明萬曆刻本

版框：20.8 × 15　九行十九字　白口無魚尾　四周單邊　尺寸：27.5 × 16.6　冊數：四冊　《省名録》：01808

岱史第二卷星野考

敘曰易考乎星野也考泰山之分野而繫之於分星也謂其上應天象也夫陰陽之精其本在地而上發於天在天二十八舍在地十二州各有所主即一丘一阜懸象列宿㓨夫崧高維嶽峻極於天而泰山尤群嶽之宗其昭回法象豈不鉅麗自保章氏失職久遠郡國廢置代遷千百年來譚星野者或以泰山主心房氐或主婁胃或主虛危其言纚纚洋洋靡所適從然載籍雖博猶考信於往古天文角亢之分野

岱史第二卷　一

17819　岱史十八卷　（明）查志隆撰　明萬曆戴相堯刻本

版框：21.7 × 15.7　九行二十字　白口無魚尾　四周單邊　尺寸：29.8 × 18.3　册數：十四册

《善本書目》：史部11314

一　圖考

[illegible]乎圖考也考泰山之形勝而繪之爲圖也
[illegible]爲物者萬而惟流峙最大爲峙者萬而
惟嶽最大爲嶽者五均之巍巍峻極而惟岱最大近
則橫亘齊魯跨引江淮遠則雄峙九紘縈兩四海豈
非華夷之巨觀古今之崇鎮乎顧欲以方寸赫號綜
萃全勝抑何難也然自古考方辨域必取諸圖不然
則周覽不能窮其勝載籍不能紀其詳即有高雅之
士興起臥游之想曷從而觀焉是用攈古證今圖譜

岱史第一册質字號目録

明賜進士　欽差巡按直隷監察御史督理長蘆山東鹽課兼管河道嶺南譚耀　裁定

賜進士山東都轉運鹽使司運使豫章甘一驥　校閲

賜進士山東都轉運鹽使司同知西淛查志隆　編輯

卷之一圖考

星野圖　泰山舊圖　泰山新圖

東嶽廟圖　碧霞宫圖　五嶽真形圖

周明堂圖　孔殿圖

東溪山
玉皇廟
竹林寺

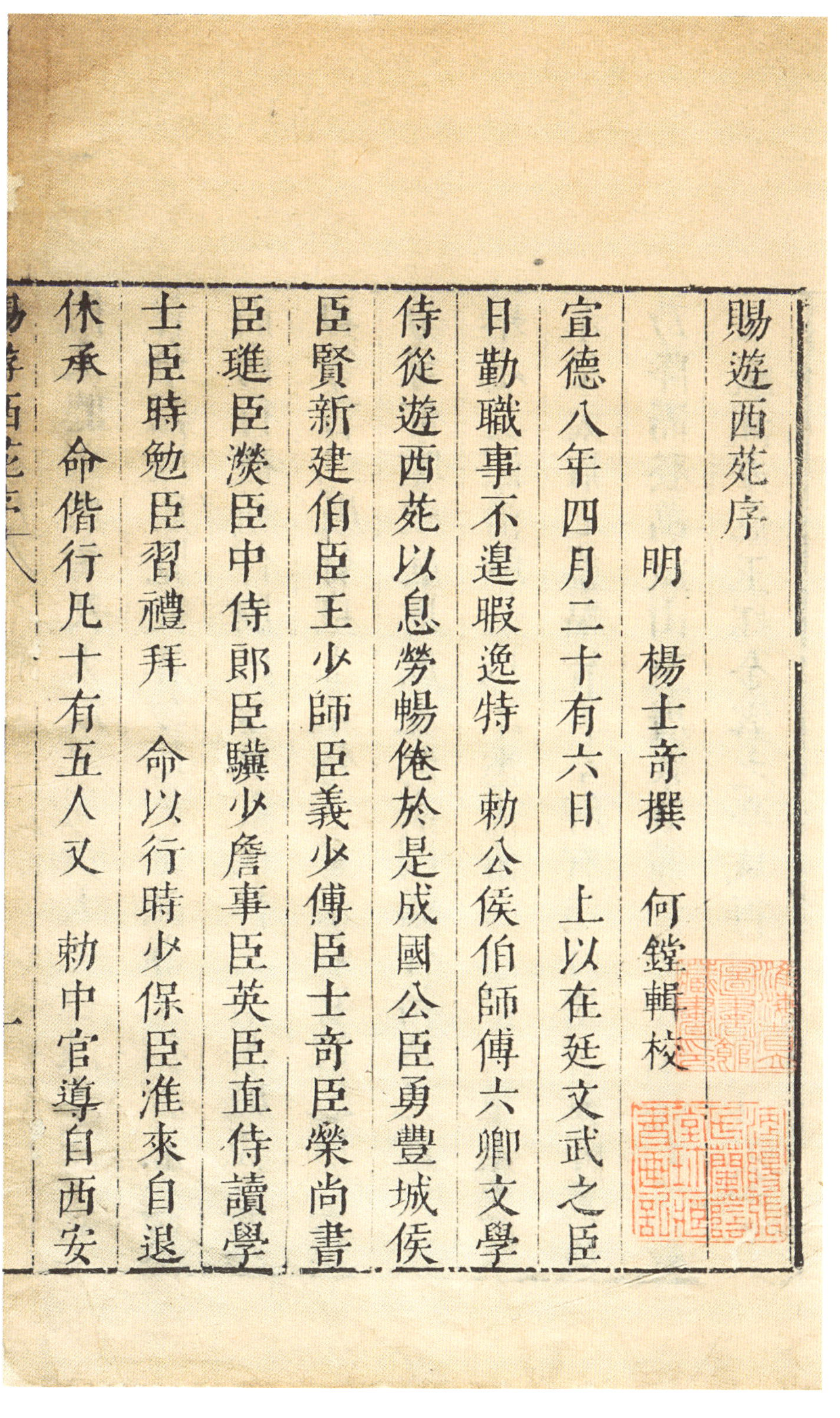

9753　名山勝槩記四十八卷名山圖一卷附録一卷　明崇禎六年（1633）墨繪齋刻本

版框：19.2×14.4　九行二十字　白口白單魚尾　左右雙邊　尺寸：26.5×16.8　册數：五十册

《省名録》：01807

名山者何自舊志黃山白岳之鄭千
里吳左千天台雁宕之趙文度杜士
良匡廬石鐘之陳路若黃長吉李辟
浮槎之藍田叔孫子真錢叔寶劉叔憲
量纂單遠生補圖成一告名亦勝游

云

崇禎中李吉少墨繪齋新纂 圖繪

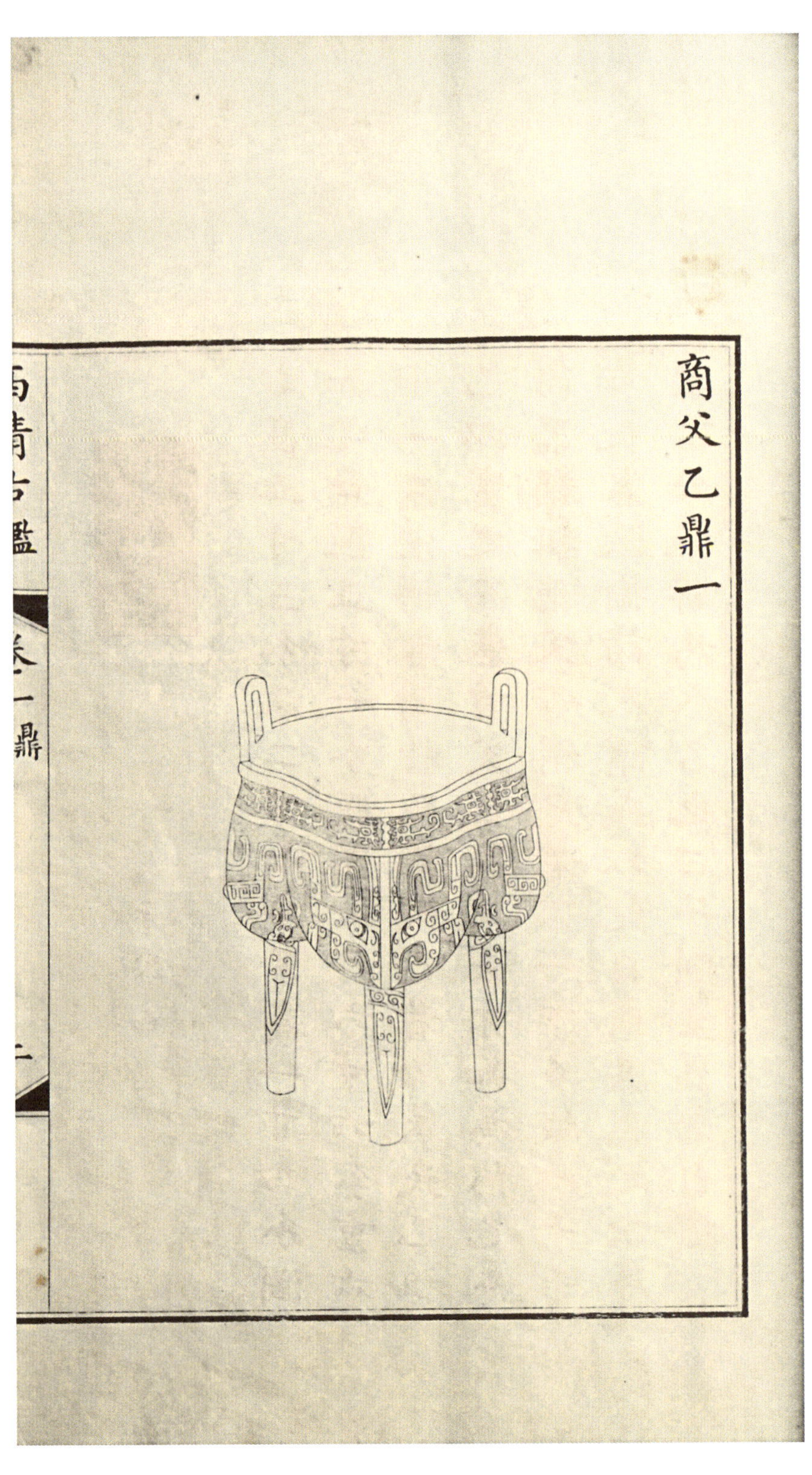

12982　西清古鑑四十卷附錢録十六卷　（清）梁詩正等纂修　（清）梁觀等繪　清乾隆十六年（1751）武英殿銅版印本

版框：29.4×22.5　十行十八字　白口黑雙向魚尾　四周雙邊　尺寸：42.3×26.7　册數：二十四册　《省名録》：0487

右一品洪遵泉志云張台見於寶鼎尉王鑄處然不能名為何代也按路史太昊伏羲氏聚天下之銅仰視俯觀以為棘幣注曰〢𠬝乃帝昊字幕文作氺李孝美所謂了傍斜畫者葢羲字此布文適合其〢字𠬝字引盄鐘暨封禪文似不為無據此貨幣之始

子　　部

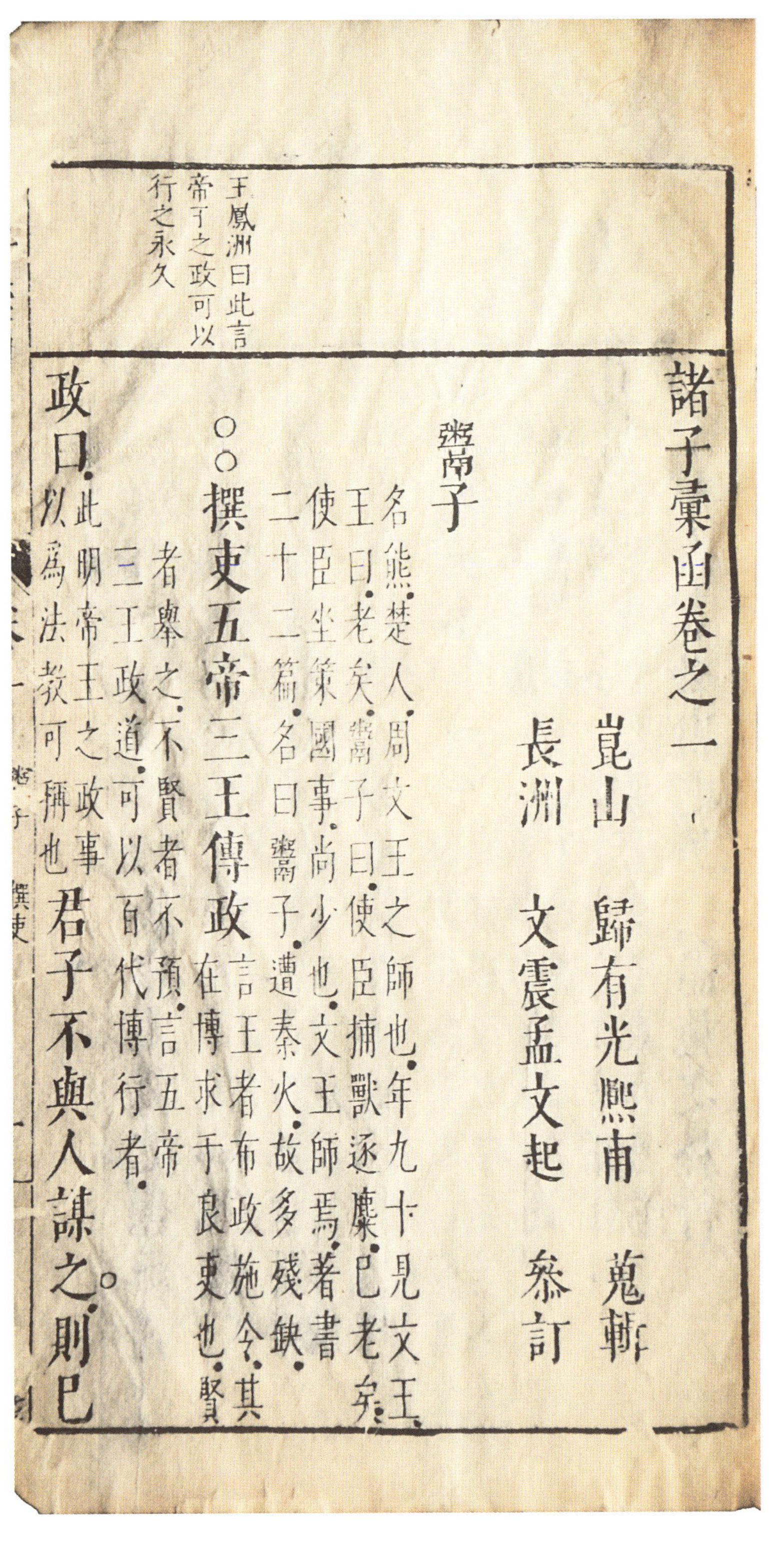

51809　諸子彙函二十六卷　（明）歸有光輯　明天啓刻本

版框：3.4＋19.2×13.5　上下雙欄　九行十八字雙行小字十八　白口黑單魚尾　四周單邊　尺寸：26.5×16.7　冊數：二十四冊　《省名録》：02240

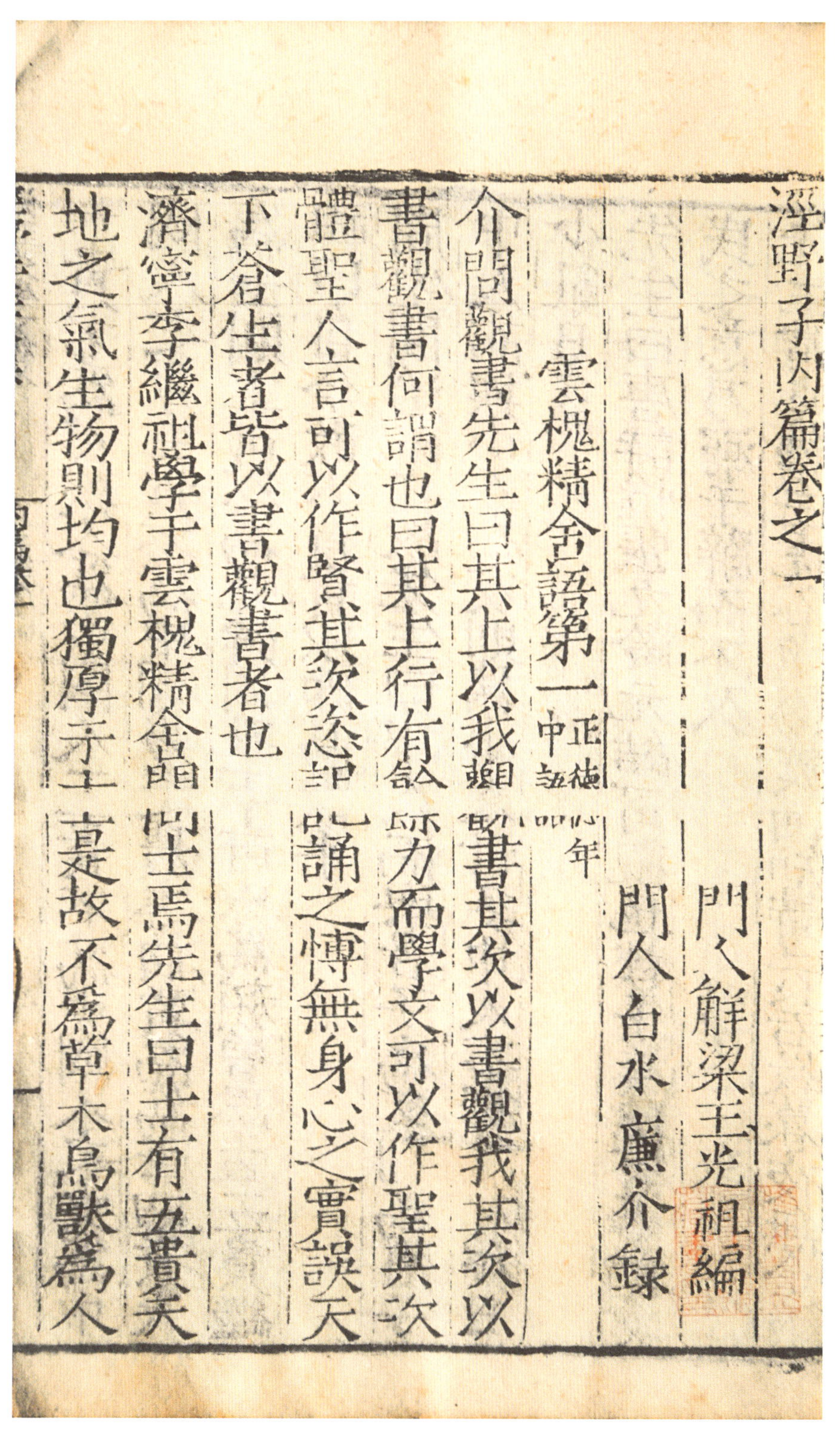

43681　涇野子内篇二十七卷　（明）吕柟撰　（明）王光祖輯　明萬曆十五年（1587）吕昀刻本

版框：20.4×14.6　十行二十二字　白口無魚尾　四周單邊　尺寸：24.2×15.8　册數：六册

《省名録》：02254

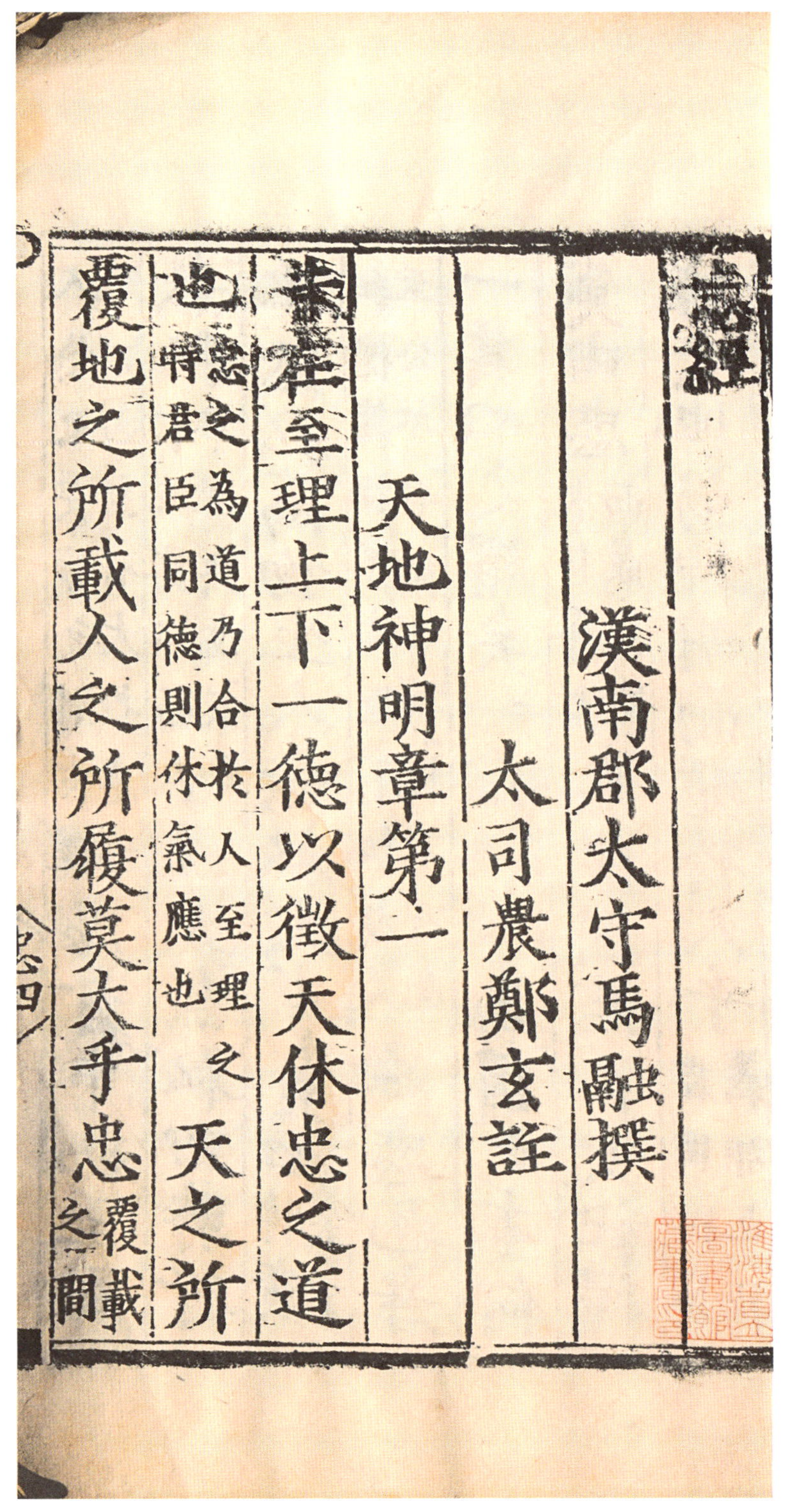

忠經

漢南郡太守馬融撰

太司農鄭玄註

天地神明章第一

昔在至理上下一德以徵天休忠之道也（忠之為道乃合於人至理之時君臣同德則休氣應也）天之所覆地之所載人之所履莫大乎忠（覆載之間）

58851　忠經一卷　題（漢）馬融撰　（漢）鄭玄注　明刻本

版框：20.8×13.4　七行十五字　白口無魚尾　四周雙邊　尺寸：28.5×17　册數：一册　《國家名録》：04416　《省名録》：0524

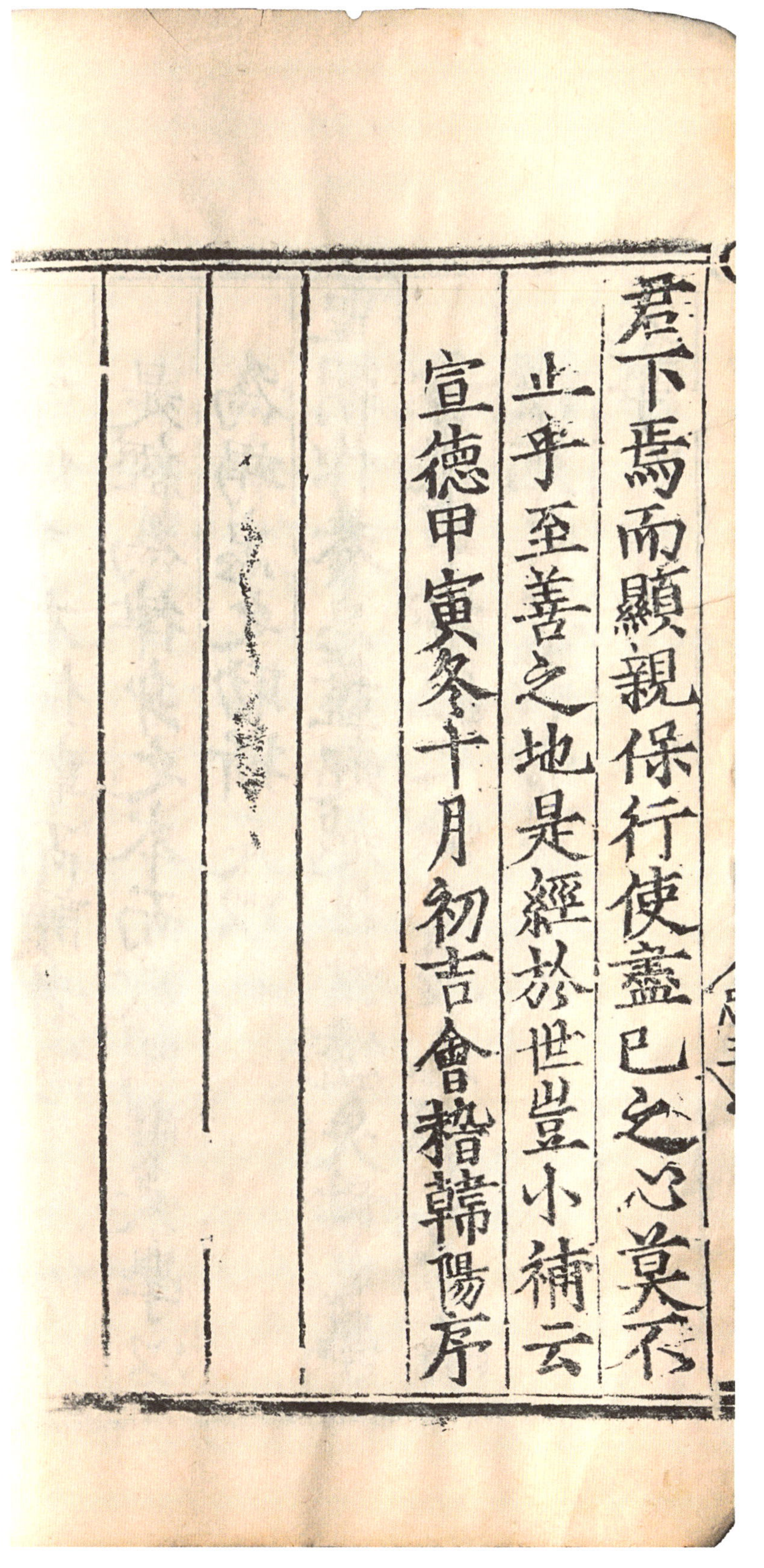

君下焉而顯親保行使盡已之心莫不
止乎至善之地是經於世豈小補云
宣德甲寅冬十月初吉會稽韓陽序

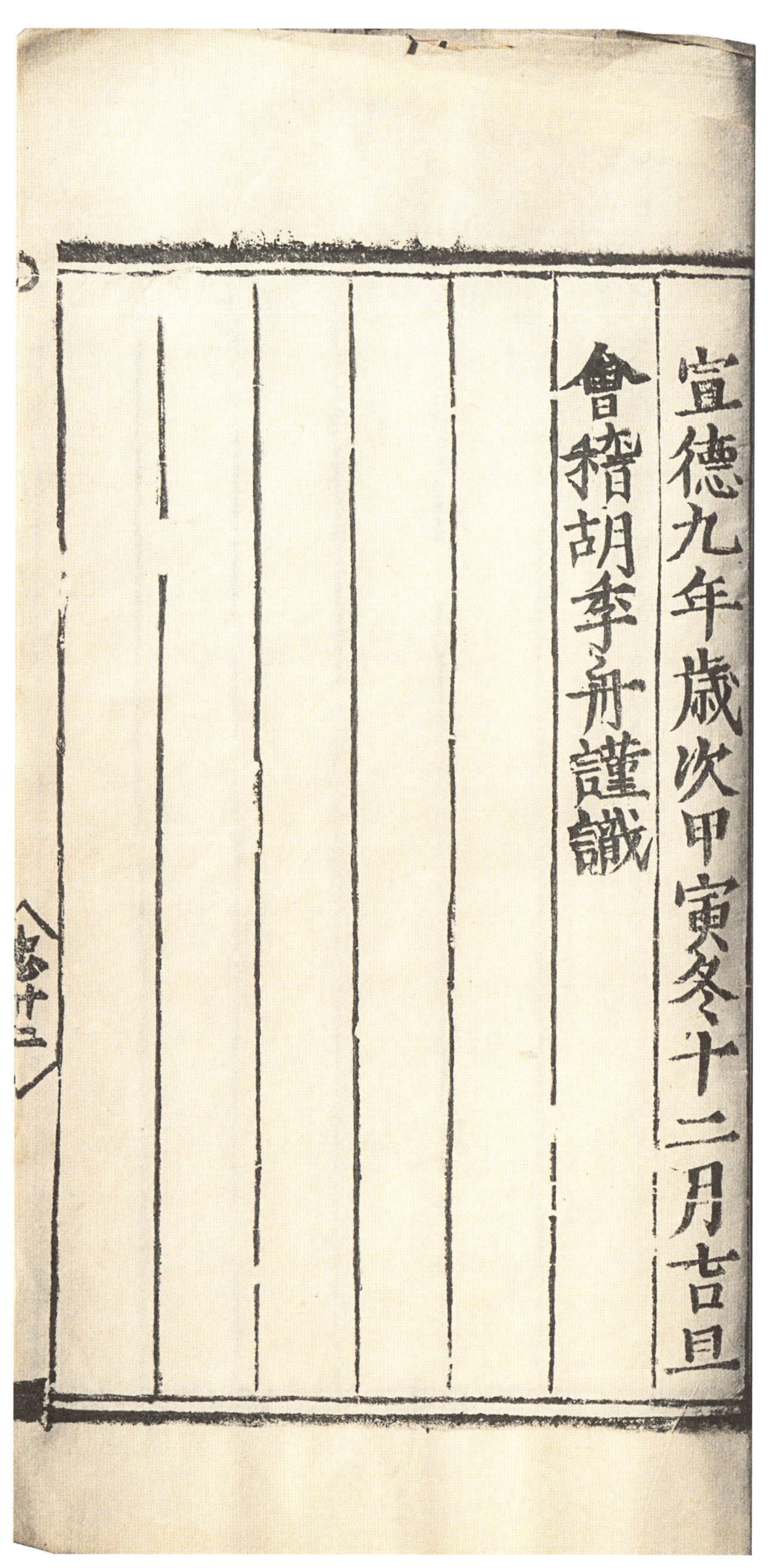

宣德九年歲次甲寅冬十二月吉旦

會稽胡季冉謹識

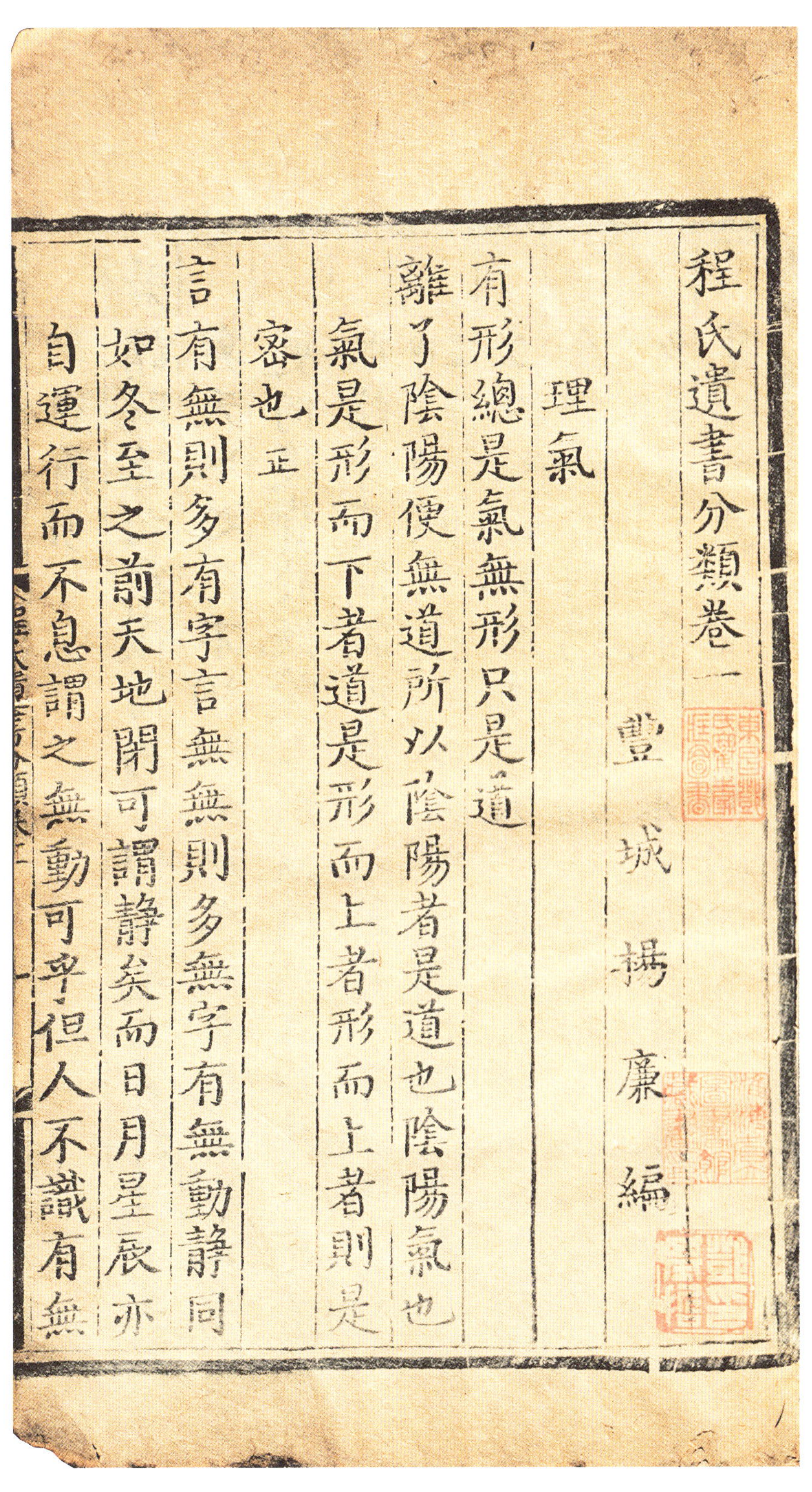

44618　程氏遺書分類三十一卷外書分類十卷　（宋）程顥　（宋）程頤撰　（明）楊廉輯　明楊廉刻本

版框：22.8×16.2　十行十九字　黑口黑雙向魚尾　四周雙邊　尺寸：28.3×17.6　冊數：八冊

《國家名録》：08253　《省名録》：01844

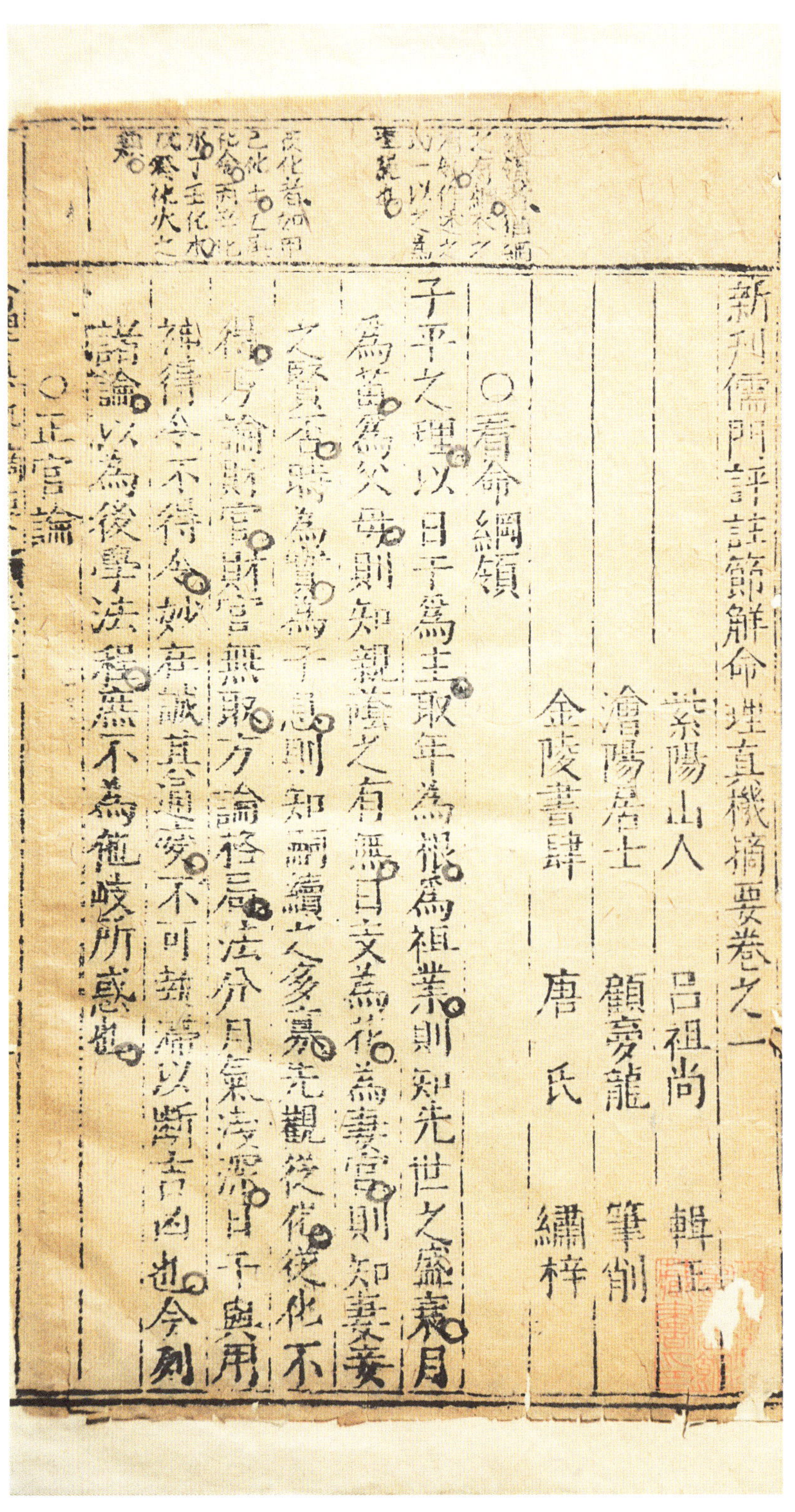

22083　新刊儒門評註節解命理真機摘要五卷　（明）吕祖尚輯正　（明）顧夢龍筆削　明金陵書肆益軒唐氏刻本

版框：2.5+19.7×14.2　上下雙欄　十二行二十四字　白口黑單魚尾　四周雙邊　尺寸：25.3×17

册數：四册　《省名録》：02280

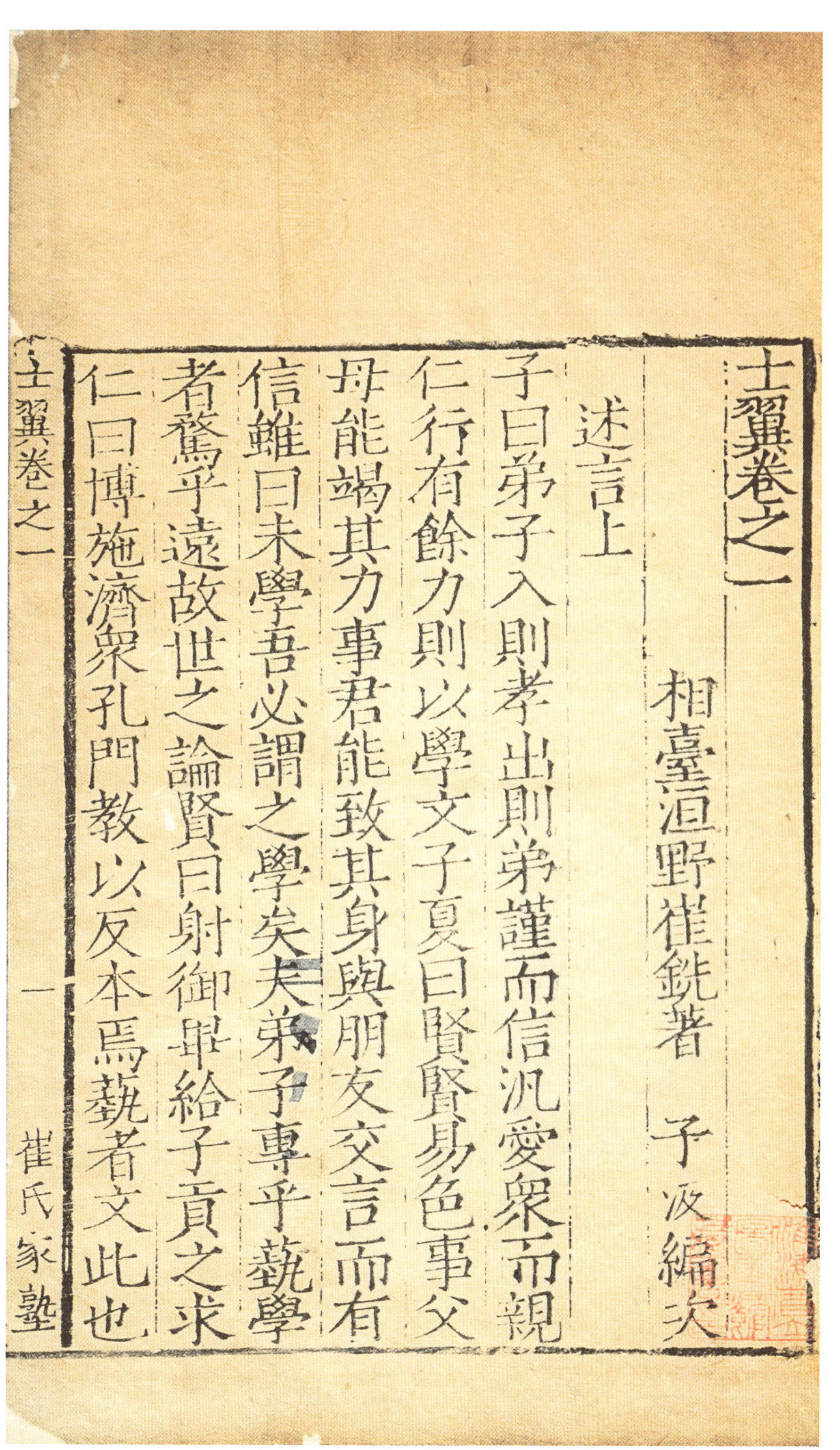

21744　士翼三卷　（明）崔銑撰　明萬曆九年（1581）崔氏家塾刻本

版框：18×13.7　九行十八字　白口無魚尾　四周單邊　尺寸：25.2×15.7　冊數：六册　《省名録》：01858

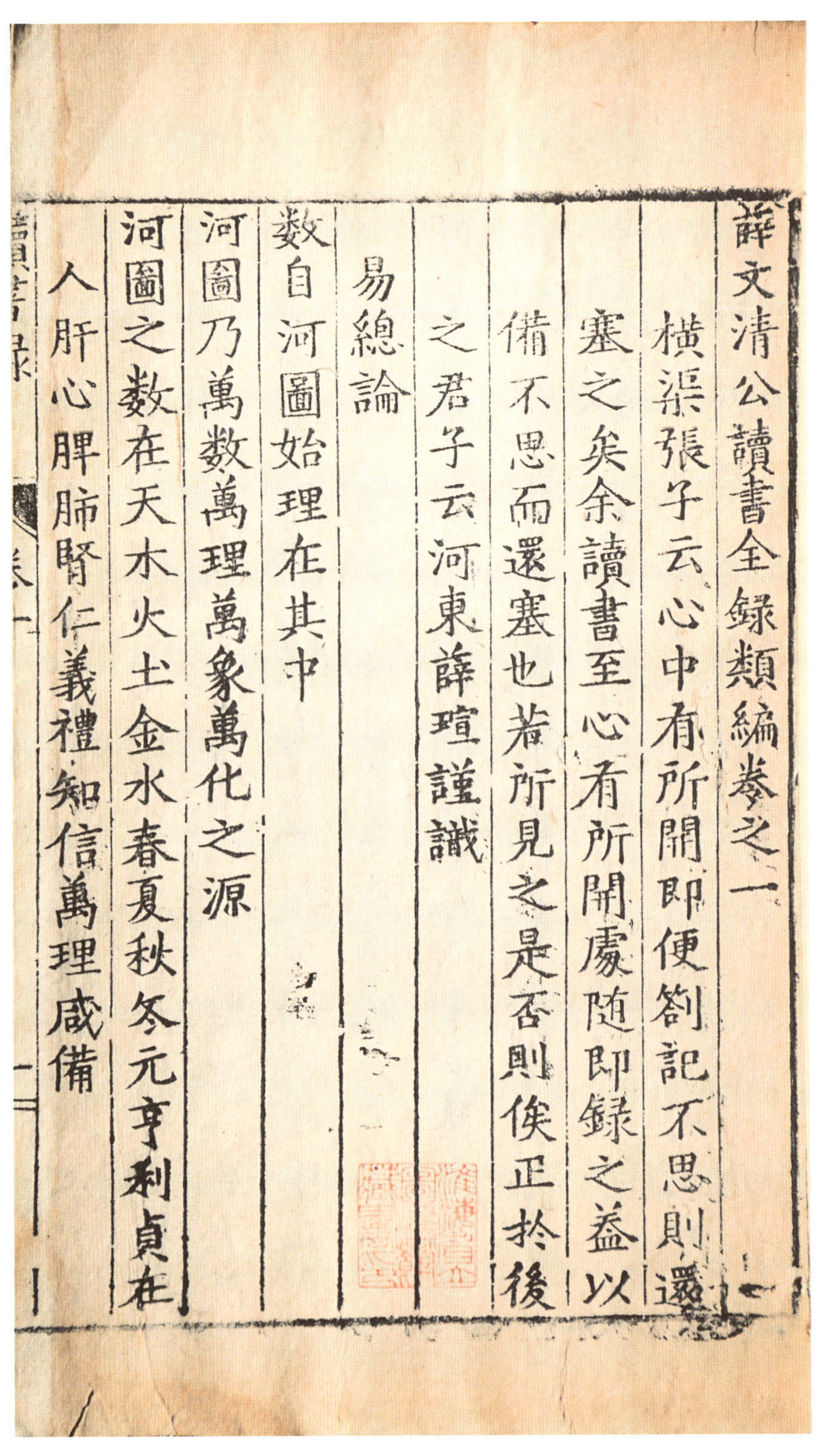
薛文清公讀書全録類編卷之一

横渠張子云心中有所開即便劄記不思則還
塞之矣余讀書至心有所開處随即録之盖以
備不思而還塞也若所見之是否則俟正於後
之君子云河東薛瑄謹識

易總論

數自河圖始理在其中

河圖乃萬數萬理萬象萬化之源

河圖之數在天木火土金水春夏秋冬元亨利貞在
人肝心脾肺腎仁義禮知信萬理咸備

讀書録　卷一　一

48236　薛文清公讀書全録類編二十卷　（明）薛瑄撰　（明）侯鶴齡輯　明萬曆刻本

版框：20.2×14.3　十行二十字　白口黑單魚尾　四周單邊　尺寸：25.2×15.7　册數：八册

《省名録》：02252

性理纂要卷一

明無錫㠗南施夢龍伯雨甫纂

門人驤宇顧龍禎翼卿甫 校

弟 勵菴施 策懋揚甫

男 方晟方昇方杲梓

太極圖 周子

無極而太極

上天之載無聲無臭而實造化之樞紐品彙之根柢也

故曰無極而太極非太極之外復有無極也

太極動而生陽動極而靜靜而生陰靜極復動一動一靜

18447 性理纂要四卷 （明）施夢龍撰 明施方晟等刻本

版框：19.3×12.4 十行二十二字 白口白單魚尾 四周單邊 尺寸：25.5×14.7 册數：四册

《省名録》：01862

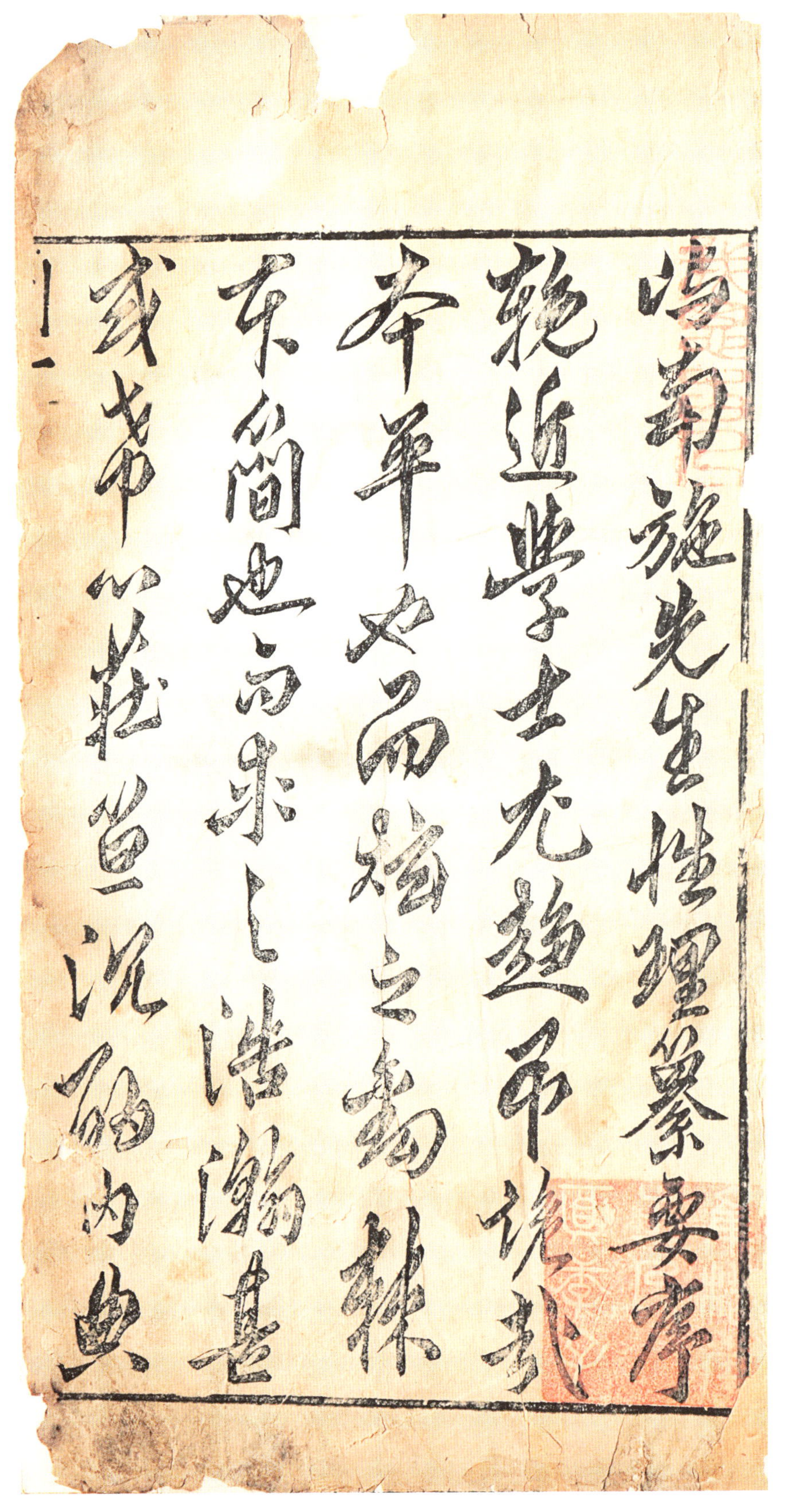
呂南旋先生性理纂要序
竊近世學士尤趨而說者
本畢世而摘之剽襲
末簡也而求之浩瀚甚
或者以莊旨沉溺內典

御纂性理精義卷第一

太極圖

周子作　朱子註

朱子曰河圖出而八卦畫洛書呈而九疇敘而孔子於斯文之興喪亦未嘗不推之於天自周衰孟軻氏沒而此道之傳不屬更秦及漢歷晉隋唐以至於我有宋五星集奎實開文明之運而先生出焉不由師傳默契道體建圖屬書根極領要當時見而知之有程氏者遂擴大而推明之使夫天理之微人倫之著事物之衆鬼神之幽莫不洞然畢貫於一而周公孔子孟氏之傳煥然復明於當世有志之士得以探討服行而不失其正如出於三代之前者嗚呼盛哉非天所畀其孰能與於此

○又曰先生之學其妙具於太極一圖通書之言亦皆此圖之蘊而程先生兄弟語及性命之際亦未嘗不因其說觀通書之誠動靜理性命等章及程氏書李仲通

18376　御纂性理精義十二卷　（清）李光地纂　清康熙五十六年（1717）武英殿刻本

版框：22.4 × 16.2　八行十八字雙行小字二十二　白口黑單魚尾　四周雙邊　尺寸：26.6 × 17.8

冊數：五冊（有補配）　《省名録》：0552

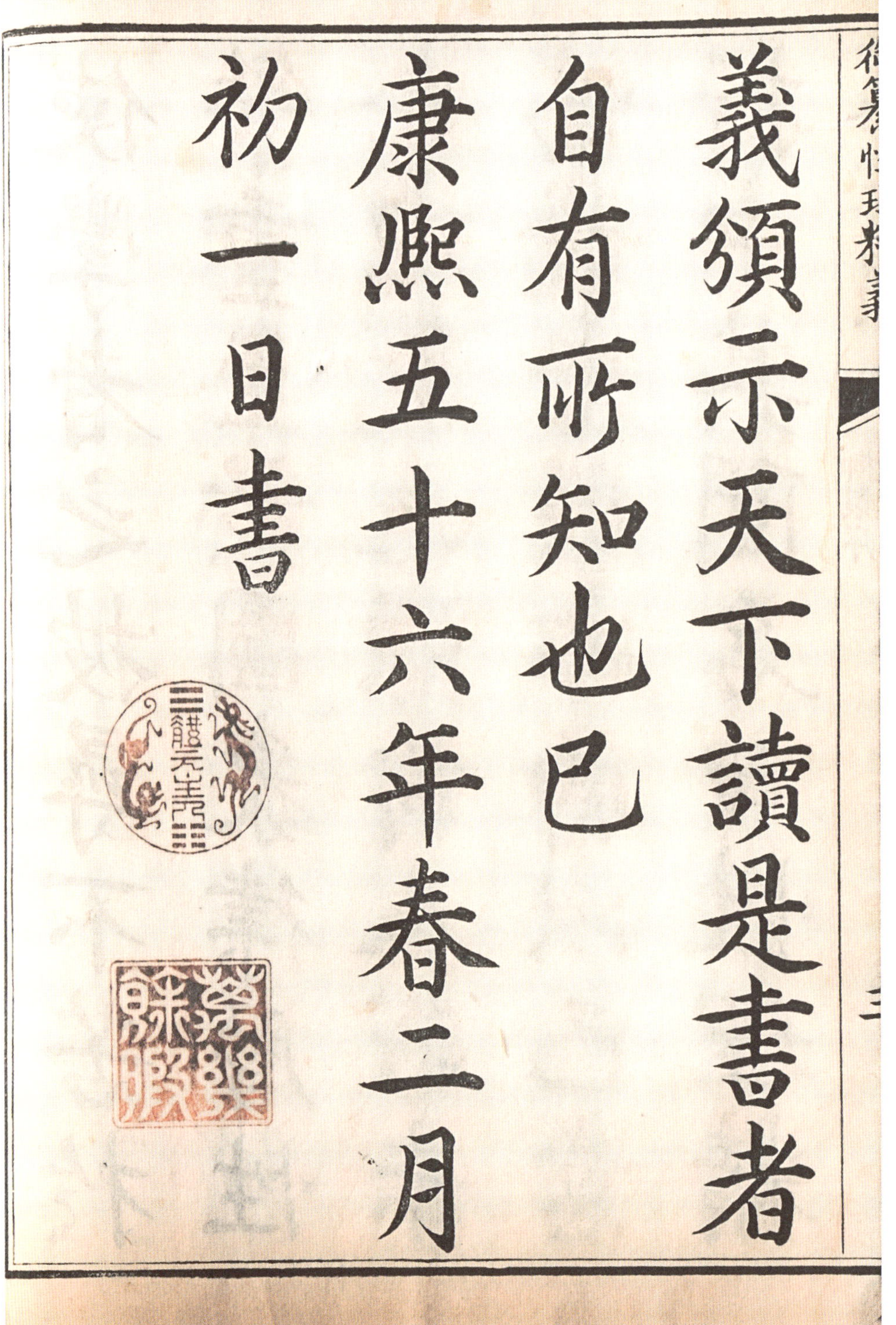
義須示天下讀是書者
自有所知也已
康熙五十六年春二月
初一日書

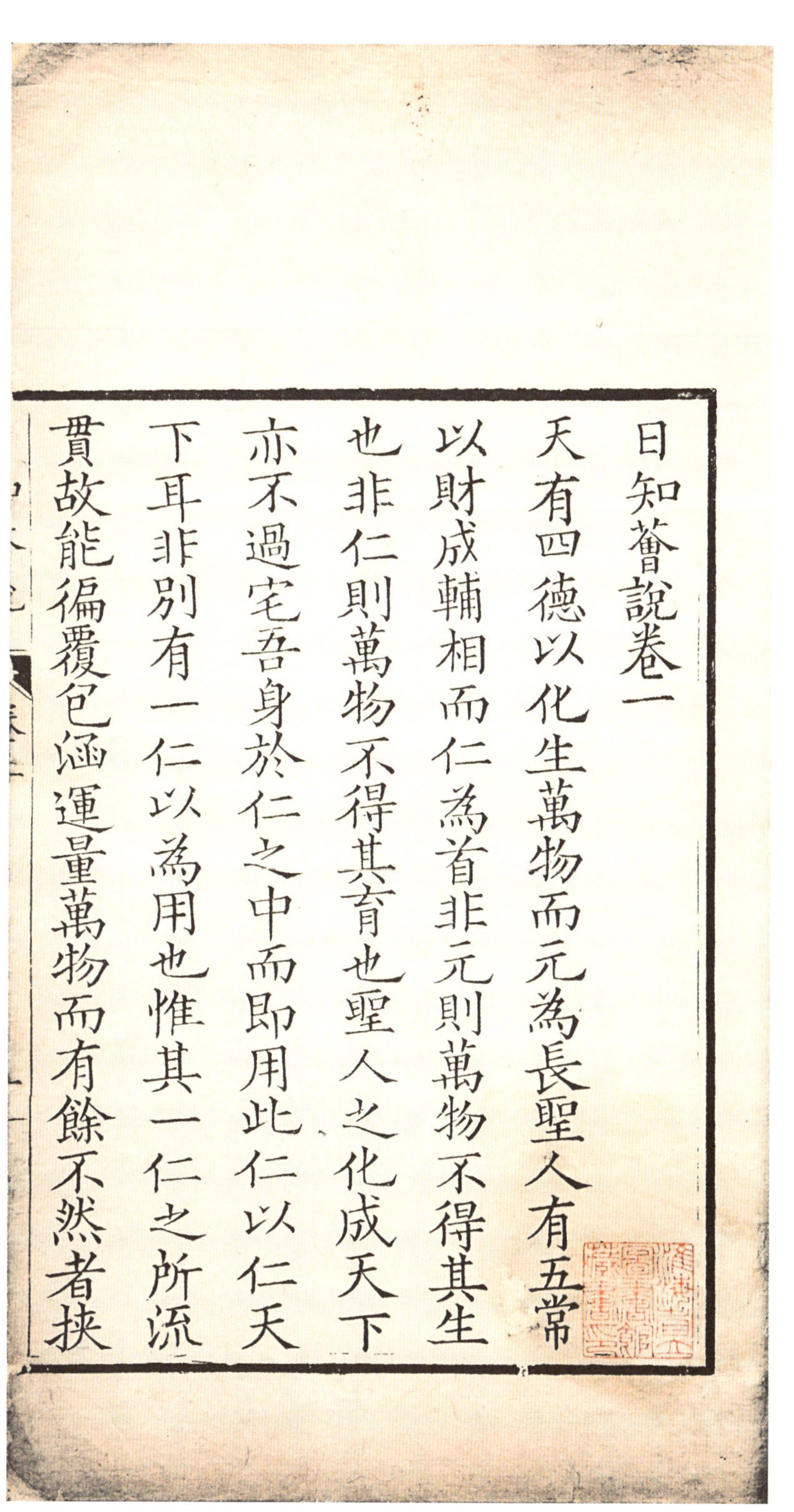

日知薈說卷一
天有四德以化生萬物而元為長聖人有五常
以財成輔相而仁為首非元則萬物不得其生
也非仁則萬物不得其育也聖人之化成天下
亦不過宅吾身於仁之中而即用此仁以仁天
下耳非別有一仁以為用也惟其一仁之所流
貫故能徧覆包涵運量萬物而有餘不然者挾

44550　日知薈說四卷　（清）高宗弘曆撰　清乾隆元年（1736）内府刻本

版框：18.5×13.2　七行十八字　白口黑單魚尾　左右雙邊　尺寸：28×17.3　冊數：四册　《省名録》：0553

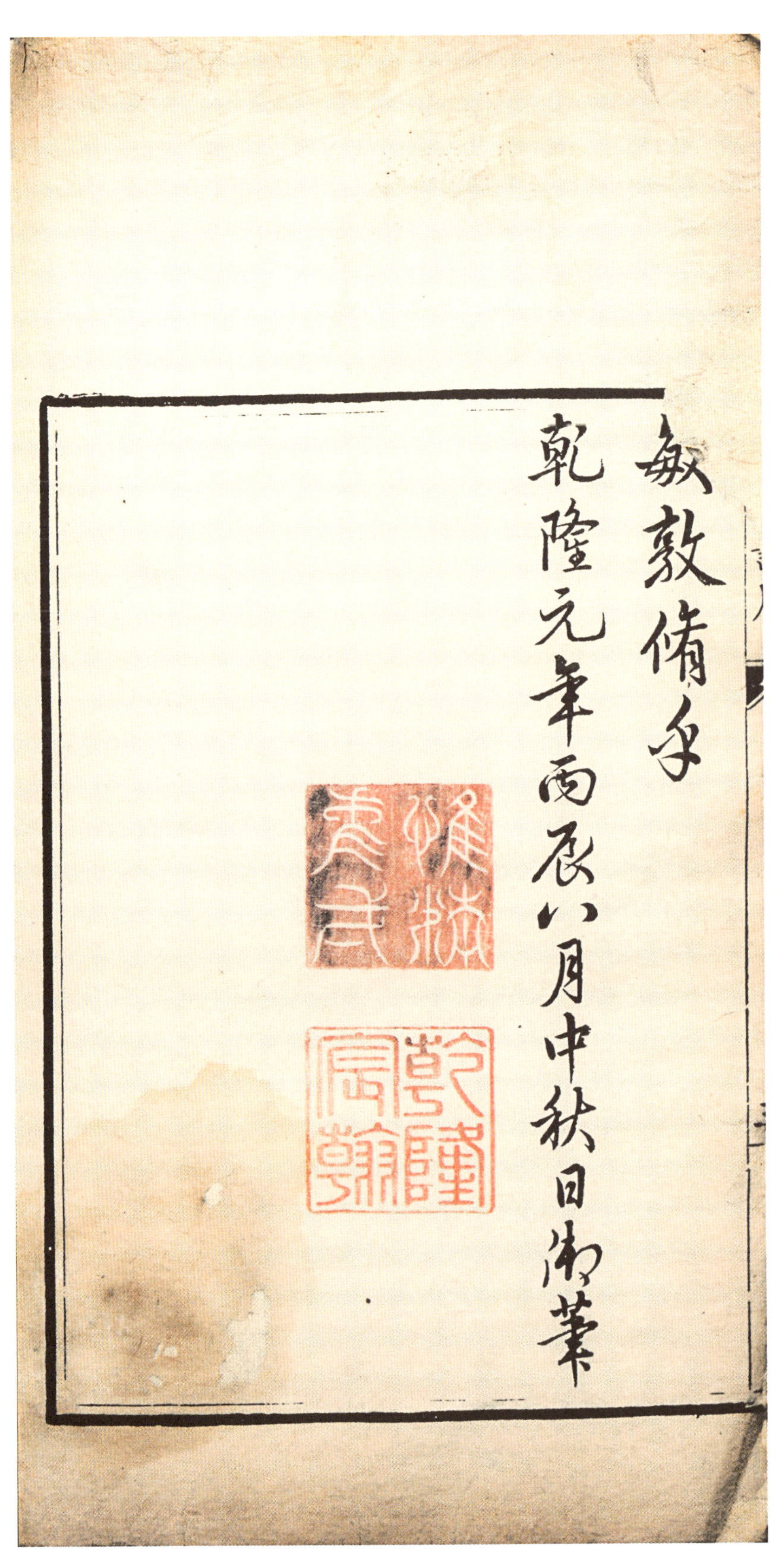
敏敦脩孚
乾隆元年丙辰八月中秋日御筆
乾隆宸翰

老子道德真經

上篇

道可道非常道名可名非常名無名天地之始有名萬物之母故常無欲以觀其妙常有欲以觀其徼此兩者同出而異名同謂之玄玄之又玄衆妙之門

天下皆知美之爲美斯惡巳皆知善之爲善斯不善巳故有無相生難易相成長短相形高下相傾音聲相和前後相隨是以聖人處無爲之事行不

卷上 上篇 一

21866　三子合刊十三卷　（明）閔齊伋輯　明閔齊伋刻朱墨套印本

版框：21.5×15.1　九行十九字　白口無魚尾　四周單邊　尺寸：27×17.5　册數：十册　《善本書目》：子部11525　《省名録》：0811

同意自日夜相代至無適焉因是已是解使代自已及自取終者其誰之意日夜相代正指大知以下種種若只作承上十二情來尤順

章法絕流動筆緣太雄肆不協雅境

因論情之無形復辨形之不能得情

其留如詛盟其守勝之謂也其殺如秋冬以言其日消也其溺之所爲之不可使復之也其厭也如緘以言其老洫也近死之心莫使復陽也喜怒哀樂慮嘆變慹姚佚啓態樂出虛蒸成菌日夜相代乎前而莫知其所萌已乎已乎旦暮得此其所由以生乎非彼無我非我無所取是亦近矣而不知其所爲使若有眞宰而特不得其眹可行已信而不見其形有情而無形百骸九竅六藏賅而存焉吾誰與爲親汝皆悅之乎其有私焉如是皆有爲

見其鄰人之子動作態度無似竊鈇者白公勝慮
亂罷朝而立倒杖策錣上貫頤血流至地而弗知
也鄭人聞之曰頤之忘將何不忘哉意之所屬著
其行足躓株埳頭抵植木而不自知也昔齊人有
欲金者淸旦衣冠而之市適鬻金者之所因攫其
金而去吏捕得之問曰人皆在焉子攫人之金何
對曰取金之時不見人徒見金

西吳閔齊伋遇五父校

平寫水

情撰語

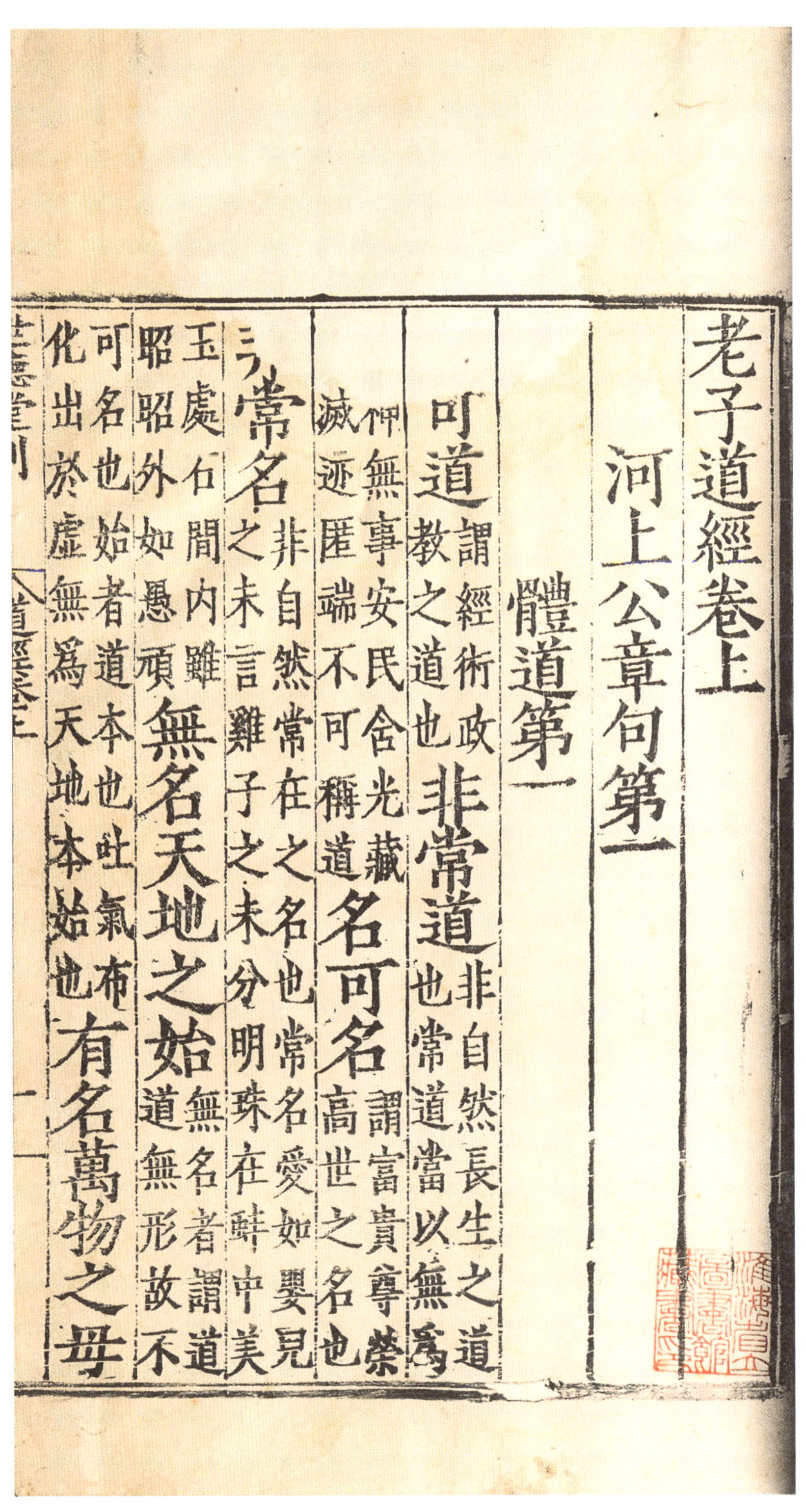

18638　老子道德經二卷　題（漢）河上公章句　明嘉靖十二年（1533）吴郡顧春世德堂刻六子書本

版框：19.2×14.5　八行十七字雙行小字十七　白口無魚尾　四周雙邊　尺寸：26×16.6　册數：二册　《省名録》：0814

南華眞經卷第一

郭象子玄註　陸德明音義

莊子內篇逍遙遊第一　夫小大雖殊而放於自得之場則物任其性事稱其能各當其分逍遙一也豈容勝負於其閒哉音義曰內篇內者對外立名說文云篇書也字從竹從非者草名耳非也逍音銷亦作消遙如字亦作搖遊如字亦作游逍遙遊者篇名義取閒放不拘怡適自得（夫）音符（場）直良切（稱）尺證切（當）丁浪切（分）符問切

北冥有魚其名爲鯤鯤之大不知其幾千里也化而爲鳥其名爲鵬　鵬鯤之實吾所未詳也夫莊子之大意在

21897　南華真經十卷　（晉）郭象注　（唐）陸德明音義　明嘉靖刻本

版框：19.8×14.2　八行十七字雙行小字十七　白口白單魚尾　四周雙邊　尺寸：26×16.8　册數：四册　《國家名録》：04985　《省名録》：0820

莊子十卷明刊本宣統辛
亥購於蘇城書肆字大
點目尚可供明窗淨几一披
閲也 楠蓀自識

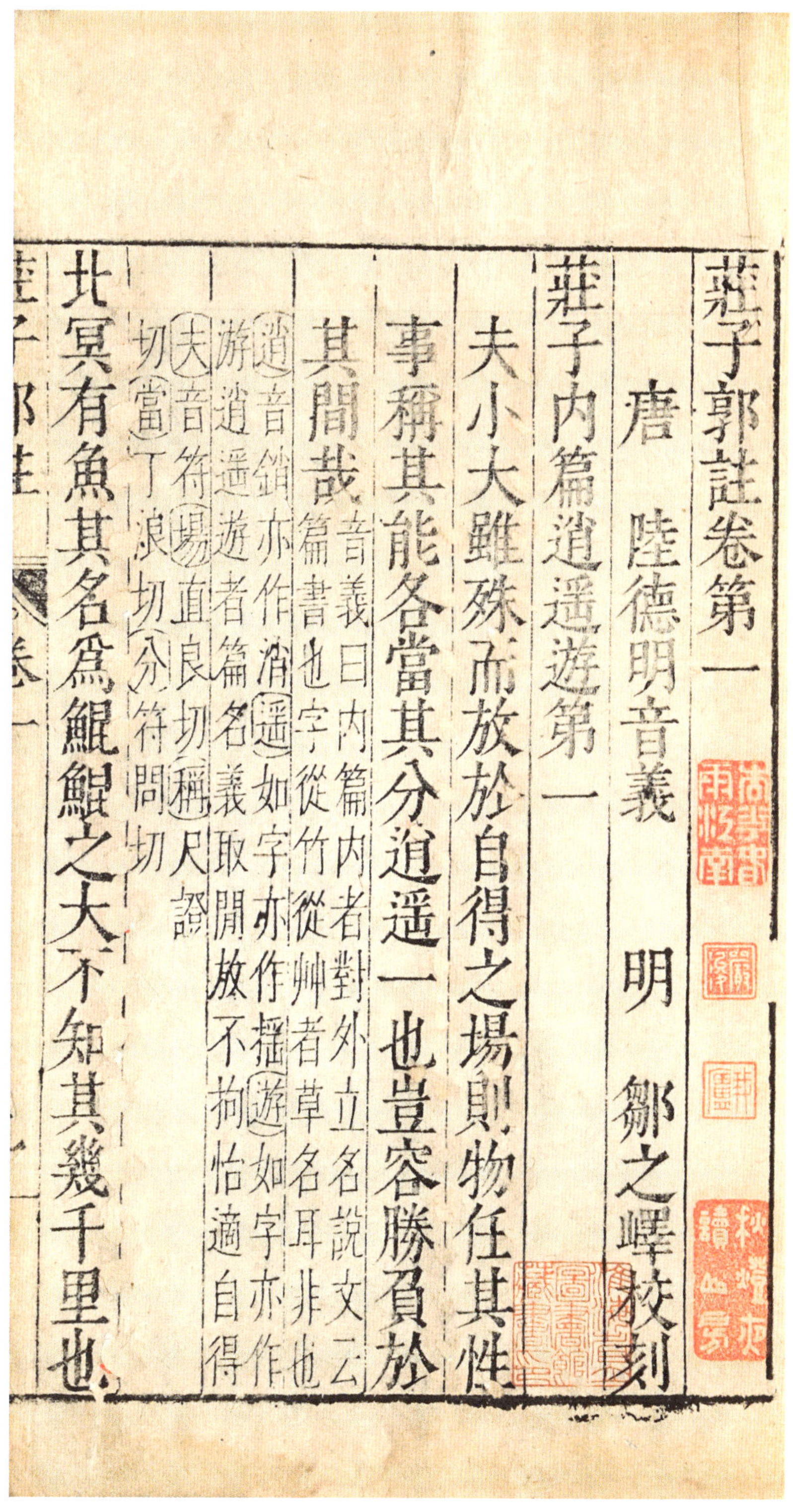

13164　莊子郭註十卷　（晉）郭象撰　（唐）陸德明音義　明萬曆三十三年（1605）鄒之嶧等刻本

版框：20.7×14　九行十八字雙行小字十八　白口黑單魚尾　四周單邊　尺寸：26.4×17　册數：十册　《善本書目》：子部11727

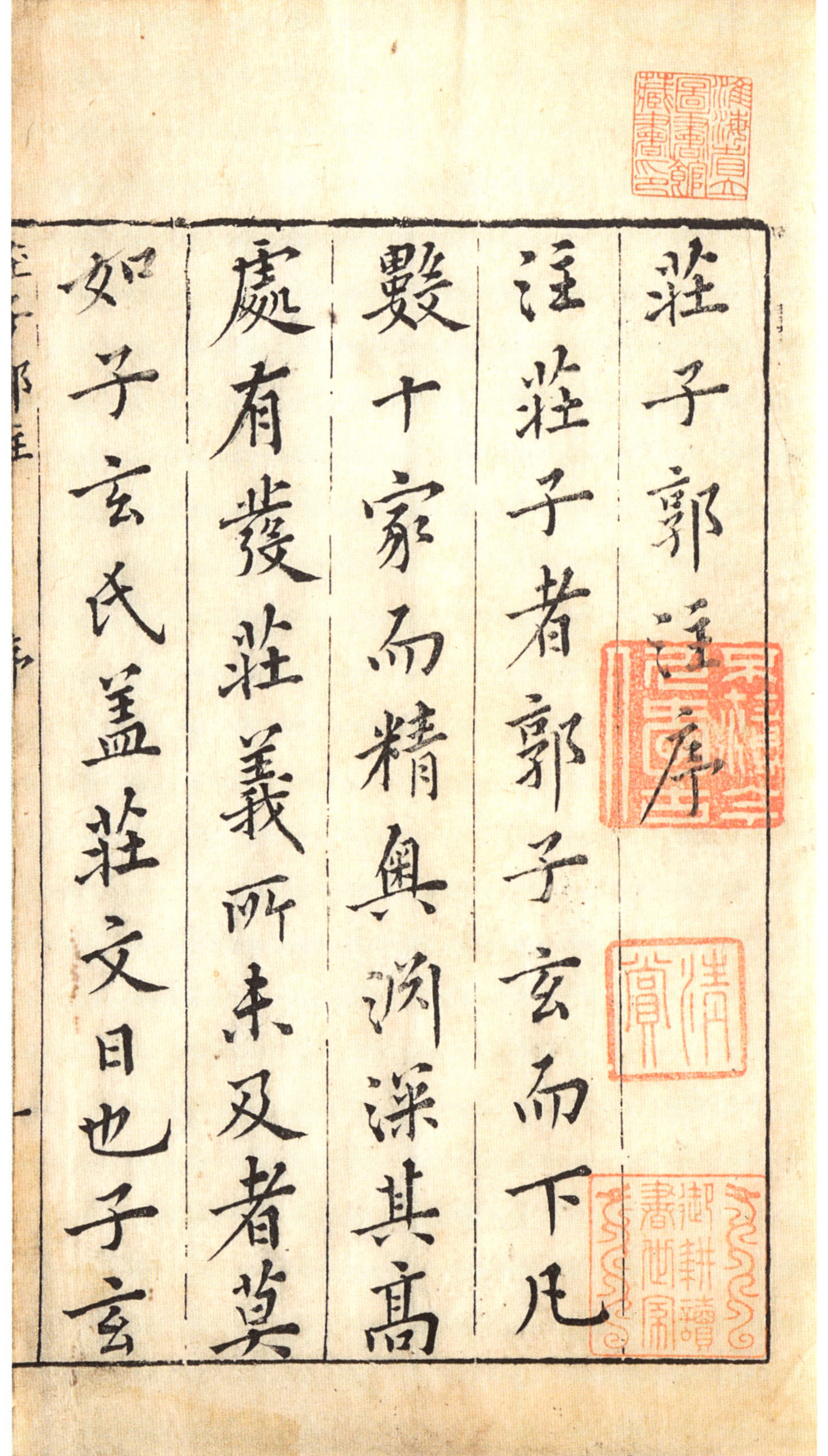
莊子郭注序

注莊子者郭子玄而下凡數十家而精奥淵深其高處有發莊義所未及者莫如子玄氏盖莊文日也子玄

南華發覆卷之一

梁谿性通蘊輝甫注

西安方應祥孟旋甫較

內篇逍遙遊第一 內外者道德二字也內以道言外以德言內雖有七秪發揮道之一字道之眞以治身是以言內外篇有十五秪發揮德之一字出其緒餘以爲天下國家無爲爲之之爲德是以言外也

逍遙遊者遊於道也唯道集虛人能虛已遊世其孰能害之人之所以不得逍遙者只爲有已私已愛是以觸處罣碍惟至人乘天地之正遊于無何有之地是以好惡不驚死生不變解脱無碍入出自由此其所以爲逍遙遊也

北冥有魚其名爲鯤 鯤鵬之喻托物寓意以明大而化之之謂聖要見有此大魚始

21996　南華發覆八卷　（明）釋性通撰　明天啓刻本

版框：21.4×14.5　九行二十字雙行小字二十　白口黑單魚尾　四周單邊　尺寸：25.7×15.7　册數：六册　《省名録》：02339

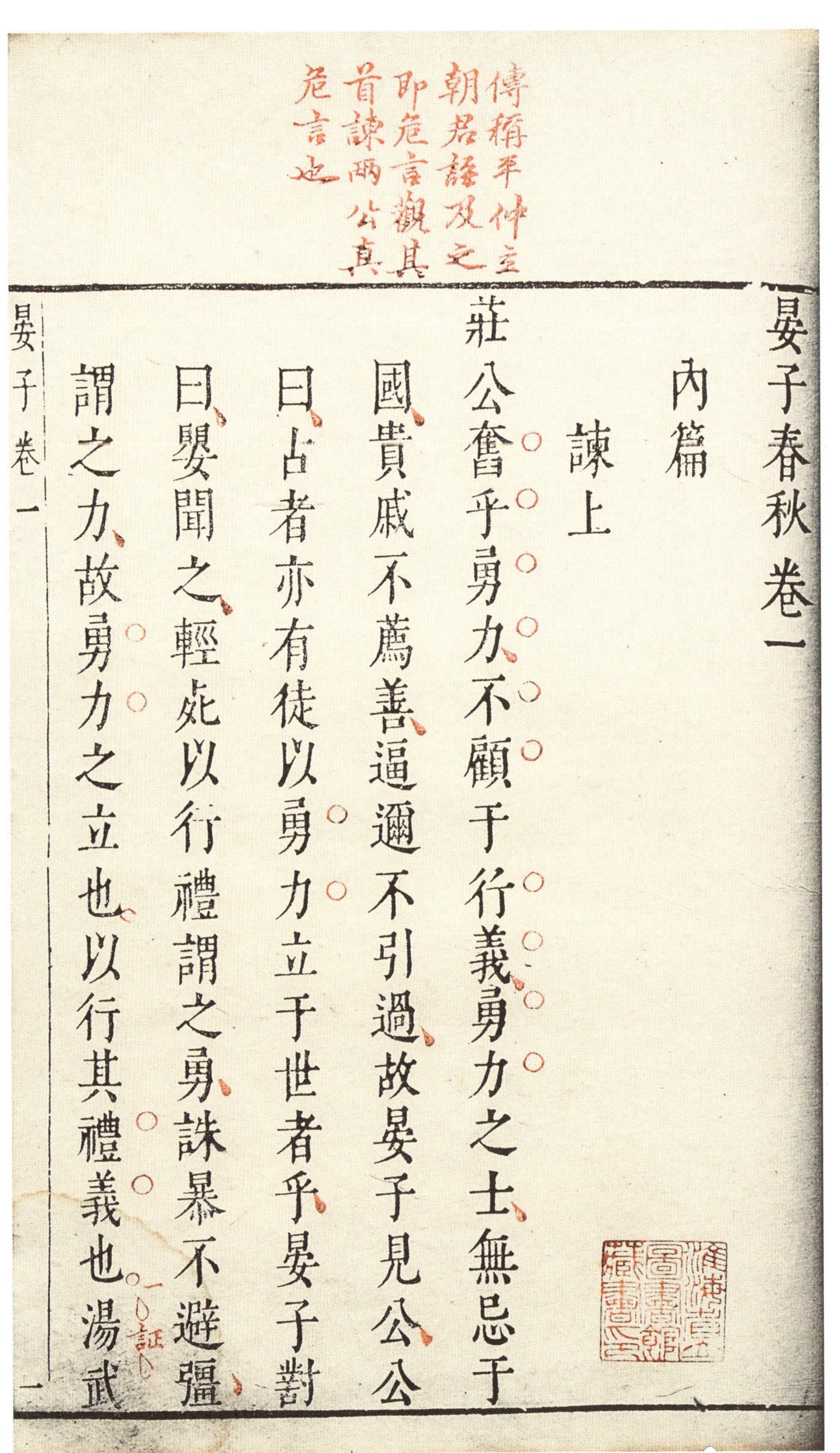

28992　晏子春秋六卷　明凌澄初刻朱墨套印本

版框：20.4×15　八行十八字雙行小字十八　白口無魚尾　四周單邊　尺寸：25.8×16.4　册數：六册　《省名録》：0354

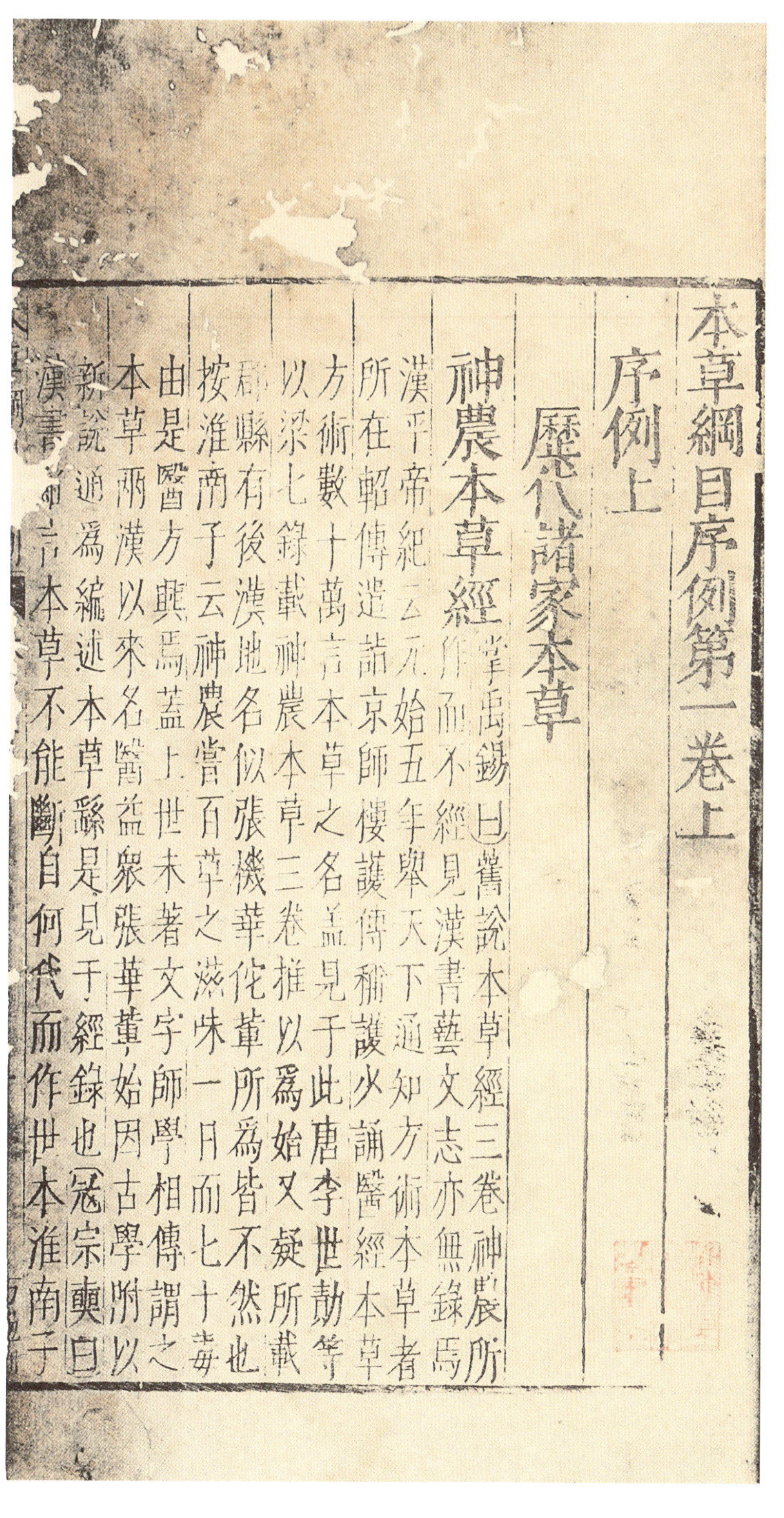

21064　本草綱目五十二卷附圖二卷　（明）李時珍撰　明萬曆刻本

版框：22.2×15　九行二十字雙行小字二十　白口黑單魚尾　四周單邊　尺寸：29×17.7　存卷數：卷一至五十二；卷九、卷十配清初刻本，卷五十二配抄本　冊數：四十四冊　《省名録》：0584

編註醫學入門内集卷之一

經穴起止 經也經直者爲經〻之支派旁出者爲絡界爲十二實出一脉醫而不知經絡猶人夜行無燭業者不可不熟

手太陰肺十一穴中府雲門天府訣俠白尺澤孔最任列缺經渠太淵涉魚際少商如韭葉 手太陰肺經左右二十二穴每旦寅時從中府起循臂下行至少商穴止○中府在乳上三肋間去雲門下一寸陷中針入三分不宜灸○主喉痺胸滿寒痛面腫嘔生欬唾濁涕肩背痛腹脹食飲不下○雲門巨骨下氣戶傍二寸陷中禁針灸五壯主嘔逆上氣胸脇徹背痛不能舉臂餘同上○天府腋下三寸動脉舉手以鼻取之針又三分禁灸主泣出目眩癭氣喘逆不食瘁疾卒中悪邪飛尸餘同中府○俠白天府下去肘五寸動脉灸五壯主欬逆乾嘔煩滿心痛○尺澤肘横紋中大筋外針入三分不

醫學入門卷之一 經絡 一

85515 編註醫學入門内集七卷首一卷 （明）李梴撰 明萬曆刻本

版框：21.7×14.5 九行二十二字雙行小字二十二 白口黑單魚尾 四周單邊 尺寸：26.2×16.5

册數：十册 《省名録》：02271

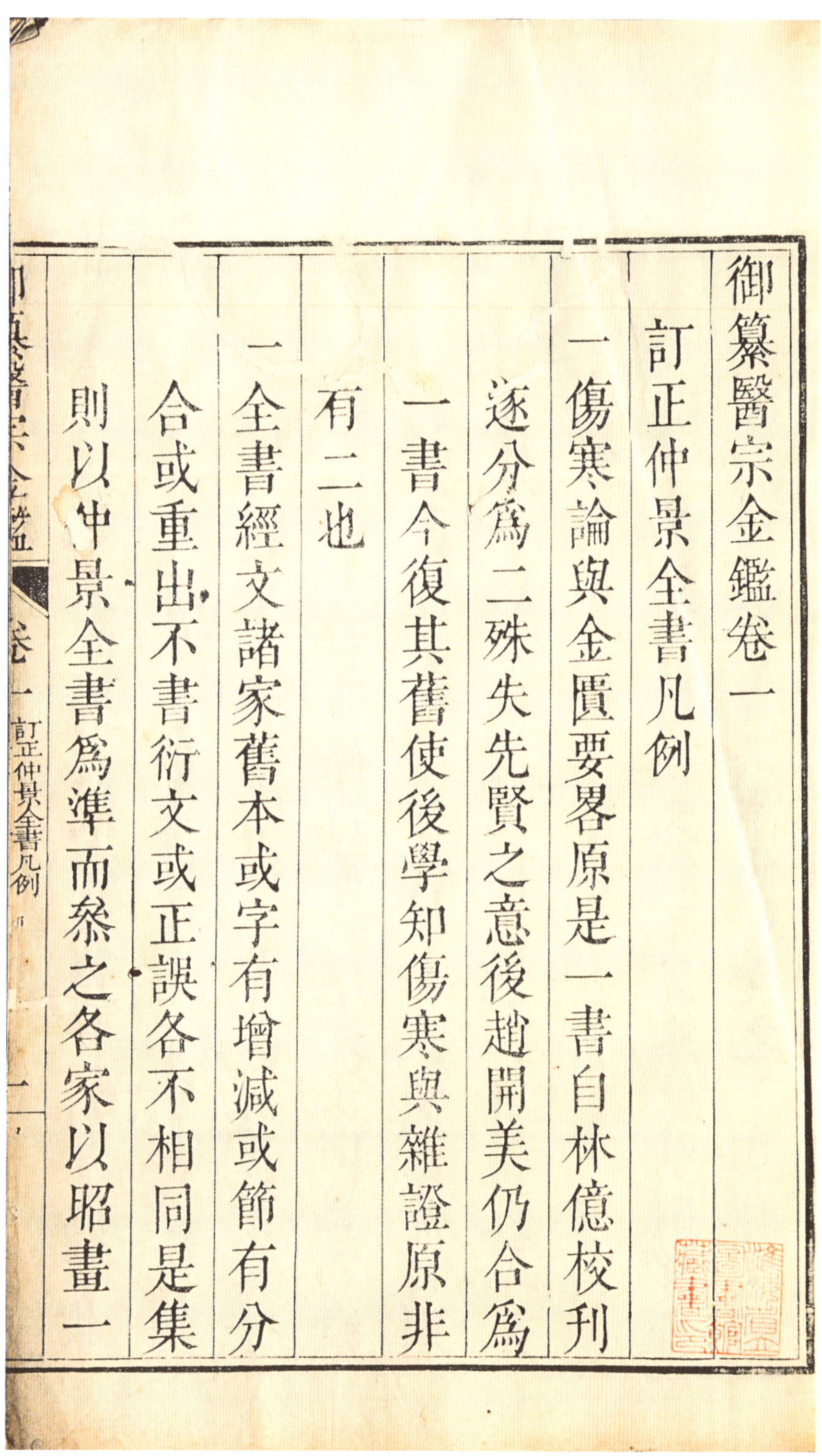

御纂醫宗金鑑卷一
訂正仲景全書凡例
一傷寒論與金匱要畧原是一書自林億校刊
遂分爲二殊失先賢之意後趙開美仍合爲
一書今復其舊使後學知傷寒與雜證原非
有二也
一全書經文諸家舊本或字有增減或節有分
合或重出不書衍文或正誤各不相同是集
則以中景全書爲準而參之各家以昭畫一
御纂醫宗金鑑　卷一　訂正仲景全書凡例　一

49084　御纂醫宗金鑑九十卷首一卷　（清）吴謙等撰　清乾隆七年（1742）武英殿刻本

版框：22.9×15.1　九行十九字　白口黑單魚尾　四周雙邊　尺寸：28.3×18　册數：六十册　《省名録》：0573

王宇評四稽五至之說語

韓愈評陸趦甚閎美

鶡冠子卷上

宋陸佃解　明閩中王宇永啓評

嘉定汪明際無際

西湖朱養純元一　叅評

朱養和元冲訂

博選第一

王鈇非一世之器者厚德隆俊也（王鈇法制也賈子曰權執法制人主之斤斧夫專任法制不以厚德將之而欲以持久難哉）道凡四稽一曰天二曰地三曰人四曰命（命者所以令之）權人有五至一曰伯巳（百於）

鶡冠子卷上　一　花齋藏版

30695　鶡冠子三卷　（宋）陸佃解　（明）王宇等評　明天啓五年（1625）朱養和花齋刻本

版框：20.7 × 14.2　九行二十字雙行小字二十　白口白單魚尾　四周單邊　尺寸：26.7 × 16.3　册數：三册　《省名録》：02292

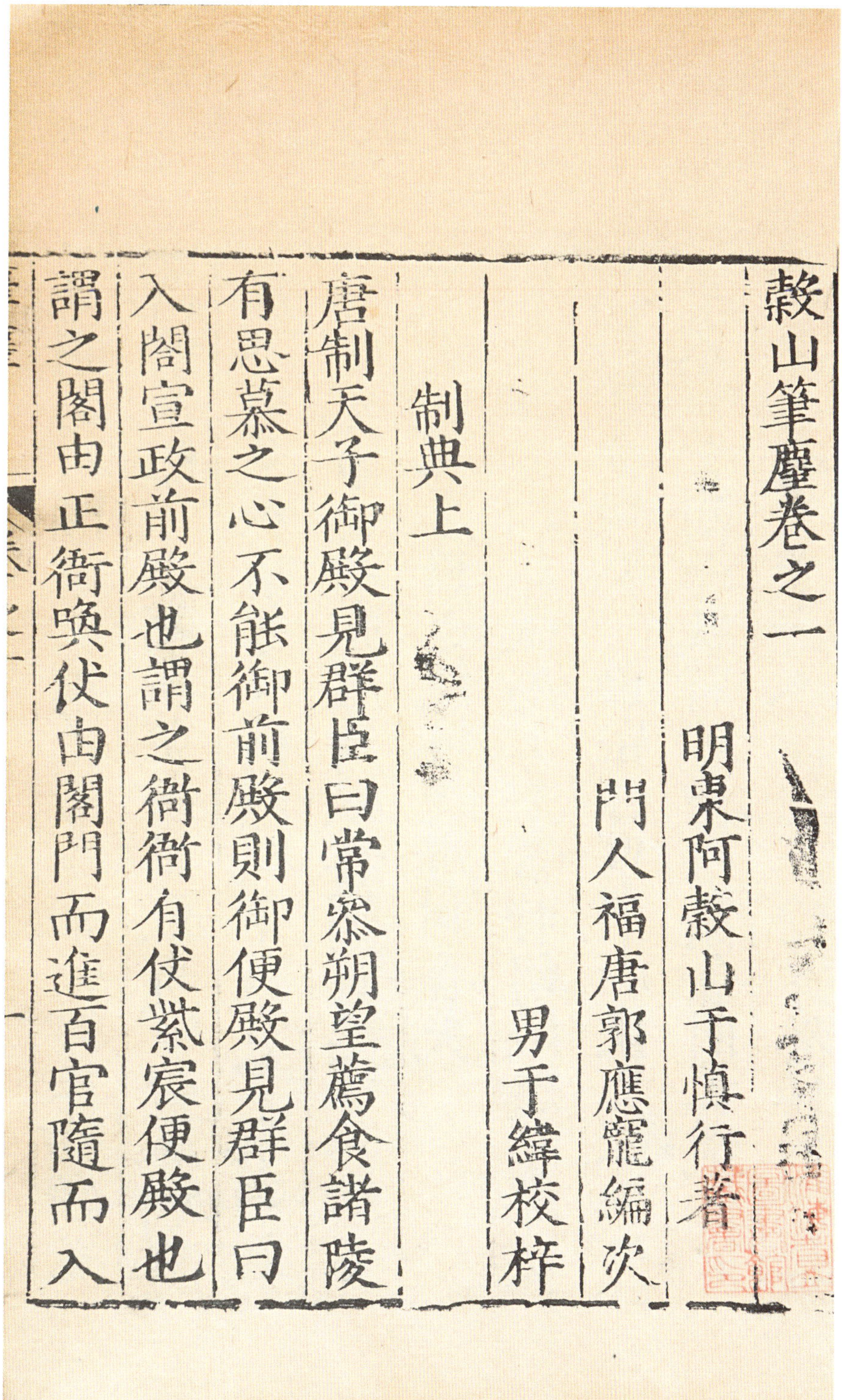

穀山筆麈卷之一

明東阿穀山于慎行著

門人福唐郭應寵編次

男于緯校梓

制典上

唐制天子御殿見群臣曰常參朔望薦食諸陵
有思慕之心不能御前殿則御便殿見群臣曰
入閤宣政前殿也謂之衙衙有仗紫宸便殿也
謂之閤由正衙喚仗由閤門而進百官隨而入

46471　穀山筆麈十八卷　（明）于慎行撰　明萬曆四十一年（1613）于緯刻清康熙十六年（1677）重修本

版框：18.8×14.4　九行十八字　白口黑單魚尾　四周單邊　尺寸：25×15.7　冊數：四册　《善本書目》：子部6554

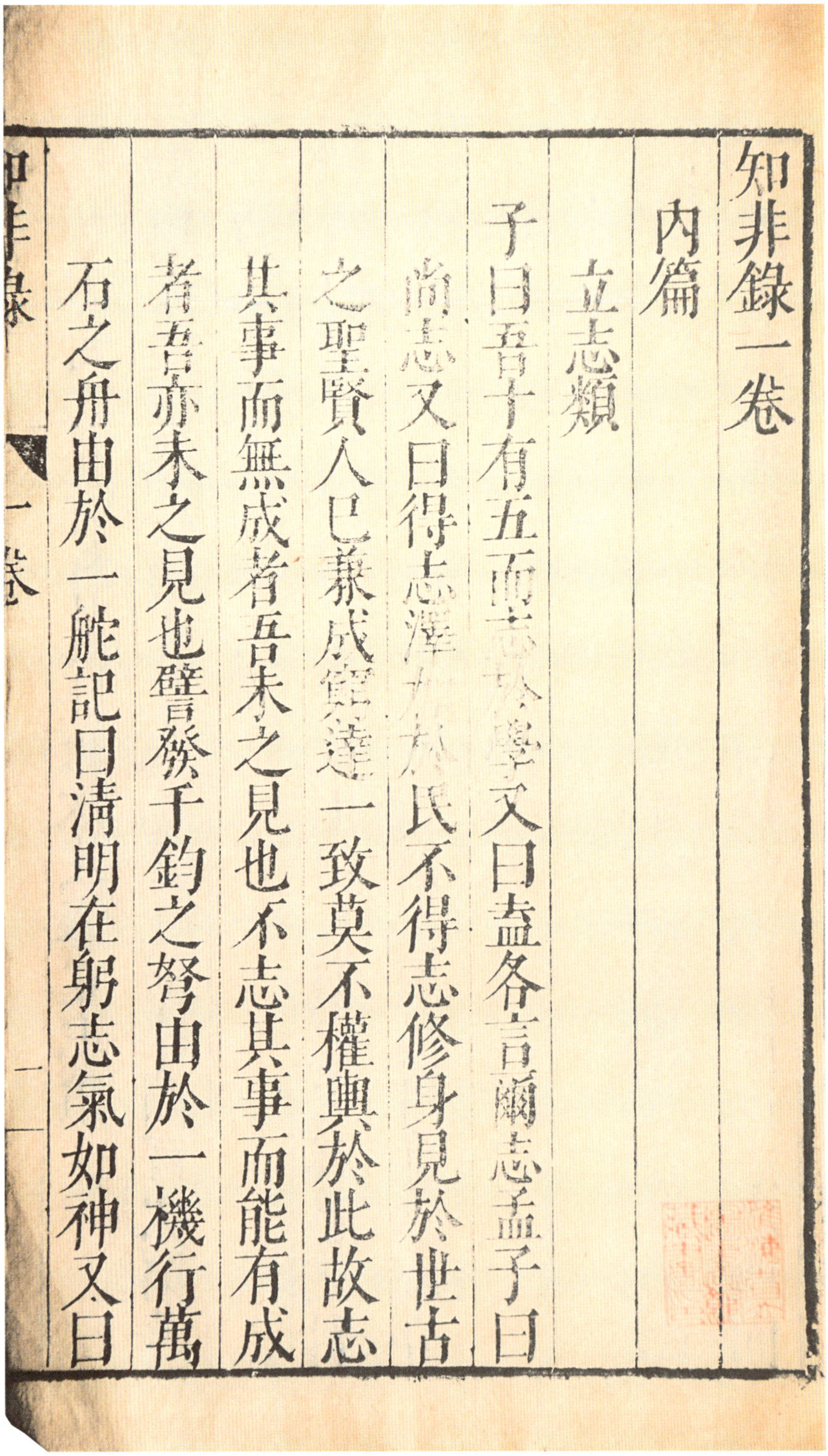
知非錄一卷
內篇
立志類
子曰吾十有五而志於學又曰盍各言爾志孟子曰
尚志又曰得志澤加於民不得志修身見於世古
之聖賢人已兼成窮達一致莫不權輿於此故志
其事而無成者吾未之見也不志其事而能有成
者吾亦未之見也譬發千鈞之弩由於一機行萬
石之舟由於一舵記曰清明在躬志氣如神又曰

46726　知非録六卷　（明）黄時燿撰　明萬曆四十年（1612）刻本

版框：21×14　九行二十一字　白口黑單魚尾　四周單邊　尺寸：23.3×16　册數：四册　《省名録》：02311

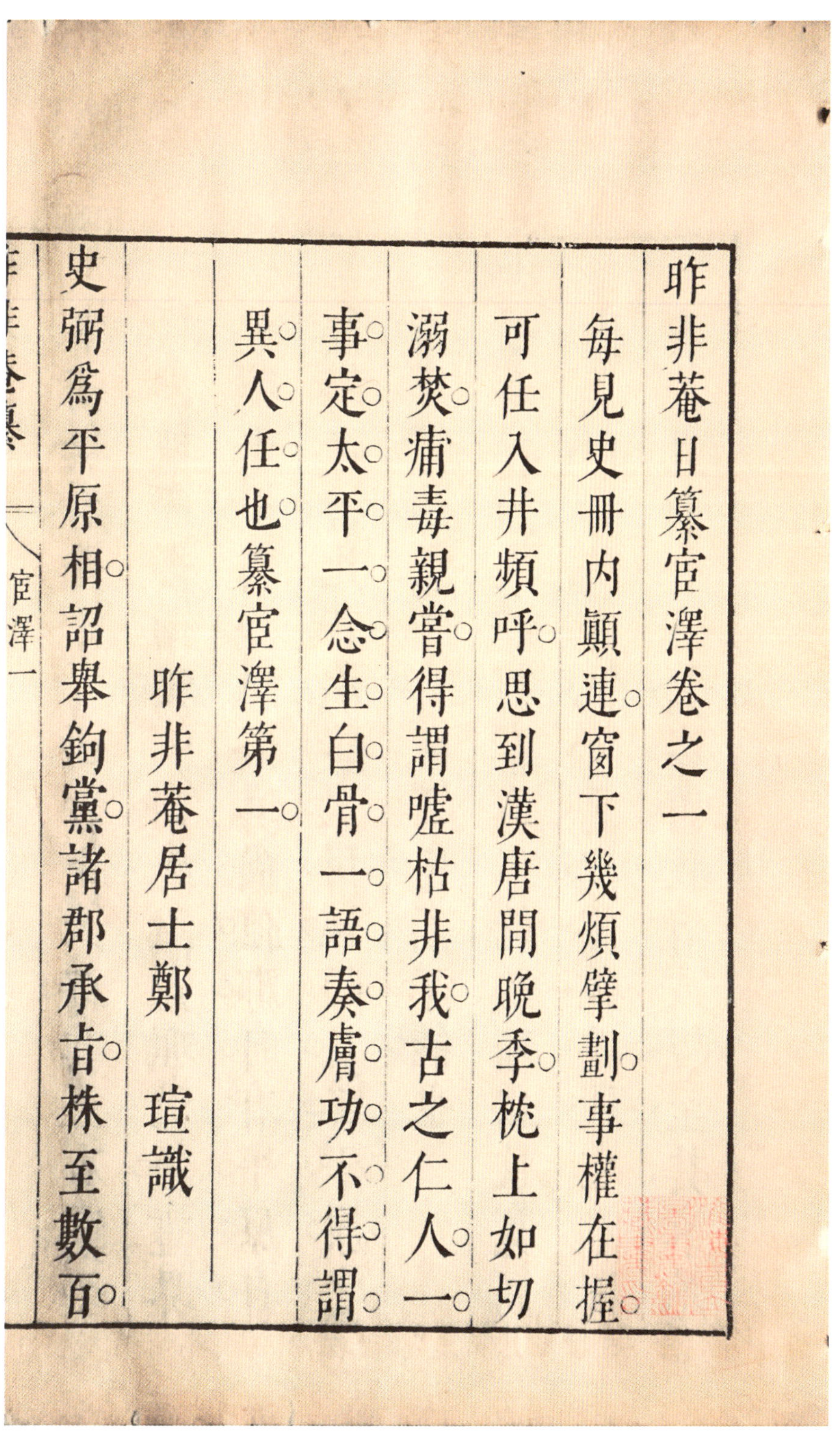
昨非菴日纂宦澤卷之一
每見史冊内顛連窗下幾煩擘劃事權在握
可任入井頻呼思到漢唐間晚季梲上如切
溺焚痡毒親嘗得謂噓枯非我古之仁人一
事定太平一念生白骨一語奏膚功不得謂
異人任也纂宦澤第一
昨非菴居士鄭瑄識
史弼爲平原相詔舉鉤黨諸郡承旨株至數百
昨非菴纂　卷一　宦澤一

46871　昨非菴日纂二十卷　（明）鄭瑄輯　明崇禎刻本

版框：20.7×14.2　八行十八字　白口白單魚尾　四周單邊　尺寸：26.6×17　冊數：六冊　《省名録》：02309

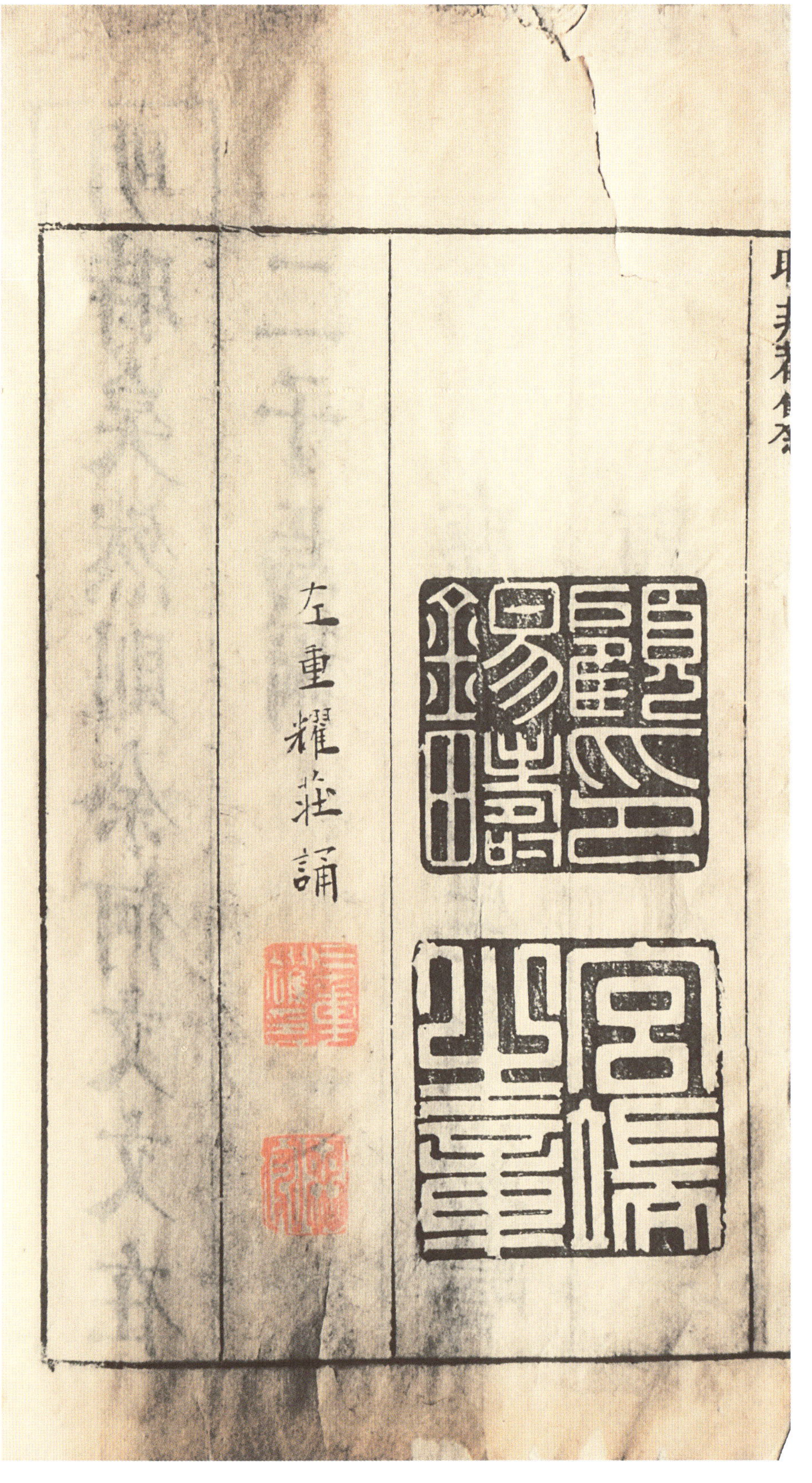

左重耀莊誦

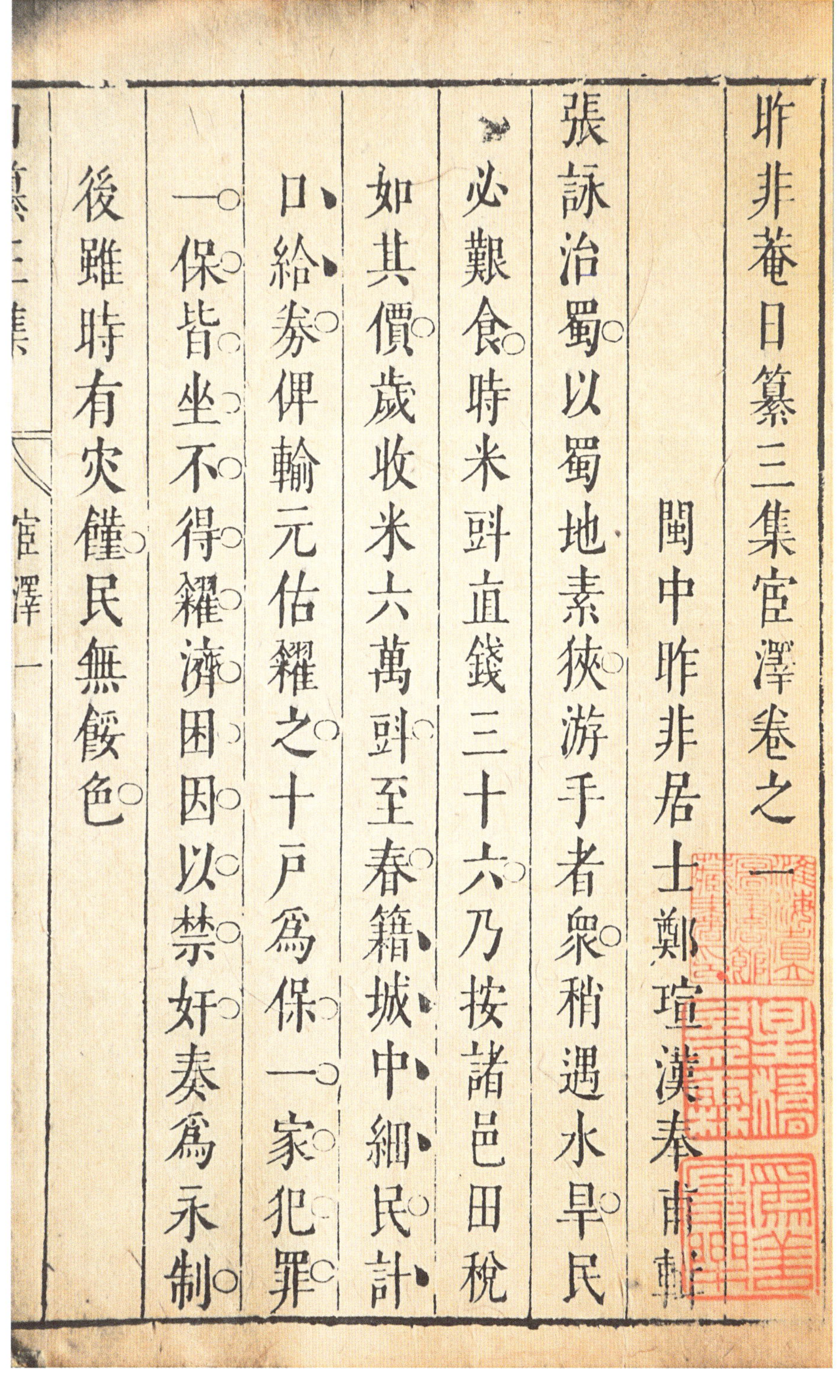

42610　昨非菴日纂三集二十卷　（明）鄭瑄輯　明崇禎刻本

版框：21×14　八行十八字　白口白單魚尾　四周單邊　尺寸：23.3×16　册數：四册　《省名録》：02310

21255　瓶花供二十四卷附四卷　（明）劉鳳翱輯　明崇禎三年（1630）刻本

版框：21.4×14.2　八行二十字　白口白單魚尾　四周單邊　尺寸：21.5×16.2　冊數：二十八册

《善本書目》：子部8413

姓氏

鑒定

曹思誠孚一甫

徐九章經緯甫

張文熙孚白甫

編輯

劉鳳翙介黄甫

較閲

崇禎三年嘉平月里人張文堅拜

手書于六吉齋中

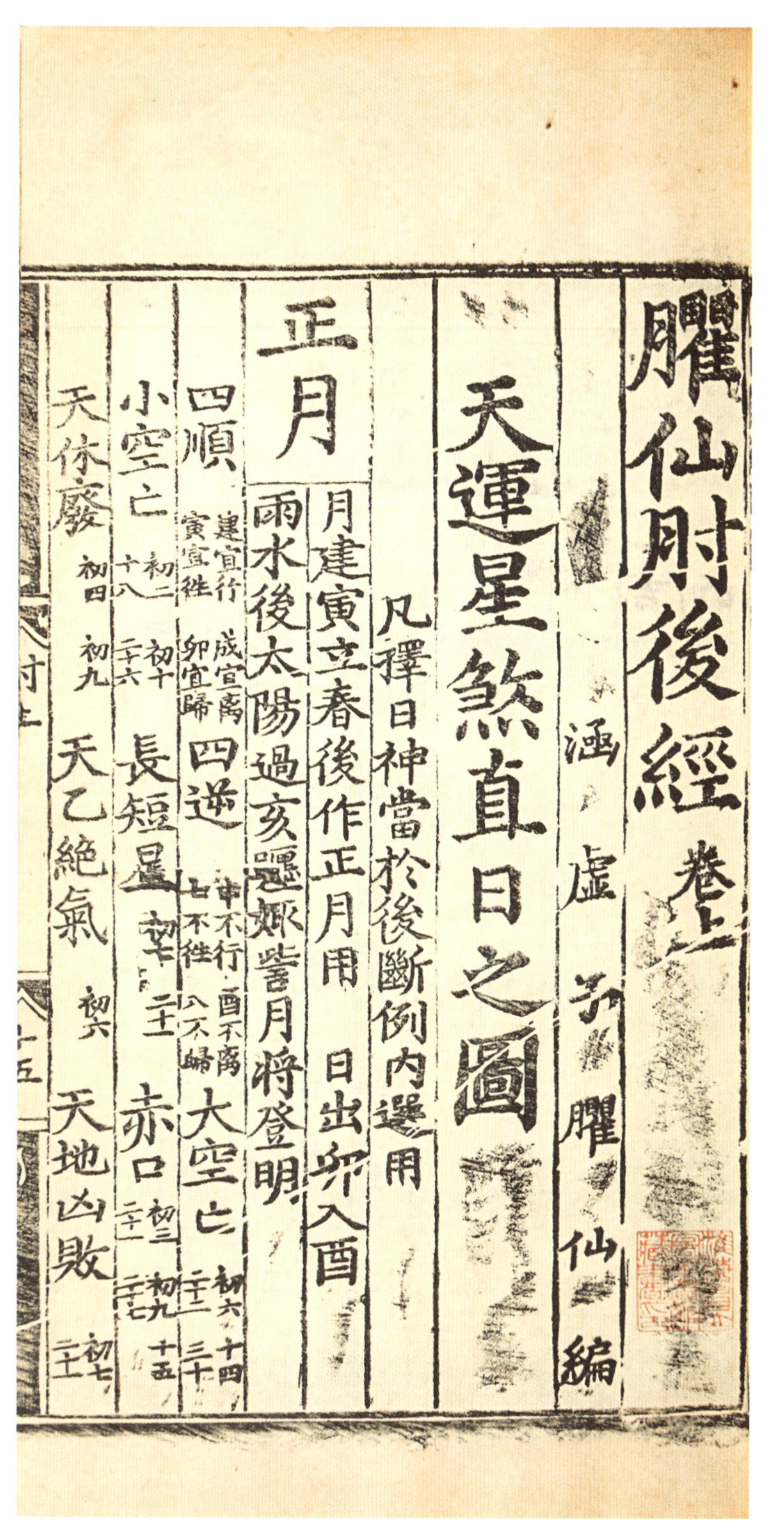

18782　臞仙肘後經二卷　（明）朱權撰　明嘉靖二十九年（1550）晉府寶賢堂刻本

版框：25.5 × 17　行字數不定　大黑口黑雙順魚尾　四周雙邊　尺寸：32.7 × 18.5　冊數：二冊

《善本書目》：子部4171　《國家名録》：01837　《省名録》：1471

傍墻

正面

傍墻

背面

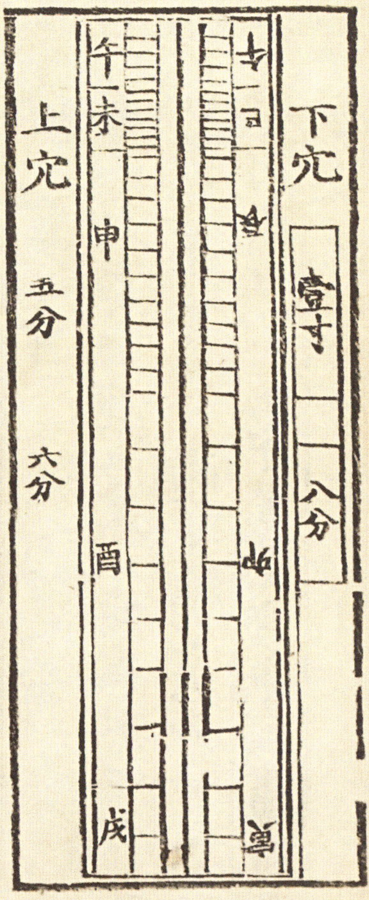

下穴

壹寸

八分

午 巳 辰 卯 寅

午 未 申 酉 戌

上穴

五分

六分

春分北極之表

秋分南極之表

春分白露清明處暑穀雨立秋表長八分

夏至芒種小暑小滿大暑立夏表長寸下穴

秋分驚蟄寒露雨水霜降立春表長六分

冬至大雪小雪小寒大寒立冬表長五分上穴

臞仙肘後經 卷上終

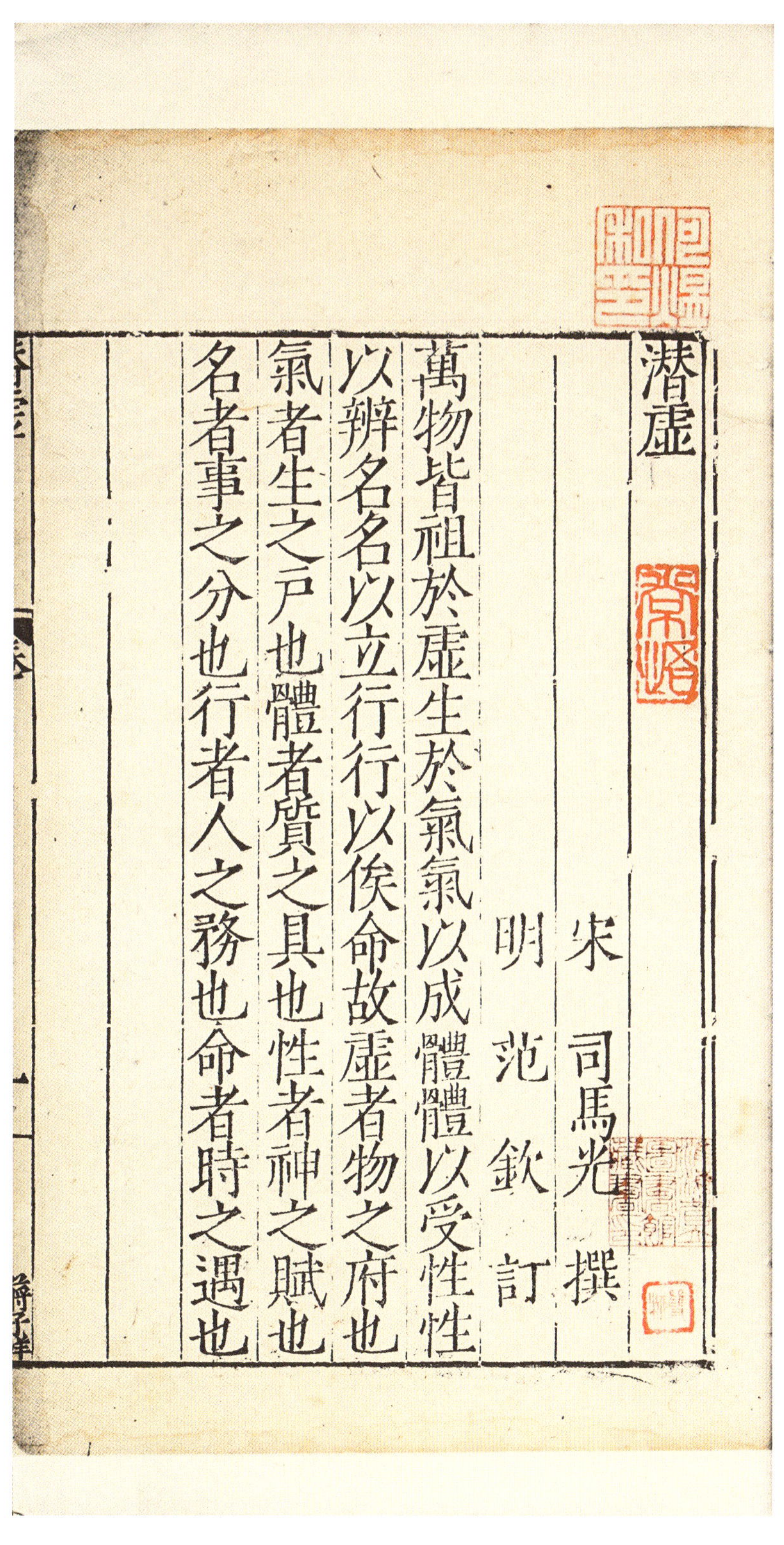

21569　潛虚一卷　（宋）司馬光撰　潛虚發微論一卷　（宋）張敦實撰　（明）范欽訂　明范氏天一閣刻天一閣奇書本

版框：20.7×14.6　九行十八字雙行小字十八　白口黑單魚尾　左右雙邊　尺寸：30×18.4　裝訂：金鑲玉　册數：一册　《省名録》：0613

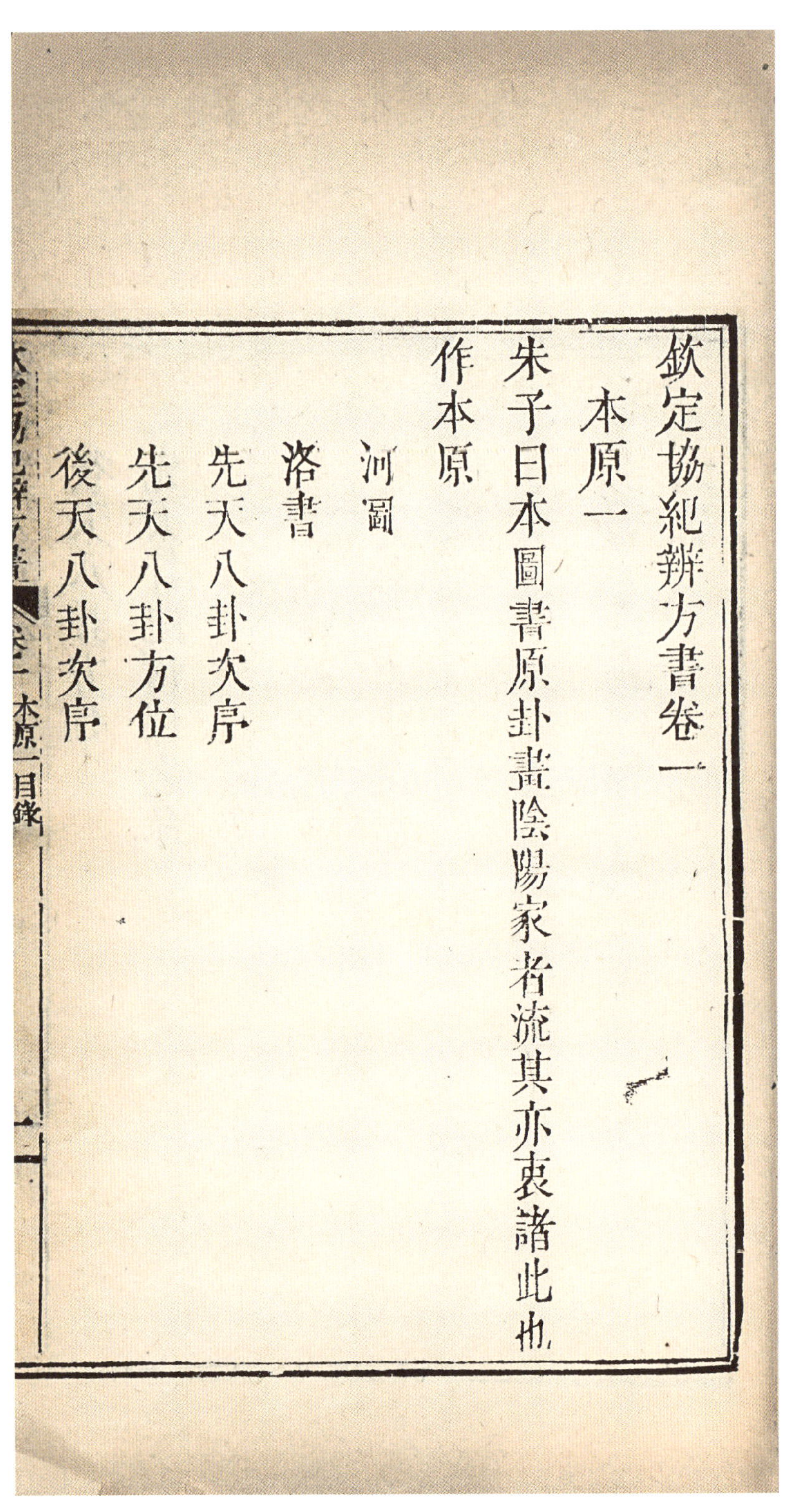

32007　欽定協紀辨方書三十六卷　（清）允禄等纂修　清乾隆六年（1741）武英殿刻朱墨套印本

版框：20×13.8　九行二十字　白口黑單魚尾　四周雙邊　尺寸：28.5×17.6　冊數：二十册

《省名録》：0618

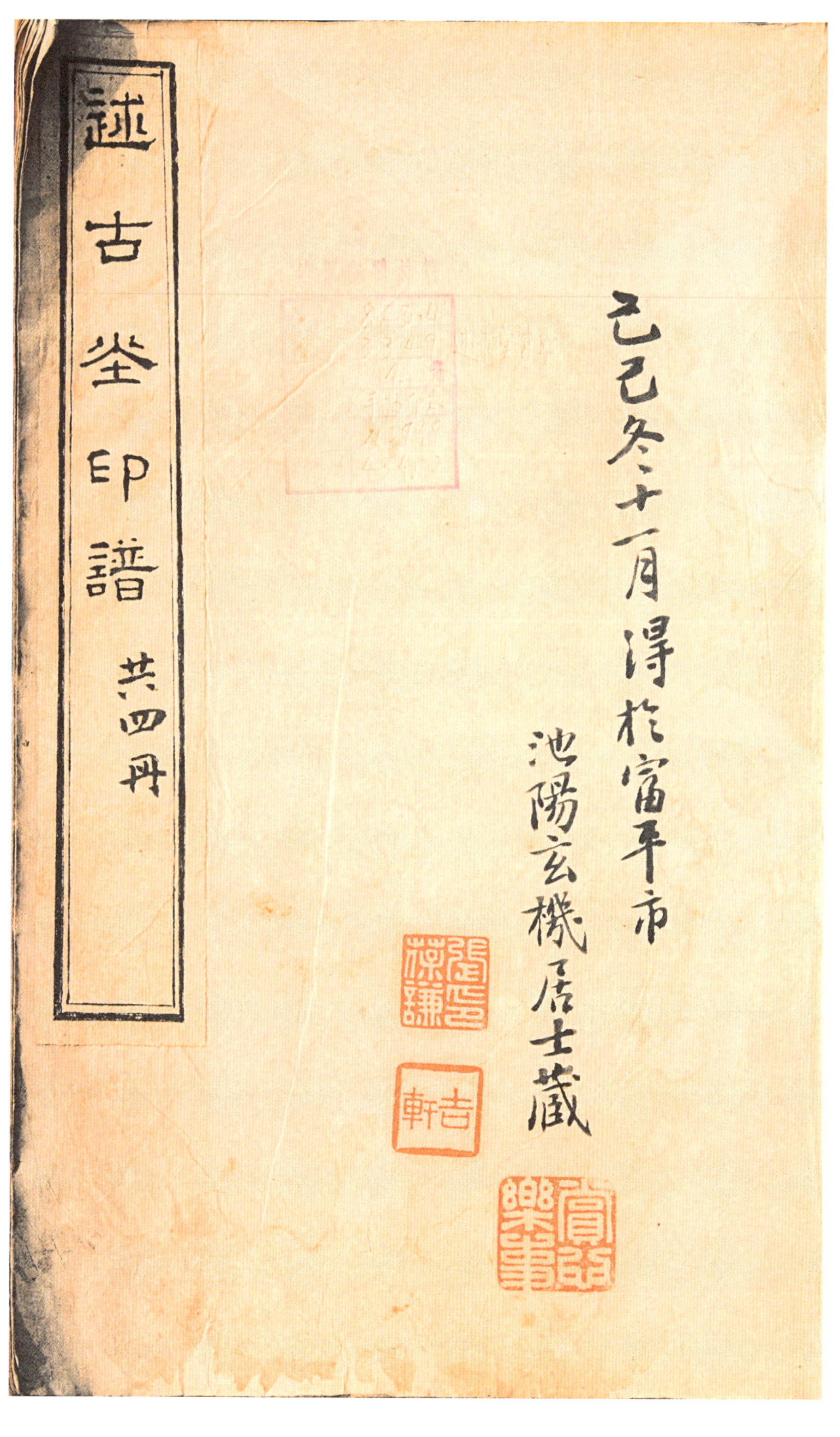

43449　述古堂印譜二十四卷　（清）程椿篆刻　清鈐印本

版框：17.8×14.5　白口無魚尾　四周雙邊　尺寸：26.5×19　冊數：四冊　《省名録》：0640

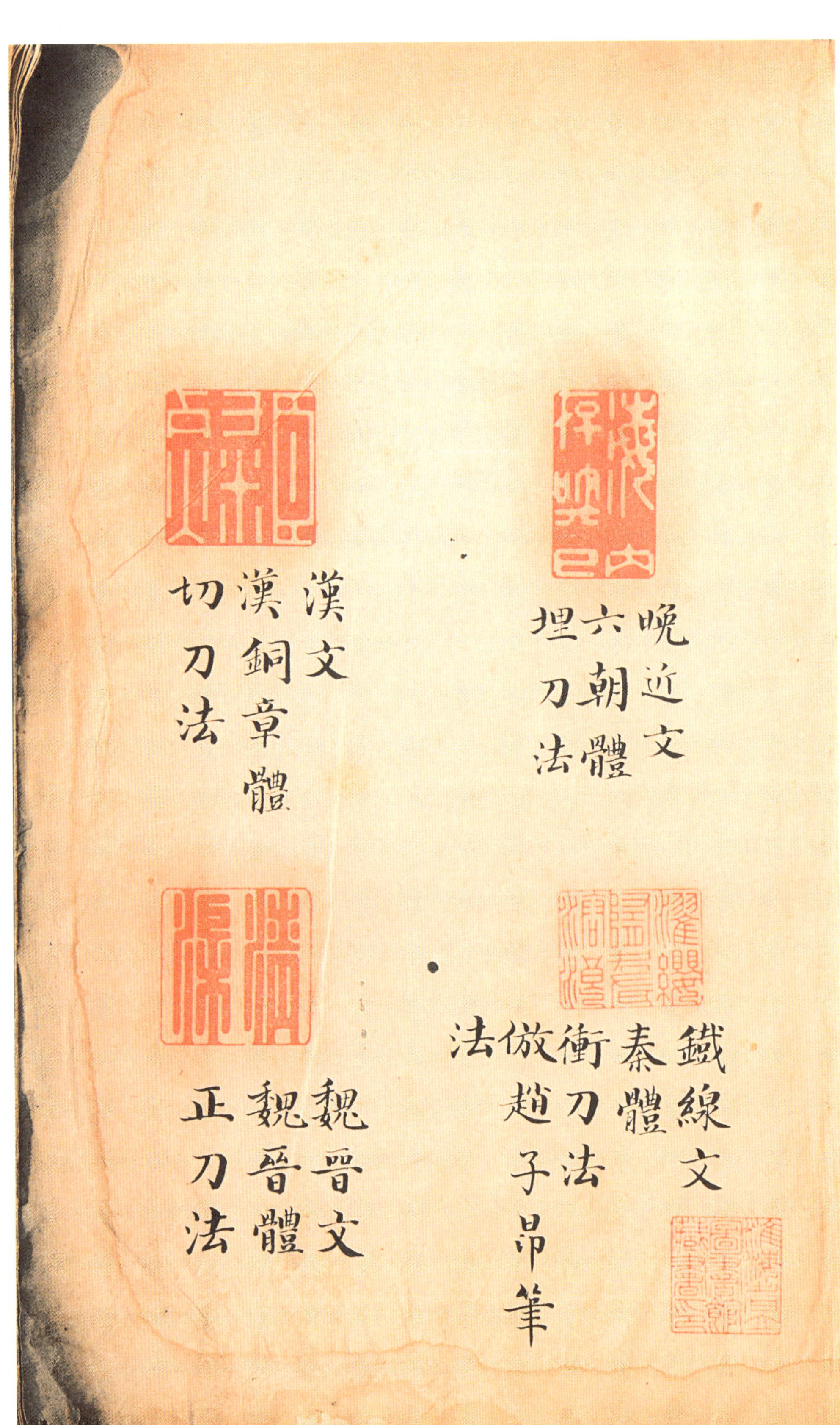

晚近文
六朝體
埋刀法

漢文
漢銅章體
切刀法

鐵線文
秦體
衡刀法
倣趙子昂筆
法

魏晉文
魏晉體
正刀法

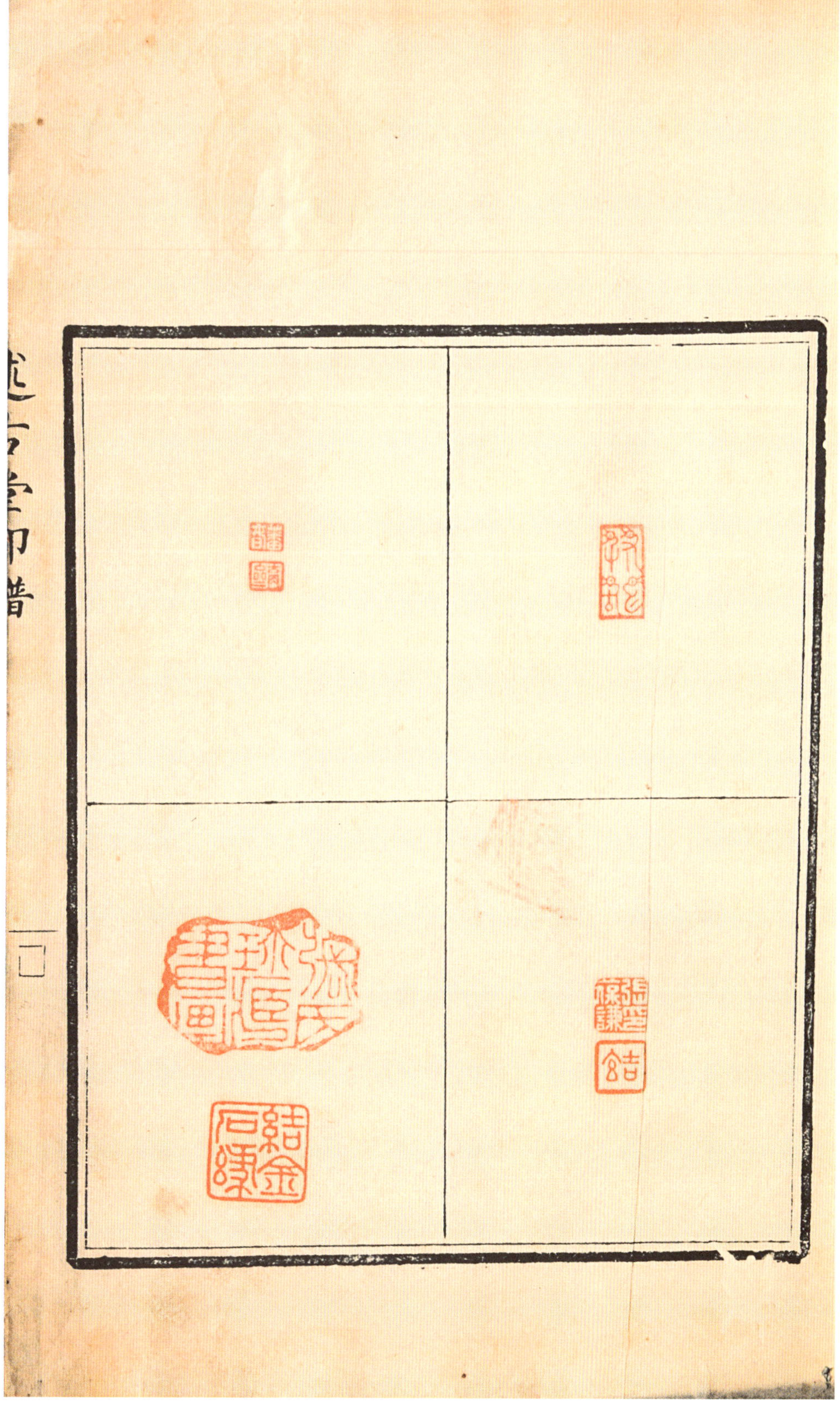
結金石緣

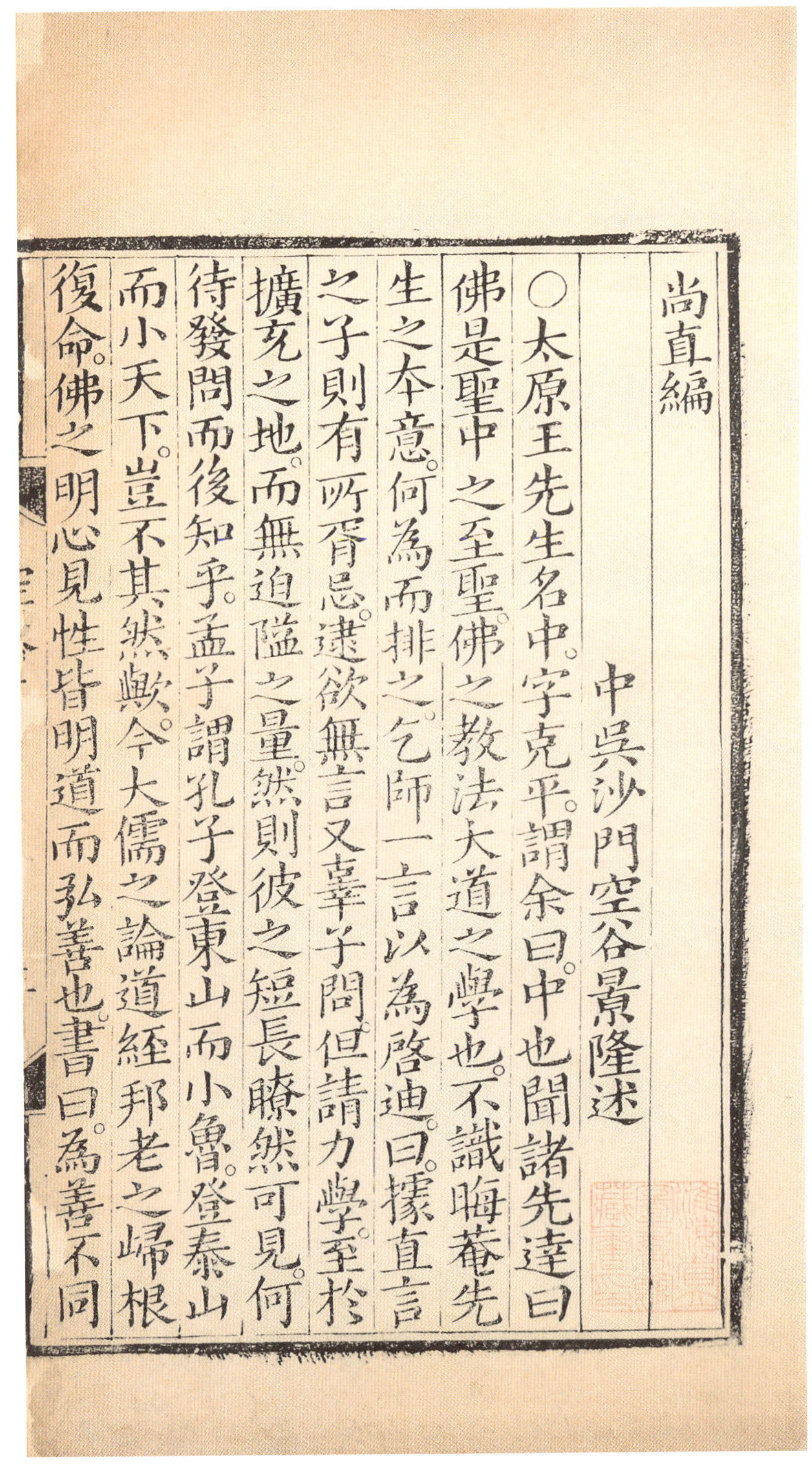
尚直編

中吳沙門空谷景隆述

○太原王先生名中。字克平。謂余曰。中也聞諸先達曰。佛是聖中之至聖。佛之教法大道之學也。不識晦菴先生之本意。何為而排之。乞師一言以為啓迪。曰。據直言之子則有所胥忌。遂欲無言又辜子問。但請力學至於擴充之地。而無迫隘之量。然則彼之短長瞭然可見。何待發問而後知乎。孟子謂孔子登東山而小魯。登泰山而小天下。豈不其然歟。今大儒之論道經邦老之歸根復命。佛之明心見性皆明道而弘善也。書曰。為善不同

31794　空谷集三卷　（明）釋景隆撰　明弘治十年（1497）釋雨華刻本

版框：18.6×11.8　十行二十一字　黑口黑雙向魚尾　四周雙邊　尺寸：25×15.5　冊數：三冊

《省名録》：0806

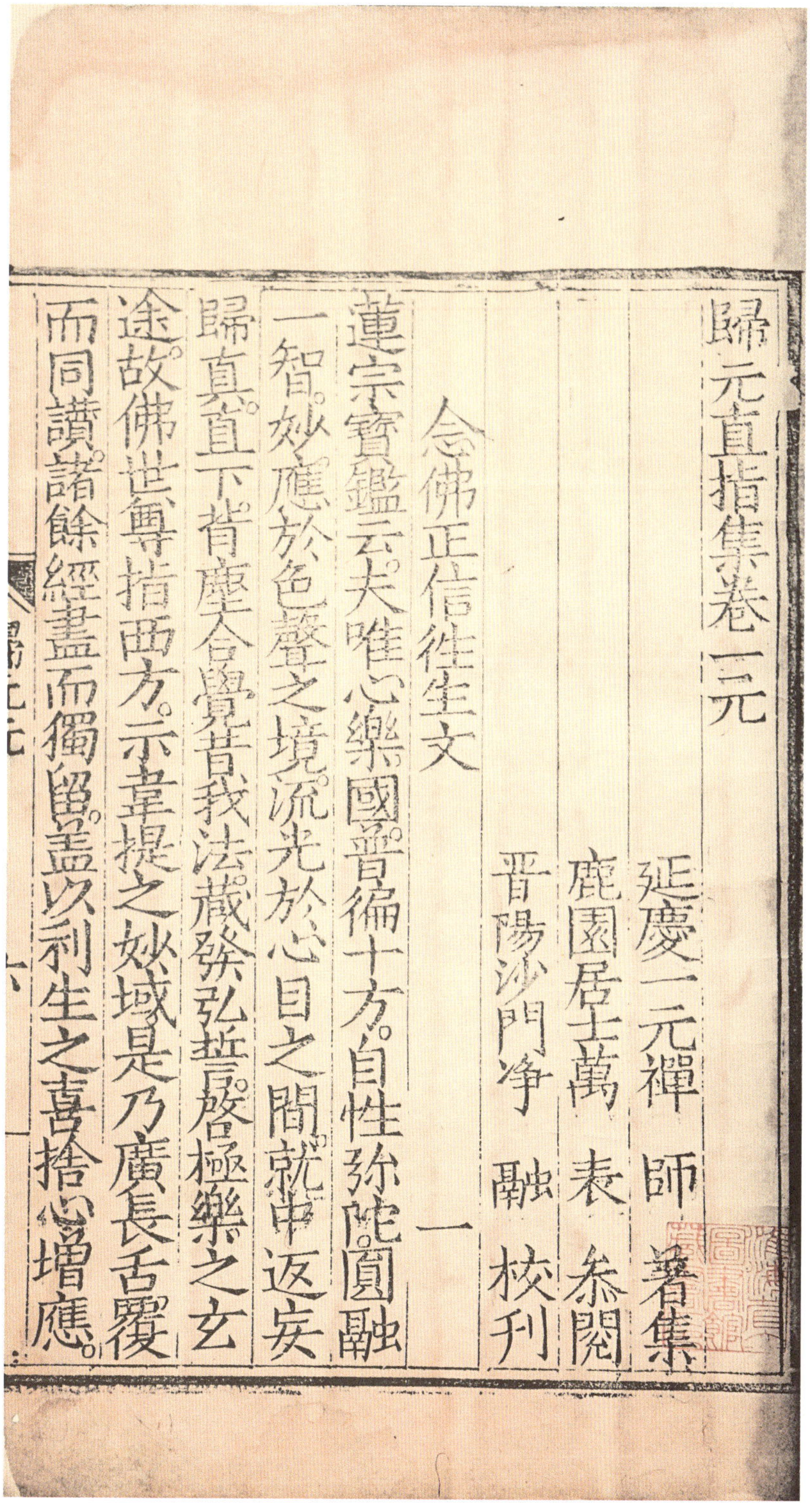
歸元直指集卷一　元

延慶一元禪師著集
鹿園居士萬　表叅閲
晋陽沙門淨　融校刊

念佛正信往生文　一

蓮宗寶鑑云夫唯心樂國普徧十方自性彌陀圓融
一智妙應於色聲之境流光於心目之間就中返妄
歸真直下背塵合覺昔我法藏發弘誓啓極樂之玄
途故佛世尊指西方示韋提之妙域是乃廣長舌覆
而同讚諸餘經盡而獨留蓋以利生之喜捨心增應

22179　歸元直指集四卷　（明）釋宗本撰　明嘉靖三十三年（1554）釋淨融刻本

版框：19×13.2　十行二十字　白口黑單魚尾　四周雙邊　尺寸：26.2×17.3　册數：六册　《省名録》：0802

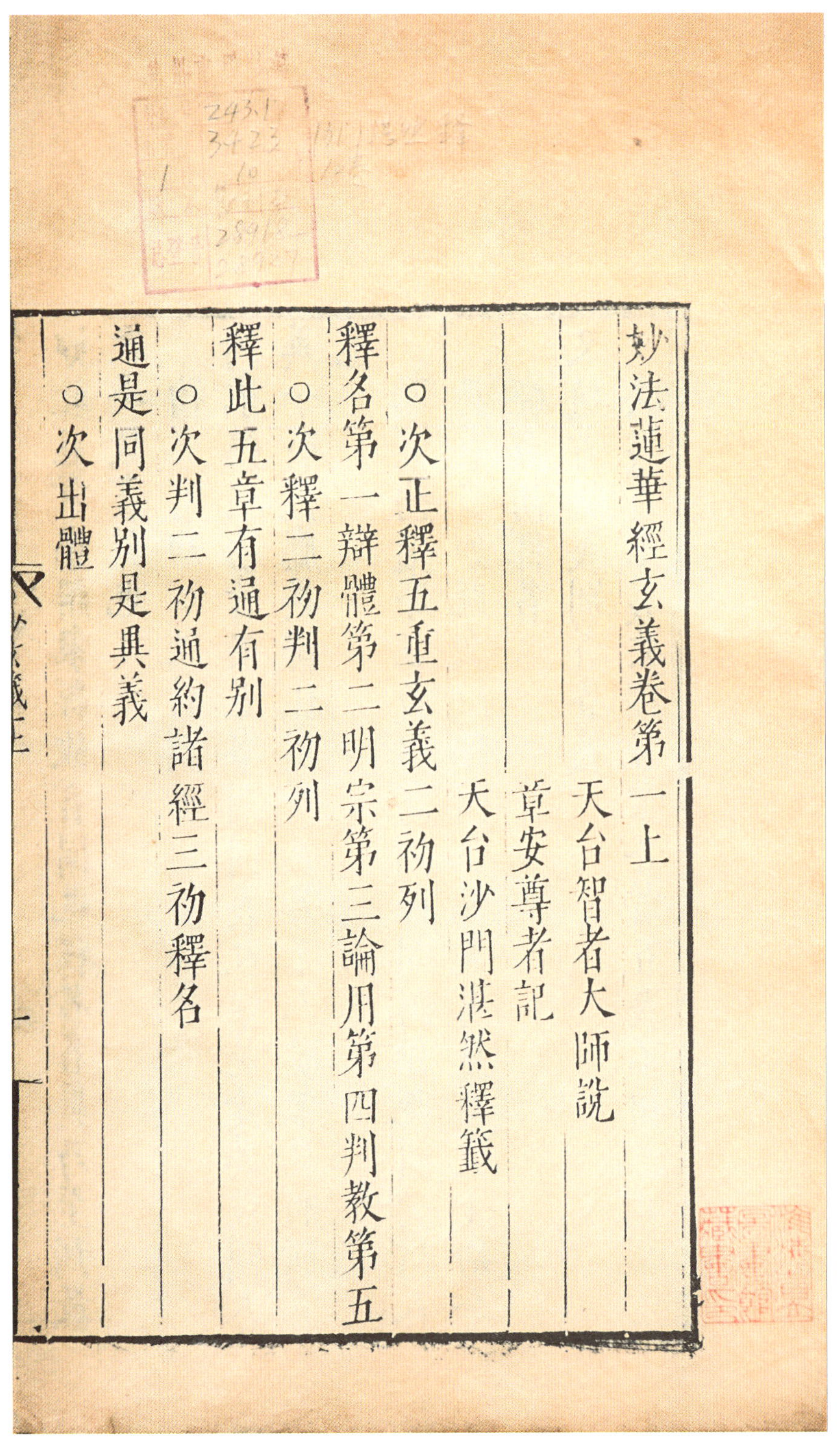

妙法蓮華經玄義卷第一上
天台智者大師說
章安尊者記
天台沙門湛然釋籤
○次正釋五重玄義二初列
釋名第一辯體第二明宗第三論用第四判教第五
○次釋二初判二初列
釋此五章有通有別
○次判二初通約諸經三初釋名
通是同義別是異義
○次出體

28918　妙法蓮華經玄義十卷　（隋）釋智顗撰　明萬曆刻本

版框：20×13.5　十一行二十字　黑口花單魚尾　左右雙邊　尺寸：27.2×18　冊數：十冊　《省名録》：02329

御錄宗鏡大綱卷一

慧日永明妙圓正修智覺禪師宗鏡錄序

伏以眞源湛寂。覺海澄清。絕名相之端。無能所之迹。最初不覺忽起動心。成業識之由。爲覺明之咎。因明起照。見分俄興。隨照立塵。相分安布。如鏡現像。頓起根身。次則隨想而世界成差。後則因智而憎愛不等。從此遺眞失性。執相徇名。積滯著之情塵。結相續之識浪。鎖眞覺於夢夜。沉迷三界之中。瞽智眼於昏衢。匍匐九居之內。遂乃縻業繫之苦。喪解脫之門。於無身中受身。向無趣中立趣。約依處則分二十五有。論

21938　御錄宗鏡大綱二十卷　（宋）釋延壽撰　（清）世宗胤禛録　清雍正十二年（1734）武英殿刻本

版框：17.4 × 12.4　十行二十字　白口黑單魚尾　四周單邊　尺寸：25.4 × 16.2　册數：四册

《省名録》：0775

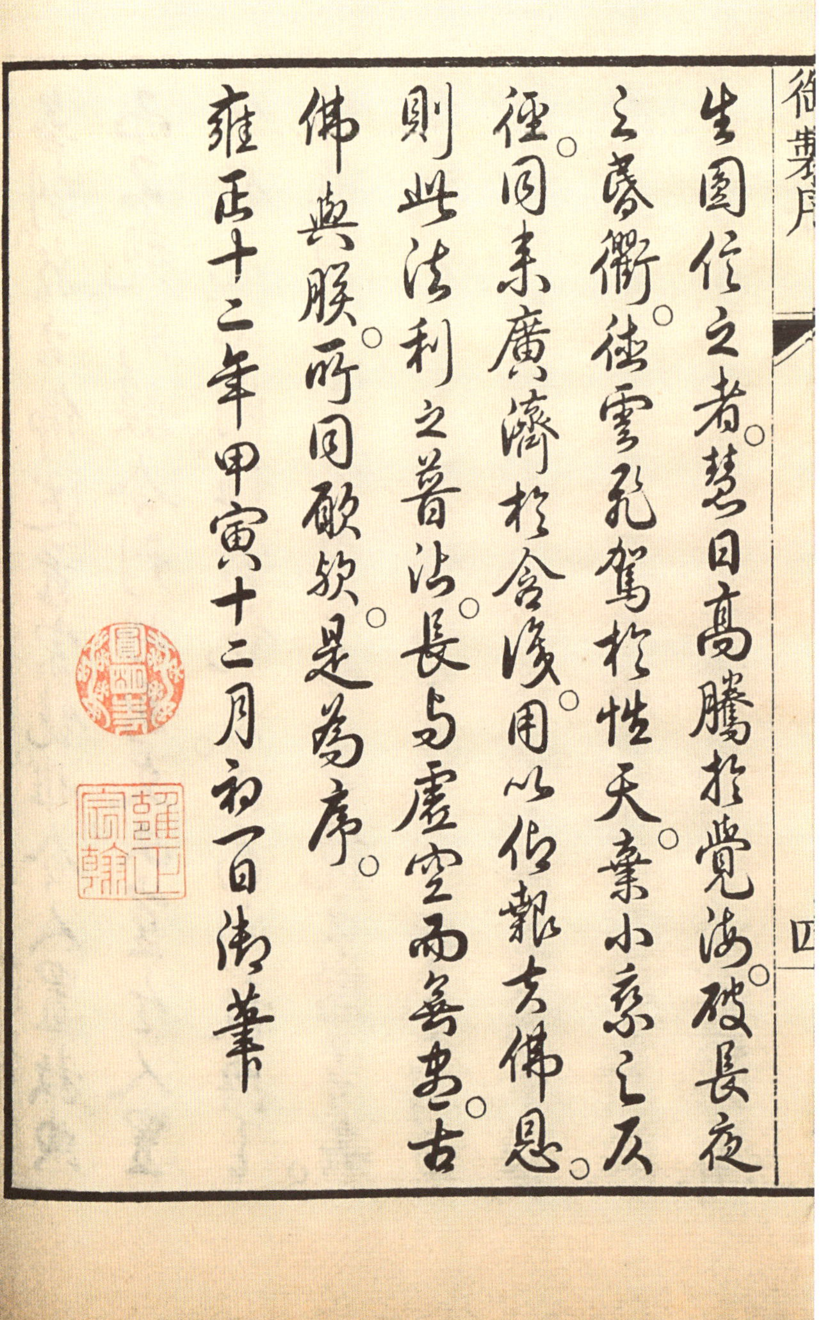

生圓信之者。慧日高騰於覺海。破長夜之昏衢。慈雲飛駕於性天。棄小乘之反徑。因來廣濟於含靈。用以作報古佛恩。則此法利之普洽。長與虛空而無盡。古佛與朕所同歡欣。是為序。

雍正十二年甲寅十二月初一日御筆

大乘瑜伽金剛性海曼殊室利千臂千鉢大教王經
卷第一
唐三藏沙門大廣智不空奉　詔譯
如是我聞一時釋迦牟尼如來在摩醯首羅天王宮
中於毗楞伽寶摩尼寶殿中如來在百寶摩尼寶座
上與共毗盧遮那如來於金剛性海蓮華藏會同說
此經與無量大梵天王等并與微塵數一切菩薩摩
訶薩衆說毗盧遮那如來法界性海祕密金剛界蓮
華臺藏世界海於中有大聖曼殊室利菩薩現金色
身身上出千臂千手千鉢鉢中顯現出千釋迦千釋

千鉢大教王經　卷一　一

21873　大乘瑜伽金剛性海曼殊室利千臂千鉢大教王經十卷　（唐）釋不空譯　清雍正内府刻二十八經同函本

版框：20×13.3　十行二十字　白口黑單魚尾　四周單邊　尺寸：27.5×17.5　冊數：四冊　《省名録》：0801

集　部

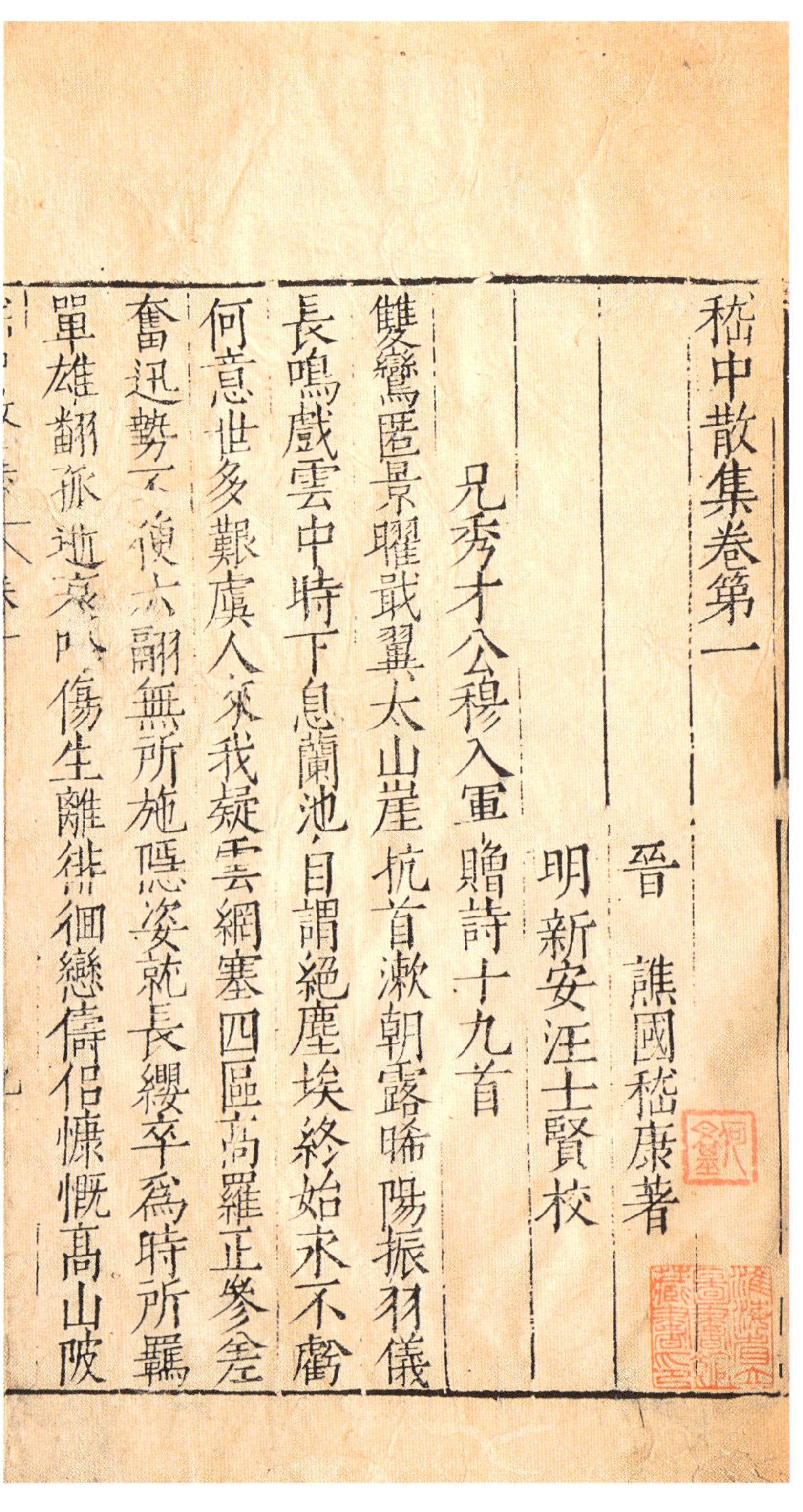

21986 嵇中散集十卷　（三國魏）嵇康撰　明萬曆天啓間汪士賢刻漢魏六朝二十一名家集本

版框：20×14　九行二十字　白口白單魚尾　左右雙邊　尺寸：26.5×16.8　册數：四册　《省名録》：0846

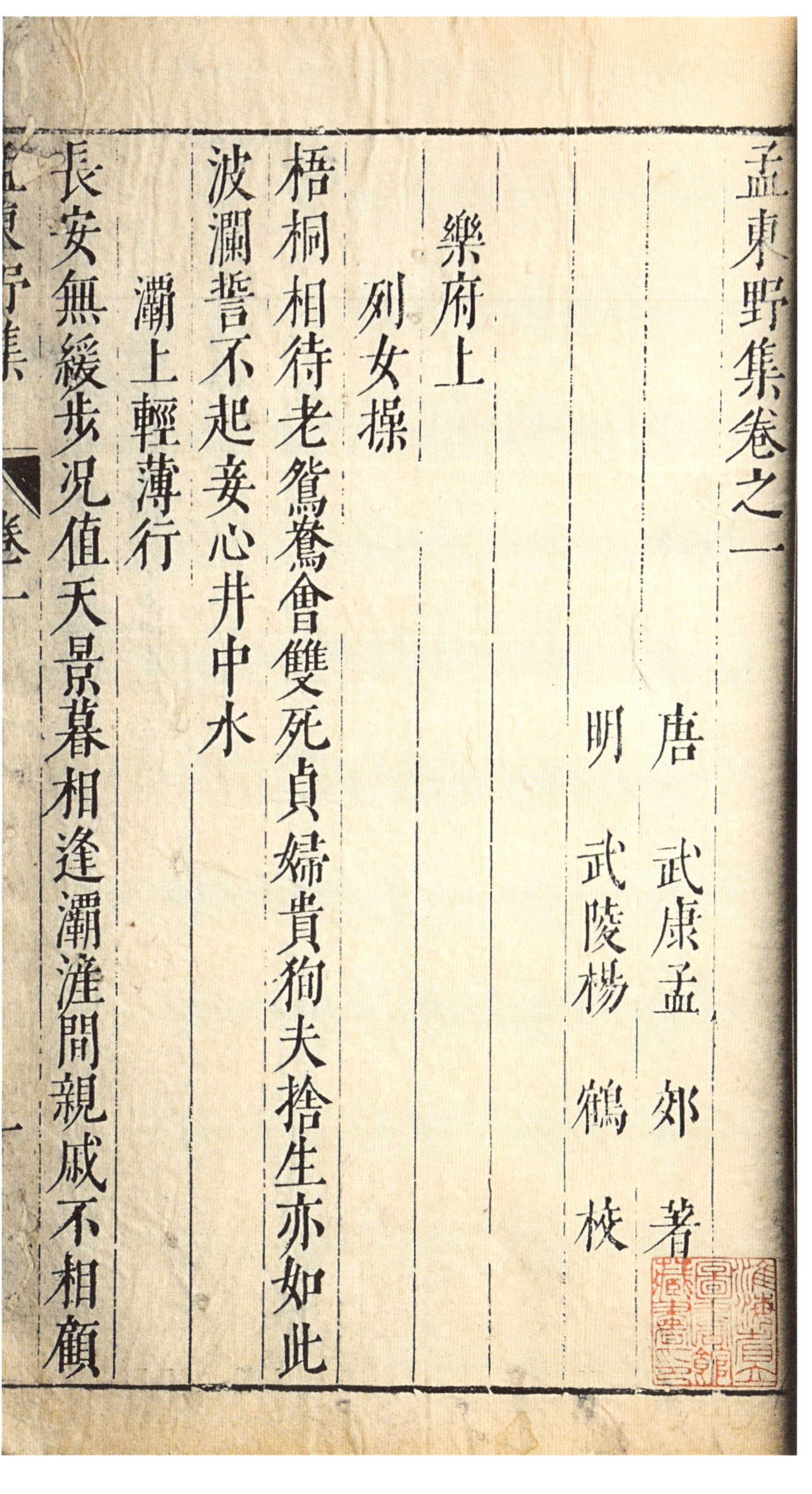

孟東野集卷之一
唐　武康孟郊著
明　武陵楊鶴校
樂府上
列女操
梧桐相待老鴛鴦會雙死貞婦貴徇夫捨生亦如此
波瀾誓不起妾心井中水
灞上輕薄行
長安無緩步況值天景暮相逢灞滻間親戚不相顧
孟東野集　卷一　一

22014　孟東野集十卷　（唐）孟郊撰　明楊鶴刻本

版框：21.5×14.3　十行二十字　白口黑單魚尾　左右雙邊　尺寸：24.5×16.3　册數：四册

《善本書目》：集部1585

復湮没而不志見修舉廢墜責將安歸予懼夫後之視今亦猶今之視昔爰畀杭士趙顒伯正其訛舛捐俸而重鋟諸梓併入國令姓名於志廣其傳且俾文獻有徵也粤若東野之詩愁苦沉抑乏徐庾之流麗規觚少異非杜陵之體裁詩家評品别自有説非淺學所敢與知刻既成敬叙數言用識歲月嘉靖丙辰秋八月望日賜進士第文林郎知武康縣事無錫秦禾書

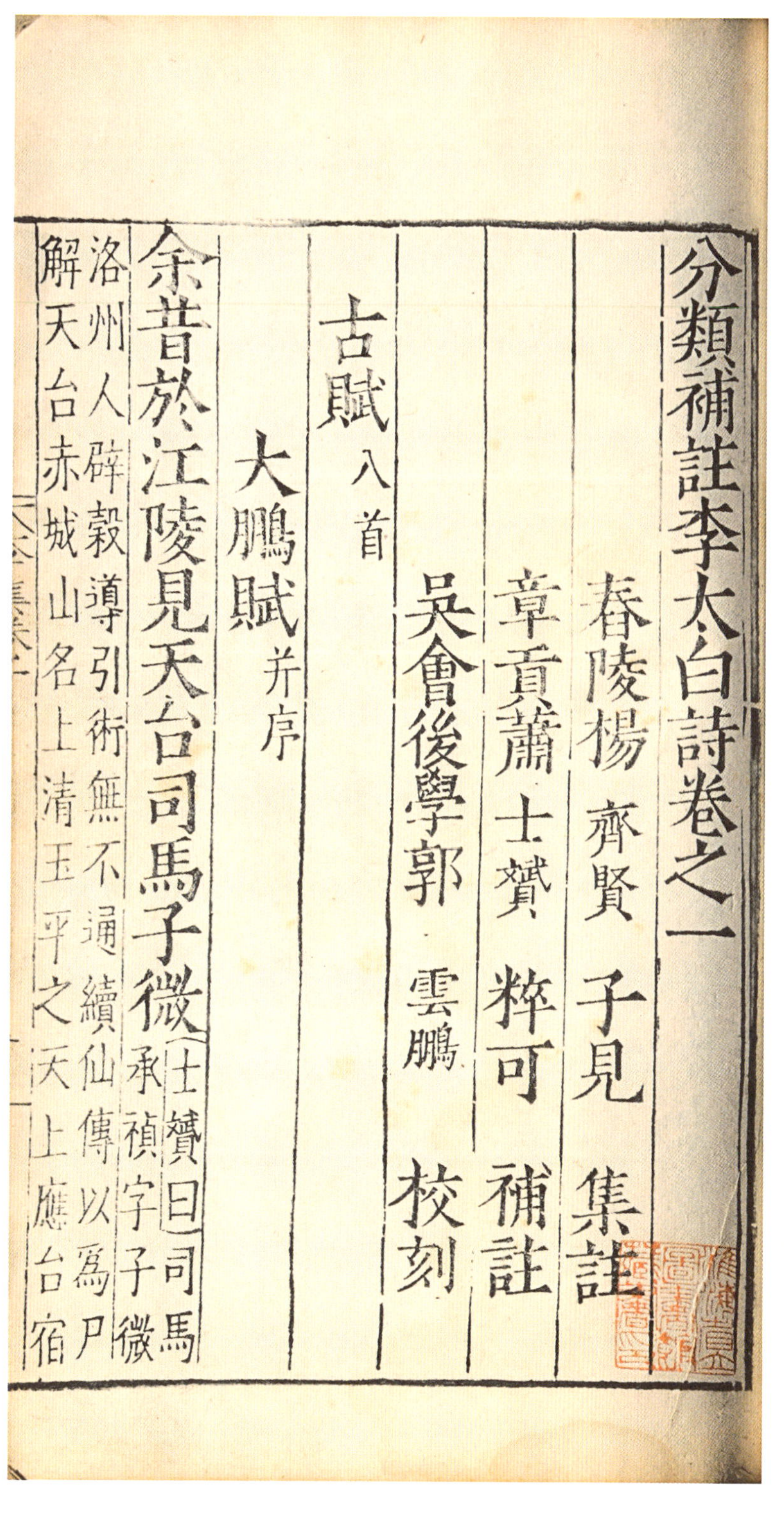

31219　分類補註李太白詩二十五卷分類編次李太白文五卷　（宋）楊齊賢集注　（元）蕭士贇補注　明嘉靖二十二年（1543）郭雲鵬寶善堂刻本

版框：20×13　八行十七字雙行小字十七　白口白單魚尾　左右雙邊　尺寸：25.5×16.7　冊數：十二册　《國家名録》：05199　《省名録》：0874

嘉靖癸卯春正月甲子吳人郭雲鵬謹識

嘉靖癸卯
嵩[illegible]
[illegible]梓行

目録終

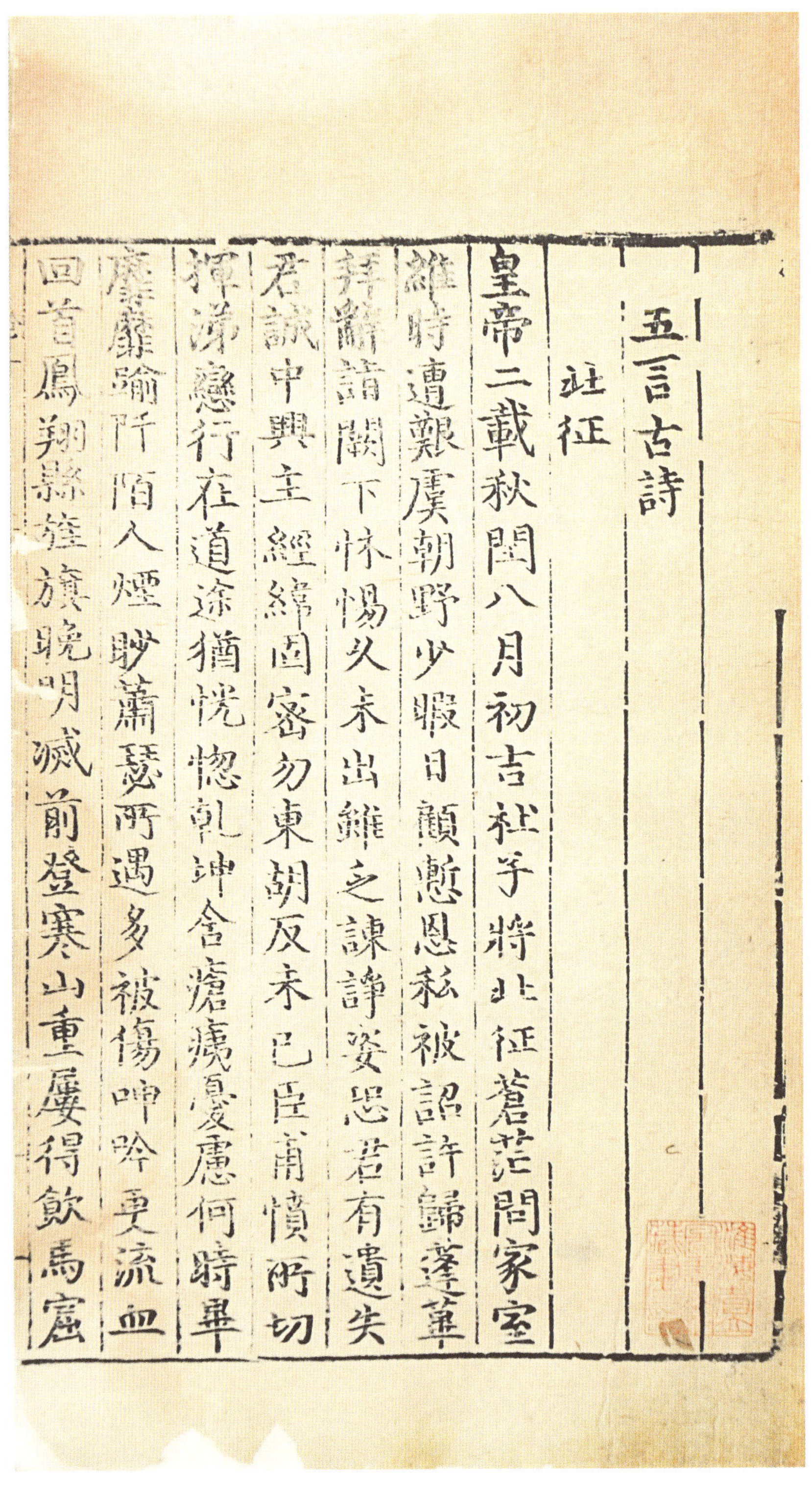

47795　杜少陵集十卷　（唐）杜甫撰　（明）張潛輯　明正德七年（1512）刻本

版框：22×15　十行二十字　白口無魚尾　四周單邊　尺寸：28.3×17.7　册數：八册　《善本書目》：集部923　《國家名録》：05257　《省名録》：0892

之博能士也
正德七年九月一日前祭酒和順王
雲鳳序

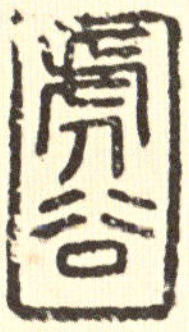

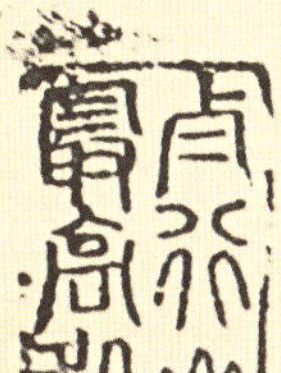

獨謂子美也廣平太守張侯用昭以

子美集刻者雖多然或以所歷之地

爲類或以所命之題爲類覩者卒難

得其各體之全其釋事釋文補遺補

註諸書收擥紛哤未易尋省乃以詩

體分爲八爲子美作者附録詩後文

又附其後盡去其註爲卷十每卷各

著其目於首判府宋君孟清實訂譌
焉子美集斯明白矣用昭求序於余
子美之詩不待贊也故特舉其大節
使世知子美詩之傳愈久而愈爲人
所寶愛殆將與天壤俱弊着有由然
也用昭名潛岷州人丙辰進士作郡
有餘力以及文事孟清名灝則吾晉

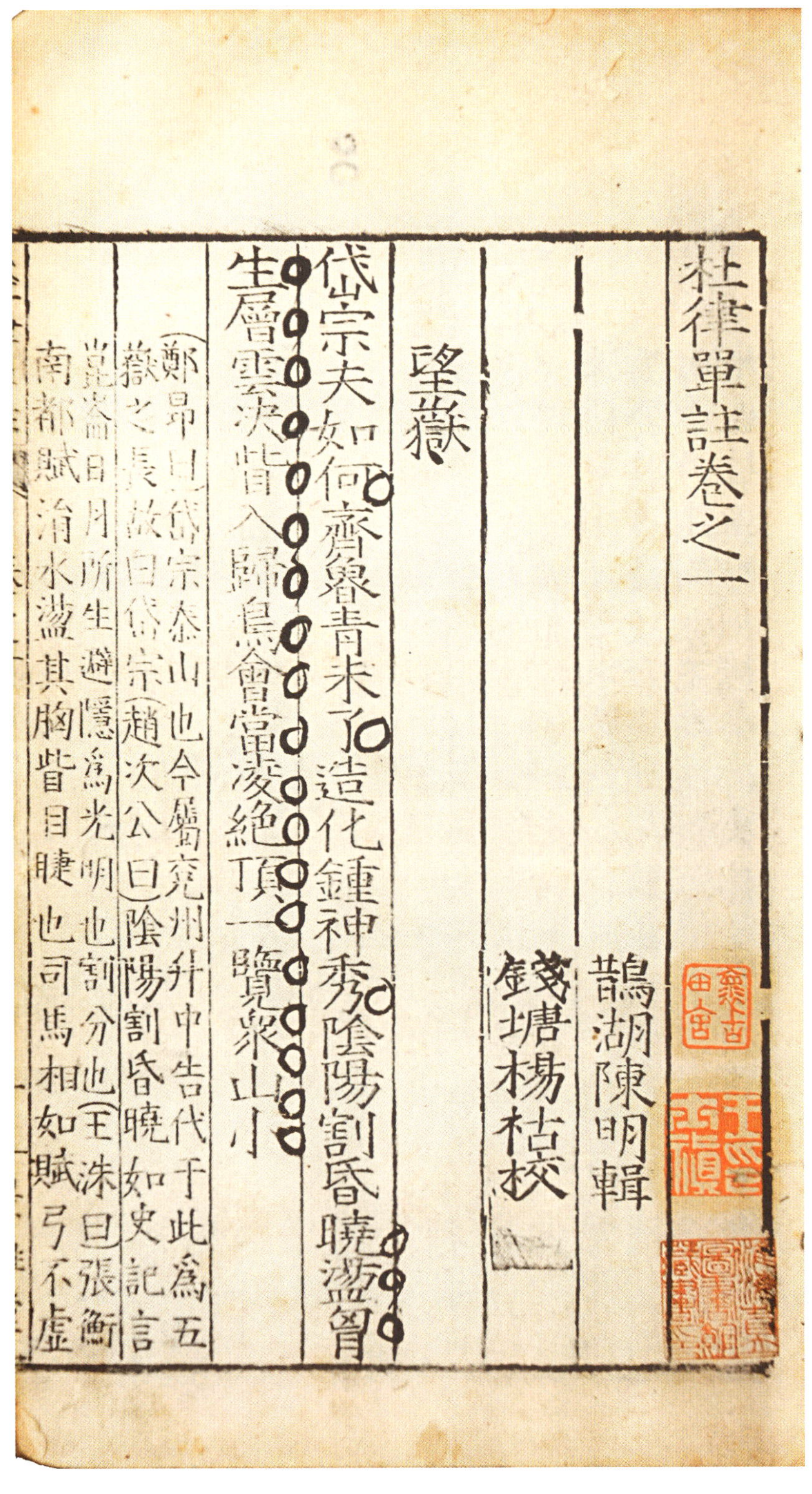
杜律單註卷之一

鵲湖陳明輯

錢塘楊枯校

望嶽

岱宗夫如何齊魯青未了造化鍾神秀陰陽割昏曉盪胸生層雲決眥入歸鳥會當凌絕頂一覽衆山小

(鄭昂曰)岱宗泰山也今屬兗州升中告代于此為五嶽之長故曰岱宗(趙次公曰)陰陽割昏曉如史記言崑崙日月所生避隱為光明也割分也(王洙曰)張衡南都賦淯水盪其胸背目睫也司馬相如賦弓不虛

21977　杜律單註十卷　（明）單復撰　（明）陳明輯　明嘉靖景姚堂刻本

版框：21×14.5　八行二十二字雙行小字二十二　白口黑單魚尾　四周單邊　尺寸：27×17　册數：五册　《善本書目》：集部939　《國家名録》：02027　《省名録》：1514

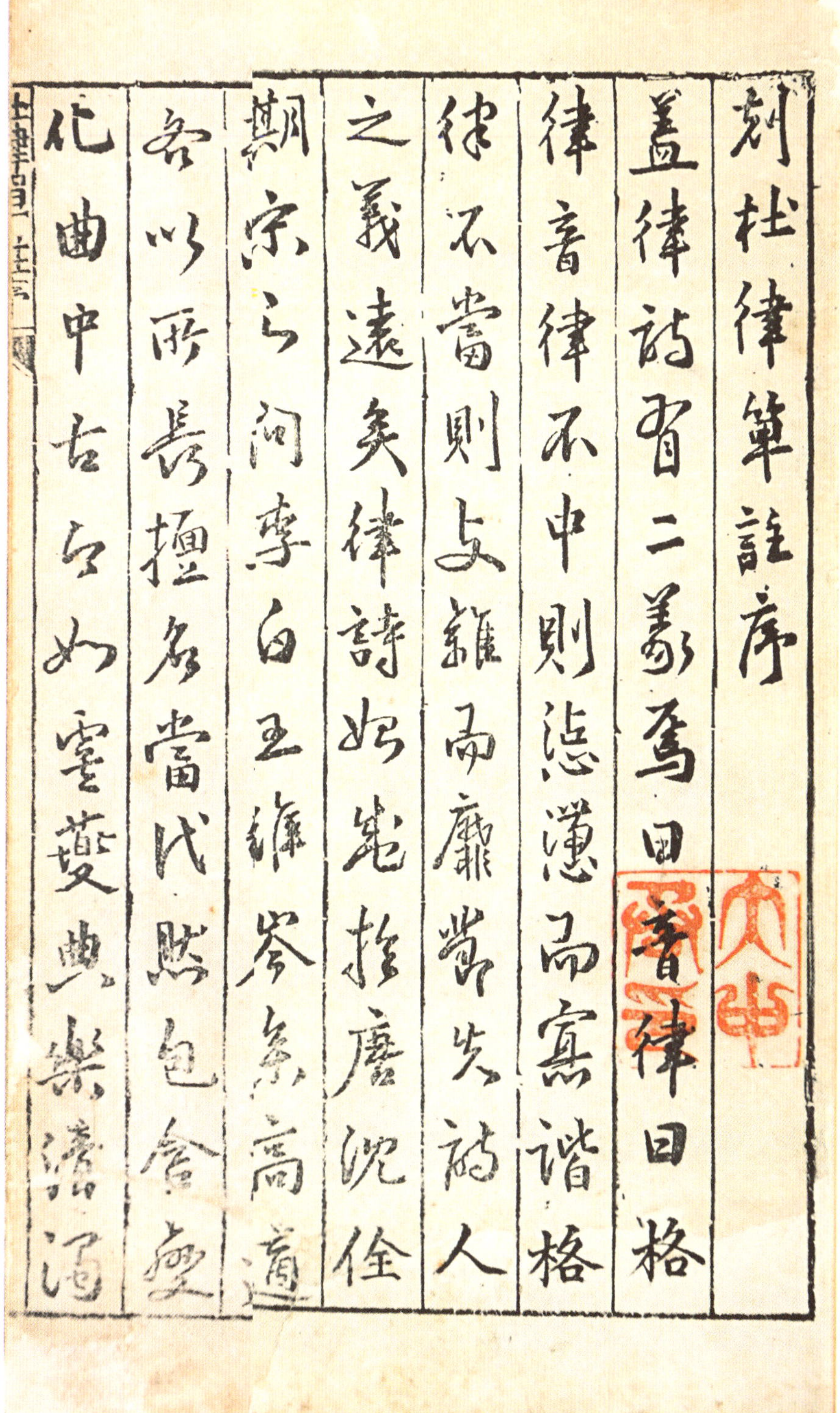

刻杜律單註序

蓋律詩昔二篆爲曰音律曰格律音律不中則恣濫而寡諧格律不當則支離而靡當失詩人之義遠矣律詩始盛推磨沈佺期宋之問李白王維岑參高適各以所長擅名當代然包含變化曲中古今如雲夔典樂諧通

感焉

嘉靖十有八年十一月五日

賜進士出身奉政大夫江西按

察司僉事錢塘楊祜書于滈南

之夢韓堂

意云未知然否積久成帙留之巾笥以與同志者商確題曰讀杜愚得盖取愚者千慮必有一得耳非欲多上人也嗚呼人苦不自知前註之失吾固知之而吾註之失第苦不能自知也尚冀高明君子為之是正焉幸甚旹洪武壬戌秋八月既望古剡單復自序

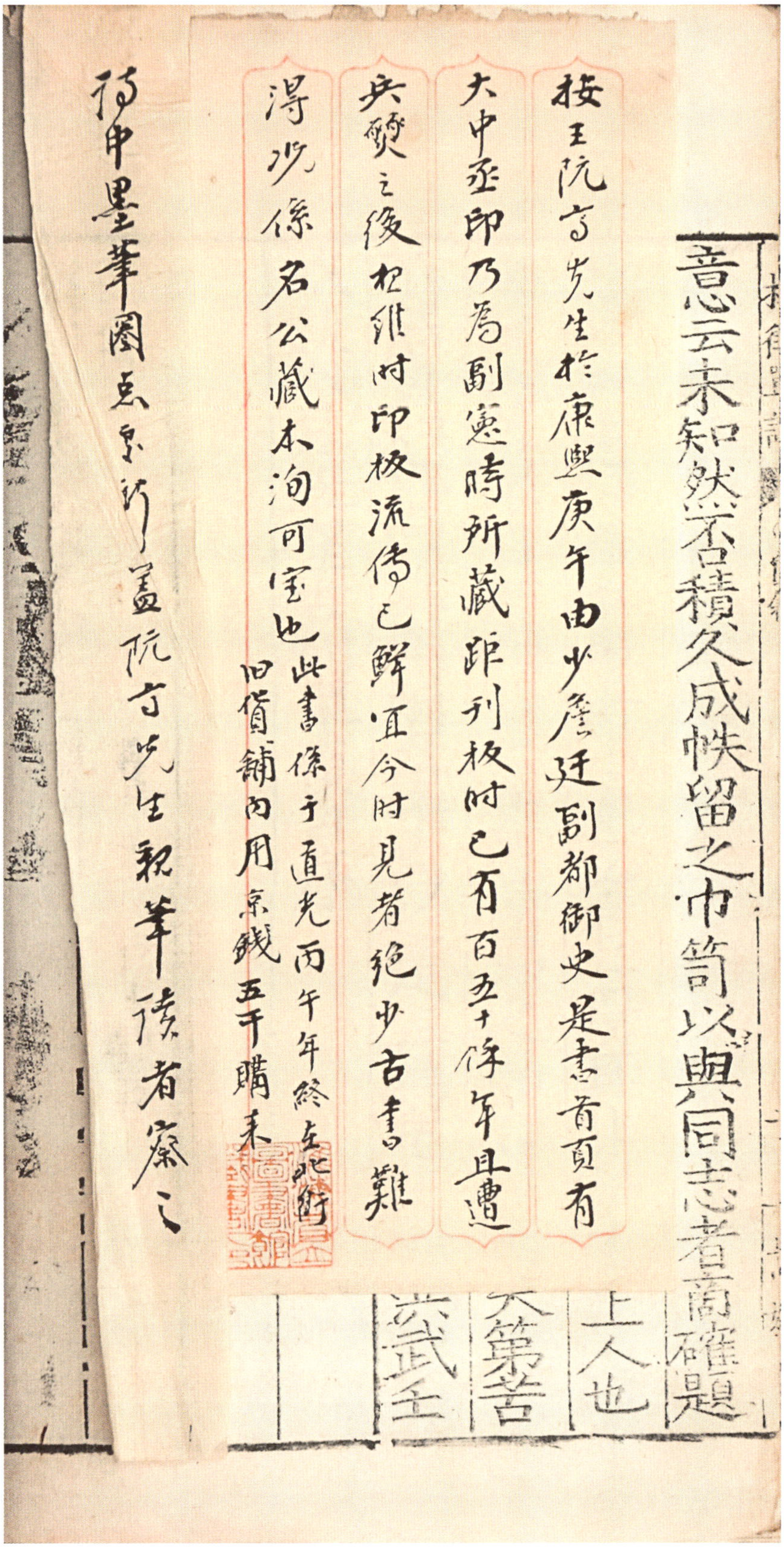

意云未知然否積久成帙留之巾笥以與同志者商確題

上人也

大第菩

武全

按王阮亭先生於康熙庚午由少詹廷副都御史是書首頁有
大中丞印乃為副憲時所藏距刊板时已有百五十餘年且遭
兵燹之後初排时印板流傳已鮮宜今时見者绝少古書難
得也係名公藏本洵可寶也此書係于道光丙午年終在北行
旧貨鋪内用京錢五千購来

書中墨筆圈点系京行蓋阮亭先生親筆讀者察之

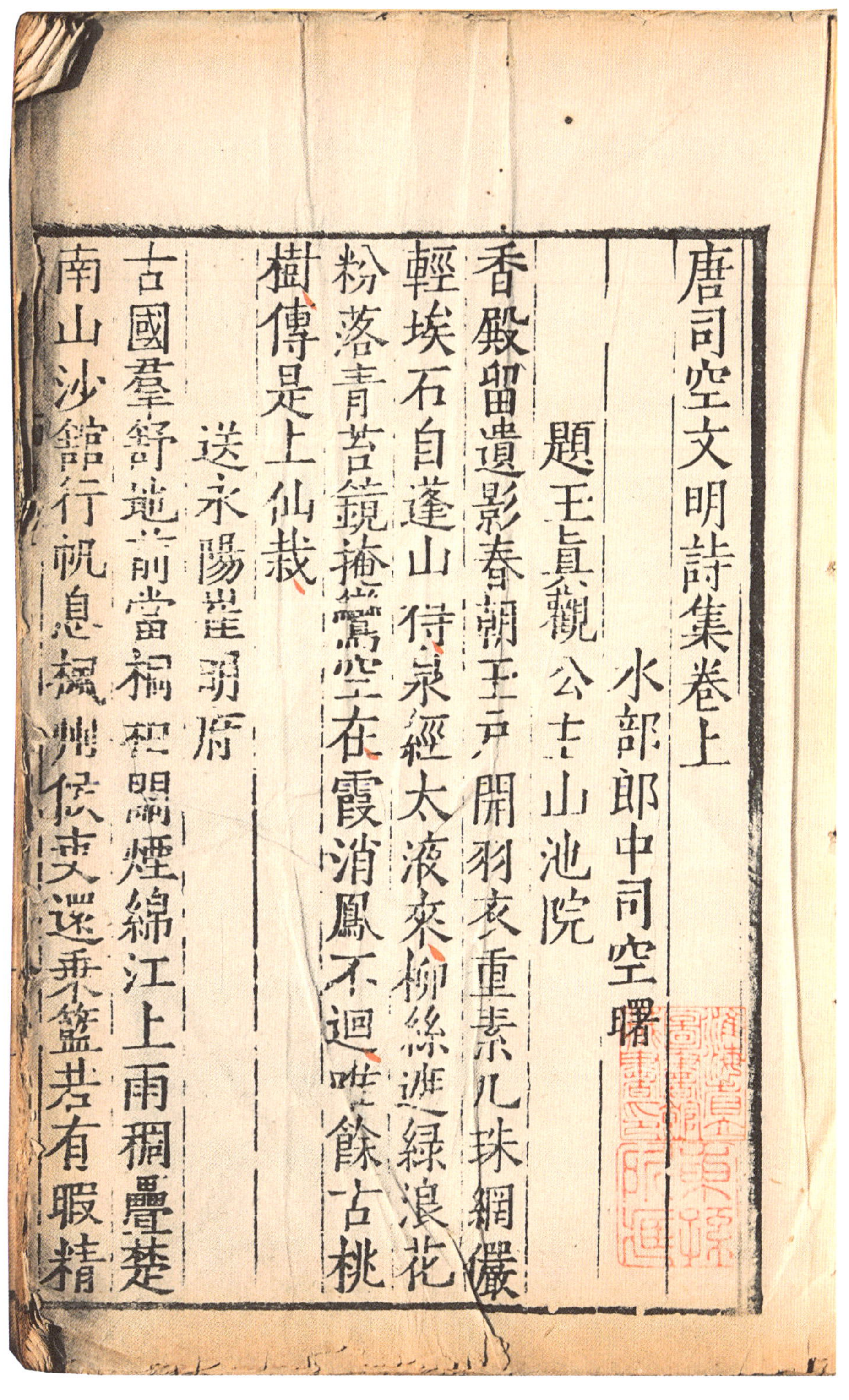

58528　唐司空文明詩集二卷　（唐）司空曙撰　韓君平集三卷　（唐）韓翃撰　明嘉靖十九年（1540）刻唐百家詩本

版框：17.5×12.1　十行十八字　白口黑單魚尾　左右雙邊　尺寸：22.5×15.8　册數：一册

《省名録》：1107

許君平集卷上　翃　翃

五言古詩

令狐貟外宅宴寄中丞

寒色凝羅幕。同人清夜期。玉杯留醉處。銀燭送歸時。獨坐隔千里。空吟對雪詩。

褚主簿宅會畢庶子錢貟外郎使君

開甕臘酒熟。主人心賞同。斜陽疎竹上。殘雪亂天中。更喜宣城印。朝廷與謝公。

送李明府赴滑州

滑城寒食罷。送客歸遠道。烏帽背斜暉。青驪踏

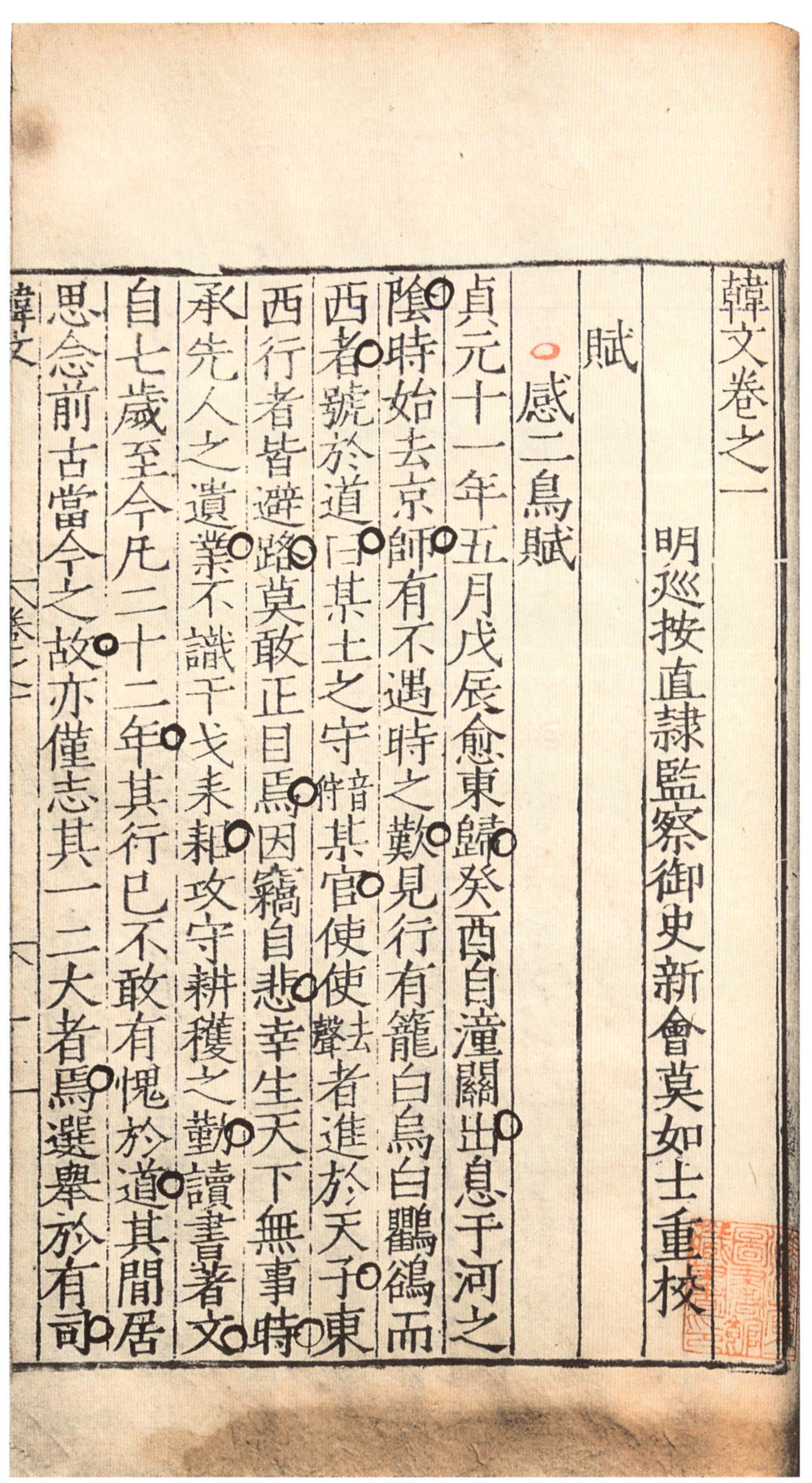

21776　韓文四十卷外集十卷遺集一卷　（唐）韓愈撰　集傳一卷　明嘉靖三十五年（1556）新會莫如士刻韓柳文本

版框：18.2×12.6　十一行二十二字　白口白雙順魚尾　左右雙邊　尺寸：24.3×15.4　册數：四十册　《國家名録》：05305　《省名録》：0904

韓文目錄

門人李漢編

卷之一

賦

謝表則不
傷慈變節
處易心矣
以九死不回
誠稚其人也

臣某言臣以狂妄戇愚不識禮度上表陳佛骨事言涉不敬正名定罪萬死猶輕陛下哀臣愚忠恕臣狂直謂臣言雖可罪心亦無他特屈刑章以臣為潮州刺史既免刑誅又獲祿食聖恩弘大天地莫量破腦刳心豈足為謝臣某誠惶誠恐頓首頓首臣以正月十四日蒙恩除潮州刺史即日奔馳上道經涉嶺海水陸萬里以今月二十五日到州上訖與官吏百姓等相見具言朝廷治平天子神聖威武慈仁子養億兆人庶無有親疏遠邇雖在萬里之外嶺海之陬待之一如畿甸之間輦轂之下有善必聞有惡必見早朝晚罷兢兢業業惟恐四海之內天地之中一物不得其所故遣刺史面問百姓疾苦苟有不便得以上陳國

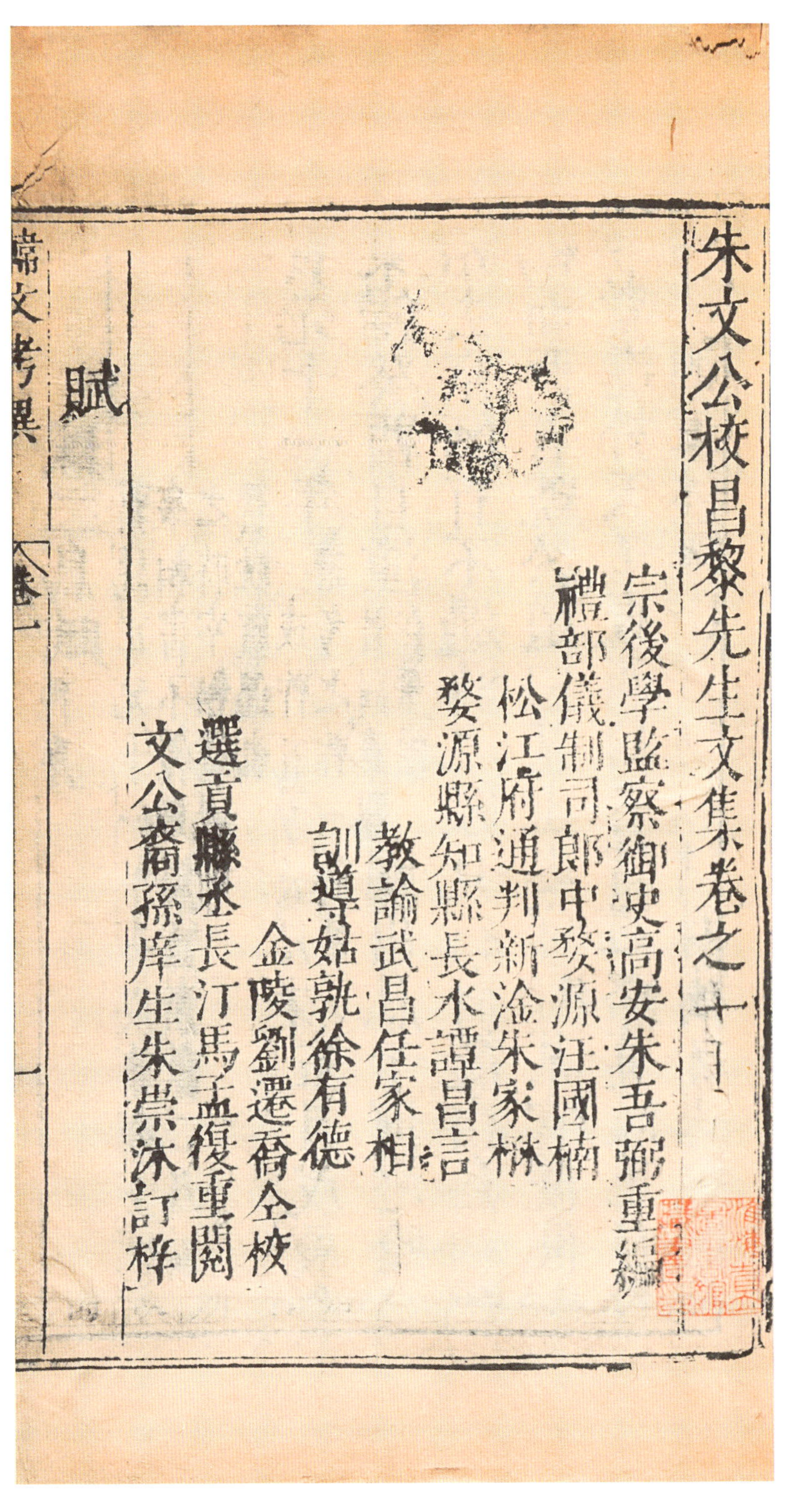

朱文公校昌黎先生文集卷之十一

宗後學監察御史高安朱吾弼重編

禮部儀制司郎中婺源汪國楠

松江府通判新淦朱家栻

婺源縣知縣長水譚昌言

教諭武昌任家相

訓導姑孰徐有德

金陵劉還蒞仝校

選貢縣丞長汀馬孟復重閱

文公裔孫庠生朱崇沐訂梓

賦

31503　朱文公校昌黎先生文集四十卷外集十卷遺文一卷傳一卷　（唐）韓愈撰　（宋）朱熹考異　（宋）王伯大音釋　明萬曆朱崇沐刻本

版框：22×14.8　九行十八字雙行小字十八　白口白單魚尾　四周雙邊　尺寸：25.7×16.3　册數：十六册　《善本書目》：集部1353

朱文公校昌黎先生集目錄

李漢編集

卷之一

賦

古詩

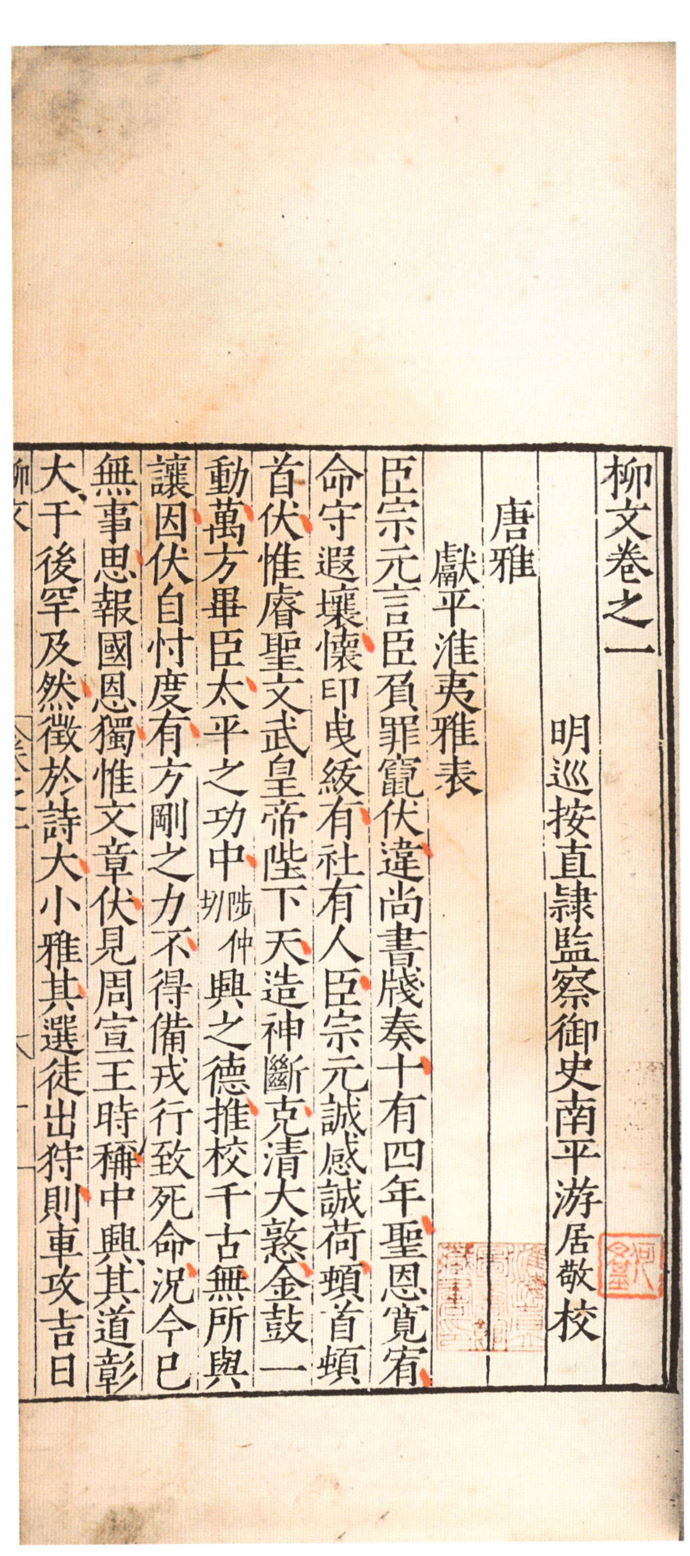

21519　柳文四十三卷別集二卷外集二卷　（唐）柳宗元撰　附録一卷　明嘉靖十六年（1537）游居敬刻韓柳文本

版框：19.2×13.4　十一行二十二字　白口白雙順魚尾　左右雙邊　尺寸：30×17　册數：四十八册　《國家名録》：05367　《省名録》：0917

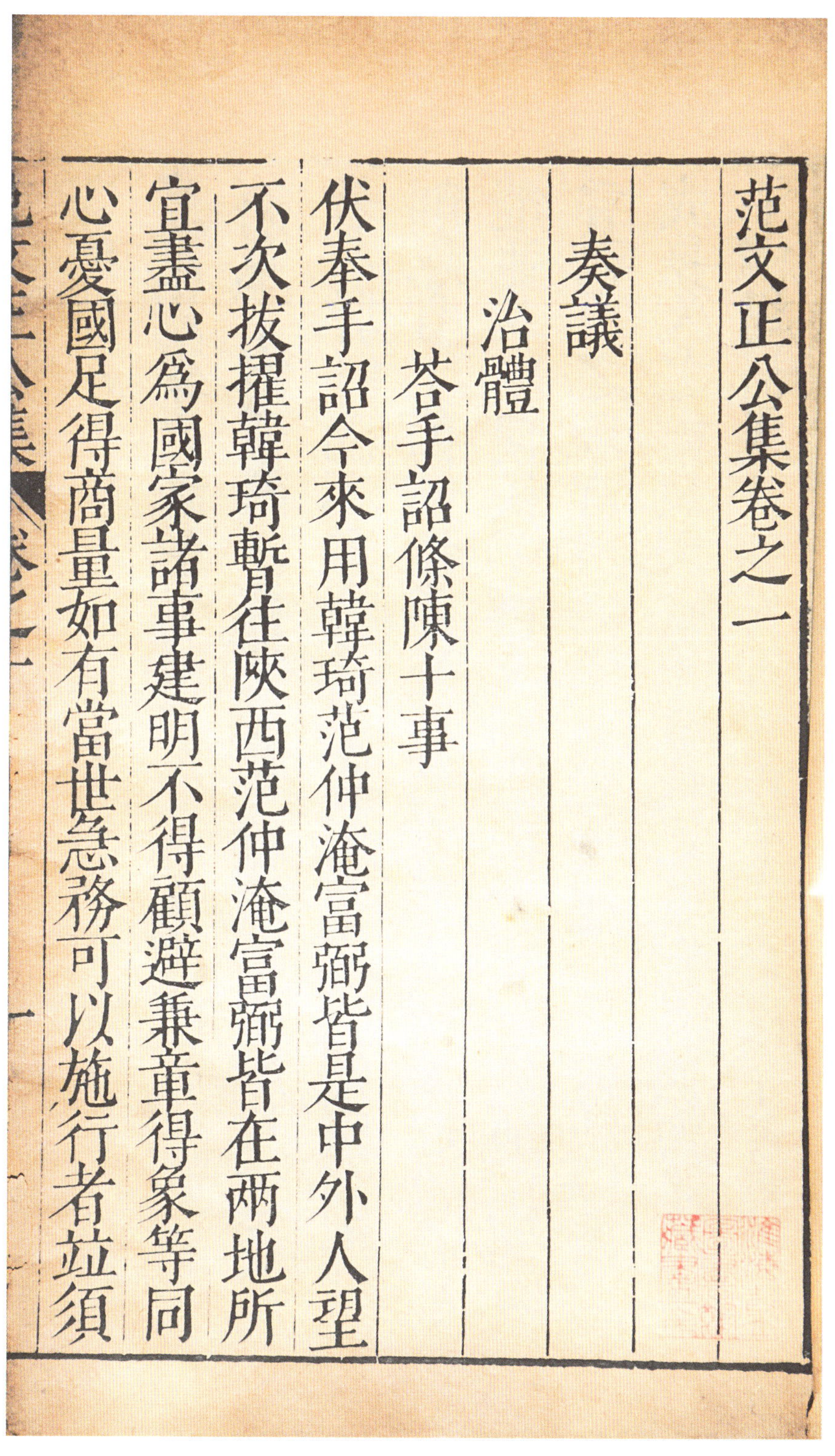

31747　范文正公集十二卷　（宋）范仲淹撰　附録四卷　（宋）樓鑰等撰　明萬曆三十六年（1608）刻本

版框：21.8×15　九行二十字　白口黑單魚尾　四周單邊　尺寸：26×17　册數：十一册　《省名録》：02383

范文正公年譜

宋　四　明　樓　鑰　編次

公昔遠祖博士范滂爲清詔使裔孫履冰爲唐丞相鸞臺鳳閣平章事世居河内四世祖上柱國隋懿宗朝咸通二年任幽州良鄉主簿誥書猶存至十一年遷處州麗水縣丞一支渡江中原亂離不克歸子孫遂爲中吳人曾祖夢齡仕吳越中吳節度判官宋贈太師徐國公祖贊時仕吳越九歲童

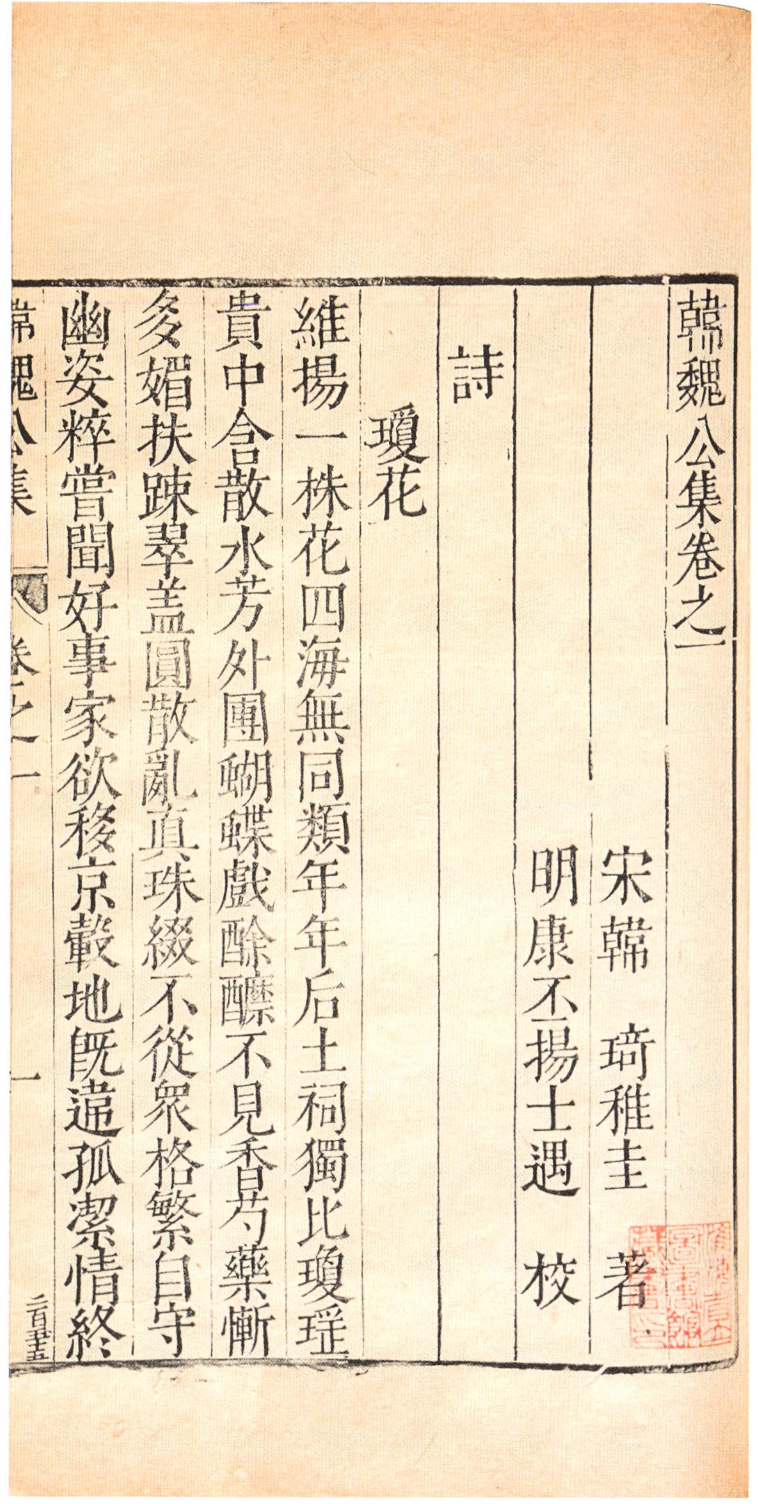

21626　韓魏公集三十八卷家傳十卷别録一卷遺事一卷　（宋）韓琦撰　（明）康丕揚校　明萬曆三十六年（1608）康丕揚韓范二集合刻本

版框：19.8×14.3　九行二十字　白口黑單魚尾　四周單邊　尺寸：27.2×17.2　册數：十二册

《省名録》：02065

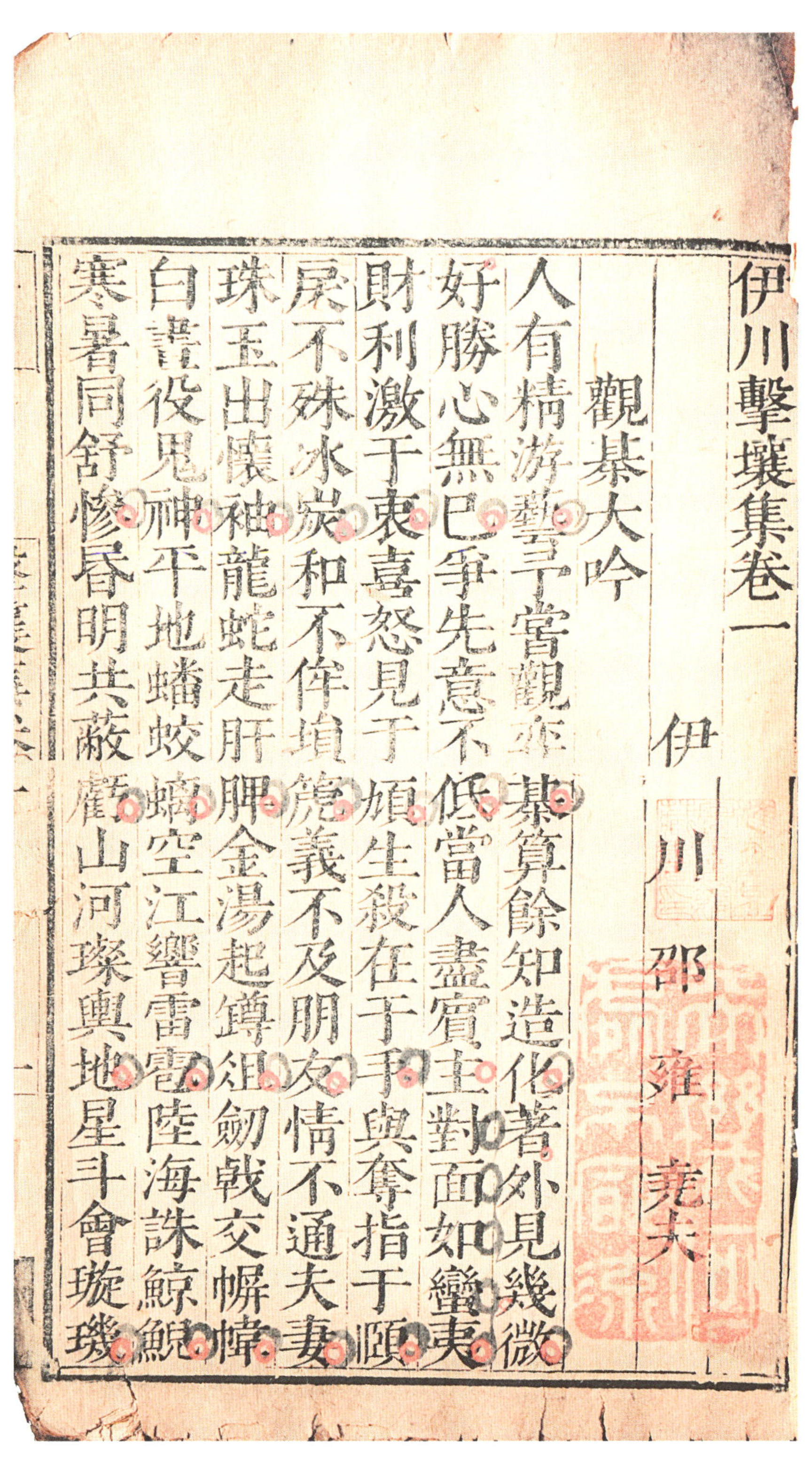
伊川擊壤集卷一

伊川　邵雍　堯夫

觀棊大吟

人有精游藝予甞觀弈棊筭餘知造化著外見幾微
好勝心無已爭先意不低當人盡賓主對面如蠻夷
財利激于衷喜怒見于頎生殺在于手與奪指于頤
戻不殊冰炭和不侔埙篪義不及朋友情不通夫妻
珠玉出懷袖龍蛇走肝脾金湯起罇俎劍戟交幈幃
白晝役鬼神平地蟠蛟螭空江響雷雹陸海誅鯨鯢
寒暑同舒慘昏明共蔽虧山河璨輿地星斗會璇璣

53199　伊川擊壤集二十卷　（宋）邵雍撰　明末毛氏汲古閣刻本　清西巖道人（明宗室朱恬烸）跋

版框：20.8×14　十行二十字　粗黑口無魚尾　四周雙邊　尺寸：25.6×16　册數：四册　《善本書目》：集部2624　《省名録》：01976

伊川擊壤集卷八

訪南園張氏昆仲因而留宿

中秋天氣隨宜好，來訪南園會隱家。張氏園名。會飲不知歸去晚，水精宮裏宿煙霞。

和王安之少卿同遊龍門

生平有癖好尋幽，一歲龍山四五遊。或往或還都不計，葢無榮利可稽留。

數朝從款看伊流，夜卜香山宿石樓。會有涼風開遠意，更和煙雨弄高秋。

歸城中再用前韻

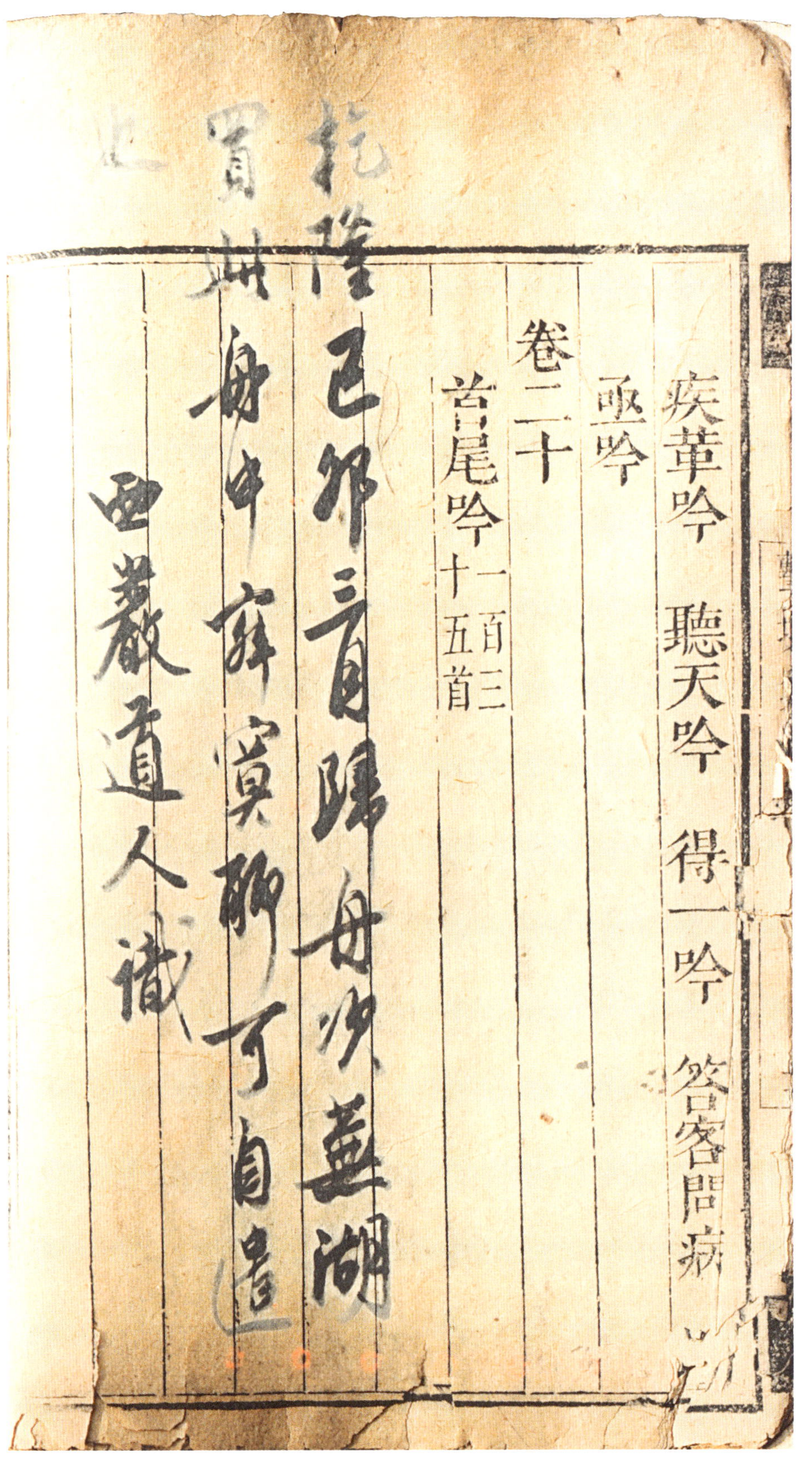

疾華吟　聽天吟　得一吟　答客問病吟

亟吟

卷二十

首尾吟一百三十五首

乾隆己卯三月歸舟次蕪湖

買此舟中寂寞聊可自遣

也　西巖道人識

罕能古今能元康之論其玉處獨一人之意雖能所
說別傳其康節即自得而少陵之詩法康節之未嘗不深契
奧也康節所謂世乎二妙其二南江王子深於詩法者乎間
以余之質於南江江江曰能說深王子善學得乎別傳之意者

亦未嘗不深於詩法也索予言卌余為舉似擊壤集數首
說隨善未以余論詩為能者雖能詩者未必心畫也
字之詩也豈必有別傳乎有學之法乎元余所以為也說
讀之何取乎

唐荆川先生與王遵巖參政書

不念兄於武夷，終是此生心事。三年之間，定當發興耶？近來有一僻見，以為三代以下之文，未有如南豐；三代以下之詩，未有如康節者。然文莫如南豐，則兄知之矣；詩莫如康節，則雖兄亦且大笑。此非迂頭巾論道之說，蓋以為詩思精妙，語奇格高，誠未見有如康節者。知康節詩者莫如白沙翁，其言曰：子美詩之聖，堯夫更別傳。後來操翰者，二妙罕能兼。此猶是二影子之見。康節以鍛煉入平淡，亦可謂語不驚人死不休者矣，何待兩子美而後為工部哉？今詩庶幾康節者，獨寒山、擊壤二老翁耳。亦未見如康節之工也。兄如以此言為癡，這也吾近來事事癡迂，大率類此耳。兄無謂我不能序吾文，我吾不能序兄之文。識然之心仙道偶人，筆墨久廢，然於兄終當畢此約，勿以久近拘之也。

跋自書康節詩送王龍谿後

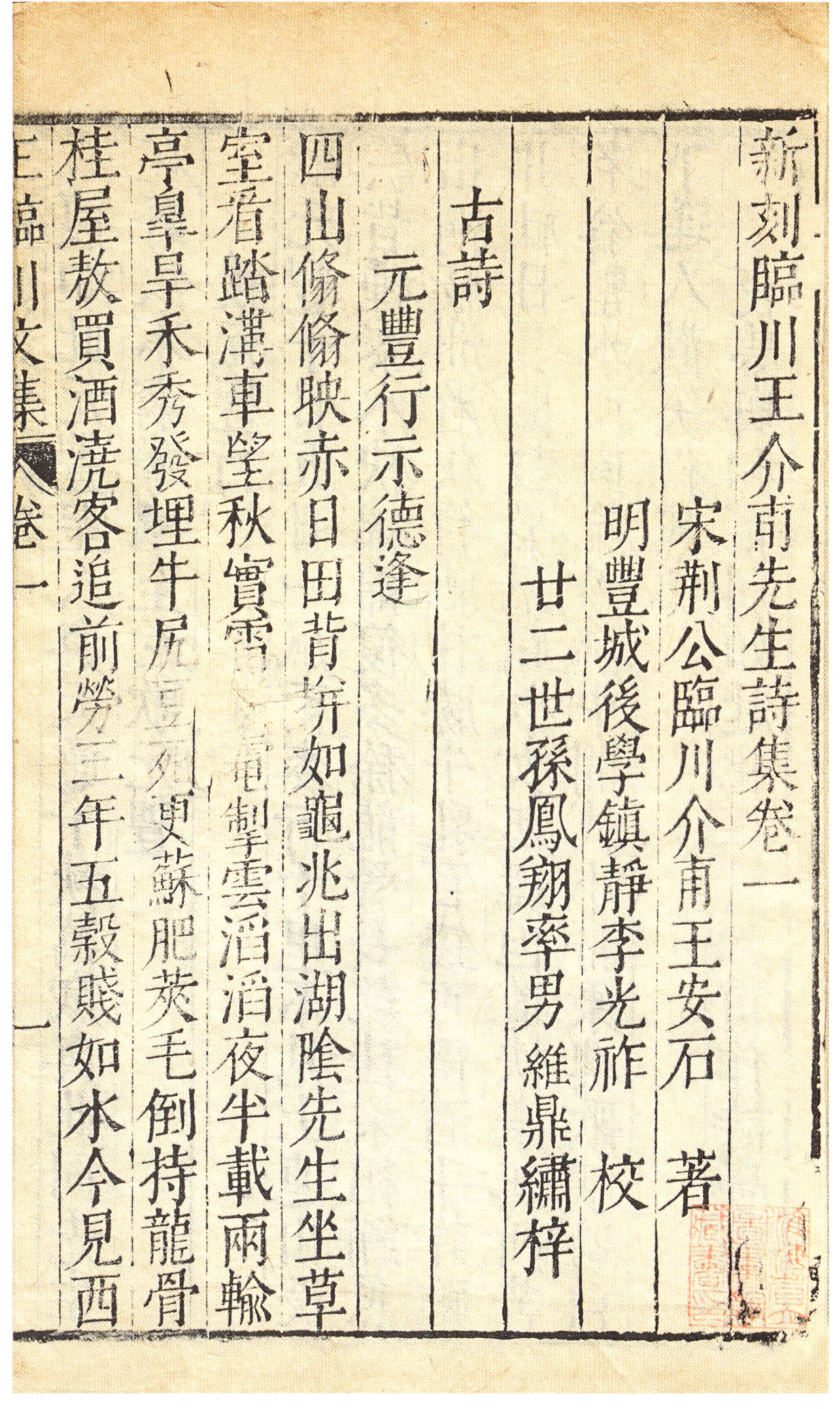
新刻臨川王介甫先生詩集卷一

宋荆公臨川介甫王安石 著

明豐城後學鎮靜李光祚 校

廿二世孫鳳翔率男維鼎繡梓

古詩

元豐行示德逢

四山翛翛映赤日田背坼如龜兆出湖陰先生坐草室看踏溝車望秋實雷蟠電掣雲滔滔夜半載雨輸亭皋旱禾秀發埋牛尻豆死更蘇肥莢毛倒持龍骨桂屋敖買酒澆客追前勞三年五穀賤如水今見西

王臨川文集 卷一 一

21421　新刻臨川王介甫先生詩文集一百卷目録二卷　（宋）王安石撰　明萬曆四十年（1612）王鳳翔光啓堂刻本

版框：22×15　十行二十字　白口黑單魚尾　四周單邊　尺寸：25×16.3　册數：十六册　《善本書目》：集部2796

子九深非之此余所以謂不幸也

茅鹿門評上仁宗皇帝言事書曰荆公以王佐之學與王佐之才自任故一生措注已盡于此書中所以結知主上亦在此書中然其學本經術所言非漢唐以來宰相所能見而其偏拗自用大較與商鞅所欲變法處相近故其功業亦遂大壞而反不如近世浮沉者之得學者須具千古隻眼看之且此書幾萬餘言而其絲牽繩聯如提百萬之兵而鉤考部曲無一不貫

萬曆壬子歲長至日金陵光啓堂述

刻臨川介甫王先生文集

石城王荆岑梓

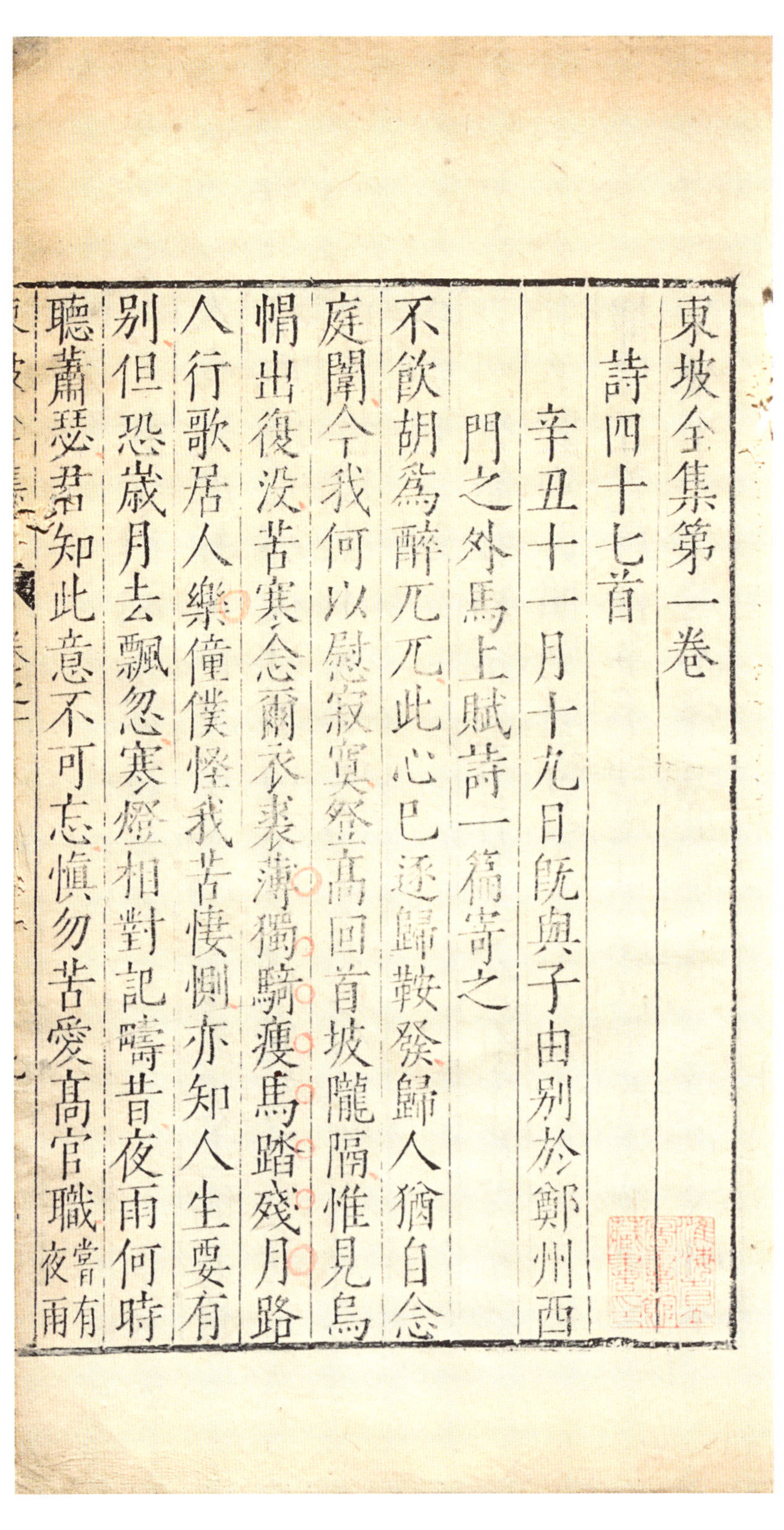

20959　東坡全集一百十五卷目録七卷　（宋）蘇軾撰　年譜一卷　（宋）宗稷撰　明刻本

版框：21.2×14.8　十行十九字　白口黑單魚尾　四周單邊　尺寸：28.8×17.5　冊數：二十四册

《善本書目》：集部2855　《省名録》：01980

不歎池臺為草莽更見用意之妙

妙理入微

湖思濯錦更看橫翠憶娥眉珊瑚能得幾時好不獨憑欄人易老百年興廢更堪哀懸知草莽化池臺遊人尋我舊遊處但覓吳山橫處來

祥符寺九曲觀燈

紗籠擎燭迎門入銀葉燒香見客邀金鬥轉丹光吐夜寶珠穿蟻鬧連朝波翻焰裏元相激魚舞湯中不畏焦明日酒醒空想像清吟半逐夢魂銷

上元過祥符僧可久房蕭然無燈火

門前歌鼓鬪分朋一室清風冷欲冰不把琉璃閑照佛始知無盡本無燈

坡仙集卷一

詩

息壤詩 幷序

淮南子曰鯀堙洪水盜帝之息壤帝使祝融殺之於羽淵今荊州南門外有狀若屋宇陷入地中而猶見其脊者旁有石記云不可犯畚鍤所及輒復如故又頗以致雷雨歲大旱屢發有應予感之乃爲作詩其詞曰

帝息此壤以藩幽臺有神司之隨取而培帝勅下民

坡仙集 卷一 一

46851 坡仙集十六卷 （宋）蘇軾撰 （明）李贄評 明萬曆書林周對峰、陳繼齋刻本

版框：23.2×15.2 九行二十字 白口黑單魚尾 四周單邊 尺寸：27.2×17.4 册數：十册

《省名録》：02343

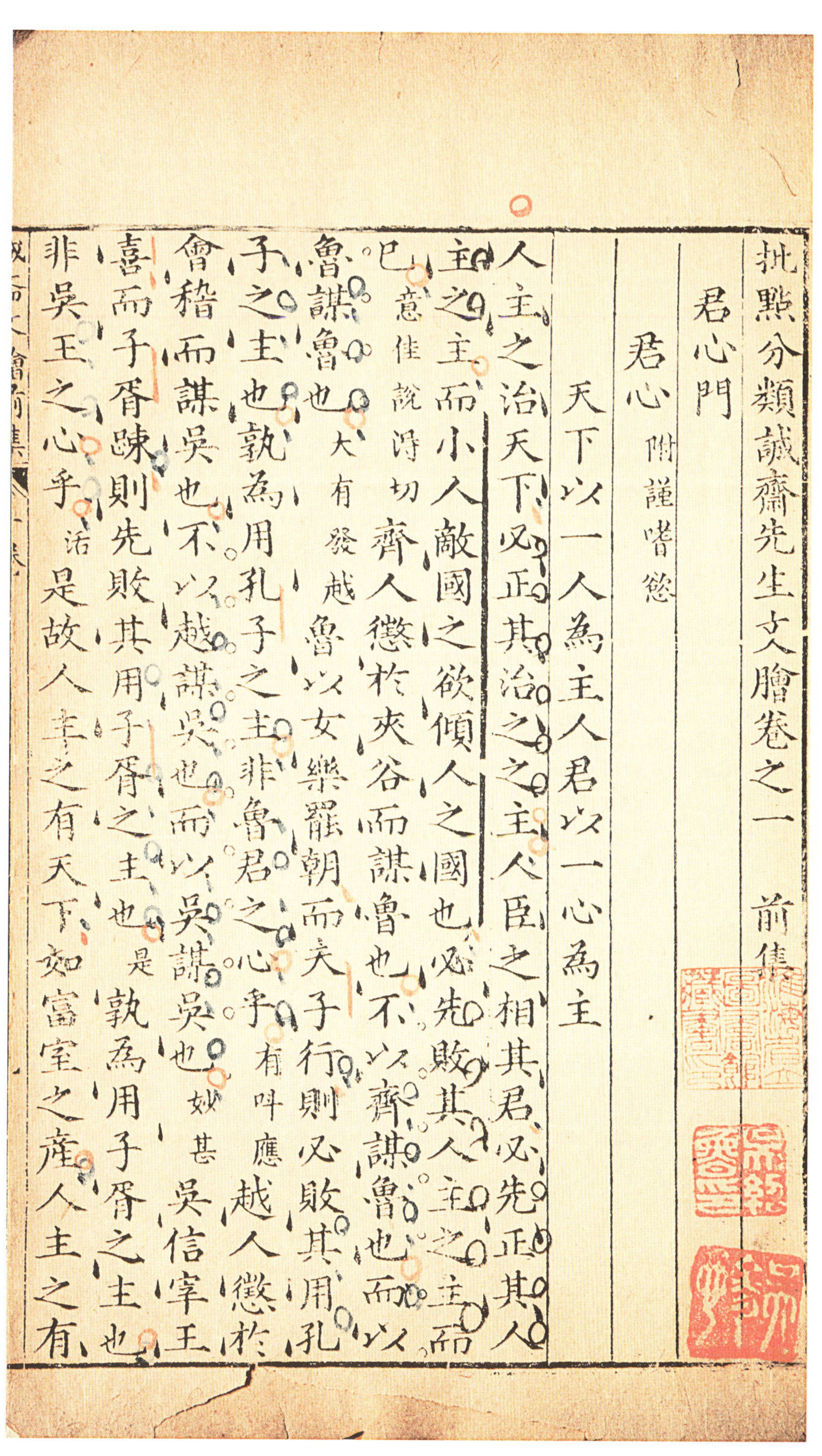

21762　批點分類誠齋先生文膾前集十二卷後集十二卷　（宋）楊萬里撰　（宋）李誠父輯　明成化書林翁氏刻本

版框：20.5×14.3　十二行二十四字　白口黑單魚尾　四周單邊　尺寸：25.4×16.6　存卷數：前集卷一至十二　冊數：四册　《省名録》：0972

中州集卷第一　甲集

河東人元好問裕之集

宇文大學虛中　五十首

虛中字叔通成都人宋黃門侍郎以奉使見畱仕爲翰林學士承旨皇統初上京諸虜俘謀奉叔通爲帥奪兵仗南奔事覺繫詔獄諸貴先被叔通嘲笑積不平必欲殺之乃鍛鍊所藏圖書爲反具叔通歎曰死

中州集　卷之一　汲古閣

24986　中州集十卷首一卷樂府一卷　（金）元好問輯　明末毛晉汲古閣刻本

版框：19×13.7　八行十九字　白口無魚尾　左右雙邊　尺寸：26×15.8　冊數：十二册　《省名録》：02381

中州集序

金初未有詩北渡後詩學日興河東
元好問裕之起而當兵亂之餘國事
漸衰故老皆盡裕之身任翰墨蔚為
一代宗工凡四方碑板銘志盡趨其
門一時君臣上下遺言往行篇章制

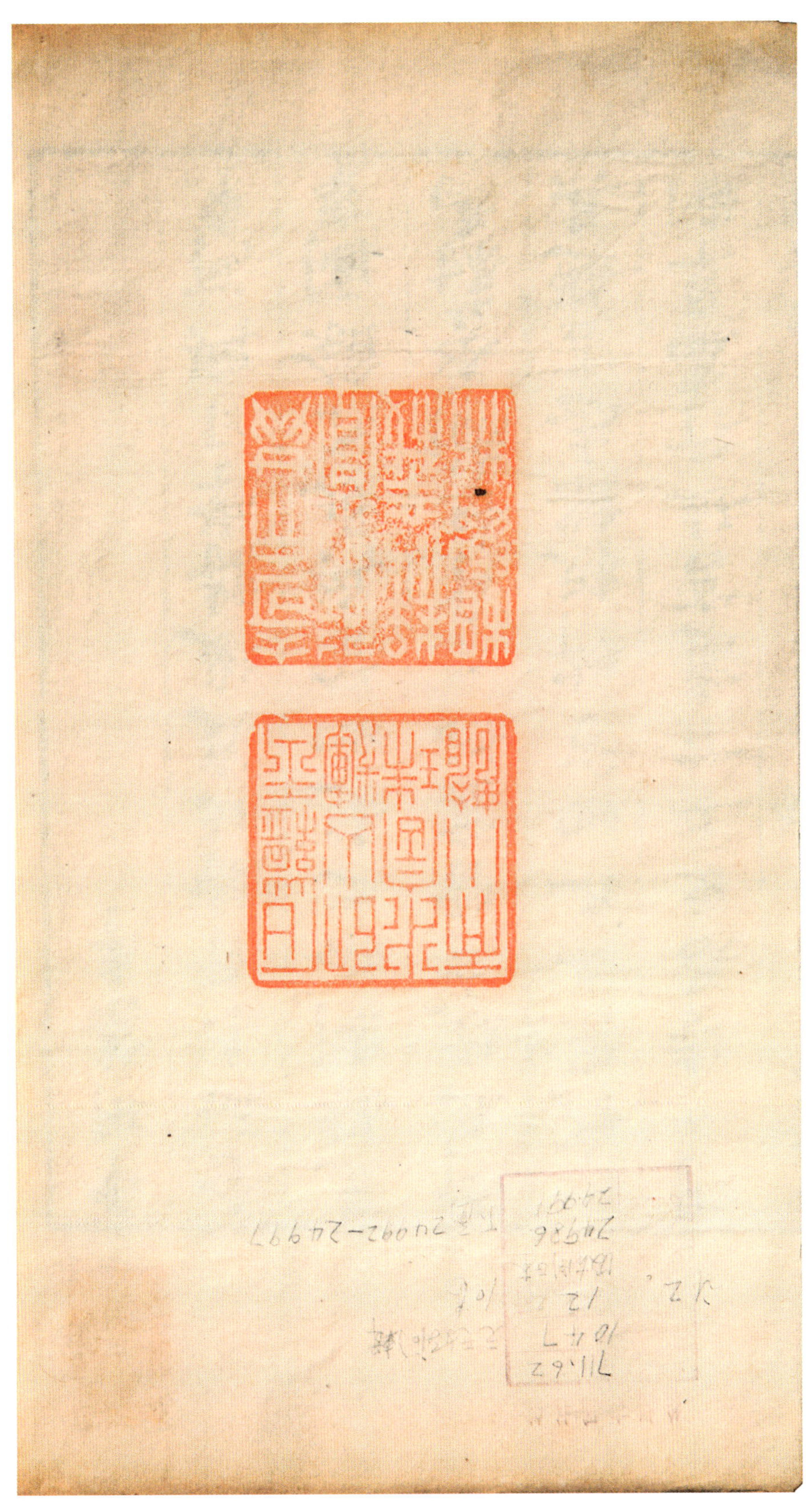

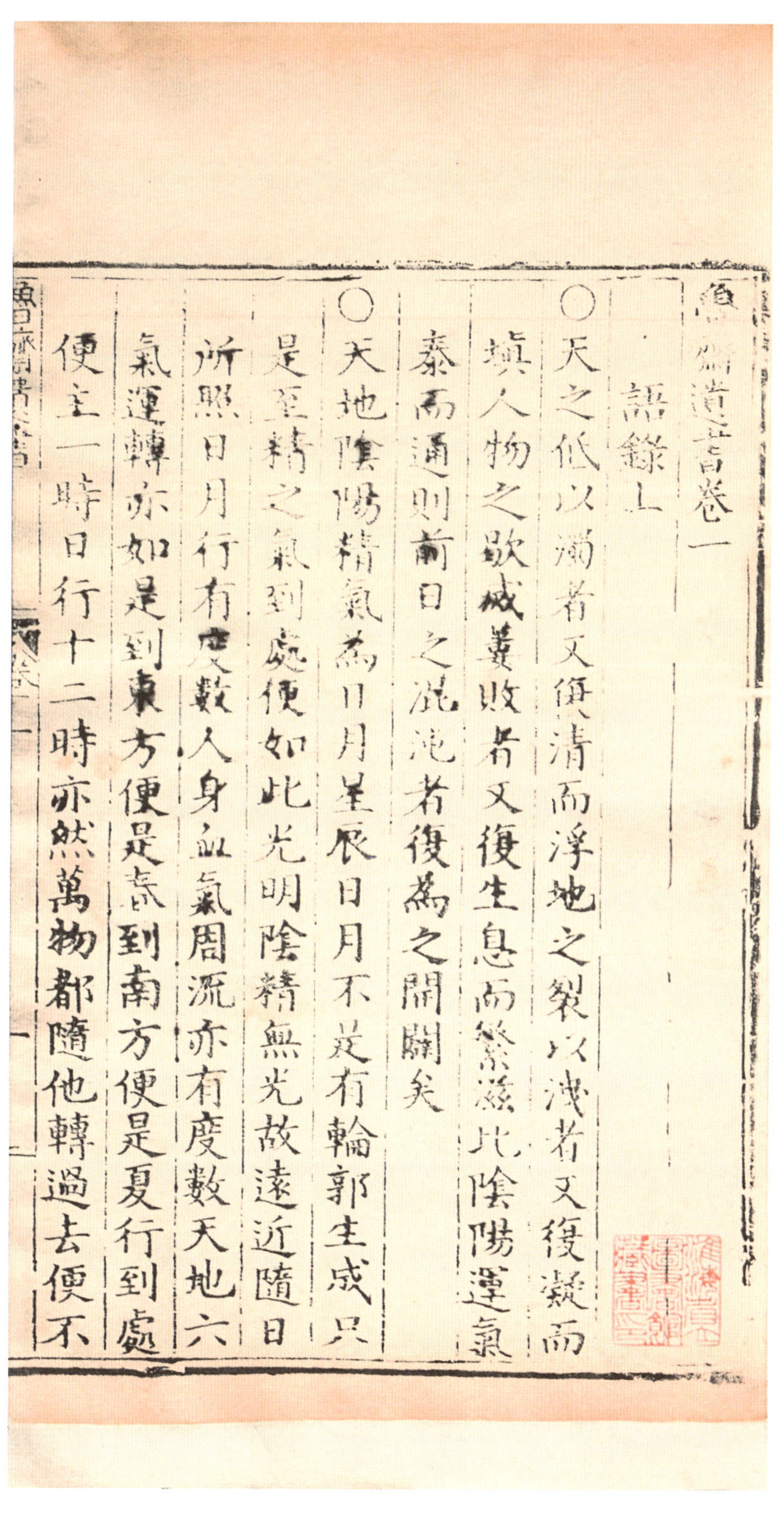

21209　魯齋遺書十四卷　（元）許衡撰　明萬曆二十四年（1596）怡愉、江學詩刻本

版框：22.3×15.4　十行二十字　白口黑單魚尾　四周雙邊　尺寸：29.3×18.3　册數：十册

《善本書目》：集部5279

魯齋遺書目錄

懷慶府知府蒙強江學詩

同知惠安鄭道興

通判臨潼孫汝正

推官灃陽怡　愉編輯

儒學訓導昭化吳學詩

岳陽周　昜校閱

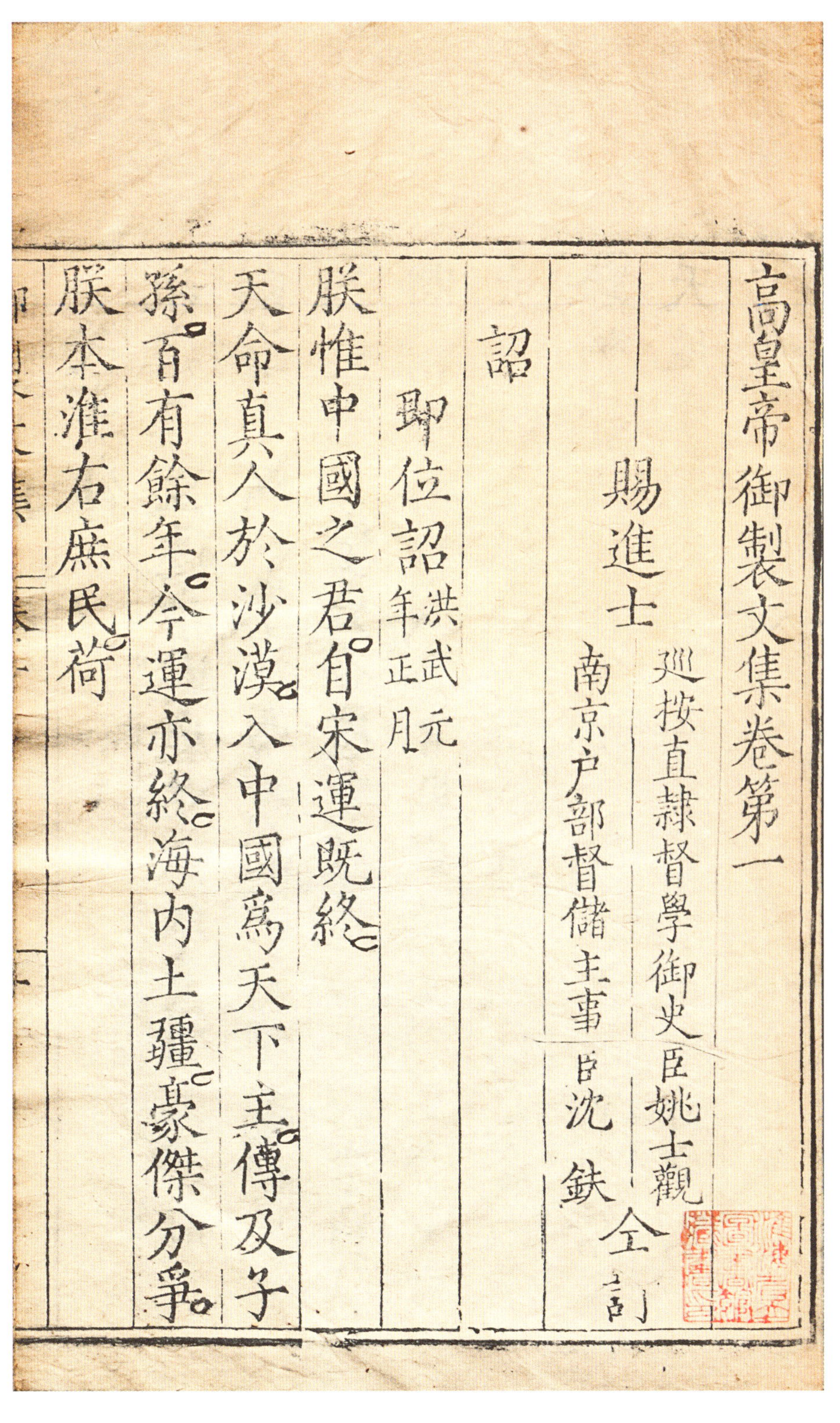

21982　高皇帝御製文集二十卷　（明）太祖朱元璋撰　明萬曆十年（1582）姚士觀、沈鈇刻本

版框：21.4×16.2　九行十七字　白口無魚尾　四周雙邊　尺寸：26.5×17.7　存卷數：卷一至十、十六至二十　册數：四册　《省名録》：01986

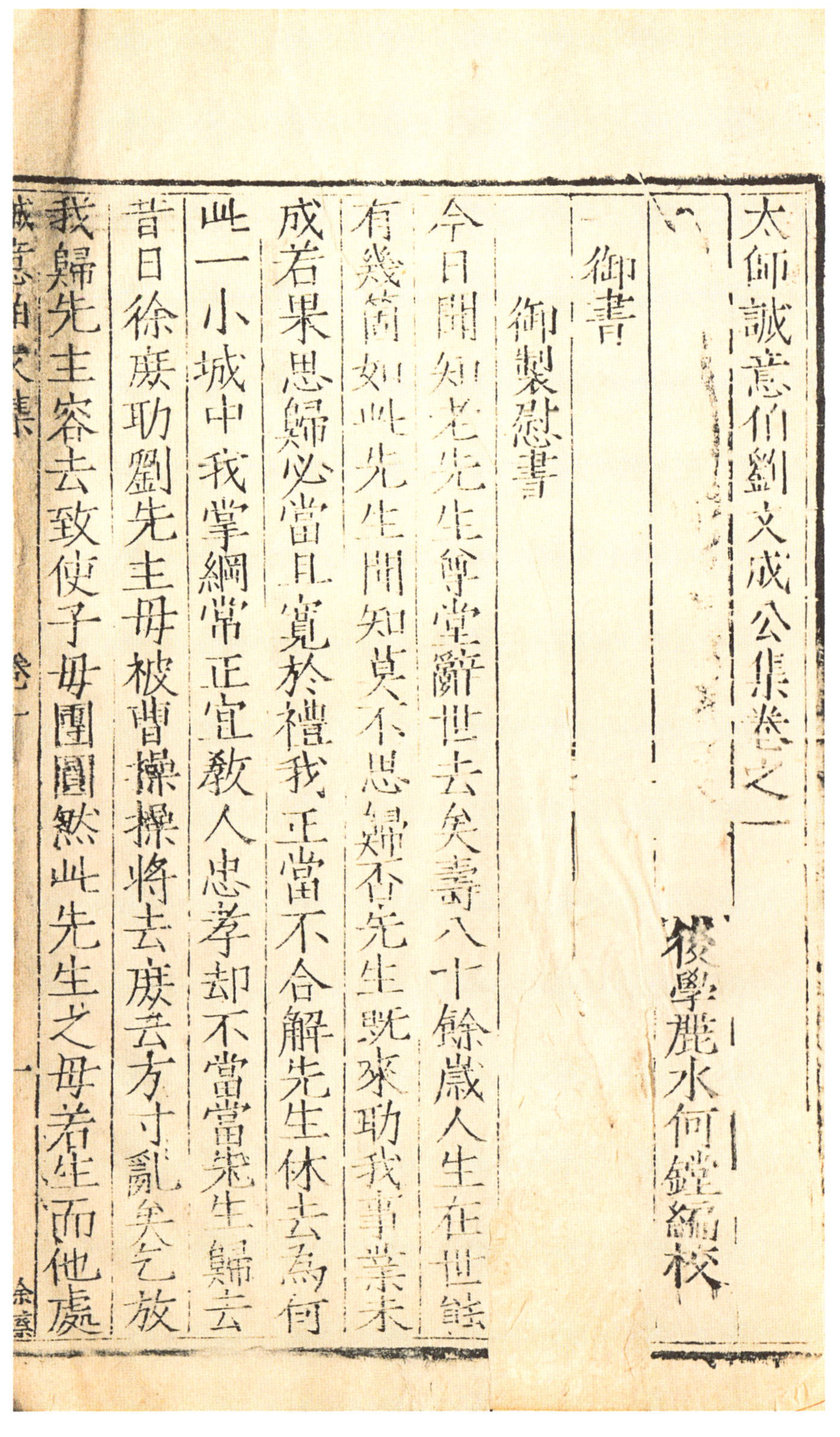

62944　太師誠意伯劉文成公文集二十卷行狀一卷　（明）劉基撰　（明）何鏜輯　明隆慶六年（1572）謝廷傑、陳烈刻本

版框：21×14.1　十行二十三字　白口無魚尾　四周雙邊　尺寸：24.8×17　冊數：二十册　《國家名録》：05811　《省名録》：1000

太師誠意伯劉文成公像

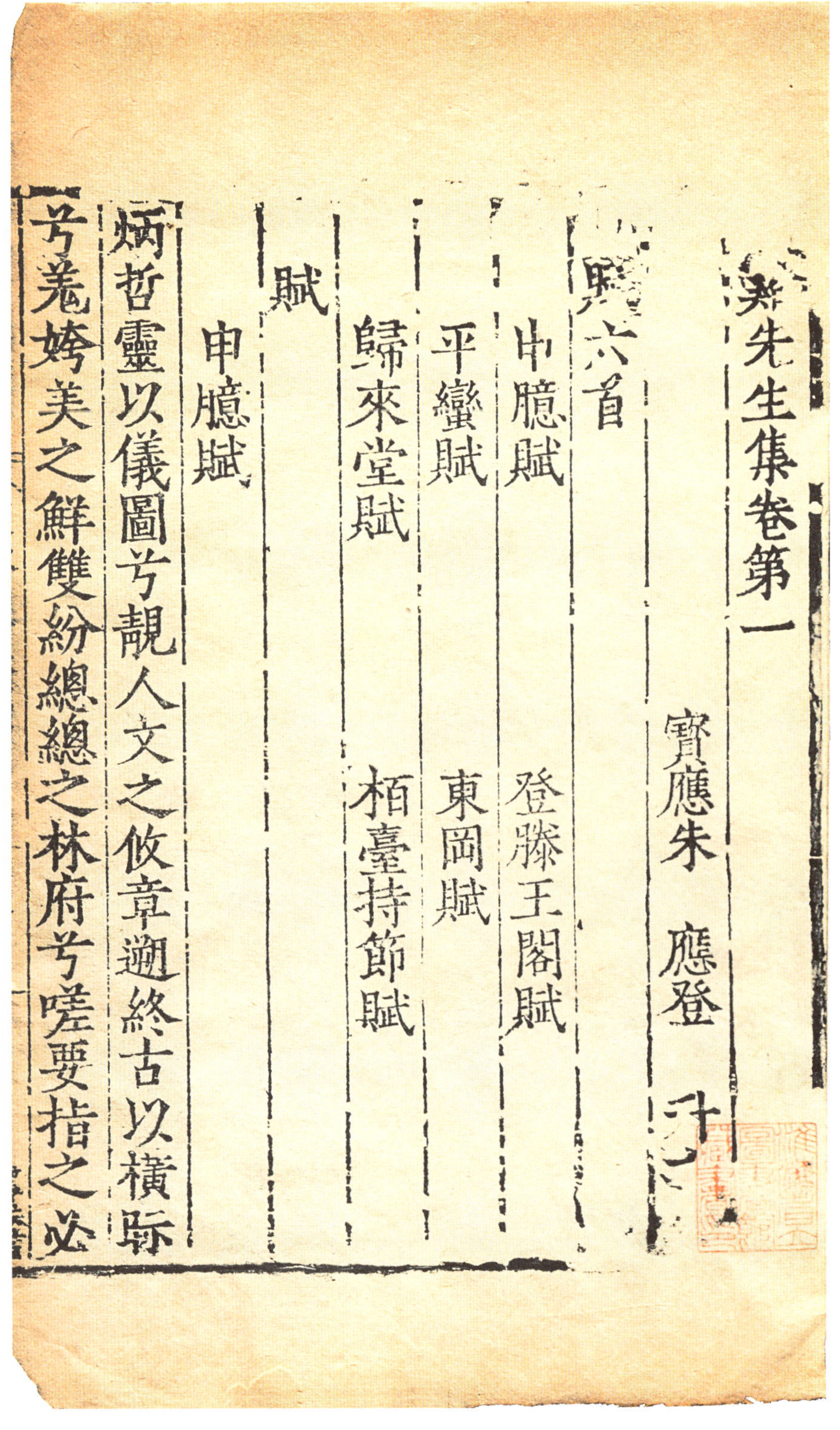

溪先生集卷第一
實應朱　應登　升之
賦六首
申臆賦　登滕王閣賦
平巒賦　東岡賦
歸來堂賦　栢臺持節賦
賦
申臆賦
炳哲靈以儀圖兮靚人文之攸章邈終古以横騖
兮羲娉美之鮮雙紛總總之林府兮嗟要指之必

43966　淩谿先生集十八卷　（明）朱應登撰　明嘉靖刻遞修本

版框：18.6×14.5　十行十九字　白口白單魚尾　四周單邊　尺寸：24×16.2　册數：四册　《省名録》：01995

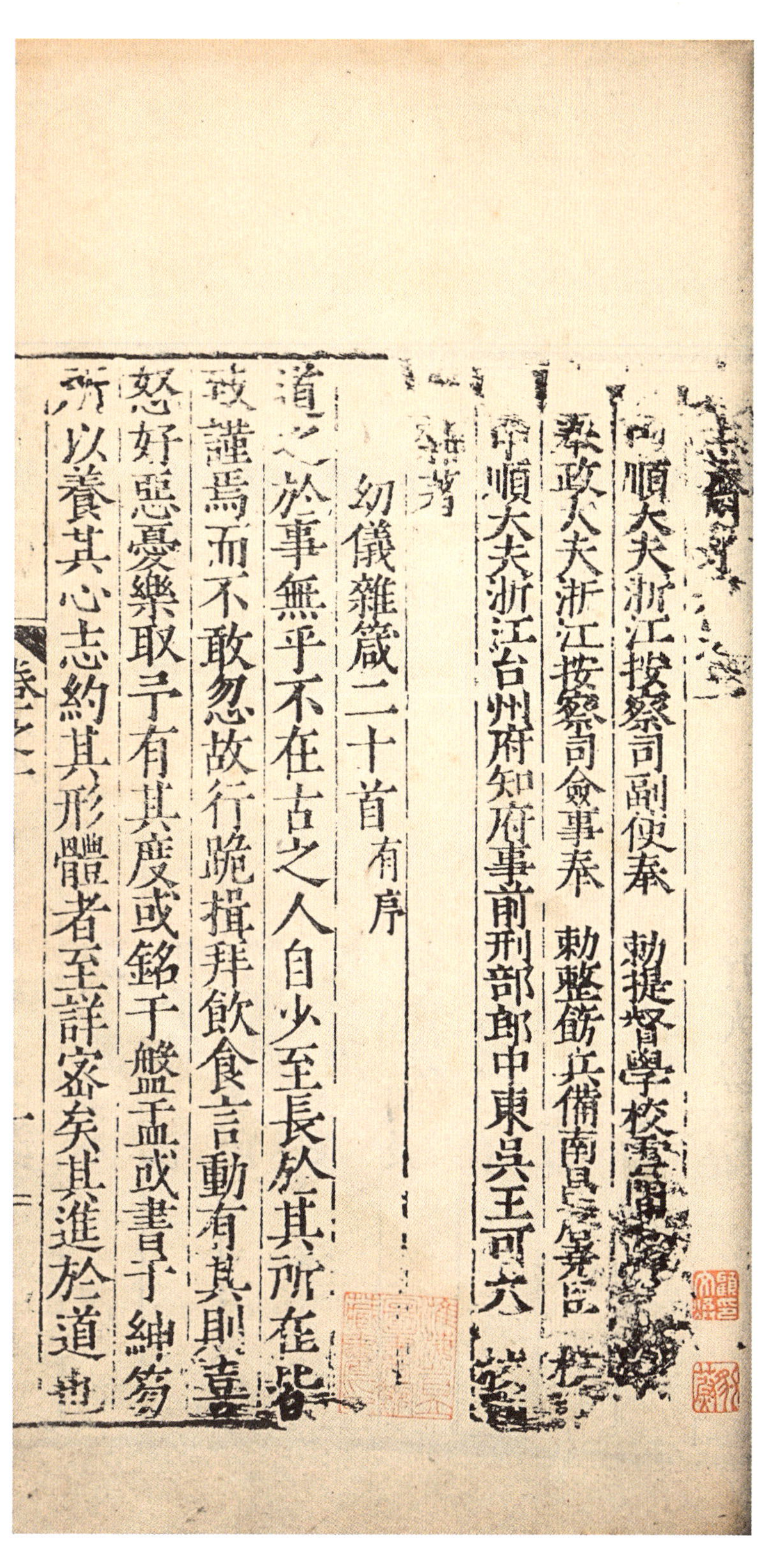

21233　遜志齋集十五卷　（明）方孝孺撰　（明）范唯一輯　明嘉靖王可大刻本

版框：19.8×14.1　十行二十字　白口黑單魚尾　左右雙邊　尺寸：27.5×16.3　册數：十册

《省名録》：1003

邊華泉集卷之一

四言古體

顯陵五章

於穆 獻考叡哲維則宅茲郢方以蒞土國篤生我后膺符受曆奕世丕承下土是式

滔滔江漢翼軫之墟我后龍翔奄正中區誕基駿命聿紹鴻圖赫赫明明肇闡徽謨

帝念孝思纘序不忘位號既崇復我天常有嚴新 廟祠禴烝嘗是典是彝誕告多方

乃命司空伐石京師欝欝我陵大建厥規載經載營竹花

42337　邊華泉集八卷　（明）邊貢撰　明刻清李喬雲增刻本

版框：19.7×14　十行二十二字　白口無魚尾　四周單邊　尺寸：27.3×16.7　册數：四册　《省名録》：02346

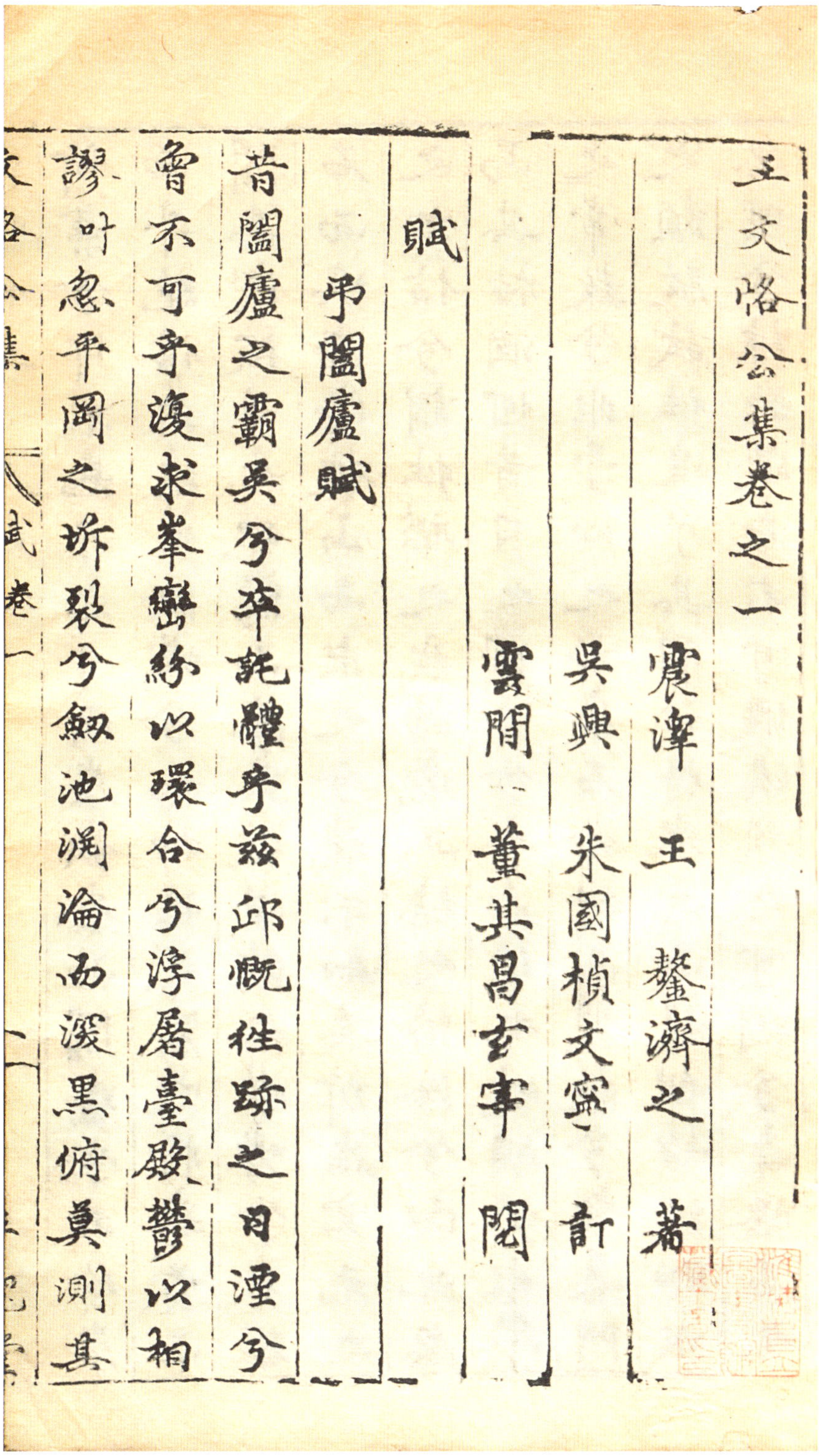

43875　王文恪公集三十六卷　（明）王鏊撰　鵲音一卷白社詩草一卷　（明）王禹聲撰　明公筆記一卷　明萬曆震澤王氏三槐堂刻本

版框：21.8×14.2　九行二十字　白口白單魚尾　四周單邊　尺寸：25×16　冊數：十二冊　《善本書目》：集部7256

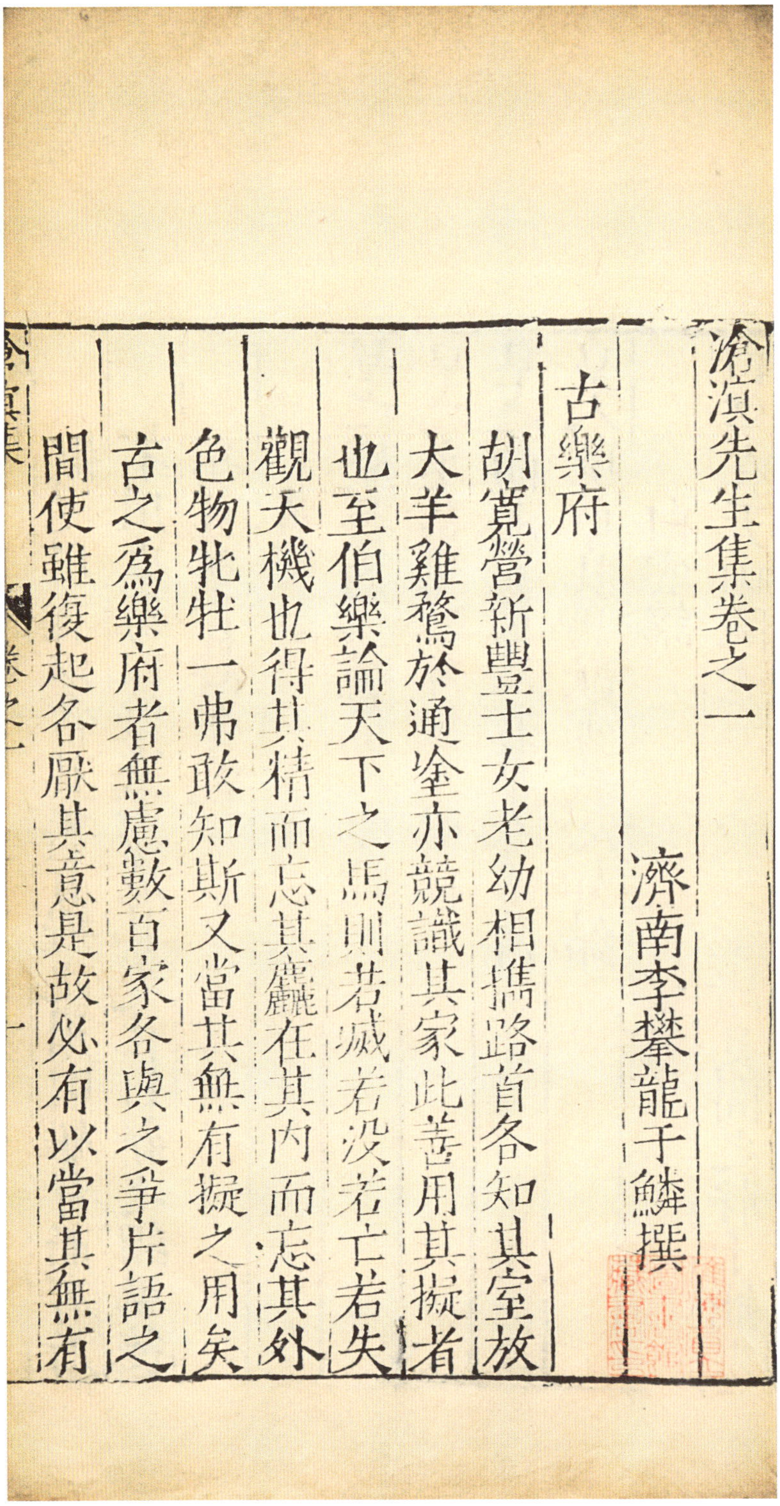
滄溟先生集卷之一

濟南李攀龍于鱗撰

古樂府

胡寛營新豐士女老幼相攜路首各知其室放大羊雞鶩於通塗亦競識其家此善用其擬者也至伯樂論天下之馬則若滅若沒若亡若失觀天機也得其精而忘其麤在其內而忘其外色物牝牡一弗敢知斯又當其無有擬之用矣古之爲樂府者無慮數百家各與之爭片語之間使雖復起各厭其意是故必有以當其無有

滄溟集　卷之一　一

29269　滄溟先生集三十卷附録一卷　（明）李攀龍撰　明萬曆刻本

版框：19.5×14.8　十行二十字　白口黑單魚尾　左右雙邊　尺寸：27.2×16.8　册數：八册

《省名録》：02348

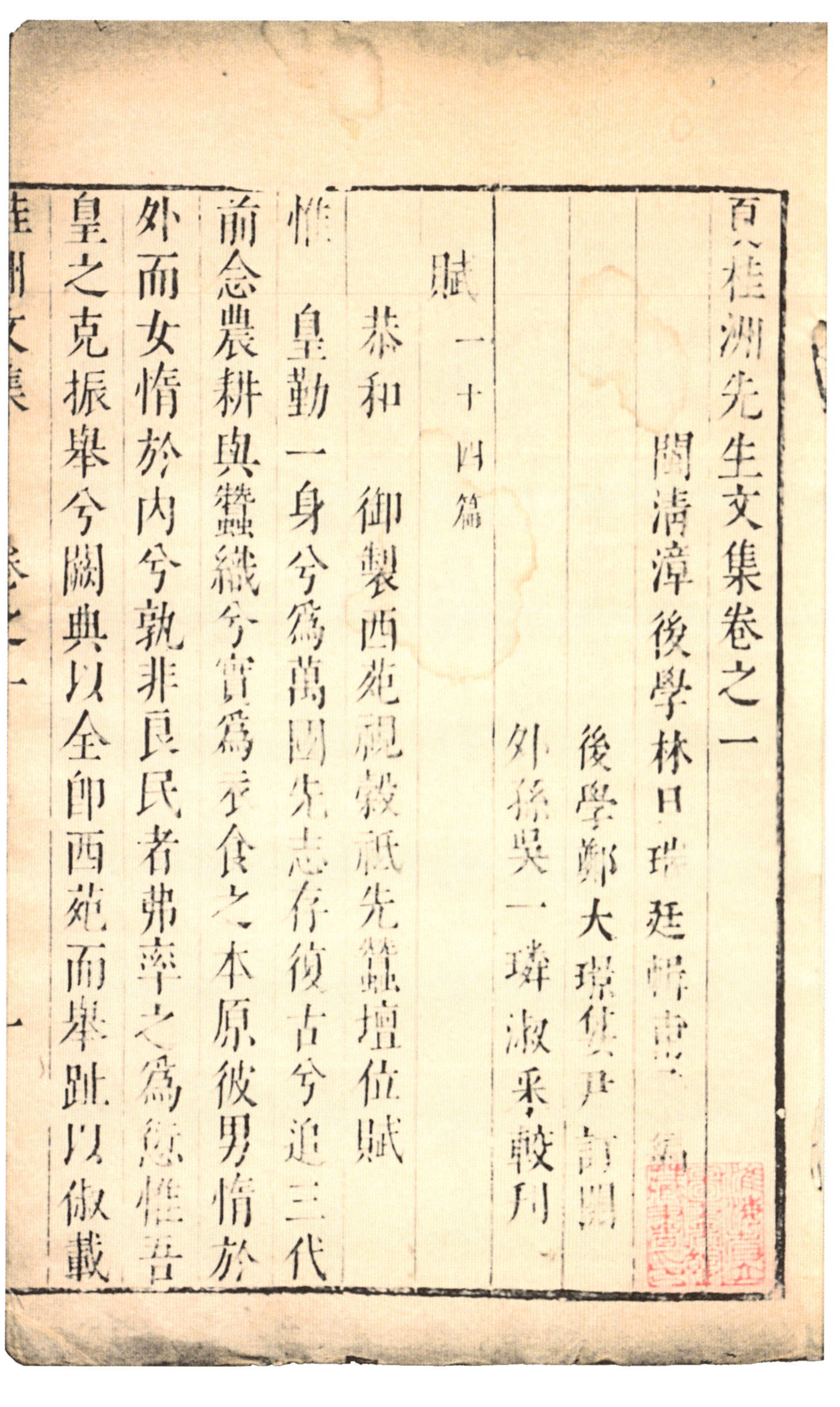

20536　夏桂洲先生文集十八卷　（明）夏言撰　年譜一卷　明崇禎十一年（1638）吴一璘刻本
版框：20.2×14.4　十行十九字　白口無魚尾　四周單邊　尺寸：24.3×16.5　册數：二十册
《善本書目》：集部7910

夏文愍公像贊

屹屹師臣
帝賚良弼起自諫垣
明聖簡識乃掌邦禮
乃升揆席才竝夷
夔功兼旦奭鼎鼐
鹽梅明堂桂石正
笏垂紳顒顒翼翼
間氣攸鍾金聲玉
質永昇
一人萬邦作式
大學士李時拜贊

先生諱言字公謹
號桂洲

高蘇門集上卷

河南高叔嗣子業撰

樂府

出自薊北門行

北望何蒼蒼黃雲亘塞長匈奴冦漢壘鳴鏑遶甘凉
龍堆坐已沒狼烟行相望將軍被嚴命倉卒備封疆
出師憂太白募士乏中黃努力一再陣沫血不相當
還思關輔險項歲何流亡内地困蜚輓中人無蓋藏
填壑力易屈土崩患難量欲陳九折衔惜非醫國良

58809　高蘇門集二卷　（明）高叔嗣撰　明嘉靖刻本

版框：21×14　九行二十字　白口黑單魚尾　四周雙邊　尺寸：28.6×16.7　冊數：一冊　《省名録》：1045

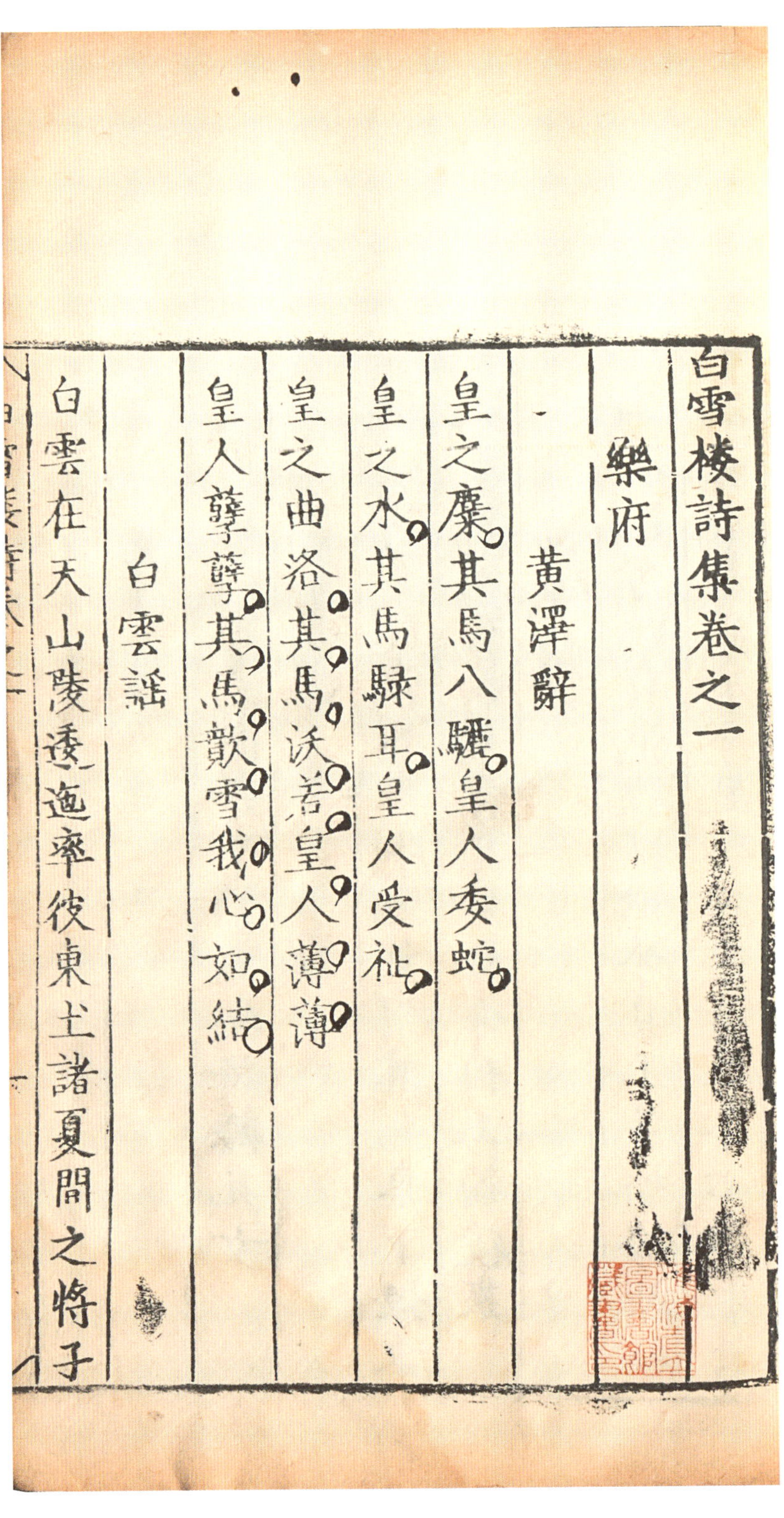

白雪樓詩集卷之一

樂府

黃澤辭

皇之麋其馬八驪皇人委蛇

皇之水其馬騄耳皇人受祉

皇之曲洛其馬沃若皇人薄薄

皇人孽孽其馬歎雪我心如結

白雲謠

白雲在天山陵逶迤率彼東土諸夏間之將子

21814　白雪樓詩集十卷　（明）李攀龍撰　明嘉靖四十二年（1563）魏裳刻本

版框：20.5×15　九行十八字　白口無魚尾　四周單邊　尺寸：29×18.4　存卷數：卷一至七　册數：五册　《省名録》：1044

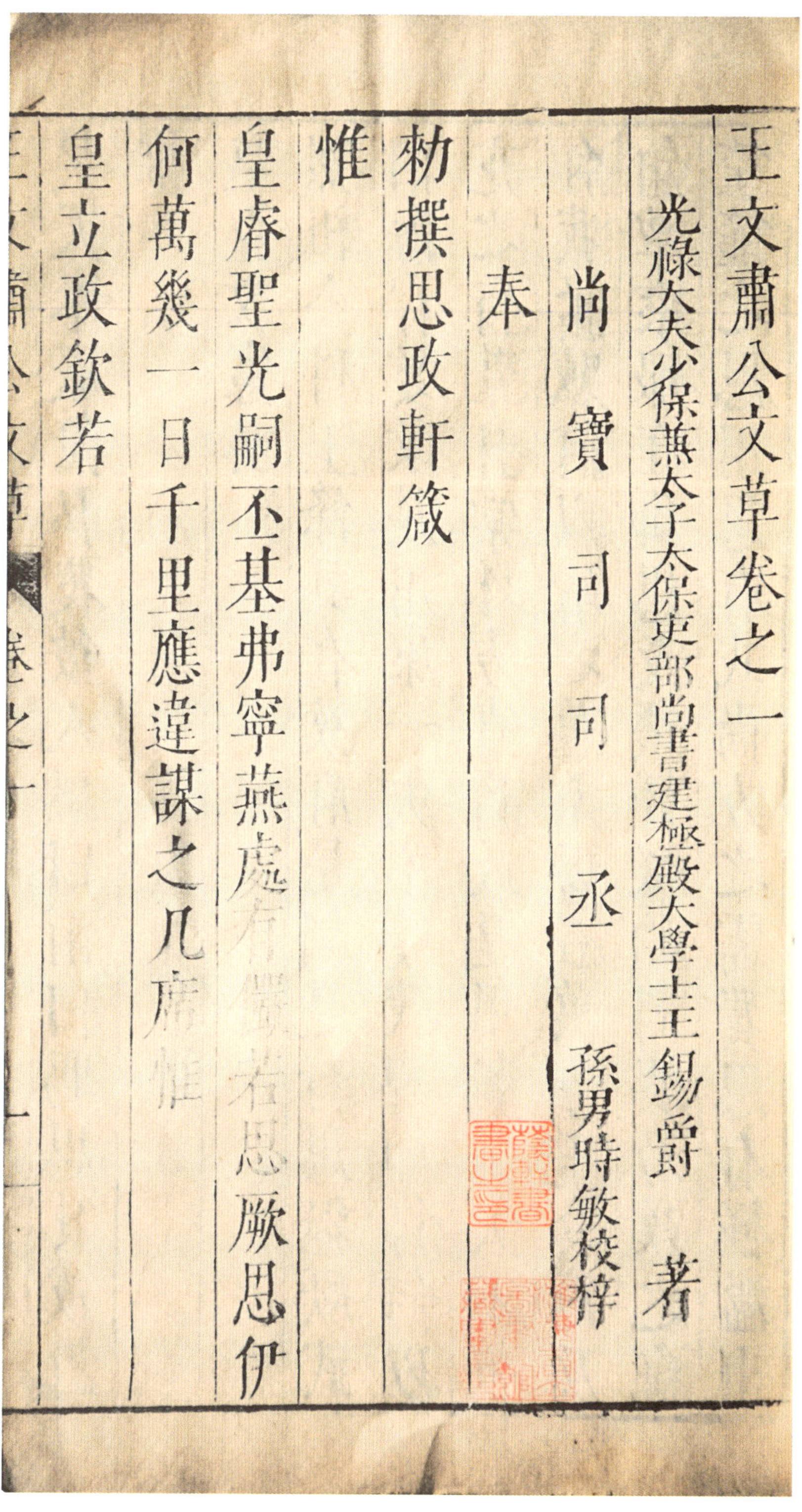

47757　王文肅公文草十四卷　（明）王錫爵撰　明萬曆四十三年（1615）王時敏刻本

版框：24 × 15.2　九行十八字　白口黑單魚尾　四周單邊　尺寸：27.2 × 16.2　冊數：八冊　《省名録》：02390

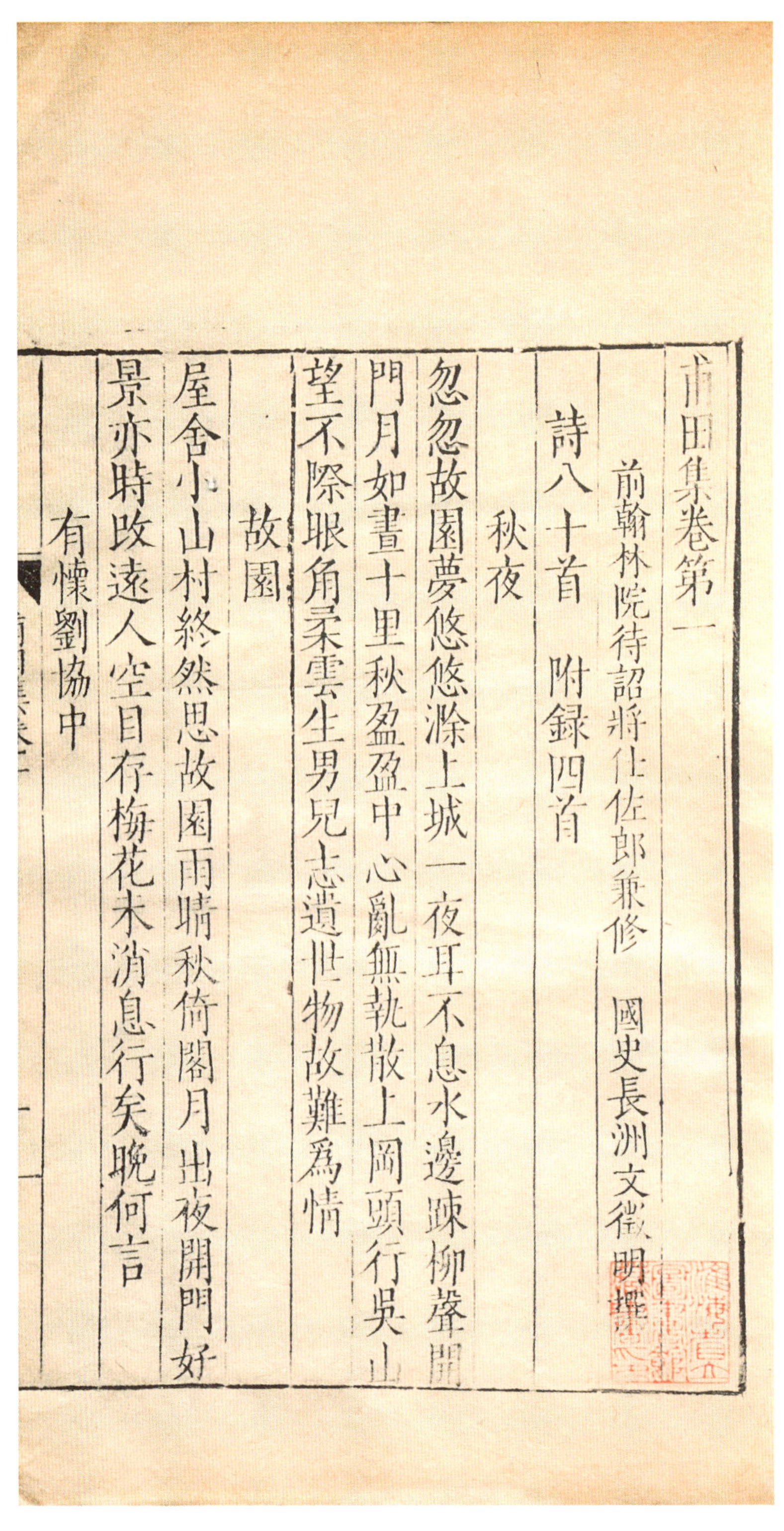
甫田集卷第一

前翰林院待詔將仕佐郎兼修　國史長洲文徵明撰

詩八十首　附録四首

秋夜

忽忽故園夢悠悠滁上城一夜耳不息水邊跡柳聲開門月如晝十里秋盈盈中心亂無執散上岡頭行吳山望不際眼角柔雲生男兒志遺世物故難爲情

故園

屋舍小山村終然思故園雨晴秋倚閣月出夜開門好景亦時改遠人空目存梅花未消息行矣晚何言

有懷劉協中

28461　甫田集三十六卷　（明）文徵明撰　文先生傳一卷　（明）王世美撰　明刻本

版框：19×13.6　十一行二十一字　白口黑單魚尾　左右雙邊　尺寸：27×17.3　册數：八册

《善本書目》：集部7976　《省名録》：02006

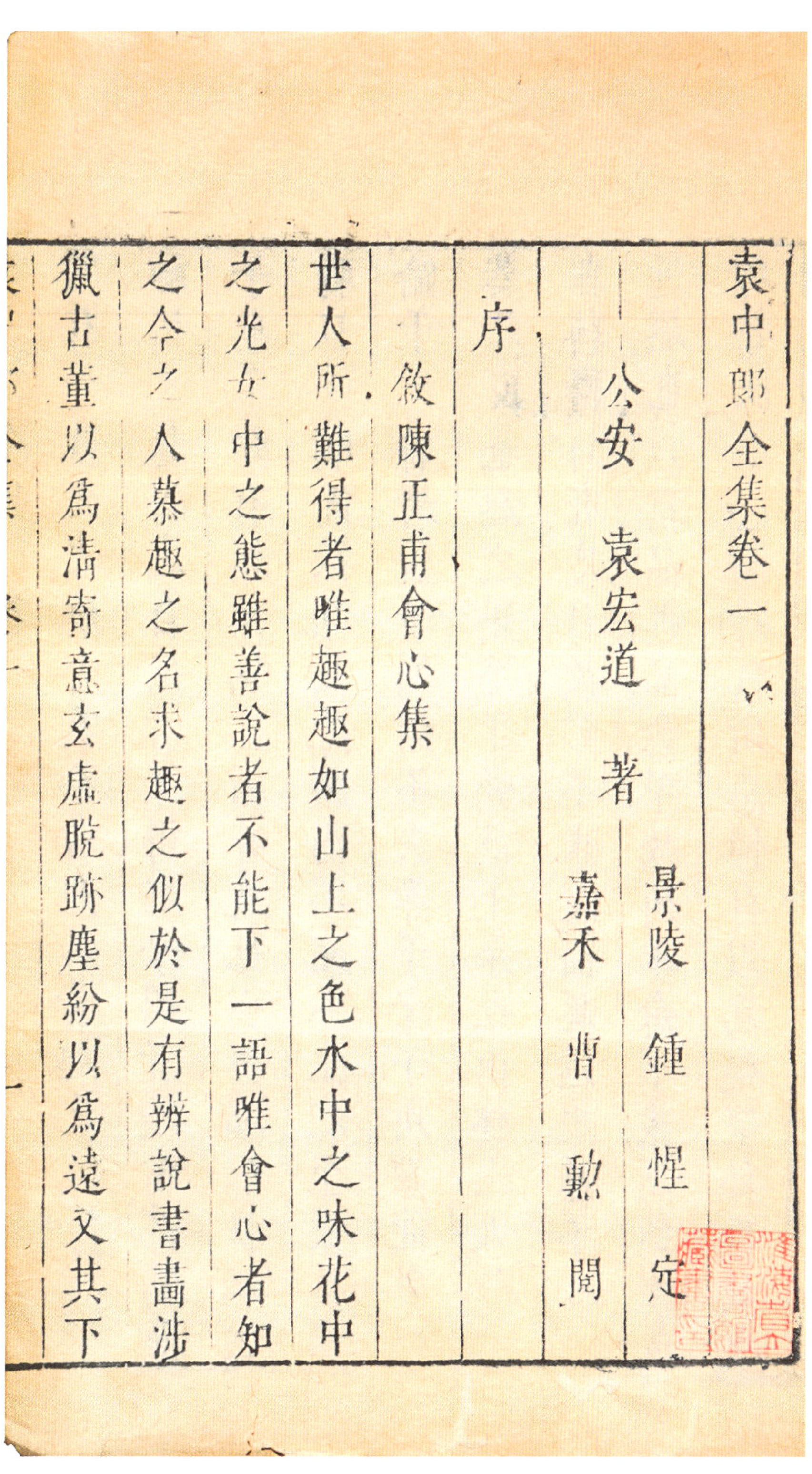

袁中郎全集卷一
公安　袁宏道　著
景陵　鍾惺　定
嘉禾　曹勳　閱
序
敘陳正甫會心集
世人所難得者唯趣趣如山上之色水中之味花中
之光女中之態雖善說者不能下一語唯會心者知
之今之人慕趣之名求趣之似於是有辨說書畫涉
獵古董以爲清寄意玄虛脫跡塵紛以爲遠又其下

36218　袁中郎全集四十卷　（明）袁宏道撰　（明）鍾惺輯　明刻本

版框：20.2 × 14.6　九行二十字　白口無魚尾　四周單邊　尺寸：25.6 × 16.4　册數：十二册

《省名録》：02353

鍾伯敬增定

袁中郎全集

中郎先生集爲百品袁梨奇識者特所珍嗜吳郡六集嘉禾十集各爲繡梓不相統一構者憾焉至金陵梨雲館袁集類編便於採誦然先生遺稿八卷未見梓行今悉補入以供世賞

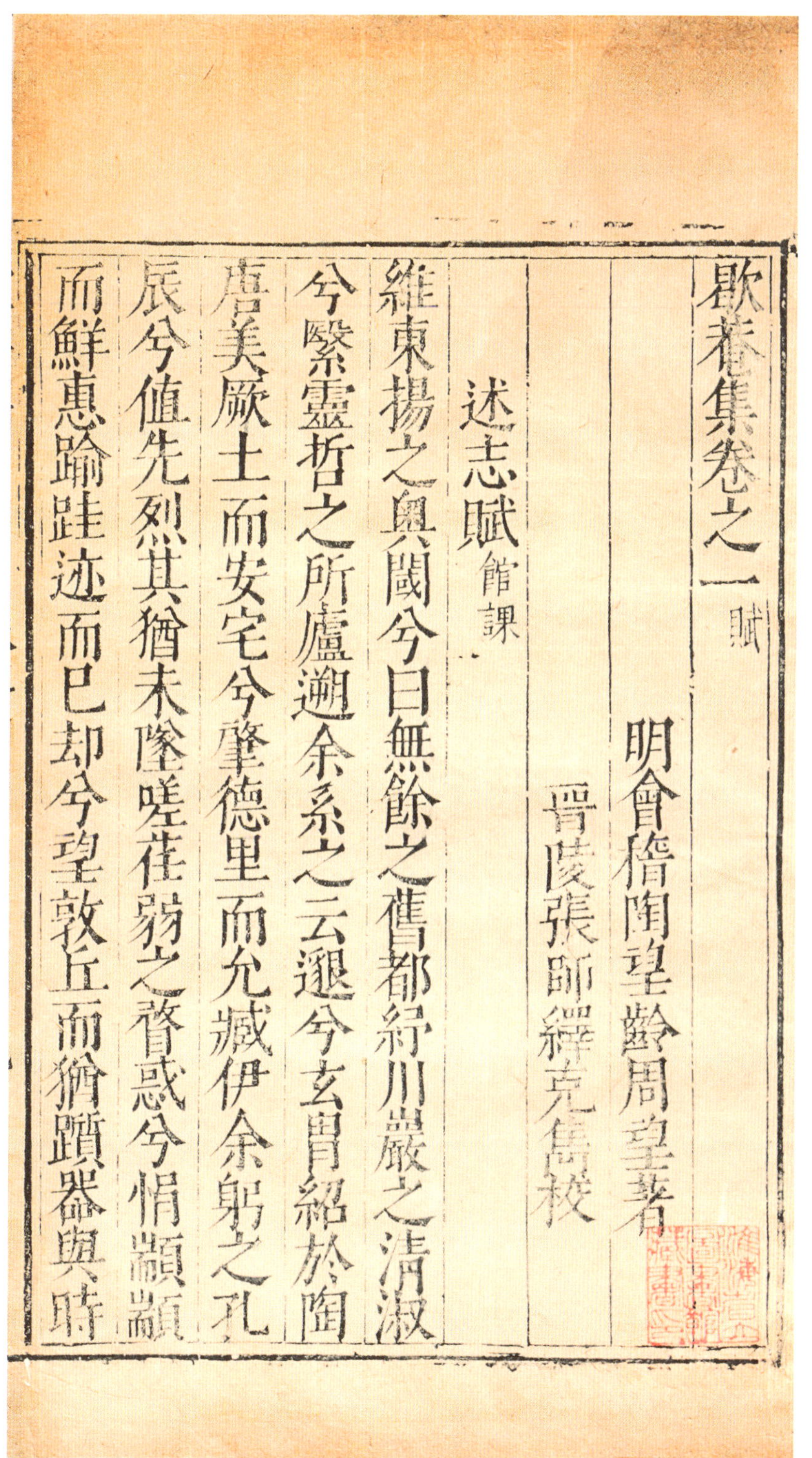

20835　歇菴集十六卷　（明）陶望齡撰　明萬曆三十九年（1611）真如齋刻本

版框：21×15.2　九行十九字　白口無魚尾　四周雙邊　尺寸：27.3×17　册數：十七册　《善本書目》：集部9416

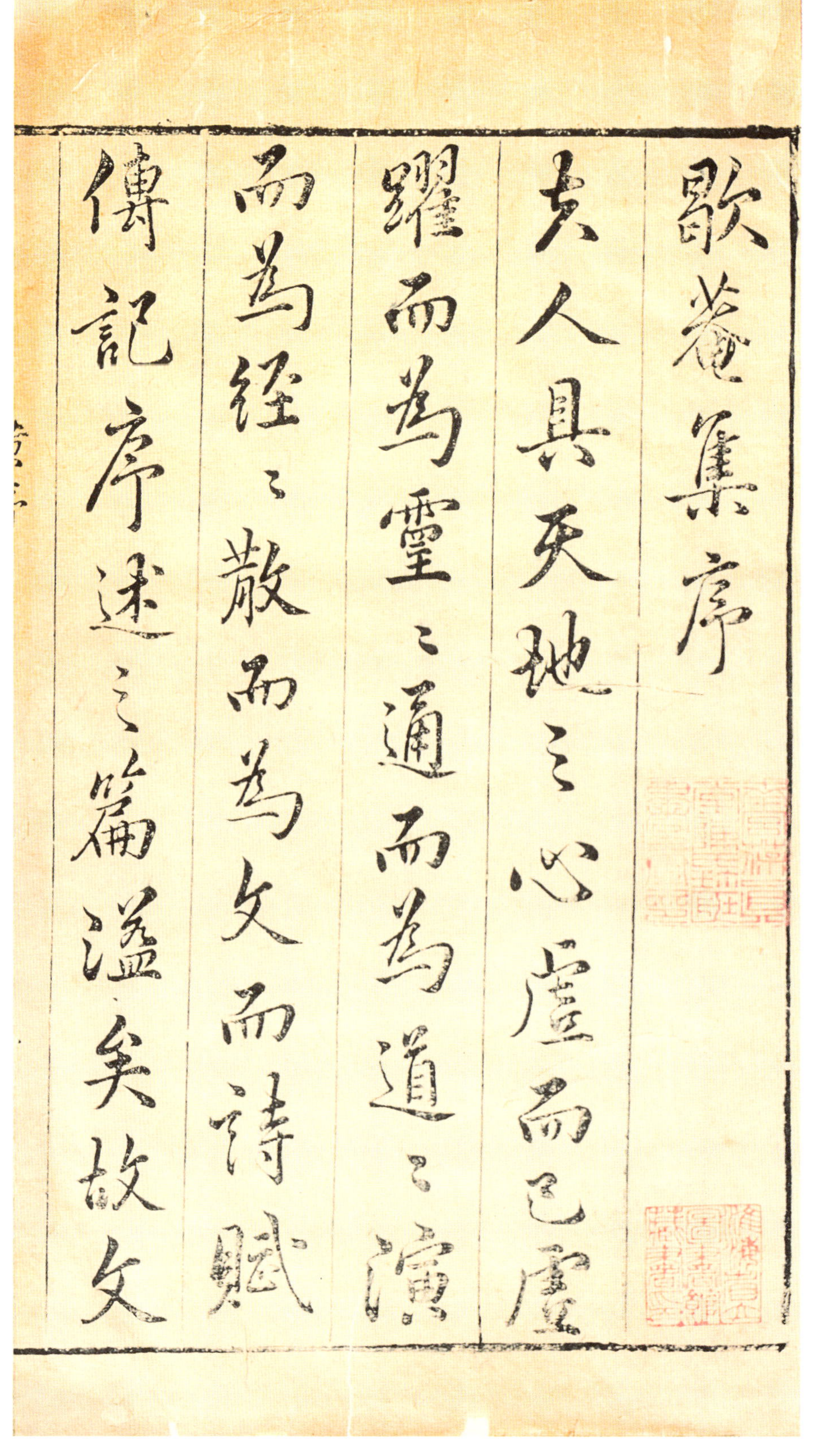

歌菴集序

夫人具天地之心虛而已虛
躍而為靈之通而為道之演
而為經之散而為文而詩賦
傳記序述之篇溢矣故文

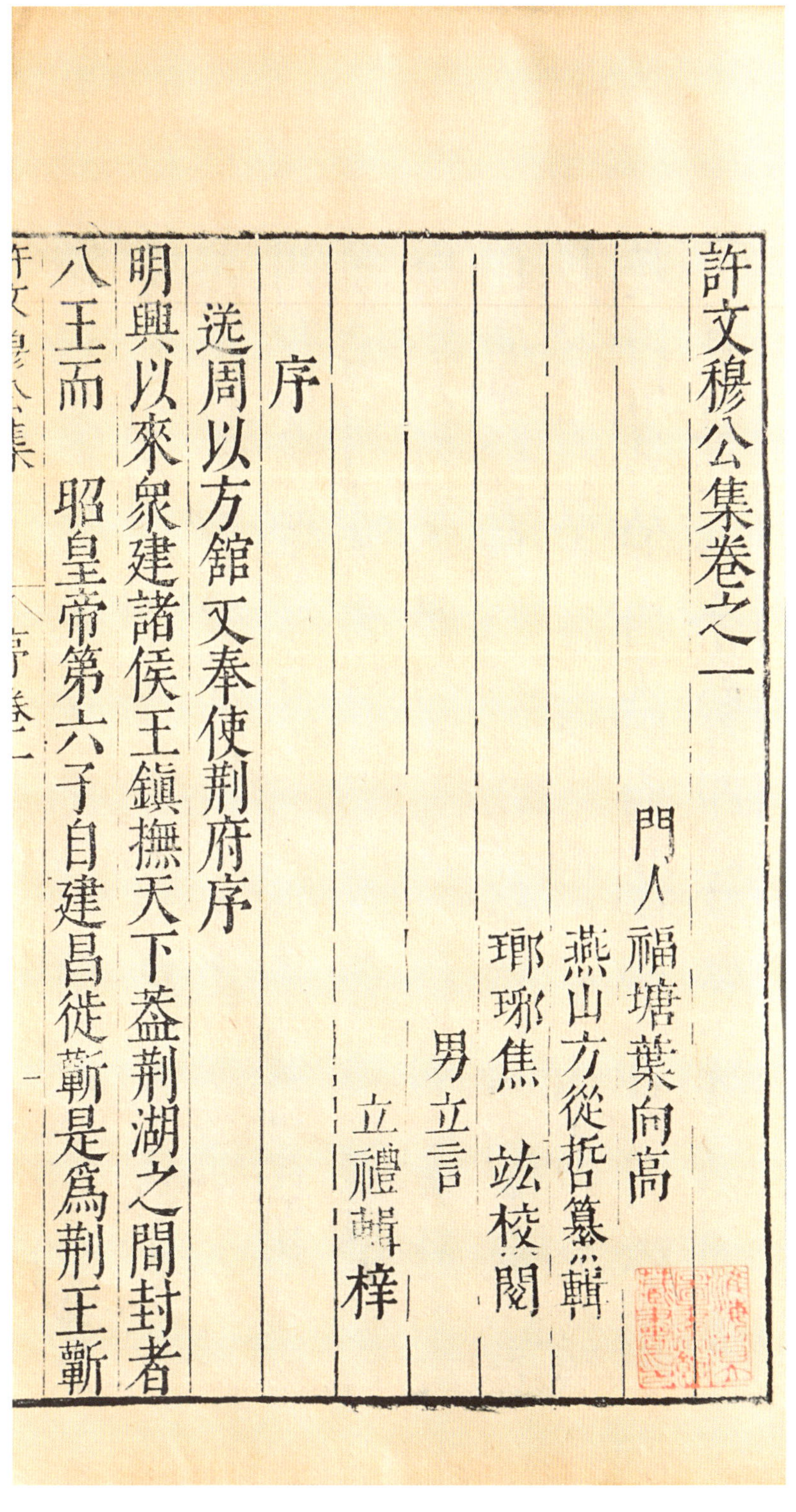

36369　許文穆公集六卷　（明）許國撰　（明）葉向高　（明）方從哲輯　（明）焦竑校　明萬曆許立言、許立禮刻本

版框：21.8×14.5　十行二十字　白口白單魚尾　四周單邊　尺寸：27.4×17　册數：六册　《省名録》：02350

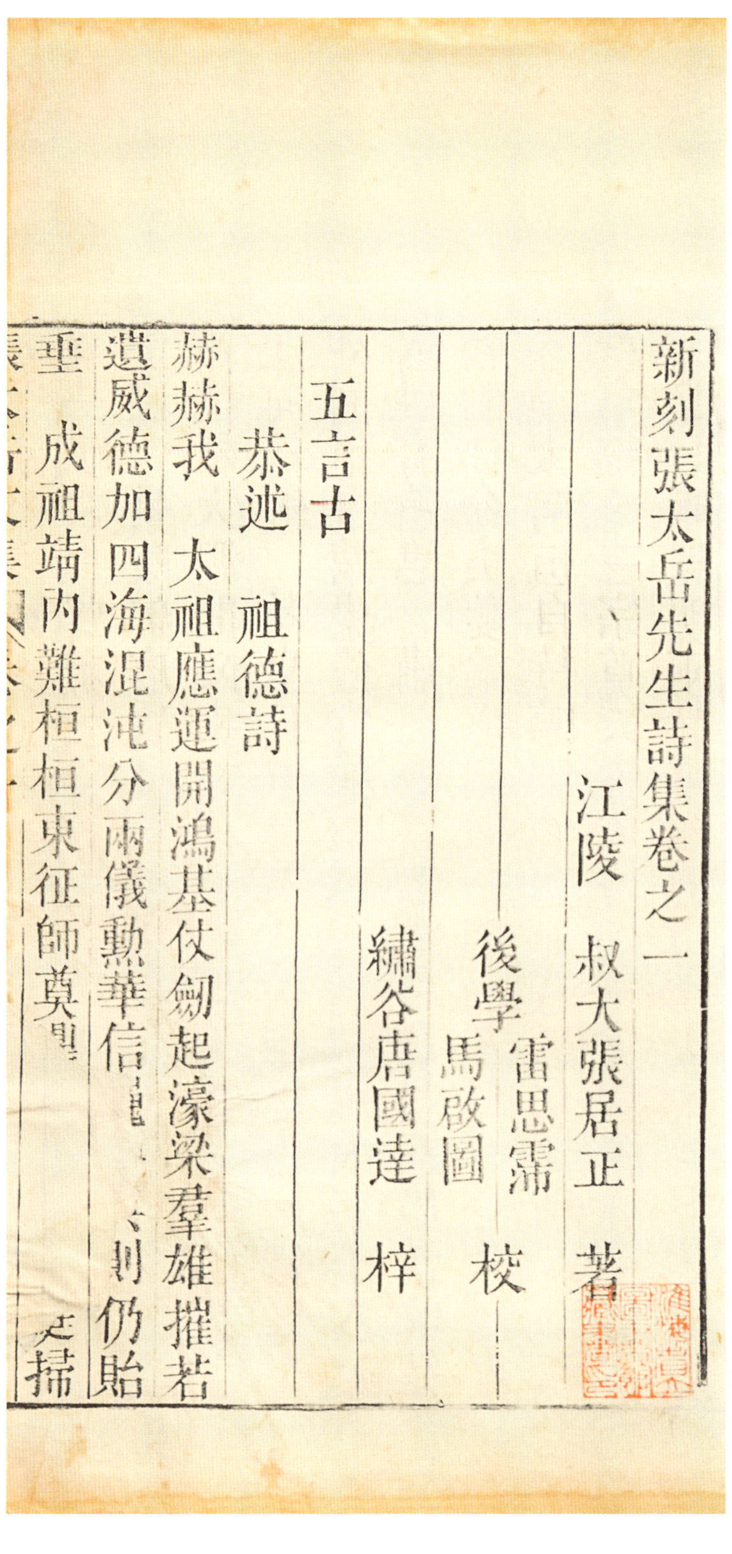

新刻張太岳先生詩集卷之一
江陵　叔大張居正　著
後學　雷思霈
馬啟圖　校
繡谷唐國達　梓
五言古
恭述　祖德詩
赫赫我　太祖應運開鴻基仗劒起濠梁羣雄摧若
遺威德加四海混沌分兩儀勳華信
聖　成祖靖內難桓桓東征師莫

32116　新刻張太岳先生文集四十七卷　（明）張居正撰　明萬曆四十年（1612）唐國達刻本
版框：21.3×14.2　十行二十字　白口黑單魚尾　四周單邊　尺寸：29.3×17.5　冊數：十六冊
《省名録》：02349

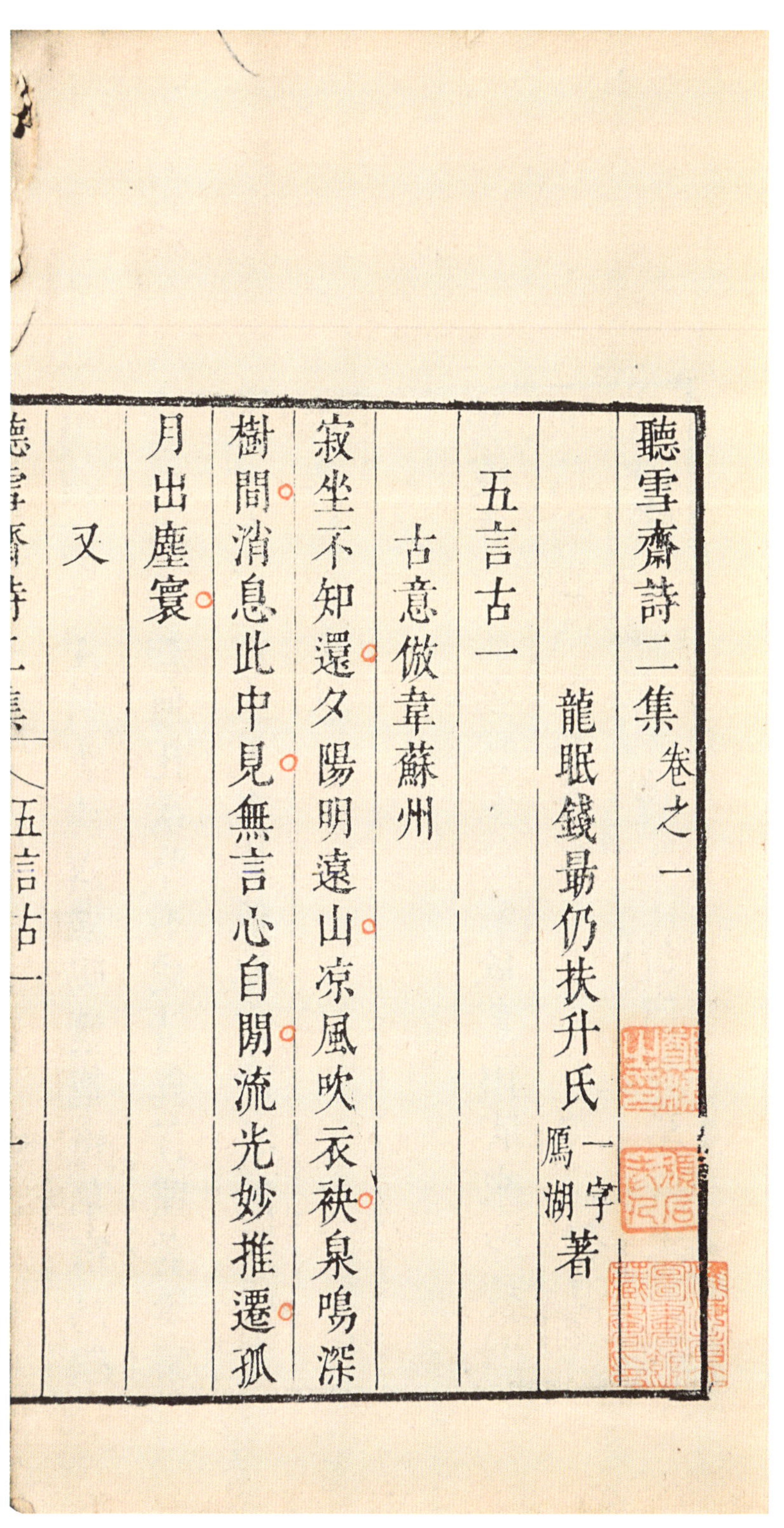

聽雪齋詩二集卷之一
龍眠錢易仍扶升氏一字鳫湖著
五言古一
古意倣韋蘇州
寂坐不知還夕陽明遠山凉風吹衣袂泉鳴深
樹間消息此中見無言心自閒流光妙推遷孤
月出塵寰
又
聽雪齋詩二集 五言古一

23371　聽雪齋詩二集十二卷　（明）錢昜仍撰　明刻本

版框：17.7×12.2　八行十八字　白口白單魚尾　四周單邊　尺寸：26.4×16.2　册數：三册

《省名録》：02357

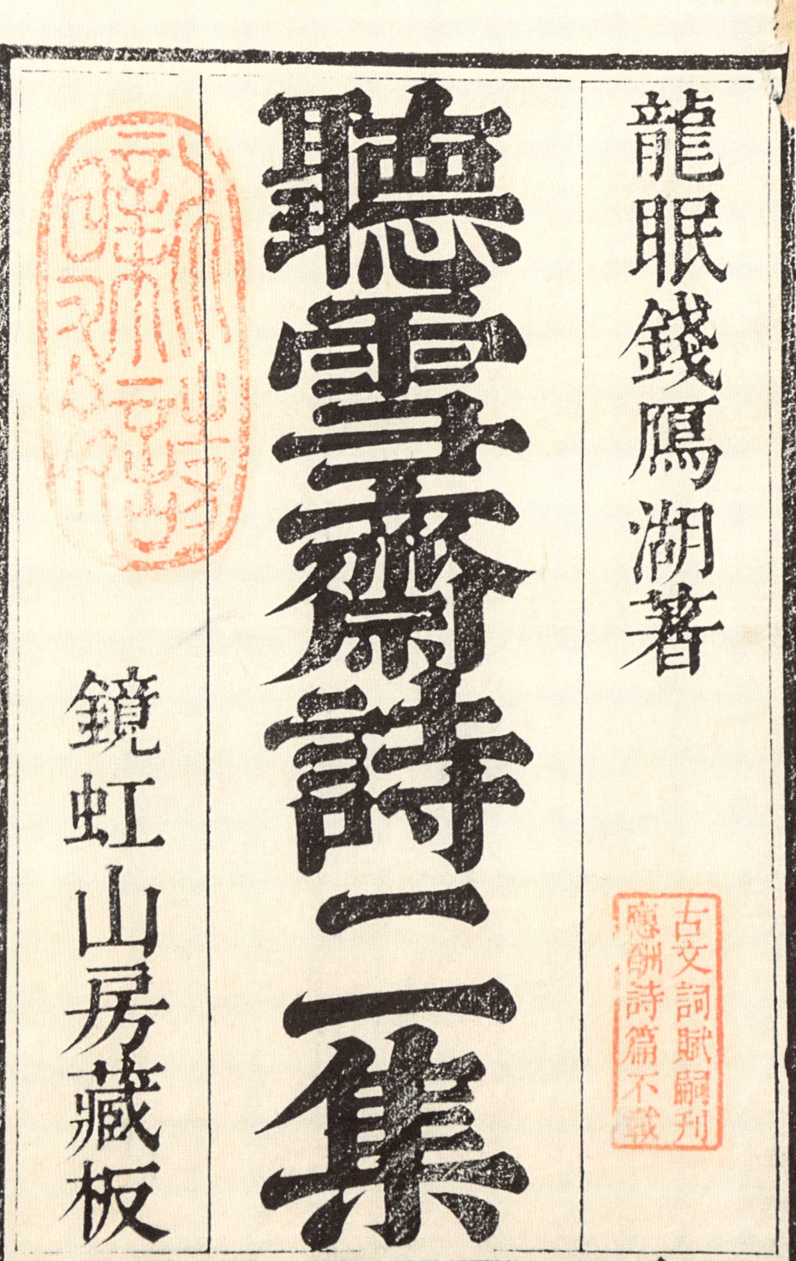
龍眠錢鴈湖著

聽雪齋詩二集

鏡虹山房藏板

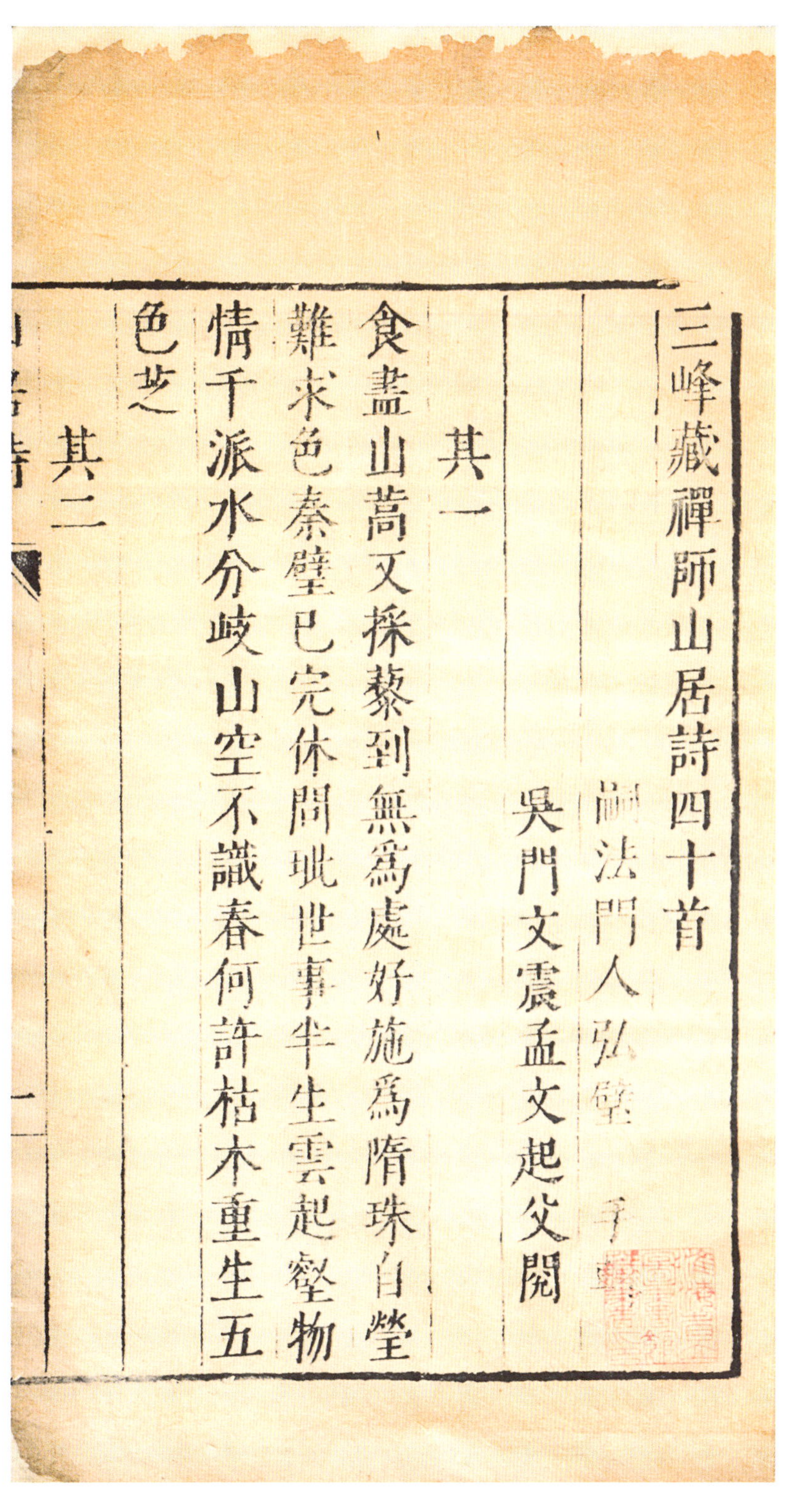
三峰藏禪師山居詩四十首

嗣法門人弘璧手輯

吳門文震孟文起父閱

其一

食盡山蒿又採藜到無爲處好施爲隋珠自瑩難求色秦璧已完休問玼世事半生雲起壑物情千派水分歧山空不識春何許枯木重生五色芝

其二

58684　三峰藏禪師山居詩一卷三峰三十景詩一卷　（明）釋法藏撰　（明）釋弘璧輯　明萬曆刻本

版框：20.8×14.3　九行十八字　白口黑單魚尾　四周單邊　尺寸：27×17　冊數：一冊　《善本書目》：集部10149　《國家名録》：10830　《省名録》：02026

庶幾梓傳千古因人托附爲

烏目山峰不磨之勝槩云其

拋磚引玉之媿似不能掩其

拙也

萬曆庚申六月　日

梁谿德慶法藏於審氏敬書

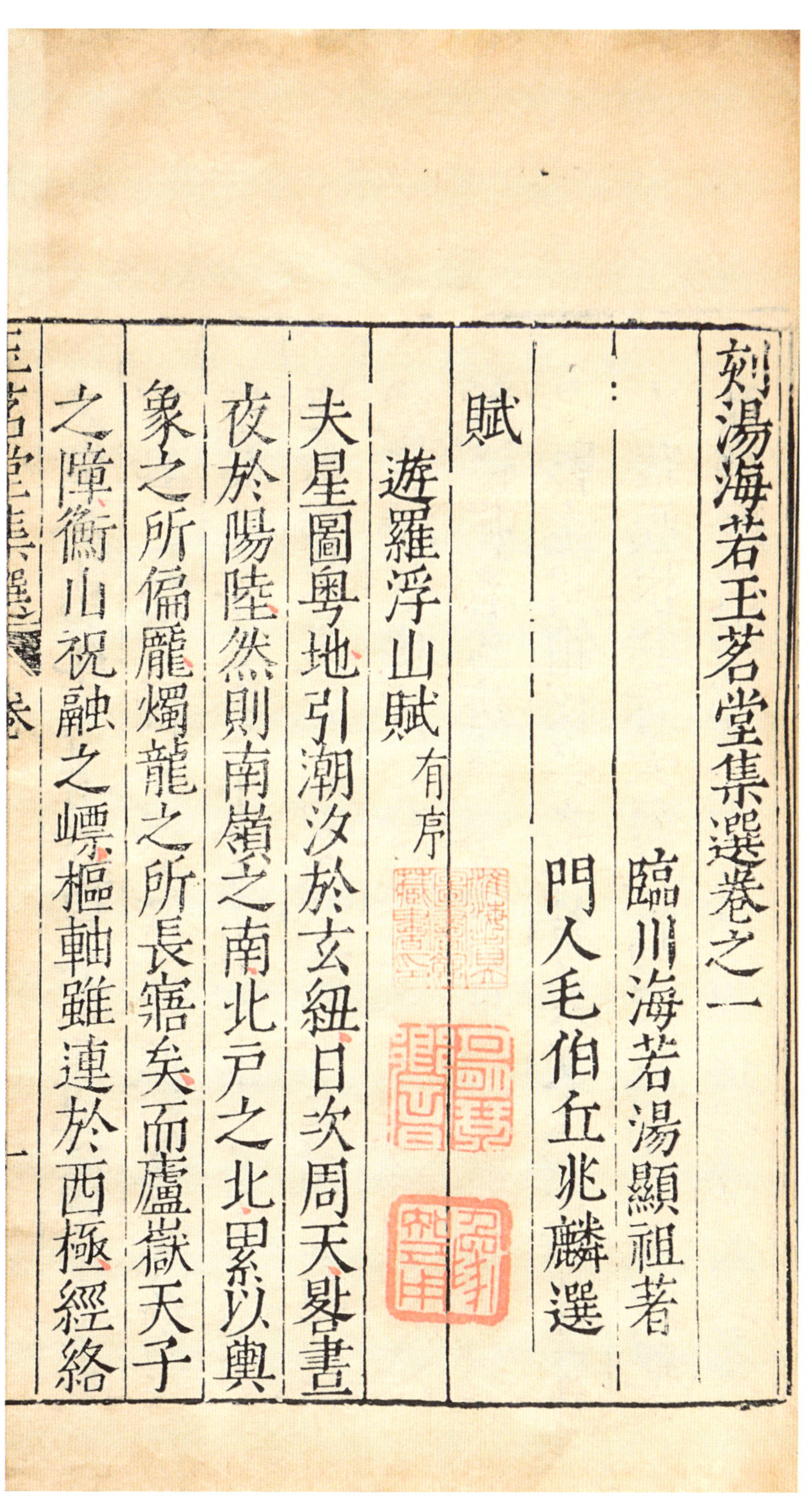

29455　刻湯海若玉茗堂集選十五卷　（明）湯顯祖撰　（明）毛兆麟輯　明萬曆刻本
版框：19.8×14.8　九行十八字　白口黑單魚尾　左右雙邊　尺寸：26.6×16.7　冊數：四冊
《省名録》：02352

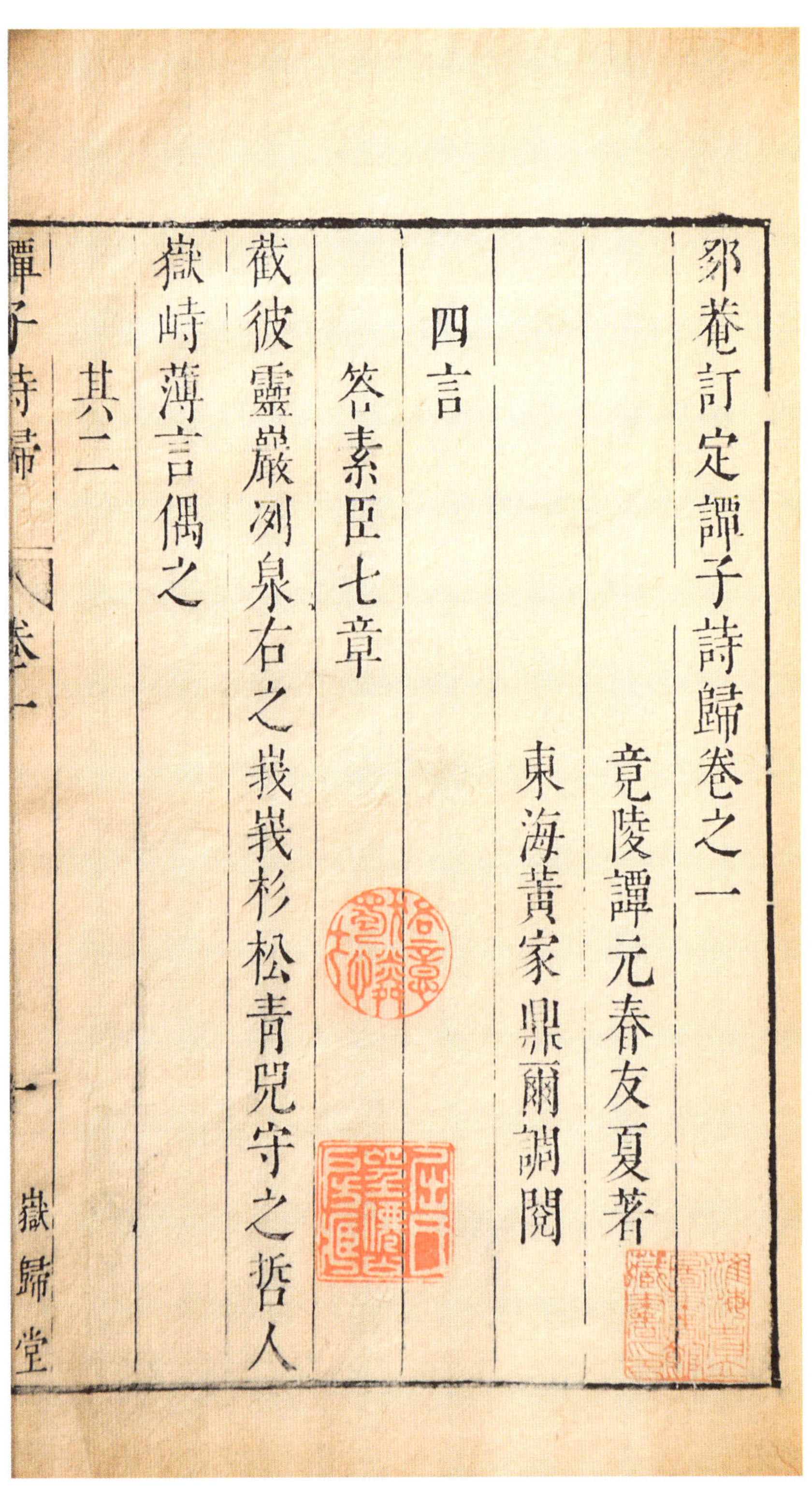

郄菴訂定譚子詩歸卷之一
竟陵譚元春友夏著
東海黃家鼎爾調閱
四言
答素臣七章
薮彼靈巖冽泉右之峩峩杉松青兕守之哲人
嶽峙薄言偶之
其二
譚子詩歸　卷一　一　嶽歸堂

22225　郄菴訂定譚子詩歸十卷　（明）譚元春撰　明末嶽歸堂刻本

版框：20.2×13.8　八行十八字　白口黑單魚尾　四周單邊　尺寸：25.3×16.8　册數：八册

《省名録》：02355

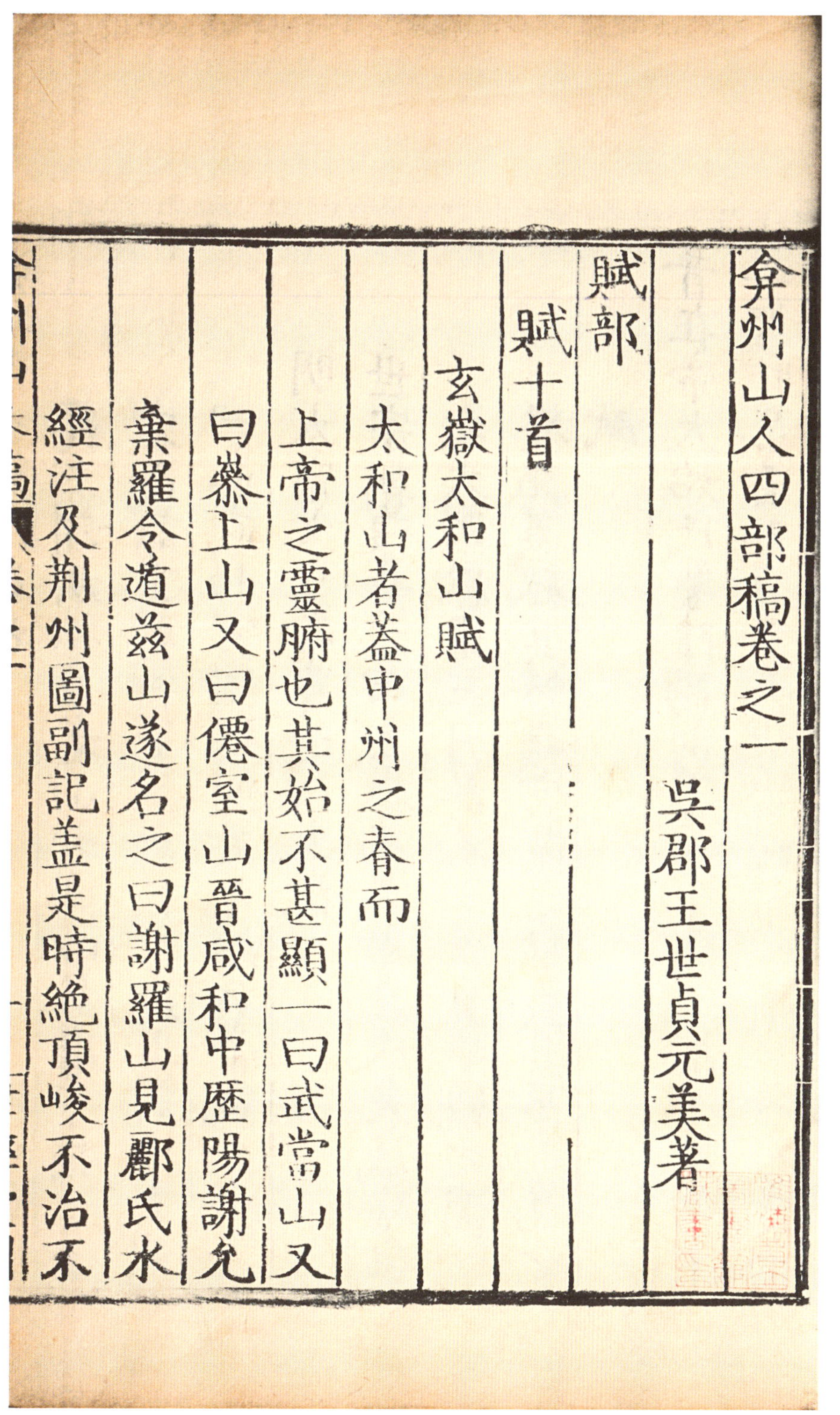

20628　弇州山人四部稿一百七十四卷目録十二卷　（明）王世貞撰　明萬曆五年（1577）吴郡王氏世經堂刻本

版框：21.3×15.6　十行二十字　白口黑單魚尾　四周雙邊　尺寸：26.8×17.5　册數：三十六册

《善本書目》：集部8535

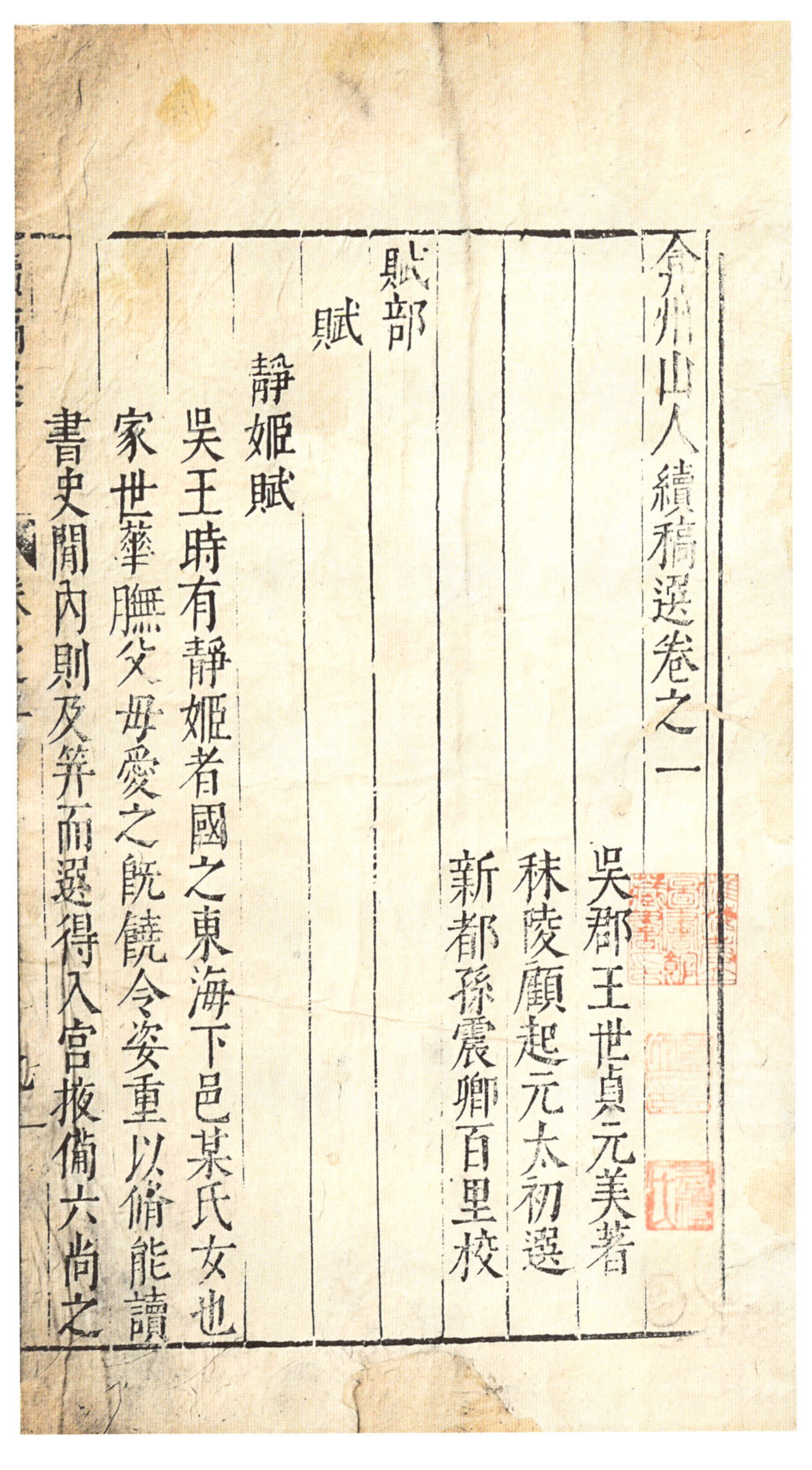

22495　弇州山人續稿選三十八卷　（明）王世貞撰　（明）顧起元輯　明刻本

版框：22×14.2　十行二十字　白口黑單魚尾　左右雙邊　尺寸：27.3×17.5　册數：四十册

《善本書目》：集部8544

弇州山人續稿選序

明興二百年蓋釀至嘉隆中文
章始大闡薦紳先生結軫而脩
竹素乃其著述之富體製之備
莫如吾友大司寇元美王公
撫鄖時刻有四部稿四海內外

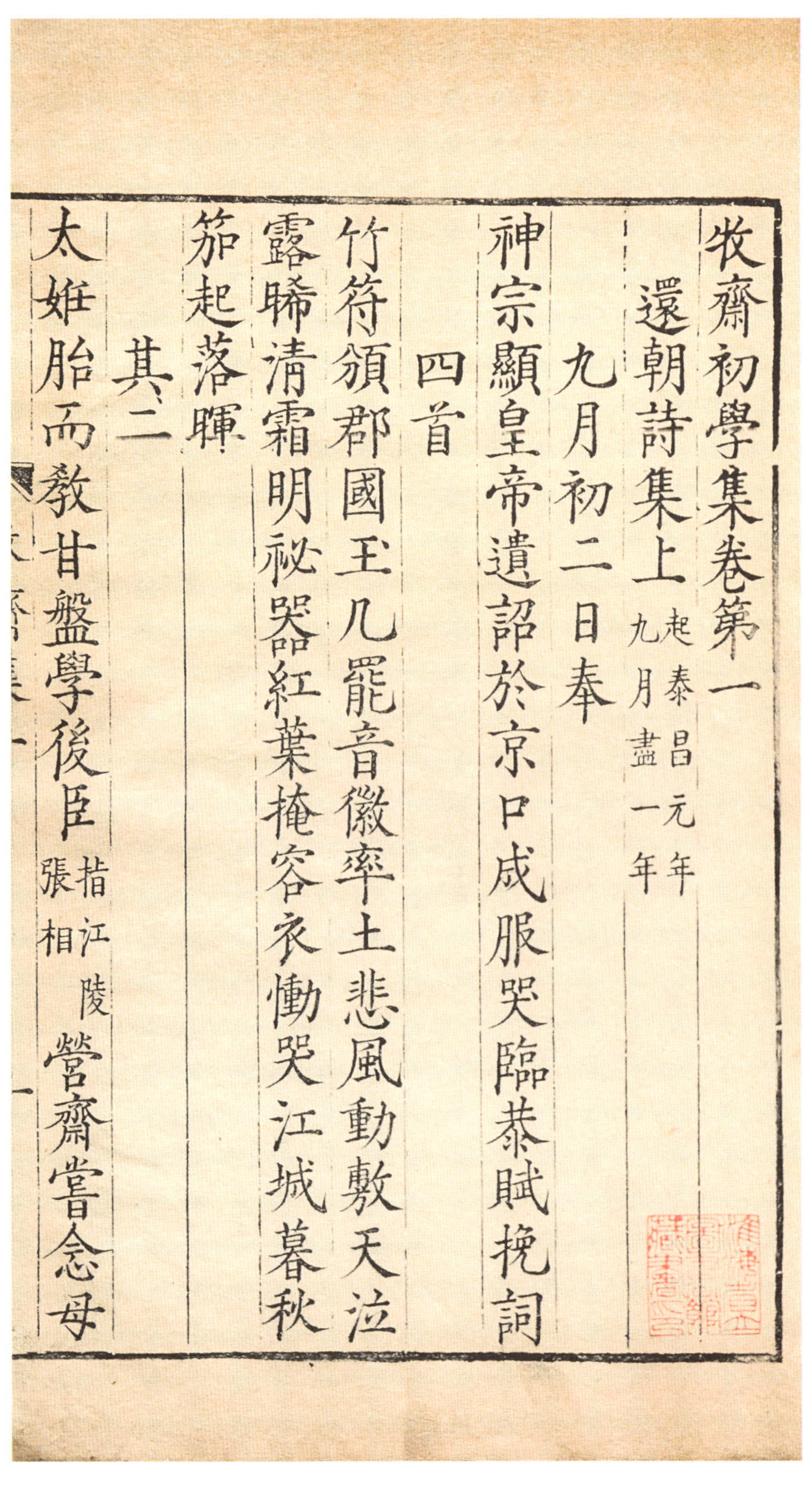

21128　牧齋初學集一百十卷目録二卷　（明）錢謙益撰　明崇禎十六年（1643）瞿式耜刻本

版框：21.3×14.7　十行十八字　白口黑單魚尾　四周單邊　尺寸：26.4×17.7　冊數：二十册

《省名録》：02034

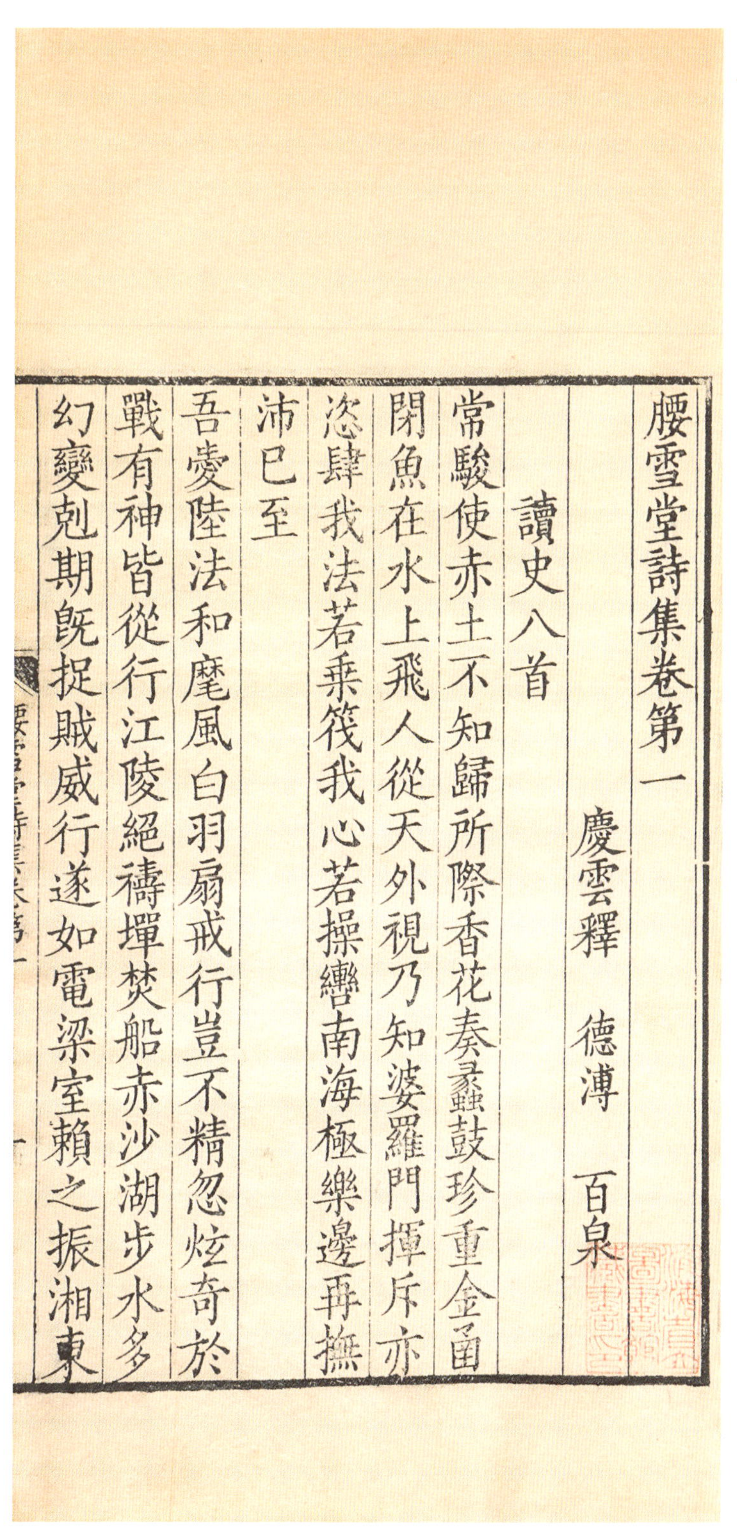

23685　腰雪堂詩集六卷　（清）釋德溥撰　清康熙六年（1667）自刻本

版框：17.2×13.2　十行十九字　白口黑單魚尾　左右雙邊　尺寸：25.6×16.5　冊數：四冊

《國家名録》：09294　《省名録》：02042

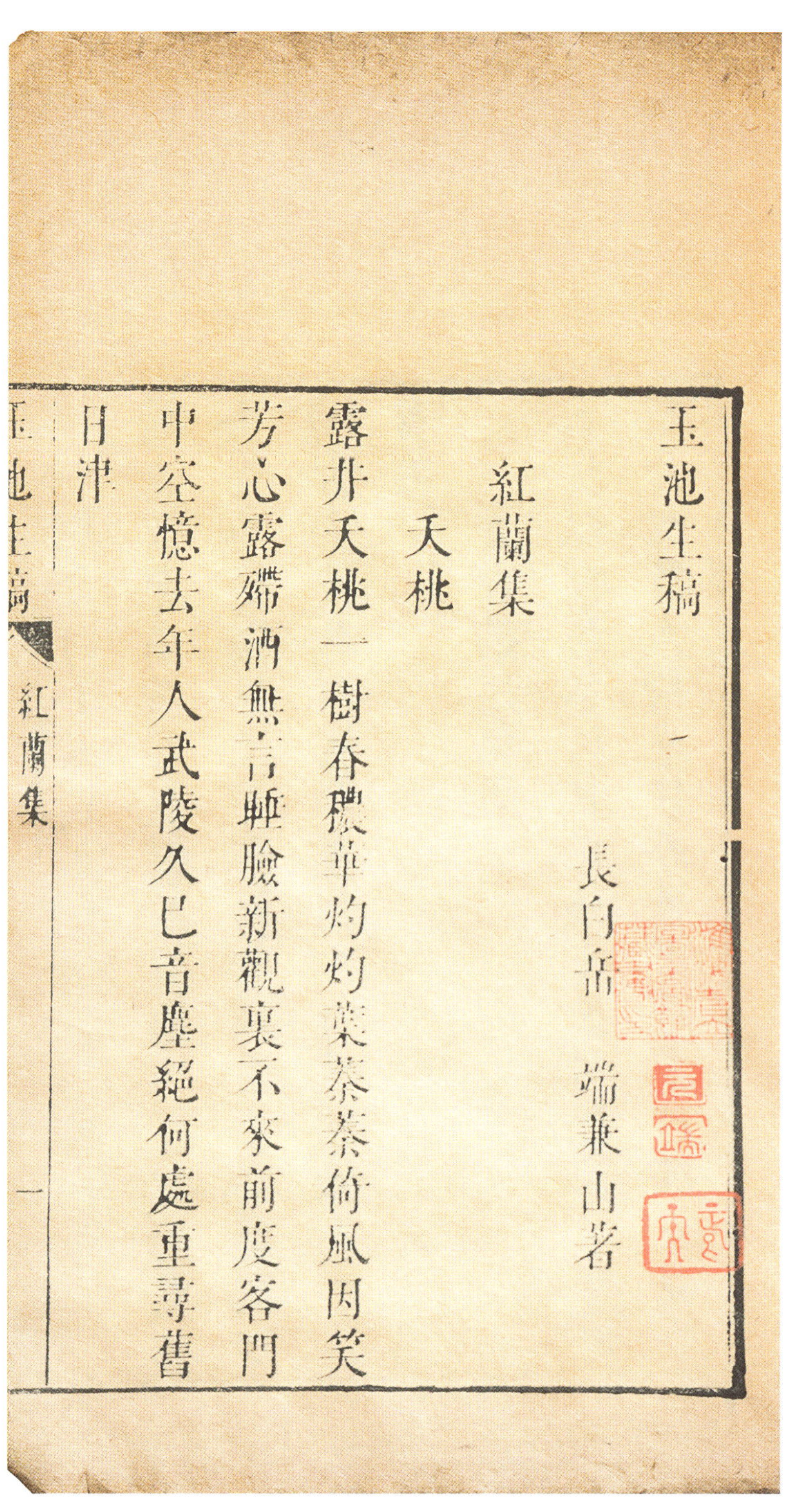
玉池生稿　　一

紅蘭集

天桃

長白岳　端兼山著

露井天桃一樹春穠華灼灼葉蓁蓁倚風因笑

芳心露殢酒無言暈臉新靚裏不來前度客門

中空憶去年人武陵久已音塵絕何處重尋舊

日津

玉池生稿　紅蘭集　一

58444　玉池生稿十卷　（清）岳端撰　清康熙三十五年（1696）自刻四十三年（1704）德普增刻本

版框：18.9×13.6　八行十八字　白口黑單魚尾　左右雙邊　尺寸：27×16.8　册數：二册　《善本書目》：集部13446

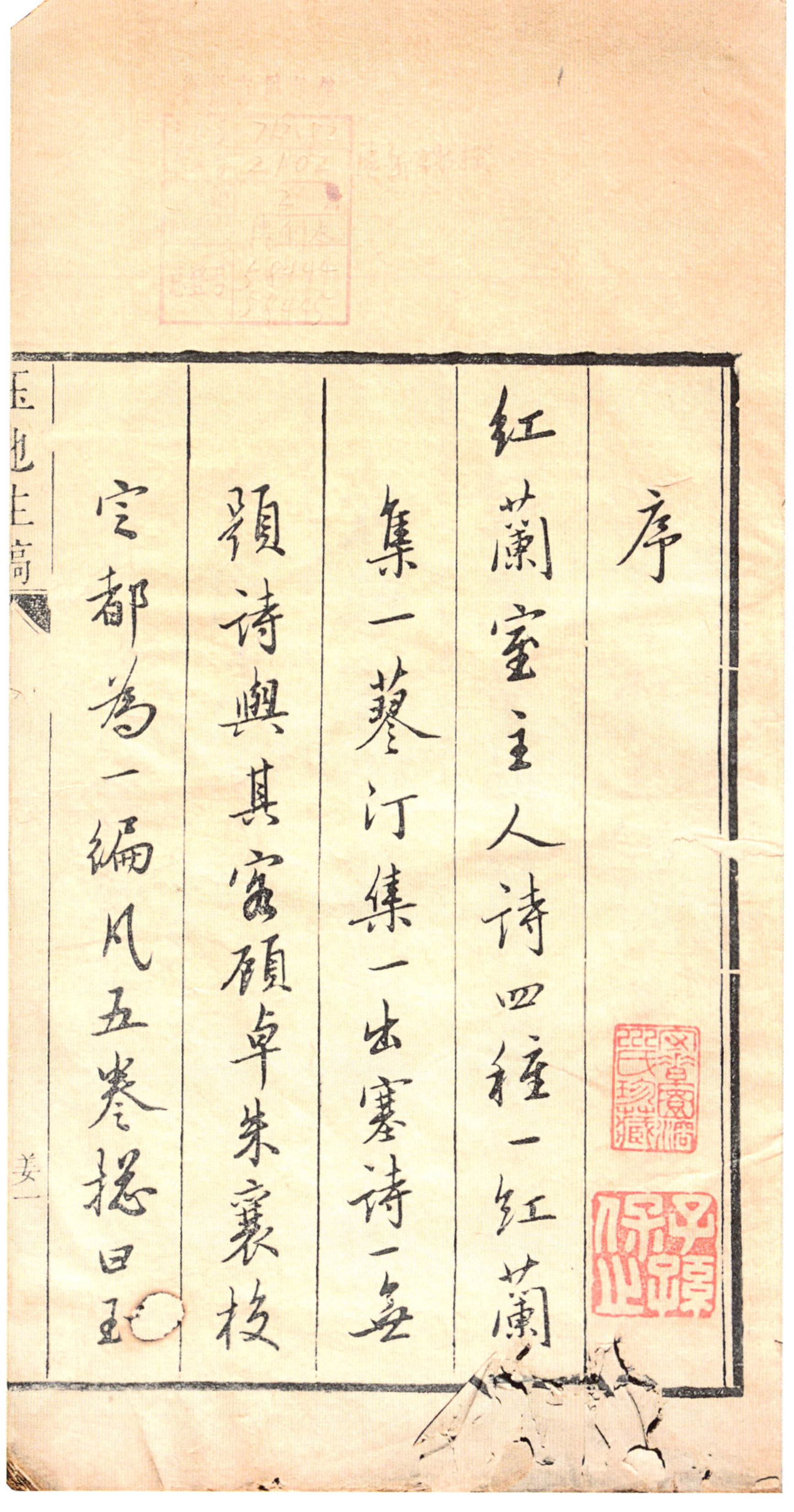

序

紅蘭室主人詩四種一紅蘭集一蓼汀集一出塞詩一無題詩與其寄顧阜朱襄校宁都為一編凡五卷總曰玉

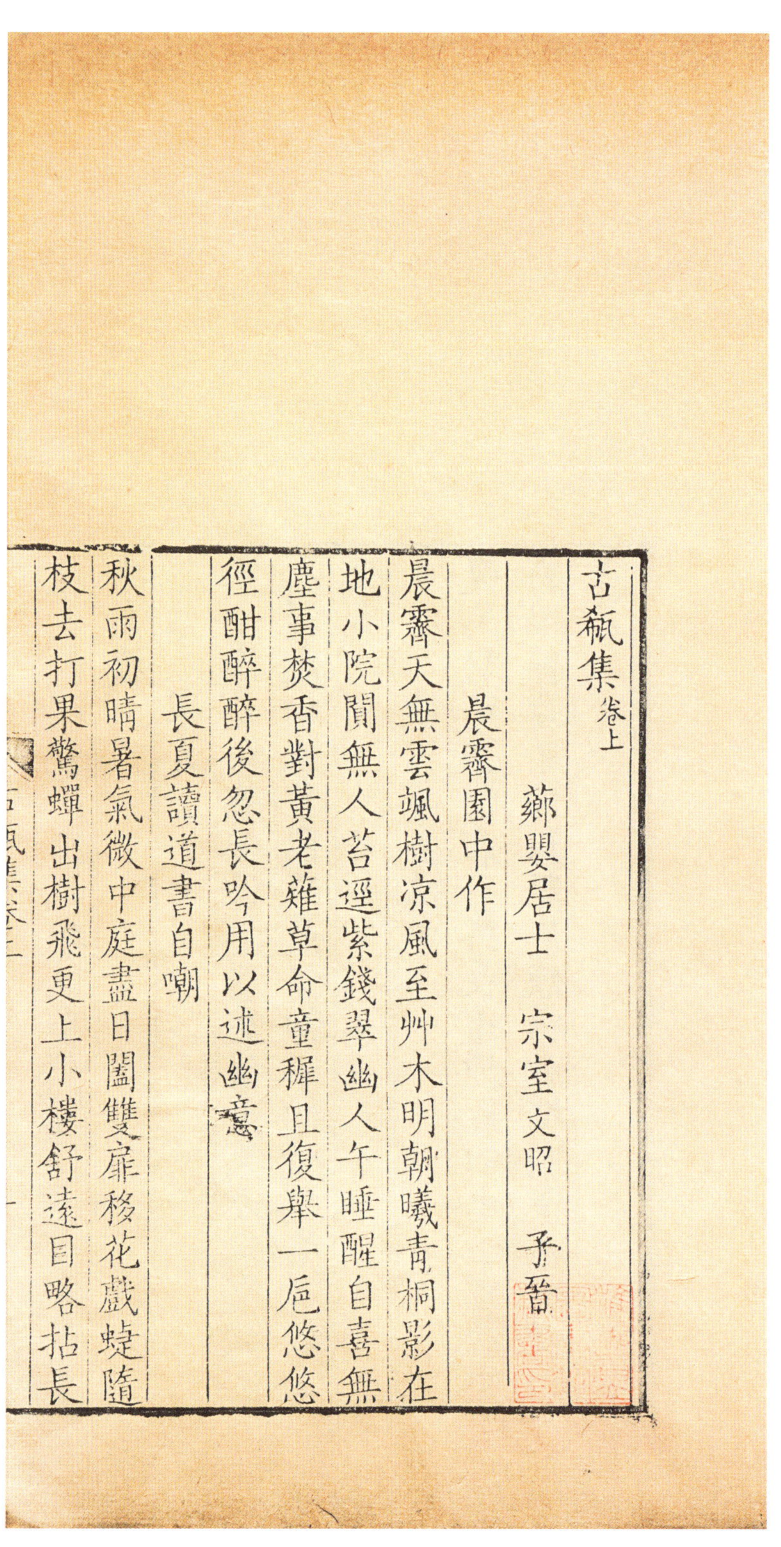

23419　紫幢軒詩三十二卷　（清）文昭撰　清雍正刻本

版框：15.8×11.9　十行十九字　白口黑單魚尾　左右雙邊　尺寸：27×17　册數：六册　《善本書目》：集部13562

命不得出　京邑故閭有所遊不過郊坰而外乘一緉屐盡日輒返夫所謂高山大谷浦雲江樹之屬舉足助夫流連詠歎者而顧未嘗一寓于目詩之不工抑又何尤耶辭俸多暇乃因禽戲之餘出瓻中稿排次一通會當屬二三同志一正訂之或勸余鋟諸梓而質諸天下余烏乎敢康熙五十年蕤賓月香嬰居士文昭自述于紫幢軒

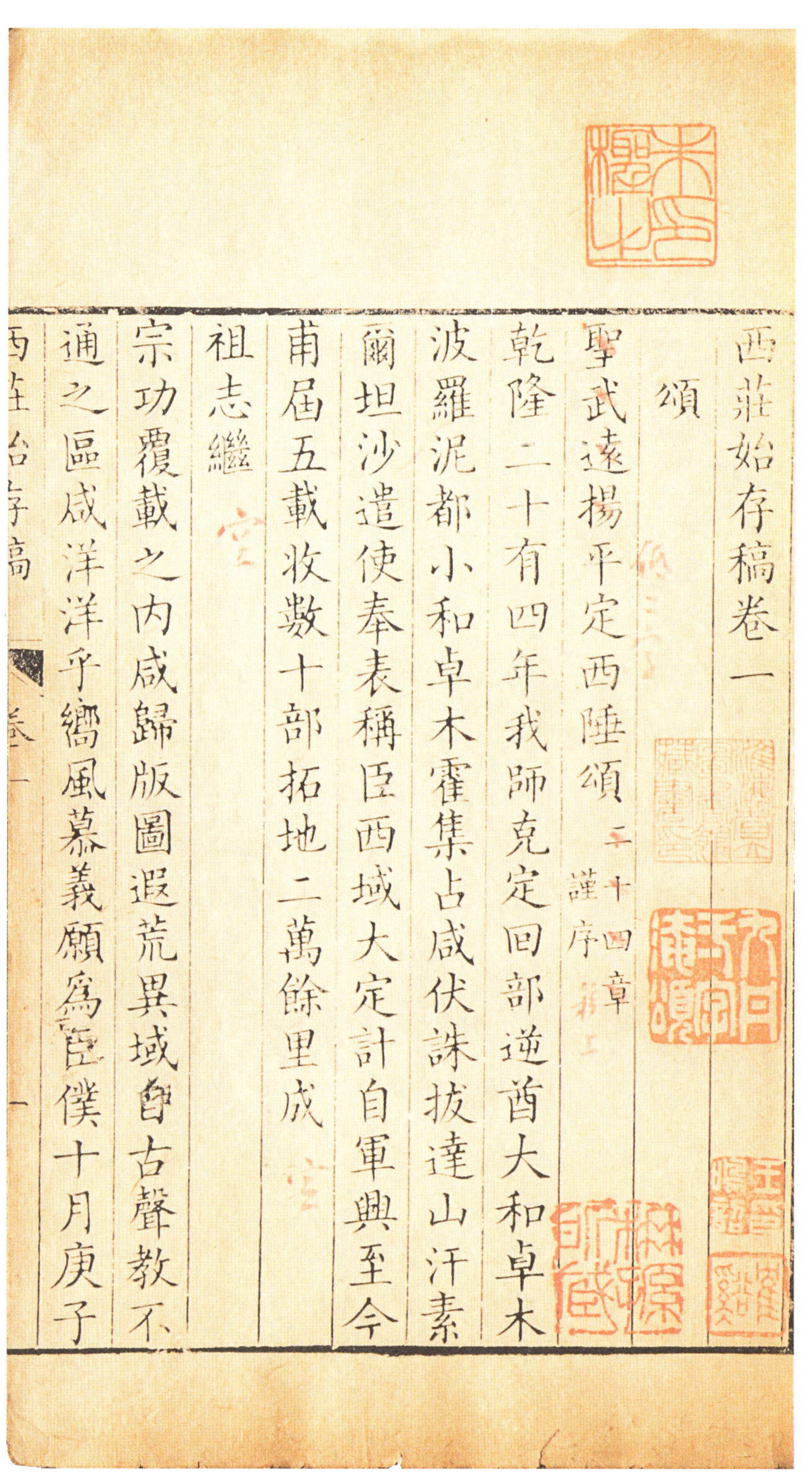

21925　西莊始存稿三十九卷　（清）王鳴盛撰　清乾隆三十一年（1766）王鳴盛刻本　（清）王鳴盛批校

版框：18.3×13.6　十行十九字　白口黑單魚尾　左右雙邊　尺寸：25.4×16.2　冊數：五冊

《省名録》：1092

此爲西莊先生自存本每册首均有
先生弟崔溪明府先生印泰首
硃字校處乃崔溪先生手書
後又墨字皆先生手自批抹守藏
先生自書詩册与此本誠西寶
筆蹟無二

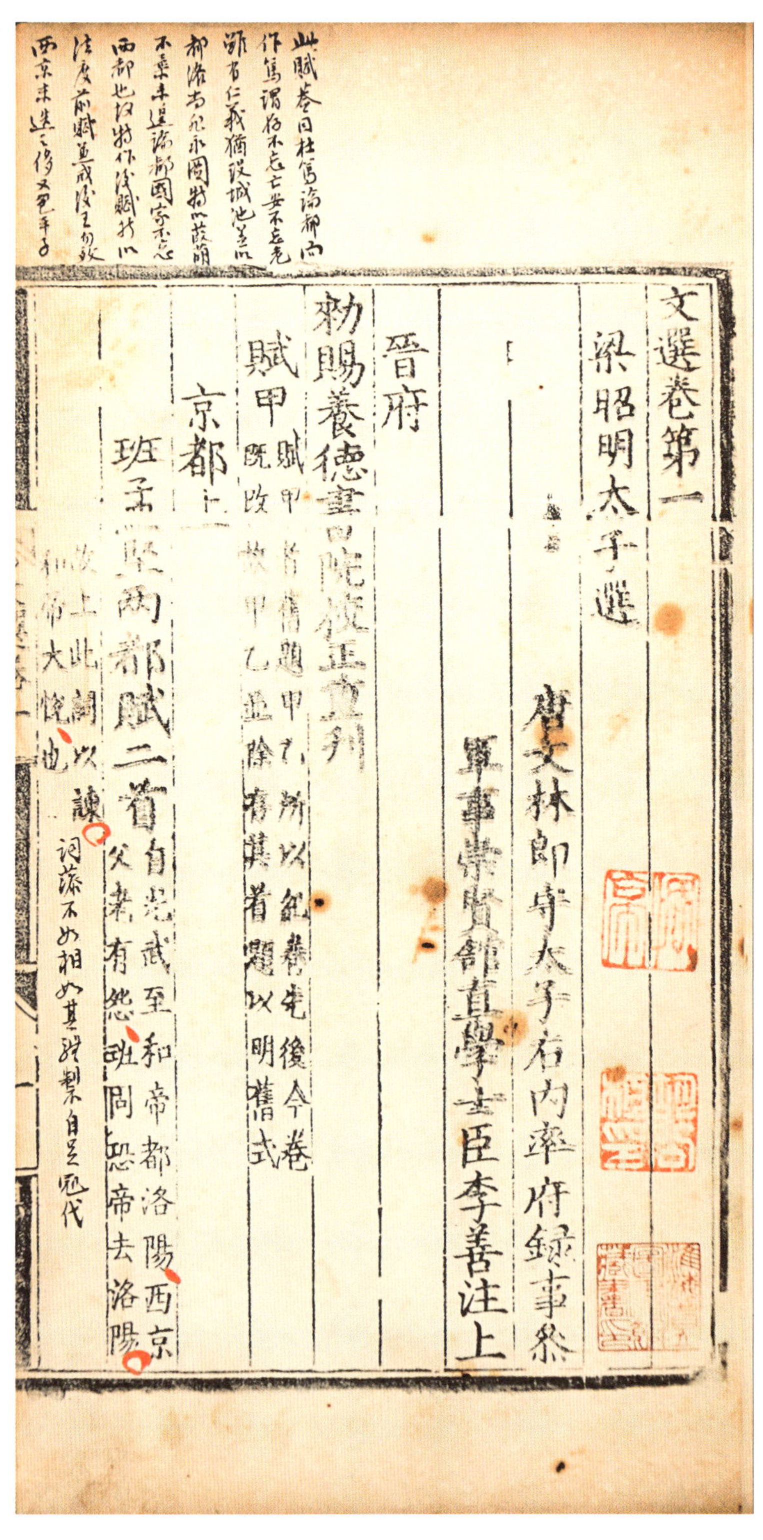

21108　文選六十卷　（南朝梁）蕭統輯　（唐）李善注　明嘉靖四年（1525）晉藩養德書院刻本　清康熙四十年（1701）何焯題跋　清嘉慶十二年（1807）何洓題跋

版框：28 × 15　十行二十二字雙行小字二十　大黑口黑雙順魚尾　四周雙邊　尺寸：31 × 18.5

册數：二十册　《善本書目》：集部16697　《國家名録》：02173　《省名録》：1559

嘉靖四年歲在乙酉孟春吉旦

晉藩志道堂書于

勑賜養德書院

見墳籍，旁出子史，若斯之流，又亦繁博，雖傳之簡牘，而事異篇章，今之所集，亦所不取。至於記事之史，繫年之書，所以褒貶是非，紀別入聲異同，方之篇翰，亦已不同。若其讚論之綜宋作緝此立辭采，序述之錯比避文華，事出於沈思，義歸乎翰藻，故與夫篇什，雜而集之。遠自周室，迄于聖代，都為三十卷，名曰文選云耳。

凡次文之體，各以彙聚。十詩賦體既不一，又以類分；類分之中，各以時代相次。

此書於詩賦已綜其要，賦祖楚詞，別有專集，故騷列於詩後。任棨大畧，郊祀樂府自為一體，事固刱作，難便限以文章，遂從闕如。鮑謝未錄，不遂陶令稱為隱逸之宗，則具詳本集。至於泉劉宋，則應劉二代所未采輯者，亦詳史集。廷至梁降大同以前，世論之所推服，時士之所欽仰，盖無遺憾焉。康熙辛巳秋日何焯識

祝氏云此賦兩篇之一篇也首篇極其瑰麗賦中之賦也後篇於以法度賦中之雅

也篇末五詩則又賦中之頌也昌黎云詩正而葩子雲曰詩人之賦麗以則蓋謂先

正而後葩此詩之所以為詩先麗而後則此賦之所以為賦自漢以來賦者多知

其當麗而罕知其當則的有善賦者先以情寓乎詞者正典則之之為

骨復以詞寓於理者葩而麗之詞為肉庶幾麗寓深正則崇尚發

乎情止乎禮義深得詩人之賦要旨矣此賦雖亞雅頌是有正典則之

餘風焉 大清嘉慶九年十二月望日呵凍書 義園氏錄

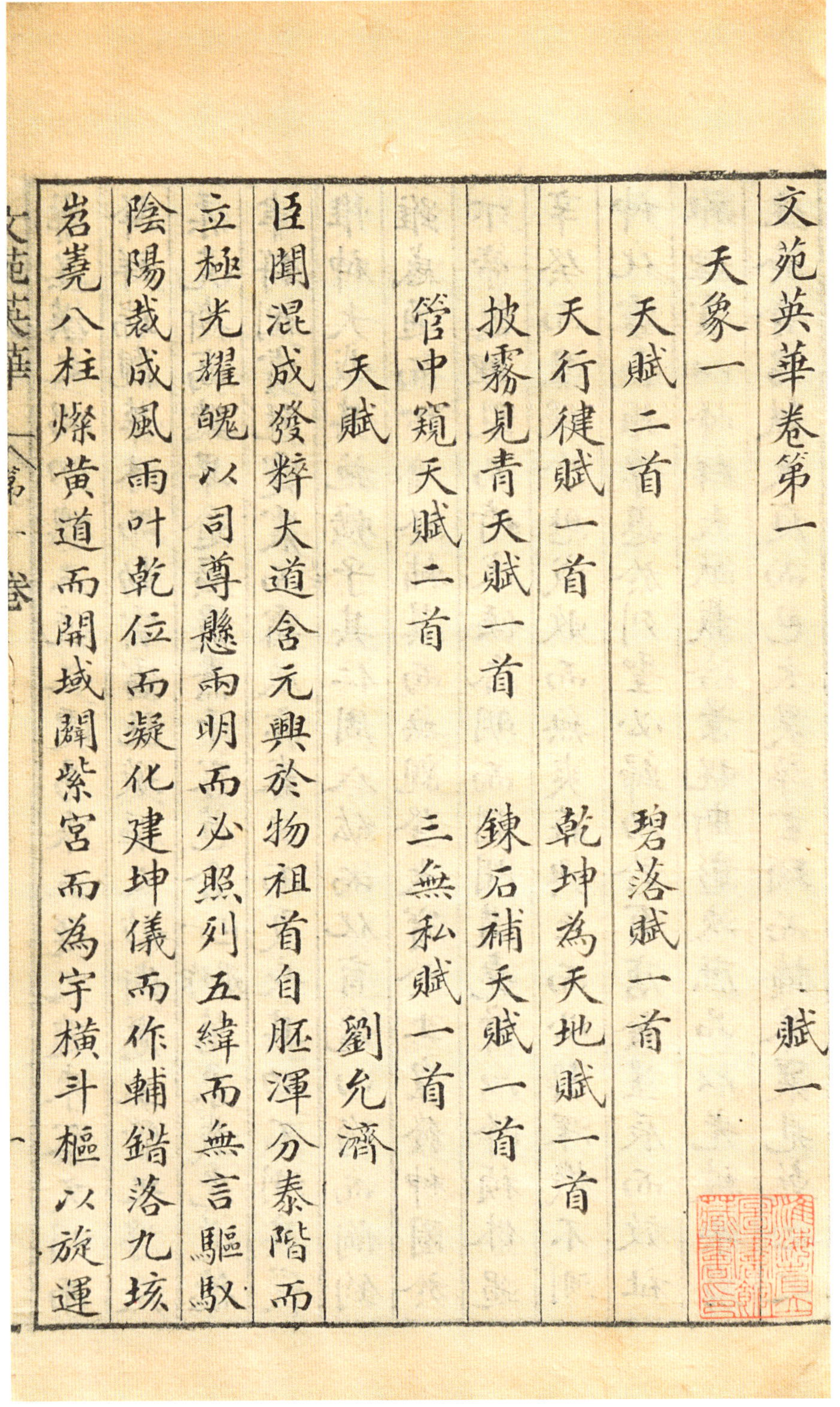

文苑英華卷第一　賦一

天象一

天賦二首　碧落賦一首

天行健賦一首　乾坤為天地賦一首

披霧見青天賦一首　鍊石補天賦一首

管中窺天賦二首　三無私賦一首

天賦　劉允濟

臣聞混成發粹大道含元興於物祖首自胚渾分泰階而立極光耀魄以司尊懸而明而必照列五緯而無言驅馭陰陽裁成風雨叶乾位而凝化建坤儀而作輔錯落九垓岧嶢八柱燦黄道而開域闢紫宫而為宇横斗樞以旋運

9457　文苑英華一千卷　（宋）李昉等輯　明隆慶元年（1567）胡維新、戚繼光刻隆慶六年（1572）萬曆六年（1578）三十六年（1608）遞修本

版框：21×16　十一行二十二字　白口白單魚尾　四周單邊　尺寸：25.8×17　册數：百二册（有抄配）　《省名録》：02075

刻文苑英華序

文苑英華者爲宋學士李昉宋白輩奉勑輯次書出於雍熙初曁孝朝更命刪校反滋訛舛至嘉泰之再讐乃稱全本中所紀述肇梁陳迄唐數百年名家綱羅略盡顧

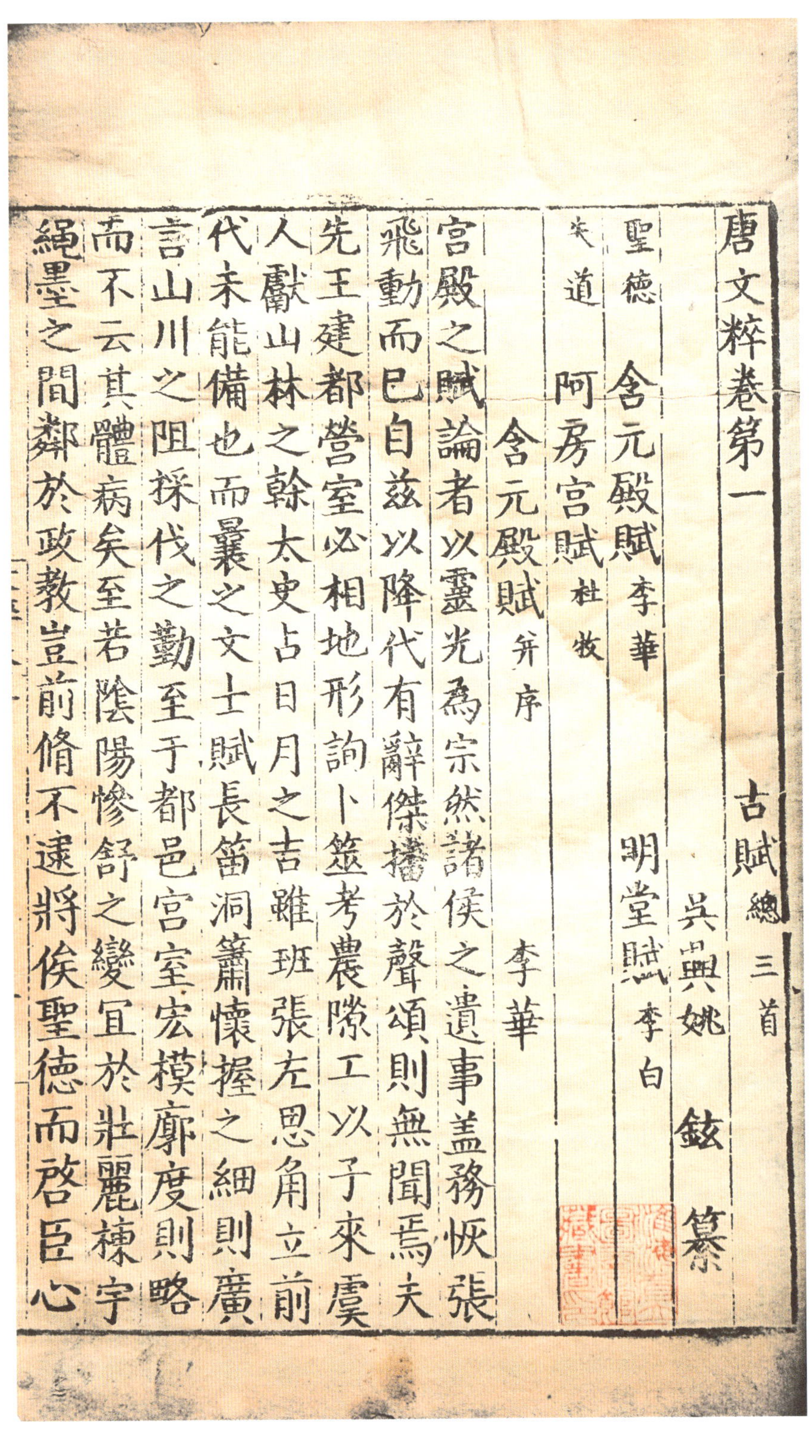

唐文粹卷第一　　古賦總三首

吳興姚　鉉　纂

聖德　含元殿賦李華　明堂賦李白

失道　阿房宮賦杜牧

含元殿賦并序　李華

宮殿之賦論者以靈光為宗然諸侯之遺事蓋務恢張
飛動而已自茲以降代有辭傑播於聲頌則無聞焉夫
先王建都營室必相地形詢卜筮考農隙工以子來虞
人獻山林之幹太史占日月之吉雖班張左思角立前
代未能備也而曩之文士賦長笛洞簫懷握之細則廣
言山川之阻採伐之勤至于都邑宮室宏模廓度則略
而不云其體病矣至若陰陽慘舒之變宜於壯麗棟宇
繩墨之間鄰於政教豈前脩不逮將俟聖德而啓臣心

31373　唐文粹一百卷　（宋）姚鉉輯　明嘉靖七年（1528）晉藩養德書院刻本
版框：21.1×14.6　十三行二十一字　白口無魚尾　四周單邊　尺寸：26.2×17.2　冊數：二十冊（八十至八十五卷配抄本）　《省名録》：1202

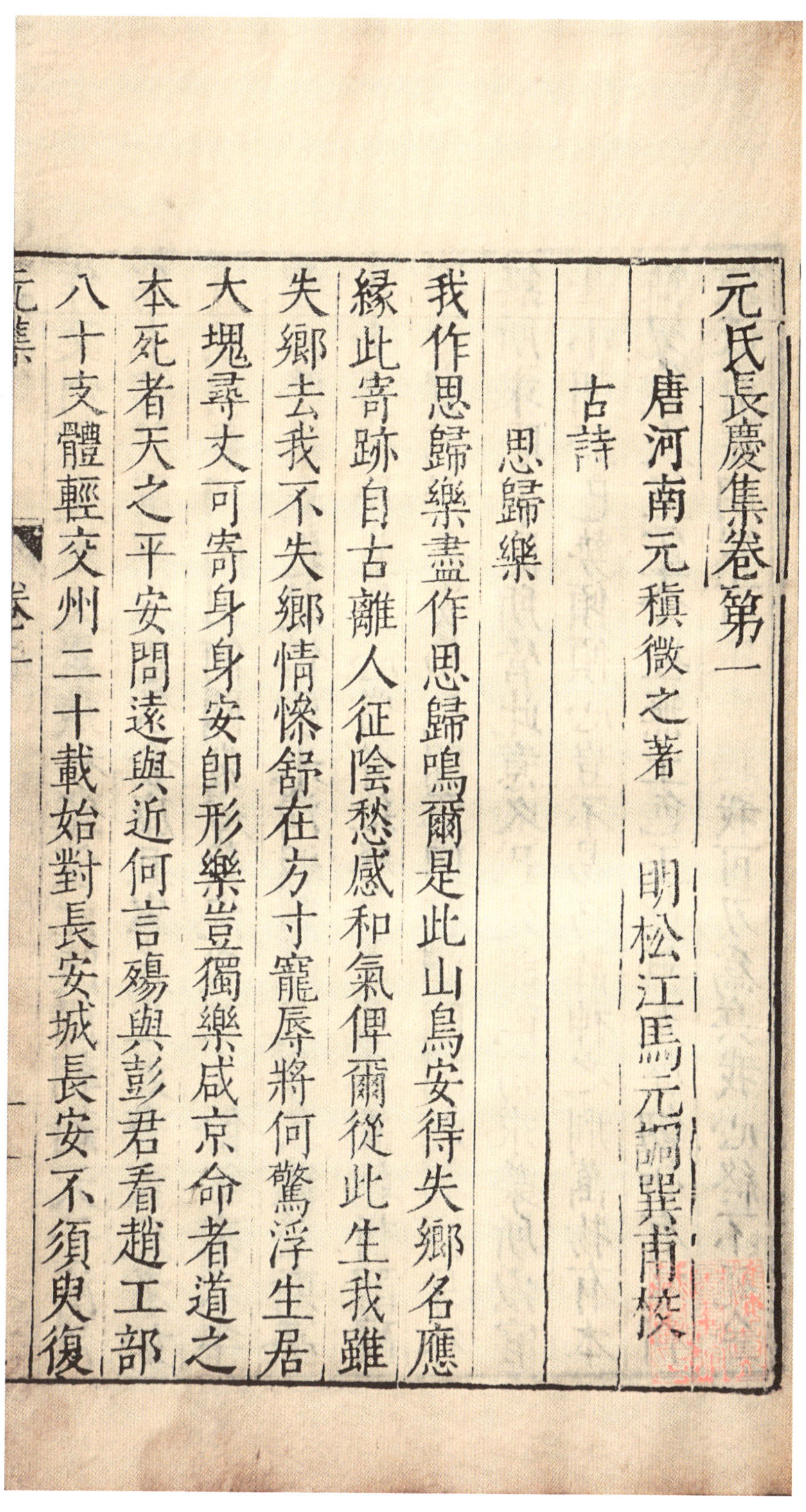

31884　元白長慶集一百四十一卷　（明）馬元調編　明萬曆三十四年（1606）松江馬元調魚樂軒刻寳儉堂印本

版框：21×14.8　十行二十一字　白口黑單魚尾　左右雙邊　尺寸：27.2×16.7　冊數：十四冊

《省名録》：02364

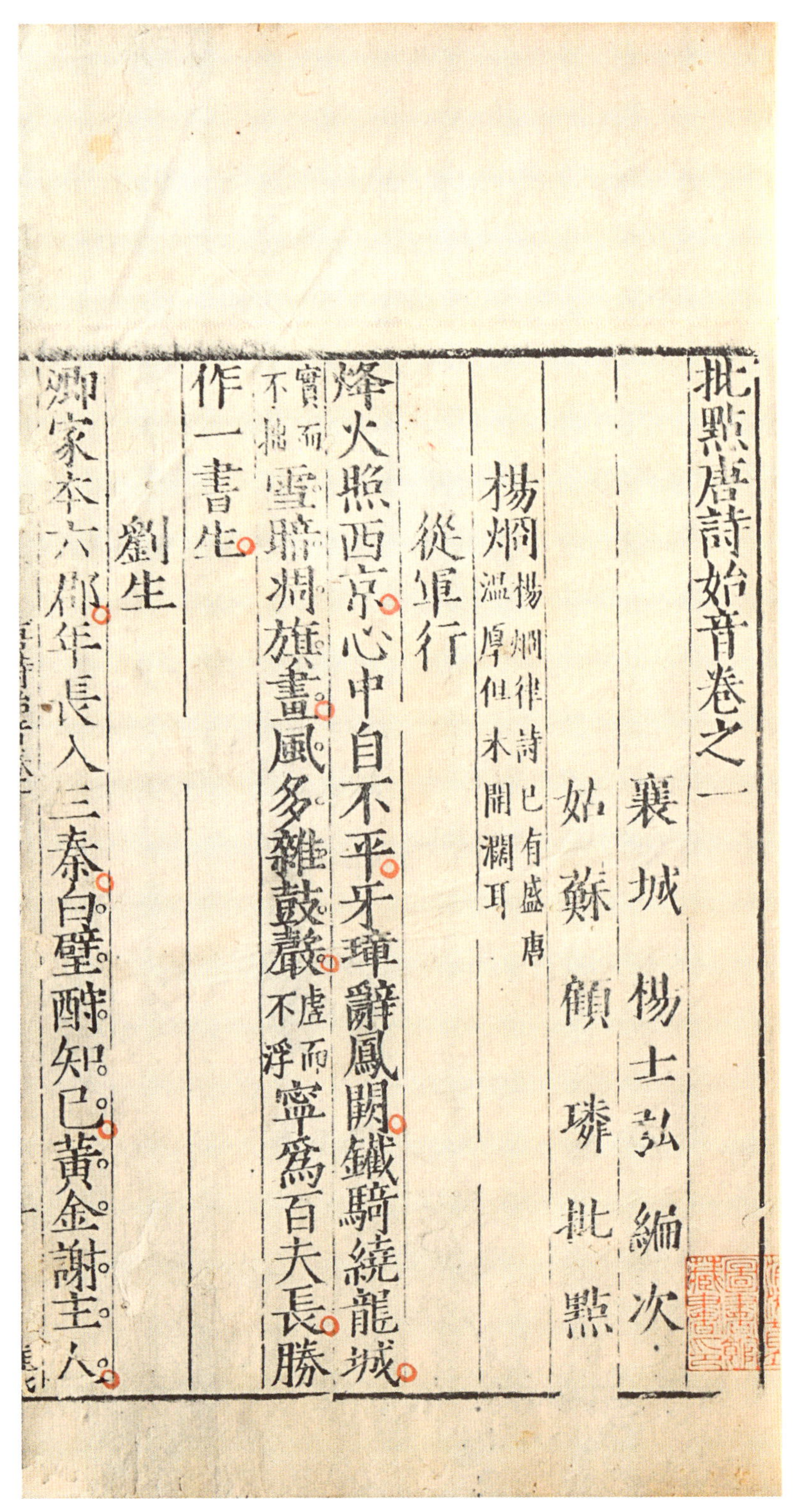

21584　批點唐音十五卷　（元）楊士弘輯　（明）顧璘批點　明嘉靖四十年（1561）顧履祥刻四十四年（1565）李蓑重修本

版框：20.5×14.4　十行二十字雙行小字二十　白口無魚尾　四周單邊　尺寸：28.4×17.7　册數：六册　《善本書目》：集部18096　《省名録》：1206

門三道六市在道西三市在道
東凡九市西都賦披三條之廣
路注三達之路也　金吾烏名主
辟不祥天子出行職先主導以
禦非常漢官名　屠蘇庵名
言君此造酒者後世因以名酒
灌夫漢景帝時人剛直使性不
好面諛輕貴重賢　蕭相即相國
何也
張湯蕭望之馮奉世史丹張安
世爲五公　神仙傳麻姑謂王方平
曰自接待以來見東海三爲桑
田向到蓬萊水又清淺方平曰
海中行復揚塵矣　漢楊雄
字子雲家素貧人希至其門
作方草太玄有以自守

條控三市弱柳青槐拂地垂佳氣紅塵暗天起漢代金吾千騎來翡翠屠蘇鸚鵡杯羅襦寶帶爲君解燕歌趙舞爲君開別有豪華稱將相轉日回天不相讓意氣由來排灌夫專權判不容蕭相專權意氣本豪雄青虬紫燕坐生風自言歌舞長千載自謂驕奢凌五公節物風光不相待桑田碧海須臾改昔時金階白玉堂即今惟見青松在寂寂寥寥楊子居年年歲歲一床書（知以道勝）獨有南山桂花發飛來飛去襲人裾（語有來歷非學問之力不及此）

結客少年場行

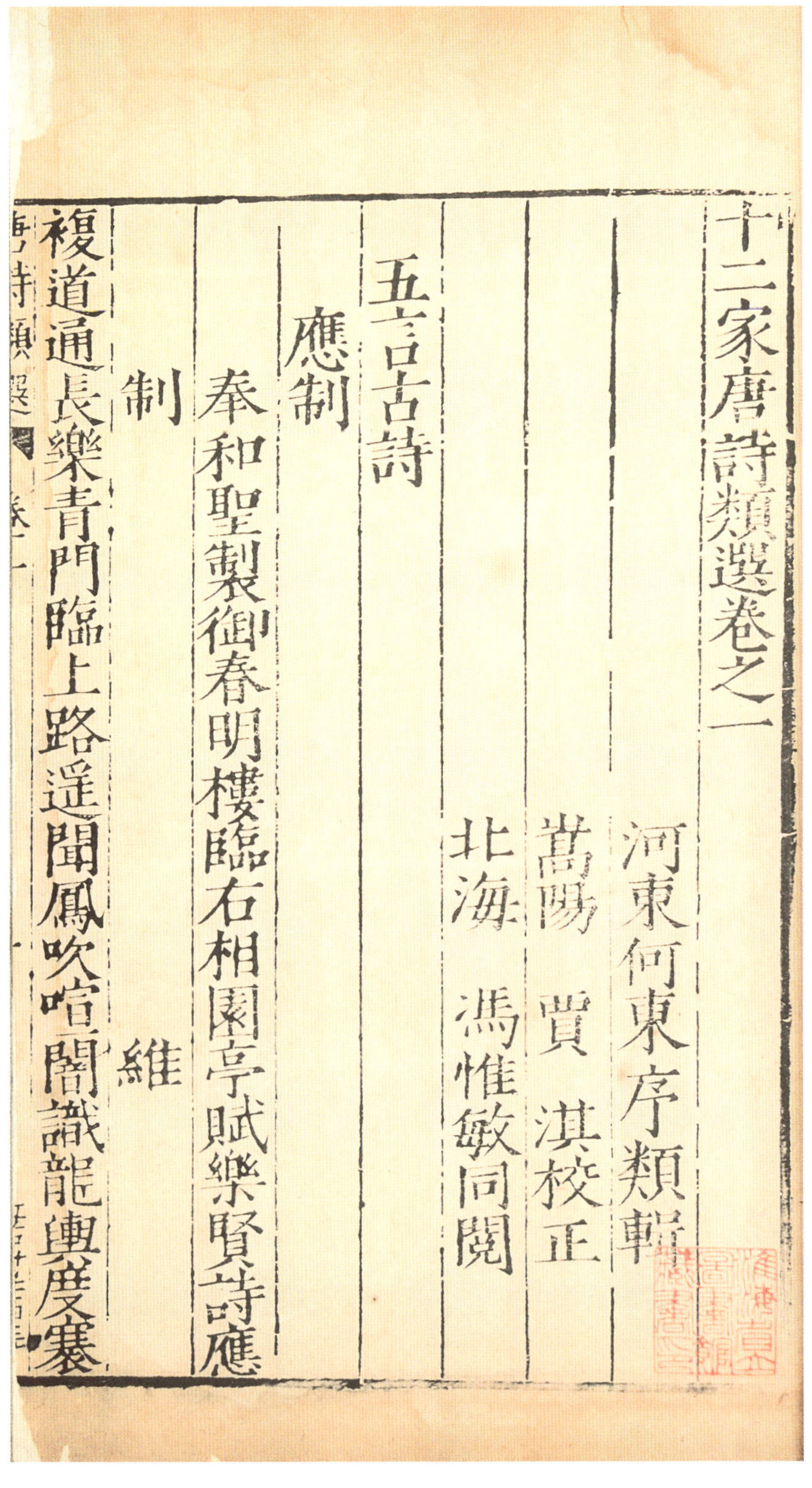

29880　十二家唐詩類選十二卷　（明）何東序輯　明隆慶四年（1570）刻本

版框：21×13.5　九行二十字　白口黑單魚尾　四周單邊　尺寸：26×16　冊數：十二冊　《省名録》：1213

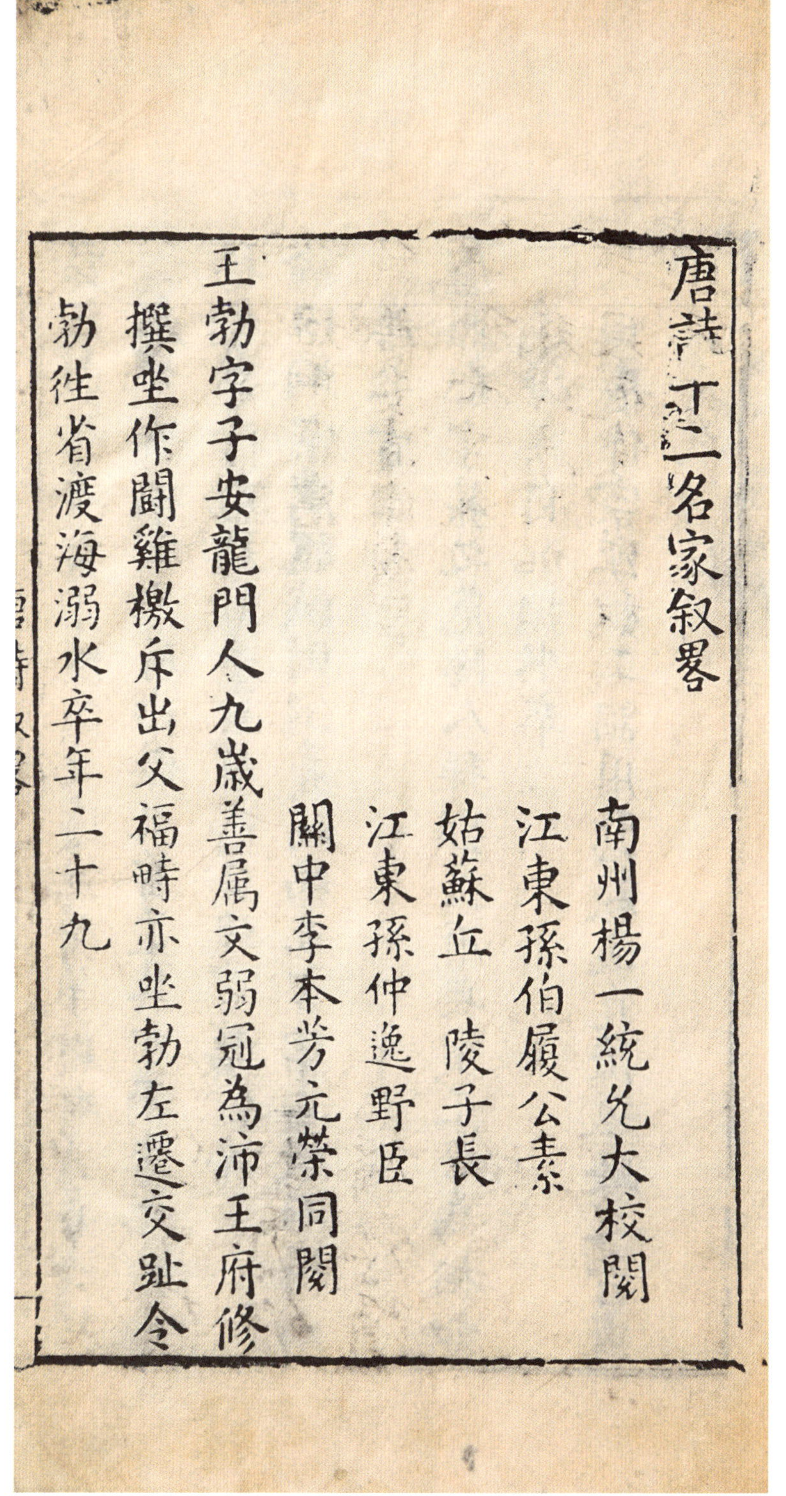

29866　唐十二家詩十二卷　（明）楊一統編　明萬曆十二年（1584）刻本

版框：20×13.5　九行二十字　白口無魚尾　四周單邊　尺寸：26.4×15.7　冊數：十四冊　《省名録》：02362

王勃集

南州楊一統允大校

賦

春思賦　幷序

咸亨二年余春秋二十有二旅寓巴蜀浮遊歲序殷憂明時坎壈聖代九隴縣令河東柳太易英達君子也僕從遊焉高談胷懷頗洩憤懣于時春也風景依然古人云風景未殊舉目有山河之異不其悲乎僕不才耿介之士也竊禀宇宙獨用之心受天地不平

21690　批點唐詩正聲二十二卷　（明）高棅輯　（明）桂天祥批點　明萬世德刻本

版框：19.4×14.8　十行二十字雙行小字二十　白口無魚尾　四周單邊　尺寸：26×17　册數：六册　《善本書目》：集部18128　《國家名録》：10928　《省名録》：1208

其有詩也楊未選李杜高李杜亦入選楊於
晚唐猶有取焉高於晚唐才數人數首而止
其嚴哉華生見予是本求刻焉予弗許長洲
郭令曰華生之請富而好禮矣許之
嘉靖三年春三月十日直隸蘇州府知府前
進士　南京吏部郎中天水胡纘宗世甫序

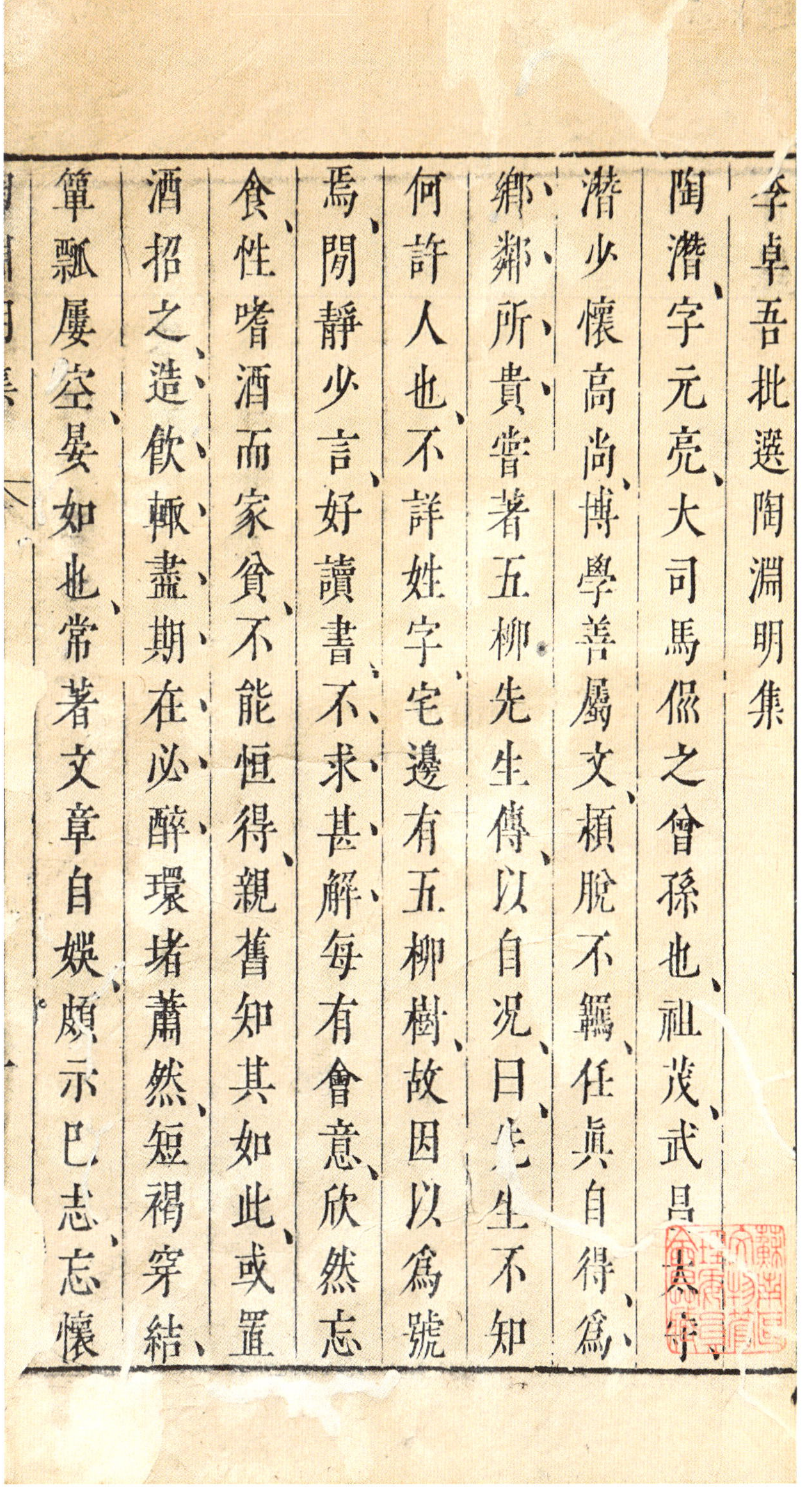

58675　李卓吾先生合選陶王集四卷　（明）李贄輯　明萬曆四十三年（1615）錢塘鍾人傑刻本

版框：21.6×14.7　九行十九字　白口白單魚尾　四周單邊　尺寸：26.5×16.2　册數：一册

《省名録》：02361

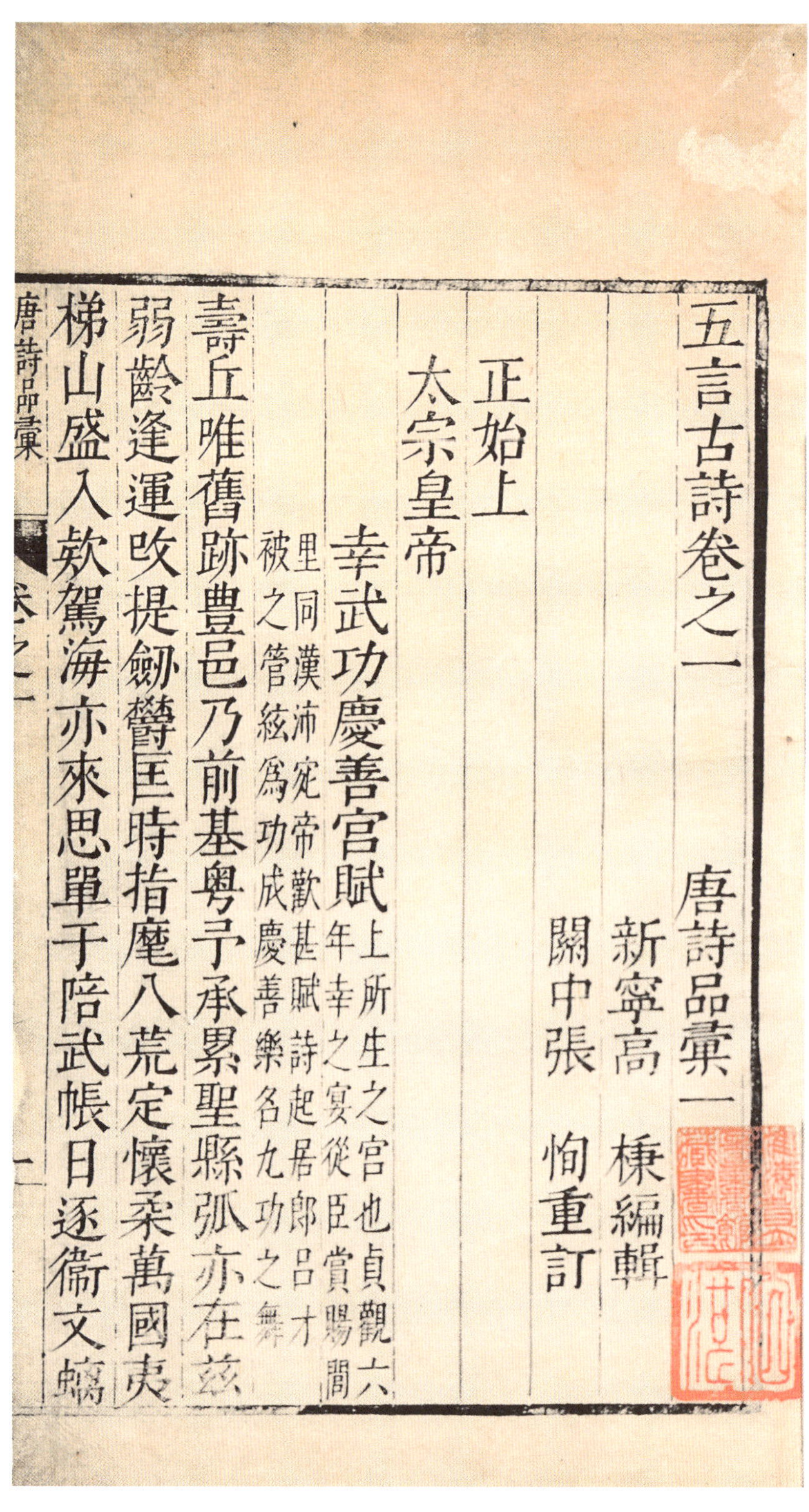

20696　唐詩品彙九十卷拾遺十卷詩人爵里詳節一卷　（明）高棅輯　（明）張恂重訂　明張恂刻本

版框：20×13.4　十行二十字雙行小字二十　白口黑單魚尾　左右雙邊　尺寸：25.8×16.3　册數：三十六册　《善本書目》：集部18114　《省名録》：02105

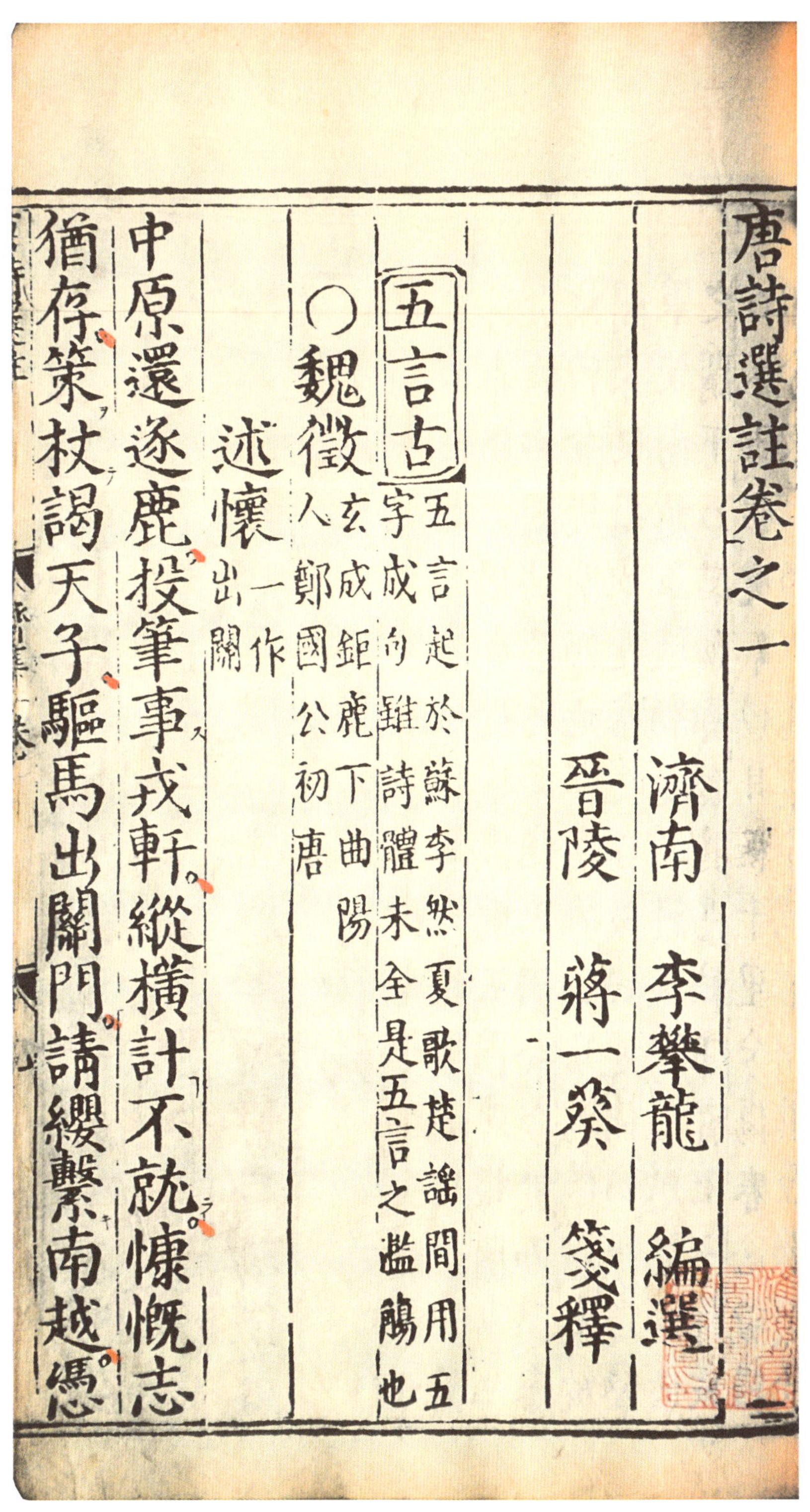

48137　唐詩選註七卷首一卷　（明）李攀龍編選　（明）蔣一葵箋釋　明萬曆二十一年（1593）陳繼儒刻本

版框：19.4×12.8　九行十八字雙行小字十八　白口黑雙順魚尾　四周雙邊　尺寸：23×13.5　册數：四册　《省名録》：02379

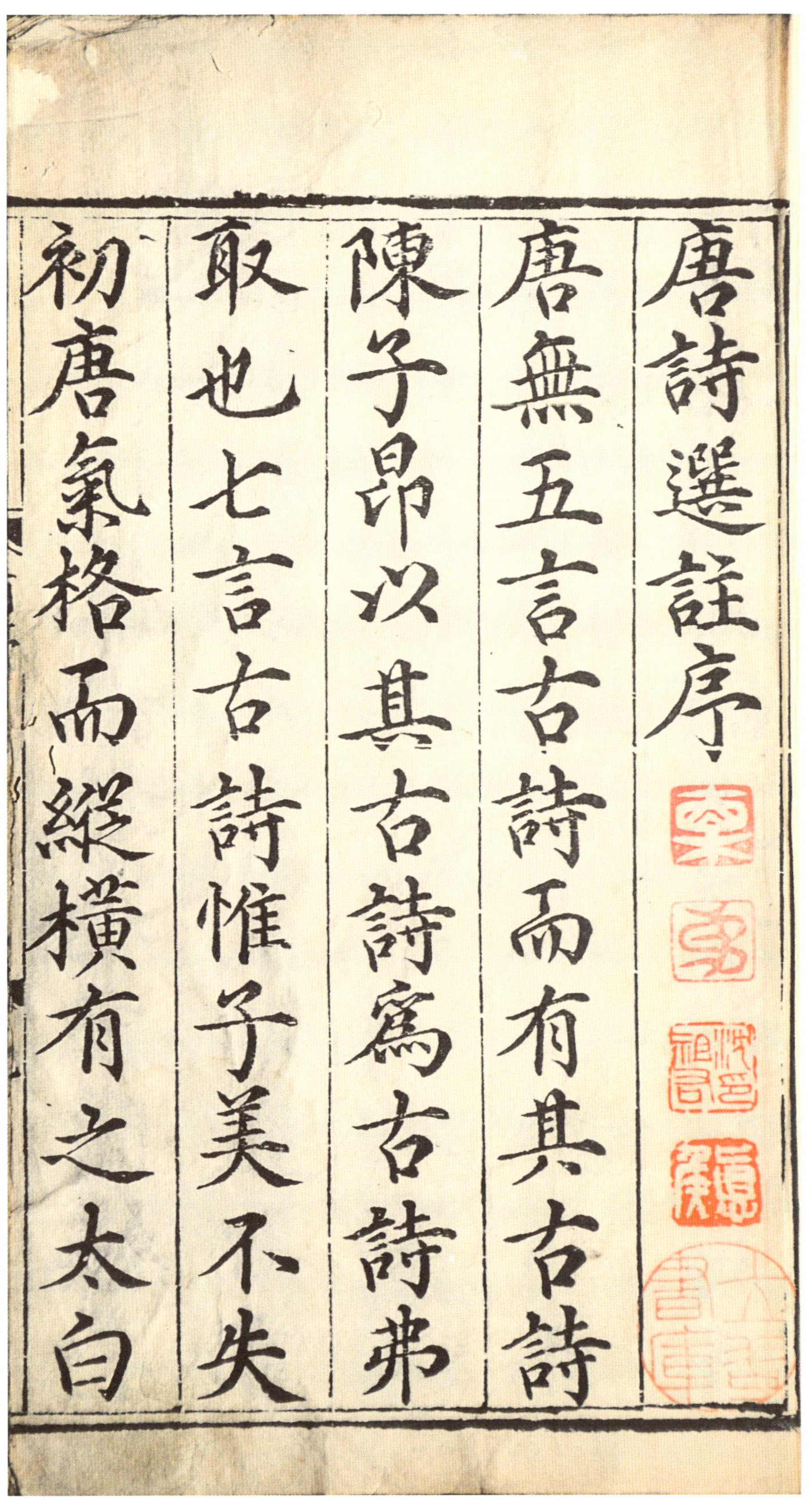

唐詩選註序

唐無五言古詩而有其古詩
陳子昂以其古詩爲古詩弗
取也七言古詩惟子美不失
初唐氣格而縱横有之太白

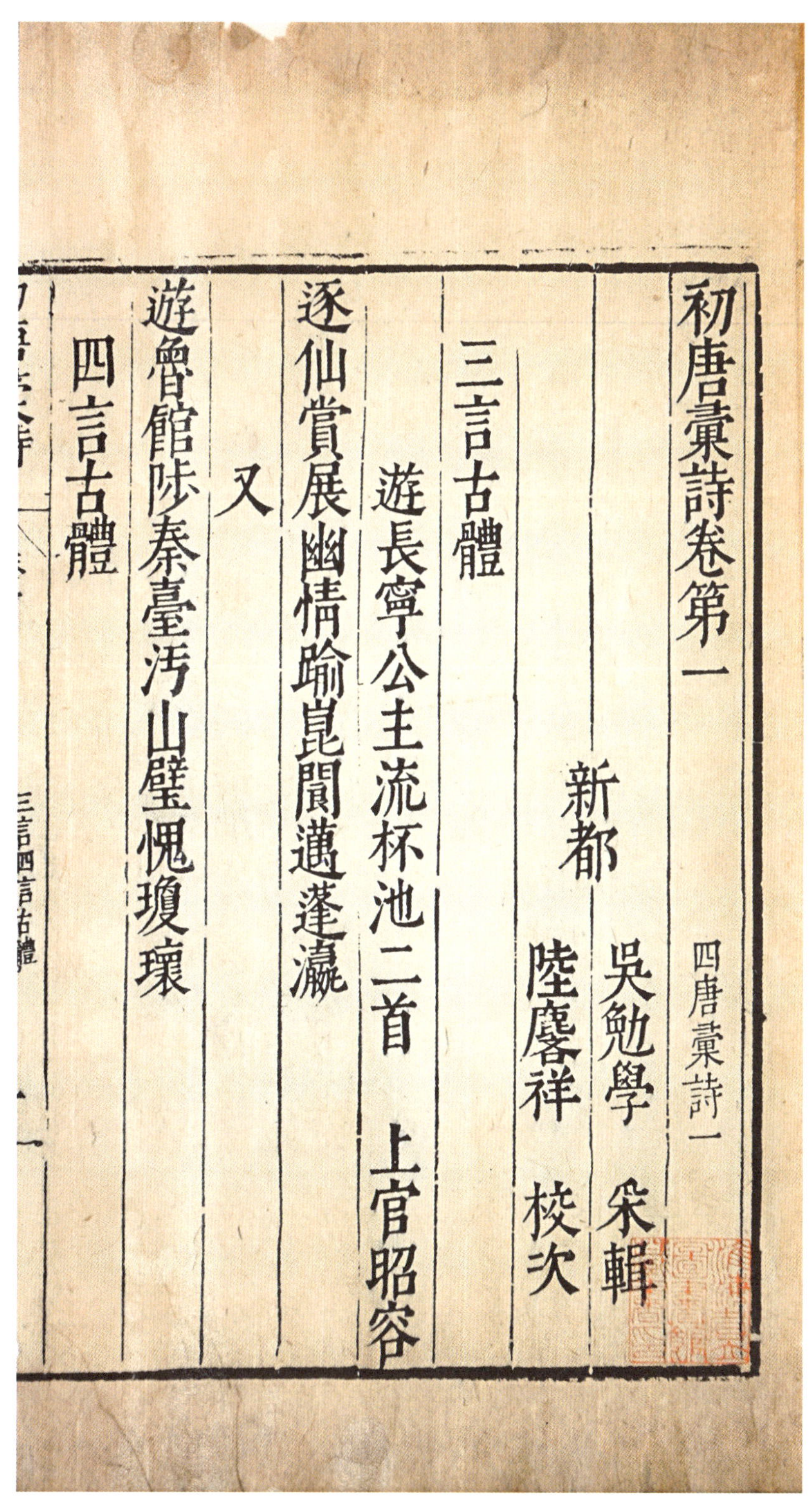

20580　初唐彙詩七十卷詩人氏系履歷一卷目録十卷　（明）吴勉學輯　明萬曆三十年（1602）吴勉學刻四唐彙詩本

版框：19.7×13.6　九行十八字雙行小字十四　白口白單魚尾　左右雙邊　尺寸：26.5×17　册數：二十四册　《善本書目》：集部18187　《省名録》：02106

四唐彙詩序

詩必唐人能言之而分唐爲四且相沿爲常談余謂唐以詩取士故士工于詩今人爲詩而工者孰非唐哉故謂詩之工者爲唐則可而謂詩必唐人則不可至取唐人而四之則過矣唐之初士風朴茂故詩亦朴茂至盛

四唐彙詩　一

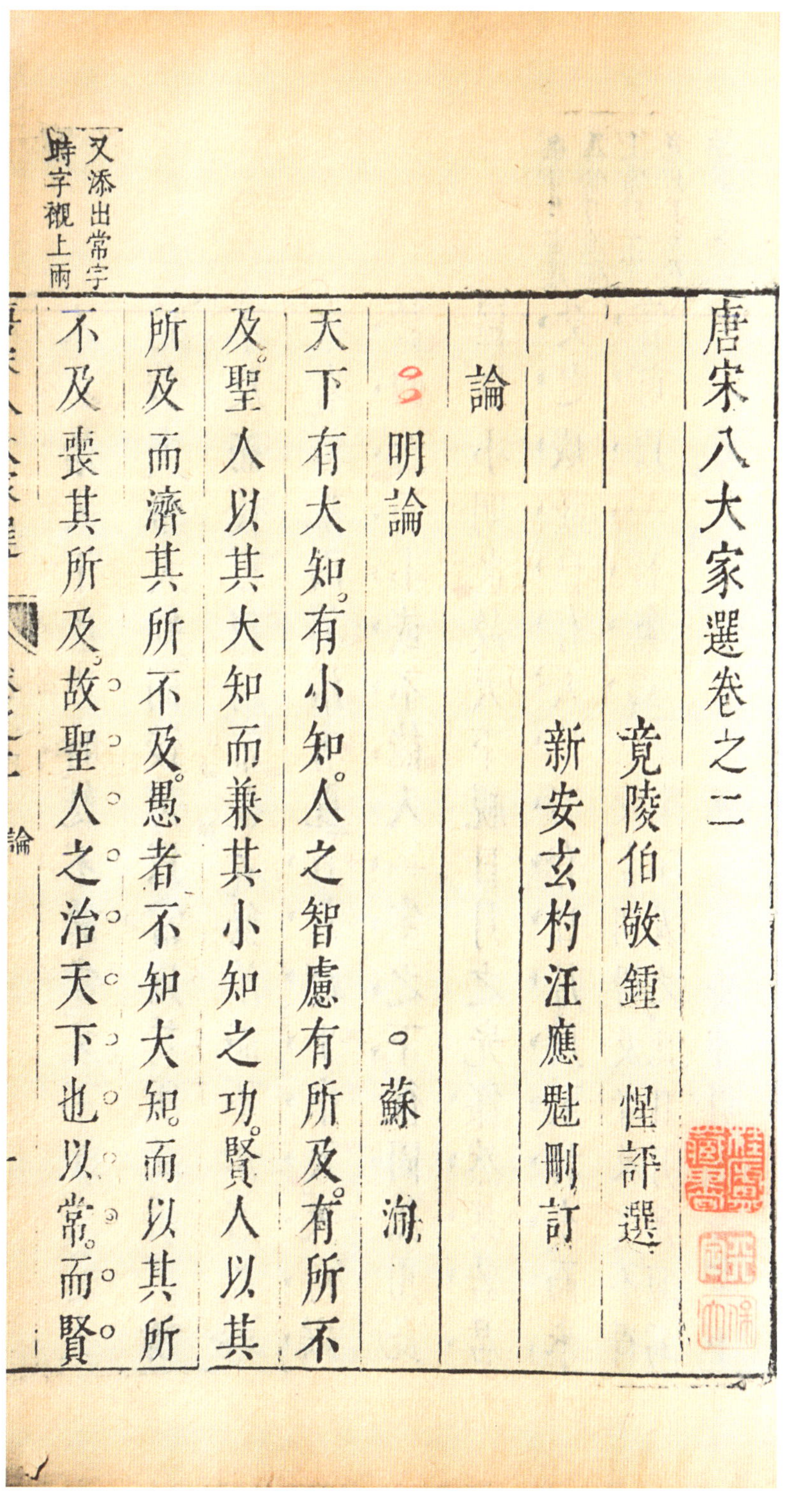

70761　唐宋八大家選二十四卷　（明）鍾惺輯并評　（明）汪應魁删訂　明崇禎五年（1632）汪應魁刻本

版框：18.9×14.5　九行十八字　白口黑單魚尾　左右雙邊　尺寸：26.4×16.5　册數：十二册

《省名録》：02376

韓文公本傳

韓愈。字退之。鄧州南陽人。七世祖茂有功於後魏。封安定王。父仲卿爲武昌令。有美政。旣去縣。人刻石頌德。終秘書郎。愈生三歲而孤。隨伯兄會貶官嶺表。會卒。嫂鄭鞠之。愈自知讀書日記數千百言。比長盡能通六經百家學。擢進士第。會董晉爲宣武節度使。表署觀察推官。晉卒。愈從喪出。不四日。汴軍亂乃去依武寧節度使張建封。建封辟府推官。操行堅正。鯁言無所忌。調

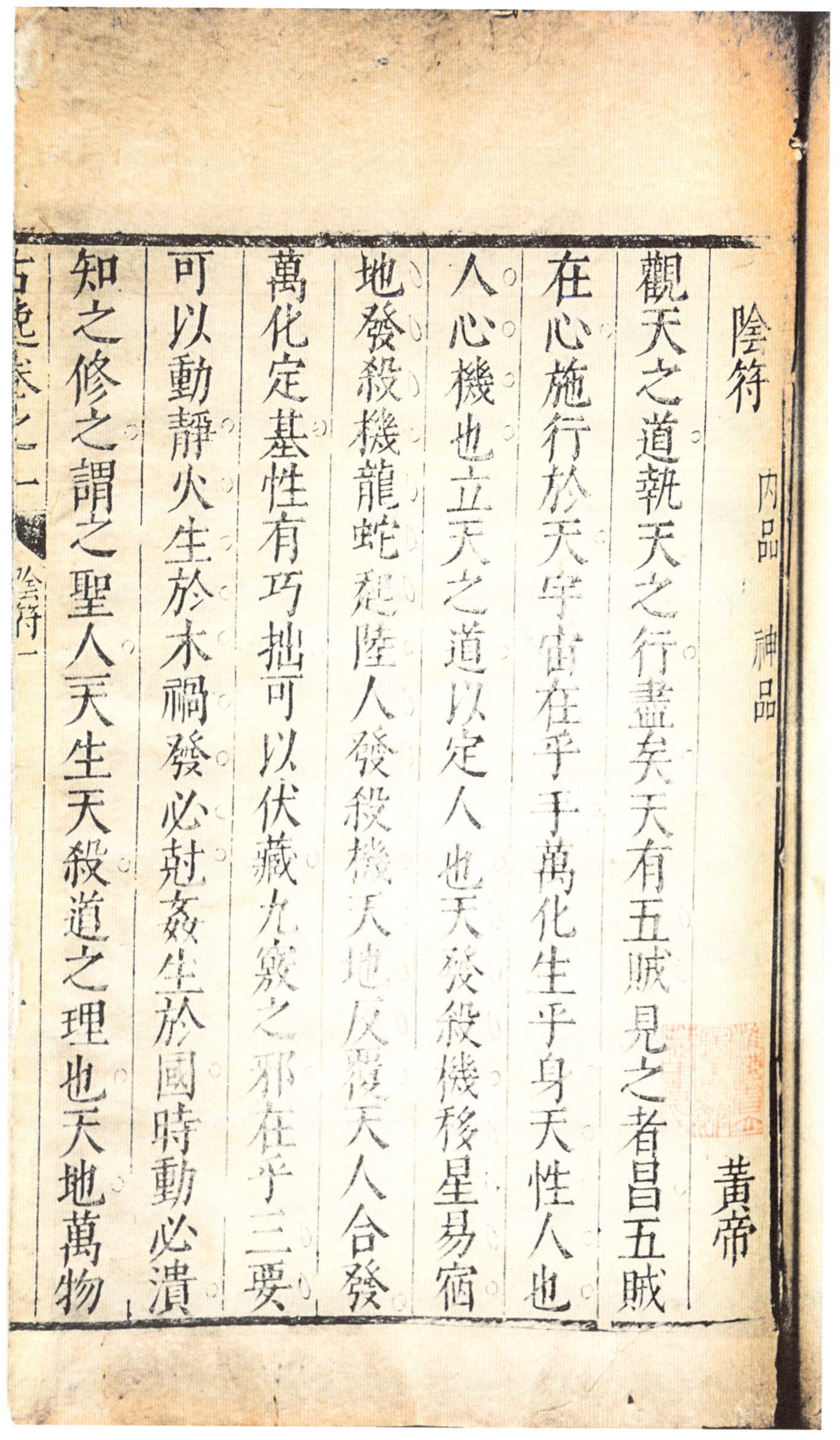
陰符　內品　神品　黃帝

觀天之道執天之行盡矣天有五賊見之者昌五賊在心施行於天宇宙在乎手萬化生乎身天性人也人心機也立天之道以定人也天發殺機移星易宿地發殺機龍蛇起陸人發殺機天地反覆天人合發萬化定基性有巧拙可以伏藏九竅之邪在乎三要可以動靜火生於木禍發必尅姦生於國時動必潰知之修之謂之聖人天生天殺道之理也天地萬物

古逸卷之一　陰符一

17975　古逸書三十卷首一卷末一卷　（明）潘基慶輯　明萬曆刻本

版框：21.3×15.5　八行二十字雙行小字二十　白口黑單魚尾　四周單邊　尺寸：27.6×17　册數：十二册　《善本書目》：集部17632

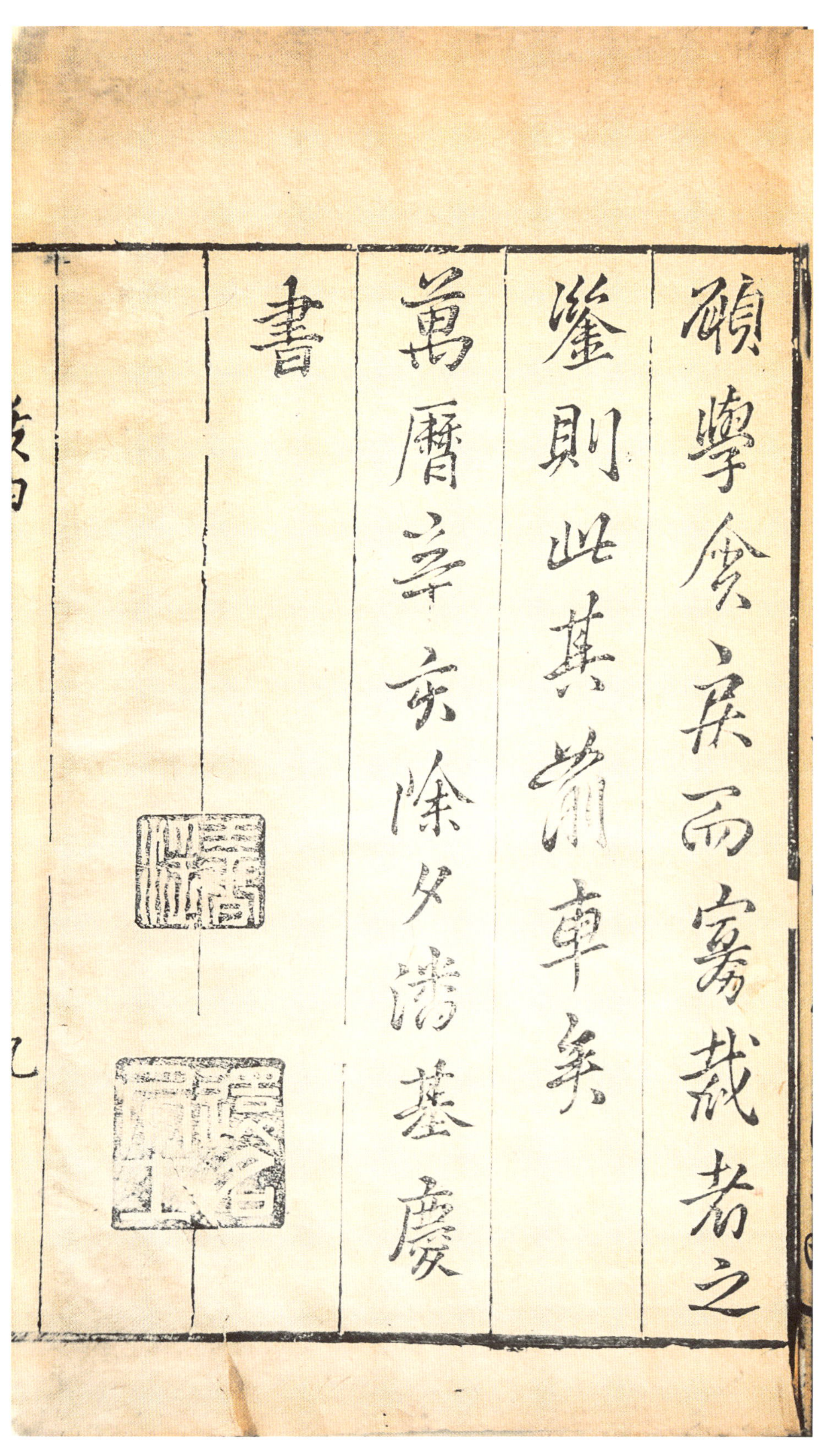

碩學僉庚而寡裁者之
鑒則此其前車矣
萬曆辛亥除夕潘基慶
書

陳深曰此書乃記事體六官之首皆冠以

周文歸卷之一

武林　文一陳淏子輯

竟陵伯敬鍾　惺選

瀫西仲衍胡　揆叅

古婺建白范德建閲

周禮

天官冢宰

冢大宰治也天官卿治官之長故謂之冢宰〇〇卿一人卿即上大夫爵也冢宰官也

惟〇王〇建〇書〇法〇國〇辨〇〇方〇考日景以別東西南北之方正〇位〇審面勢以正左祖右社前朝後市之位體〇國〇分營其國中以爲宮寢門涂如人之有體經〇野〇畫治其野外以爲丘

周文歸　卷一　天官　一

18508　周文歸二十卷　（明）鍾惺輯　（明）陳淏子批點　明崇禎十三年（1640）豹變堂刻本

版框：19.4×14.5　九行十九字雙行小字十九　白口白單魚尾　四周單邊　尺寸：25.6×16.6　册數：十八册　《省名録》：02101

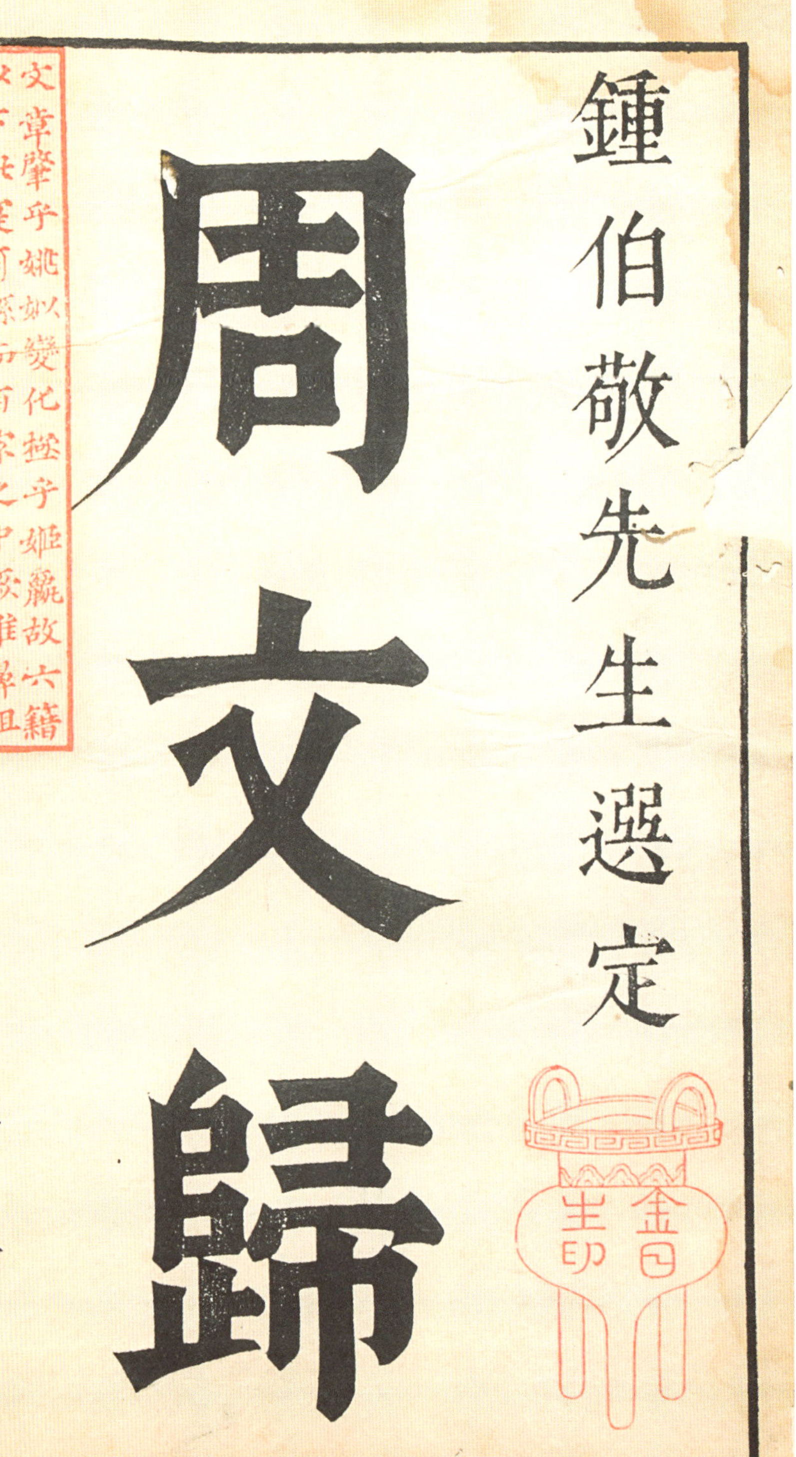
鍾伯敬先生選定
周文歸
文章肇乎姚姒變化極乎姬嬴故六籍
以下此寔耳孫而百家之中厥惟鼻祖
茲者購得周秦善本乃出　伯敬先生
手評搜廣輯精註詳較密用公海內俾
知漢晉源流咸致齋頭允稱楚隋珠璞
豹變齋發行
金巳生印

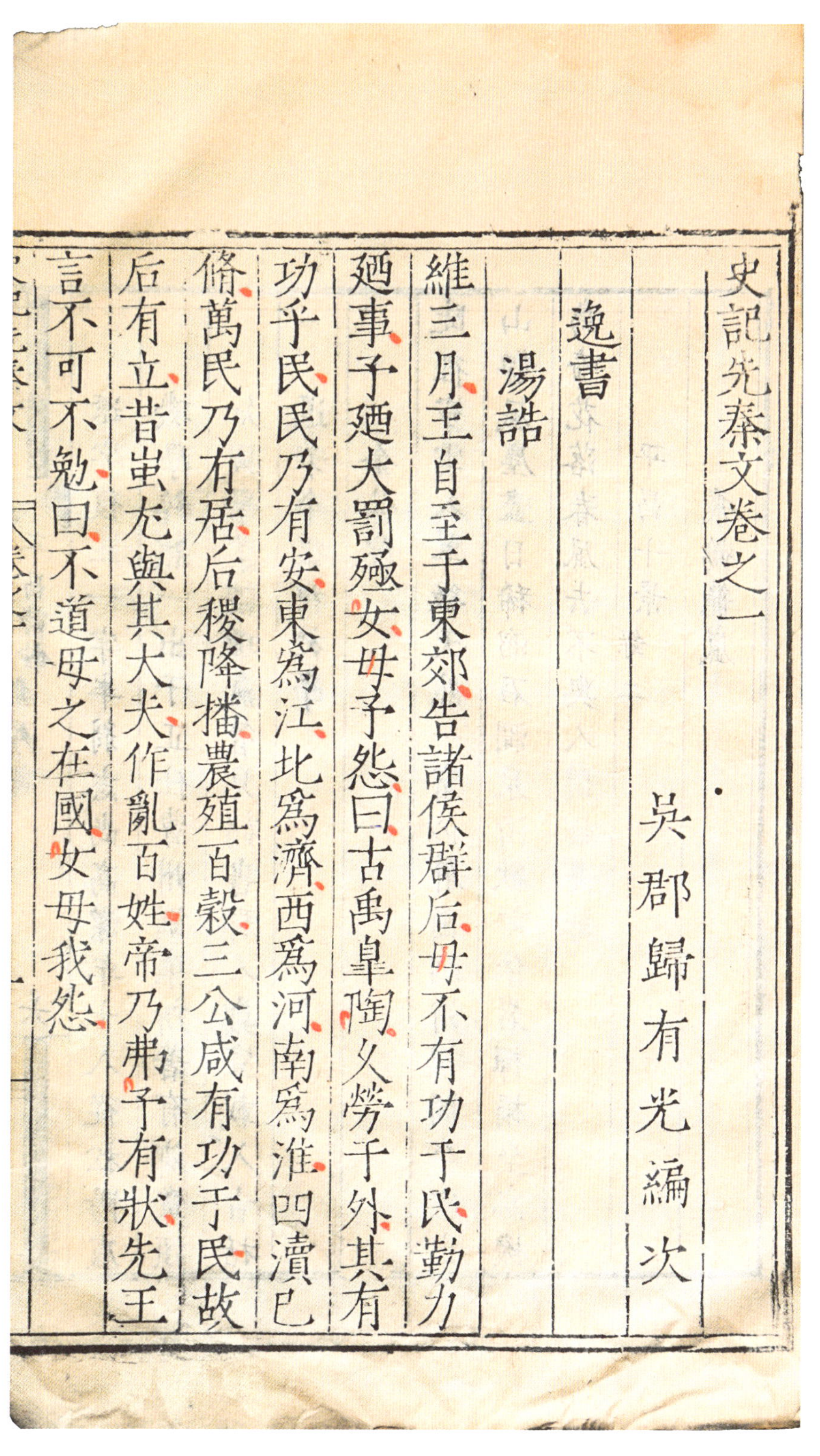

史記先秦文卷之一

吳郡歸有光編次

逸書

湯誥

維三月王自至于東郊告諸侯群后毋不有功于民勤力迺事予迺大罰殛女毋予怨曰古禹皋陶久勞于外其有功乎民民乃有安東爲江北爲濟西爲河南爲淮四瀆已脩萬民乃有居后稷降播農殖百穀三公咸有功于民故后有立昔蚩尤與其大夫作亂百姓帝乃弗予有狀先王言不可不勉曰不道毋之在國女毋我怨

58967　史記先秦文七卷　（明）歸有光輯　明萬曆三十年（1602）刻本

版框：20.2 × 14.6　十行二十字　白口白單魚尾　四周雙邊　尺寸：25.3 × 16.6　册數：二册

《省名録》：02366

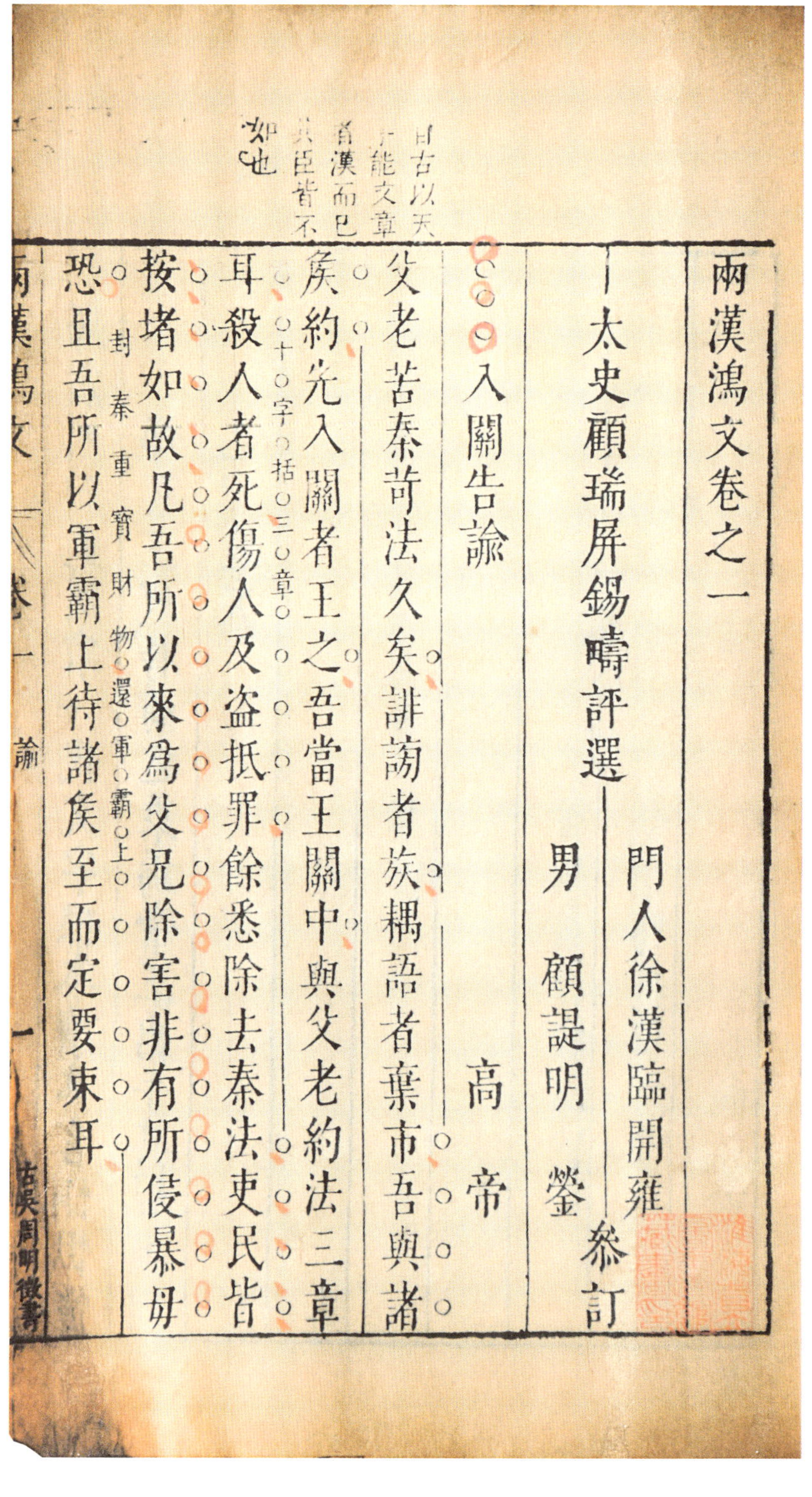

46889　兩漢鴻文二十卷　（明）顧錫疇輯　明崇禎刻秦漢鴻文本

版框：20.2×14.4　九行二十字　白口白單魚尾　四周單邊　尺寸：26.6×17　冊數：十冊　《省名録》：02377

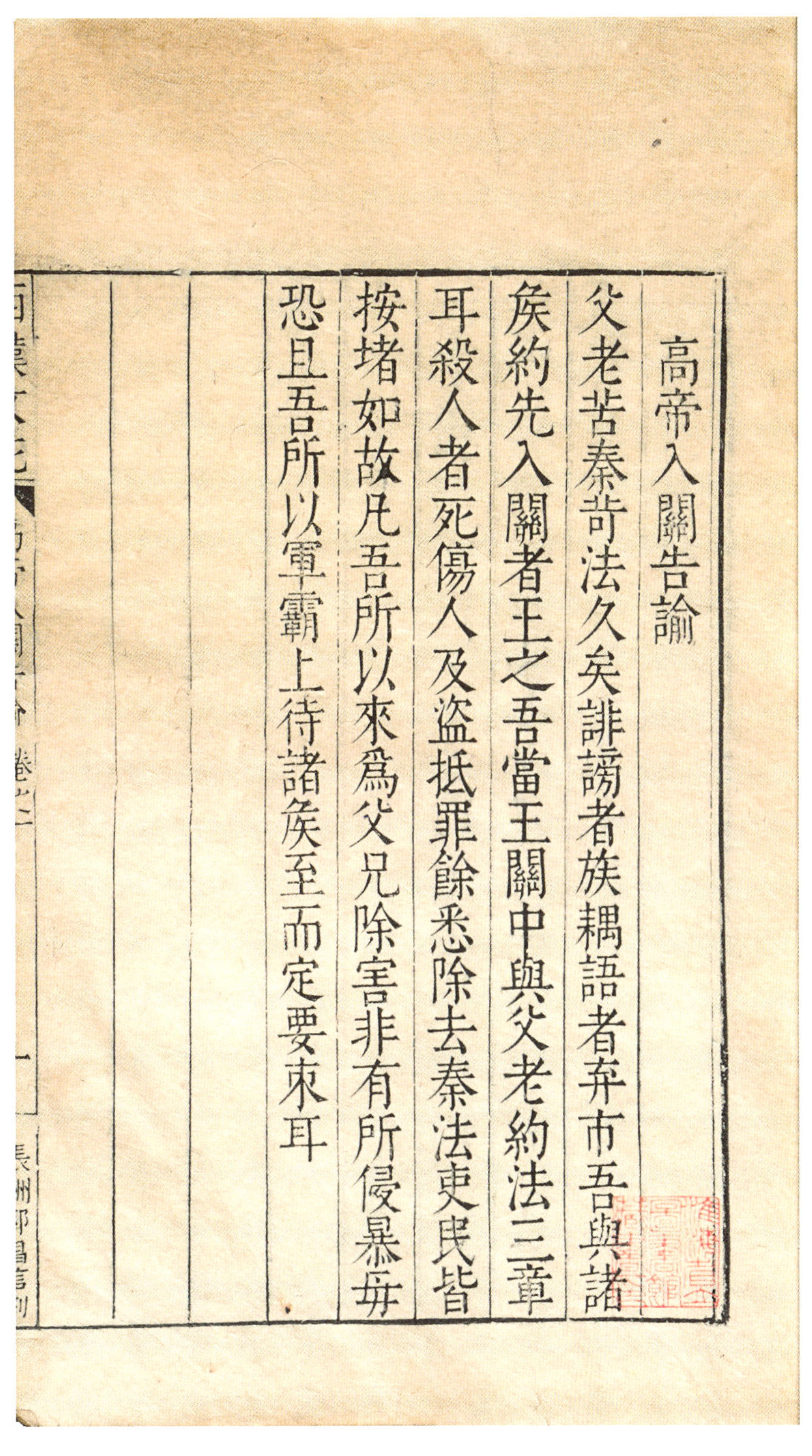

高帝入關告諭
父老苦秦苛法久矣誹謗者族耦語者弃市吾與諸
侯約先入關者王之吾當王關中與父老約法三章
耳殺人者死傷人及盗抵罪餘悉除去秦法吏民皆
按堵如故凡吾所以來爲父兄除害非有所侵暴毋
恐且吾所以軍霸上待諸侯至而定要束耳

21844　西漢文苑十卷　（明）申用嘉輯　明萬曆二十八年（1600）寶綸堂刻本

版框：21 × 14.6　九行二十字　白口黑單魚尾　左右雙邊　尺寸：28 × 17.8　冊數：十冊　《善本書目》：集部17890

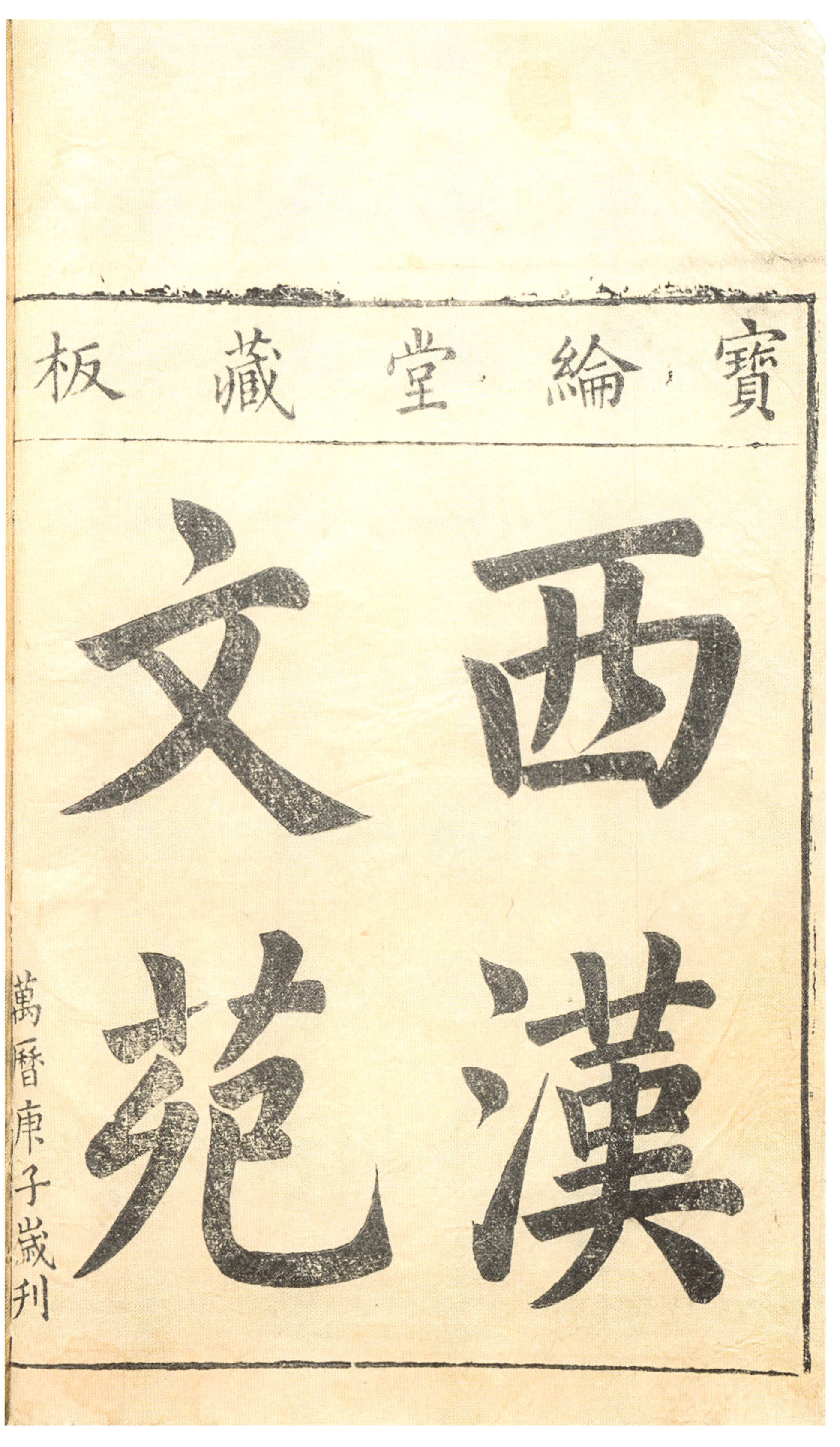
寶綸堂藏板
西漢文苑
萬曆庚子歲刊

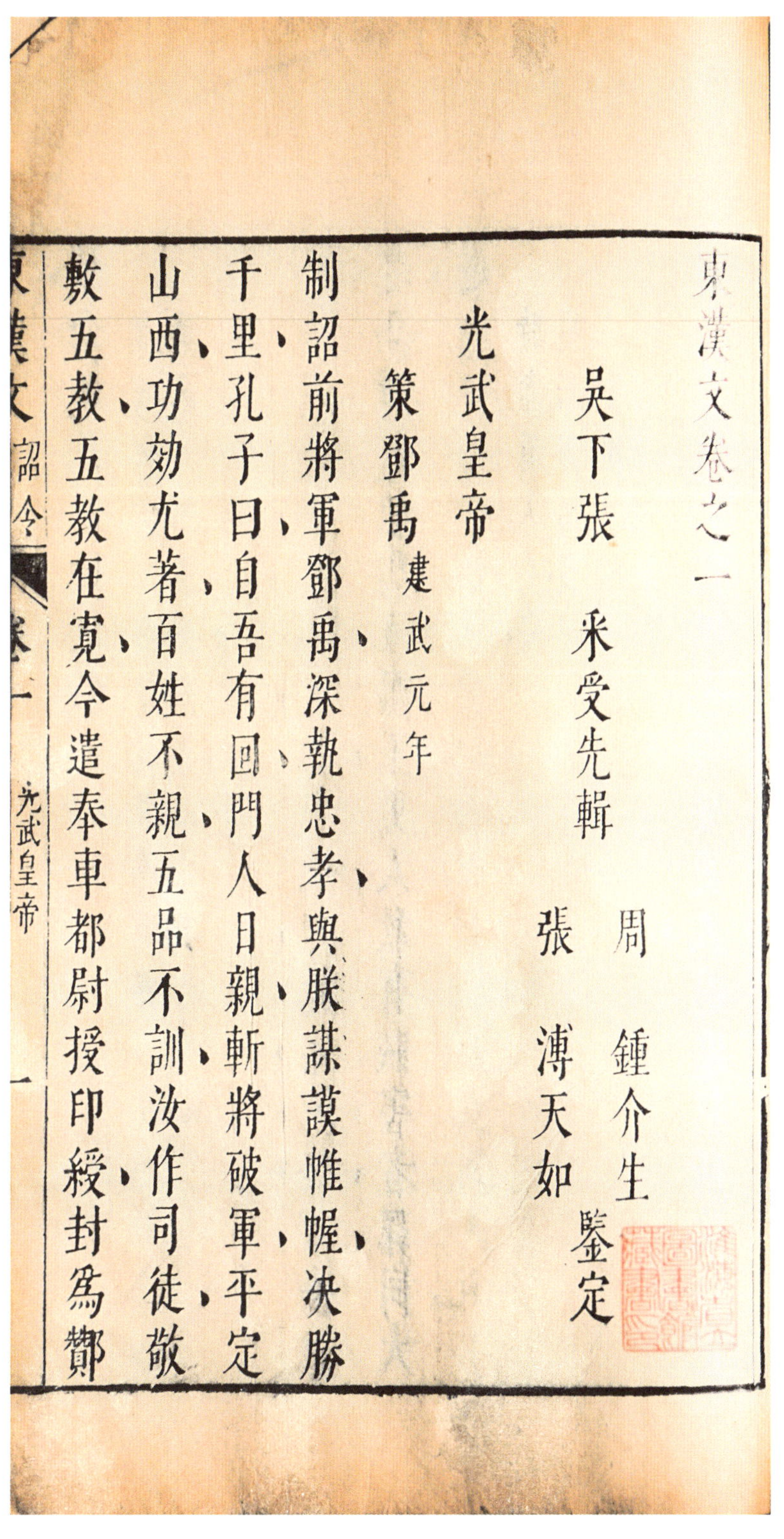

43369　東漢文二十卷　（明）張采輯　明末刻本

版框：20.9×14.6　九行十九字雙行小字十九　白口黑單魚尾　左右雙邊　尺寸：27×17　册數：十二册　《省名録》：02378

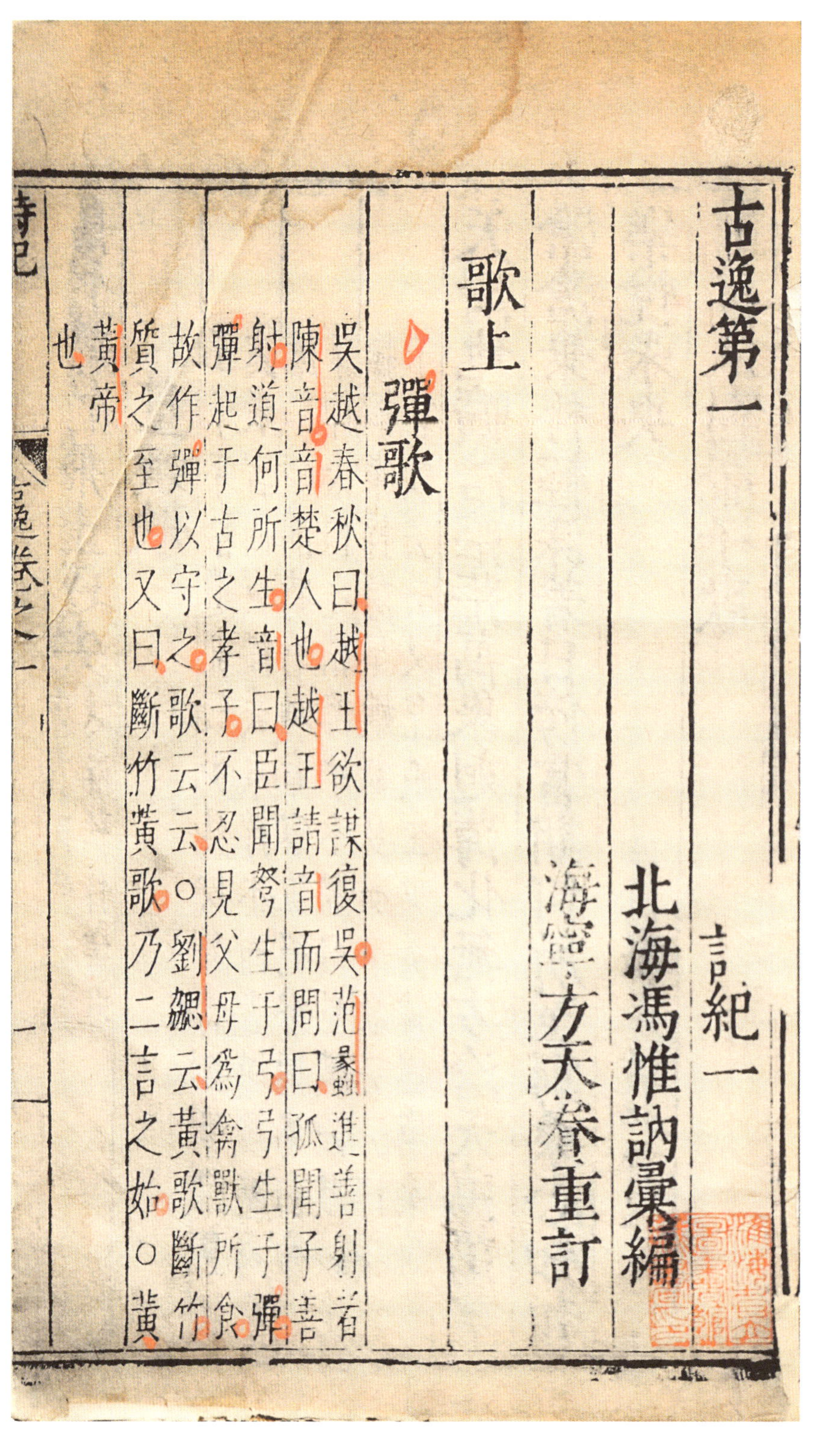

20504　詩紀一百五十六卷目録三十六卷　（明）馮惟訥輯　明萬曆吴琯、謝陛、陸弼、俞策刻本

版框：20×13.8　九行十九字雙行小字十九　白口黑單魚尾　四周雙邊　尺寸：23.5×15　册數：三十二册　《善本書目》：集部17106　《省名録》：02082

詩紀序

右詩紀前集十卷詩紀百三十卷外集四卷詩話及識遺爲别集十二卷北海少洲馮先生所纂輯也先生以雋才大雅高步一時見世之爲詩者多根抵于唐鮮能窮本知變以窺風雅之始乃溯隋而上極于黄軒凡三百篇之外逸文

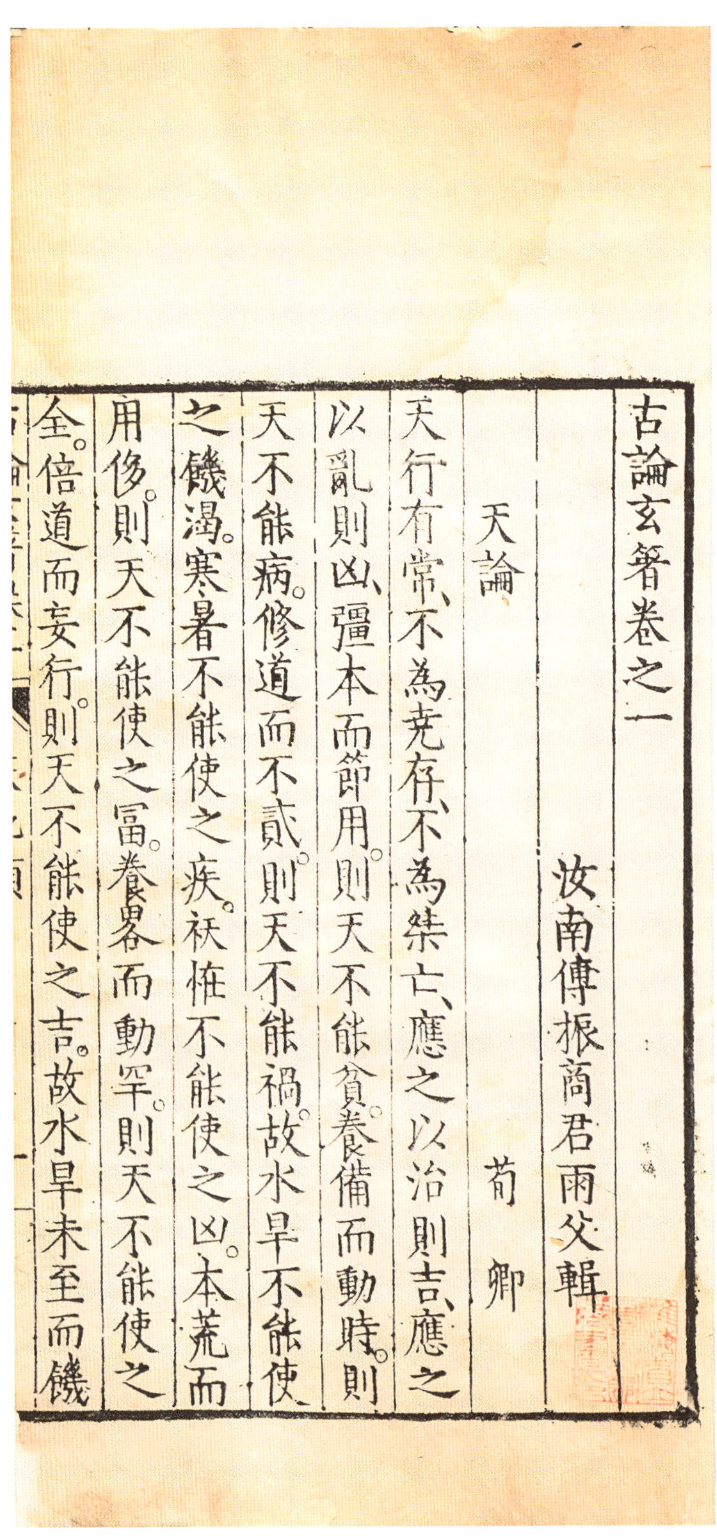
古論玄箸卷之一
汝南傅振商君雨父輯
天論　荀卿
天行有常，不為堯存，不為桀亡，應之以治則吉，應之以亂則凶。彊本而節用，則天不能貧；養備而動時，則天不能病；修道而不貳，則天不能禍。故水旱不能使之饑渴，寒暑不能使之疾，袄怪不能使之凶。本荒而用侈，則天不能使之富；養畧而動罕，則天不能使之全；倍道而妄行，則天不能使之吉。故水旱未至而饑

22034　古論玄箸八卷　（明）傅振商輯　明萬曆四十年（1612）順德國士書院刻本

版框：21.7×14.7　九行二十字　白口黑單魚尾　四周單邊　尺寸：32.4×18.3　存卷數：缺卷三

册數：七册　《善本書目》：集部17609　《省名録》：02092

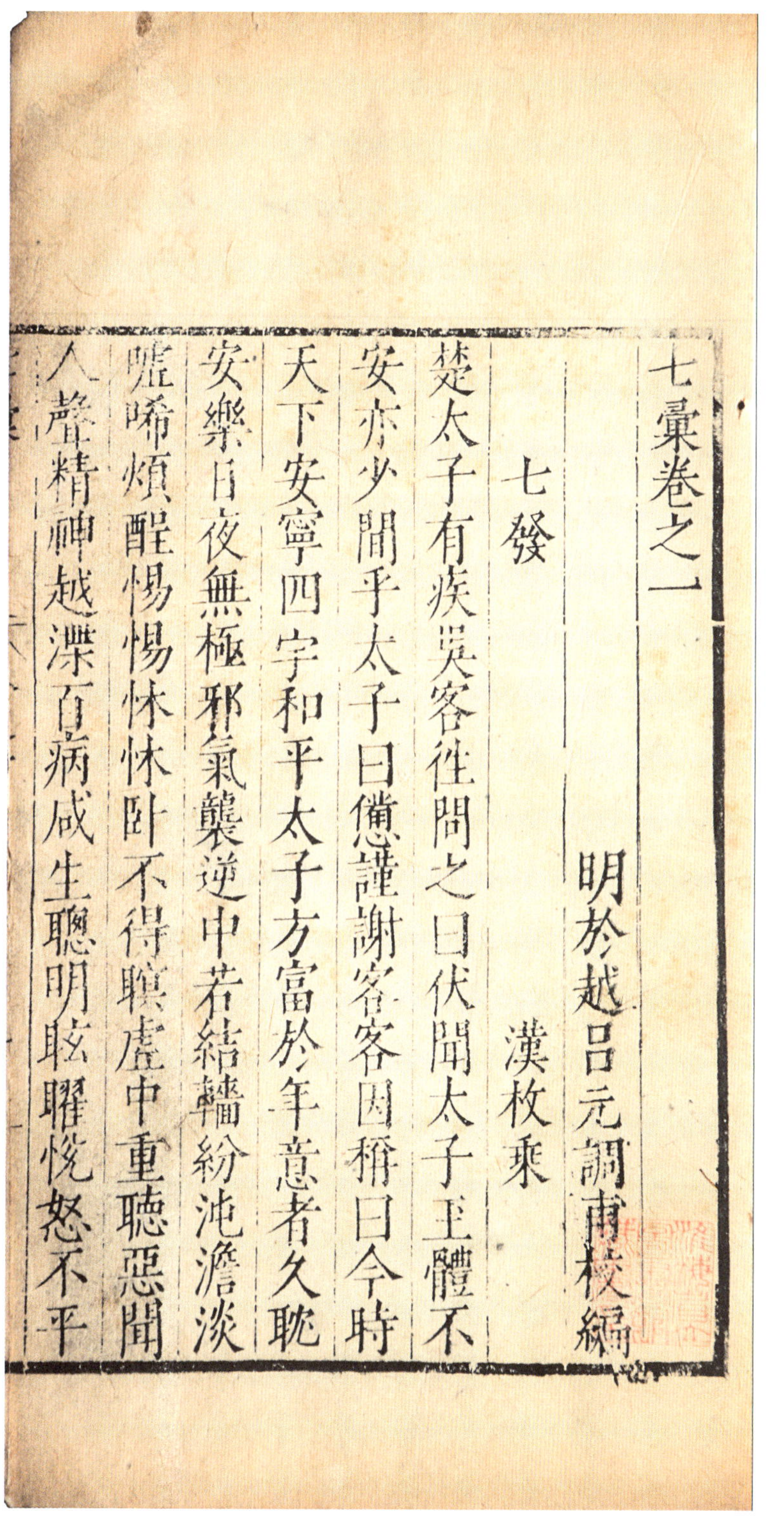
七彙卷之一

明於越呂元調甫校編

七發

漢枚乘

楚太子有疾吳客往問之曰伏聞太子玉體不安亦少閒乎太子曰憊謹謝客客因稱曰今時天下安寧四宇和平太子方富於年意者久耽安樂日夜無極邪氣襲逆中若結轖紛屯澹淡噓唏煩酲惕惕怵怵卧不得瞑虛中重聽惡聞人聲精神越渫百病咸生聰明眩曜悅怒不平

44681　七彙四卷　（明）呂元調輯　明萬曆刻本

版框：18.9×13.4　九行十八字　白口白單魚尾　四周單邊　尺寸：27×16.4　冊數：四冊　《省名録》：02370

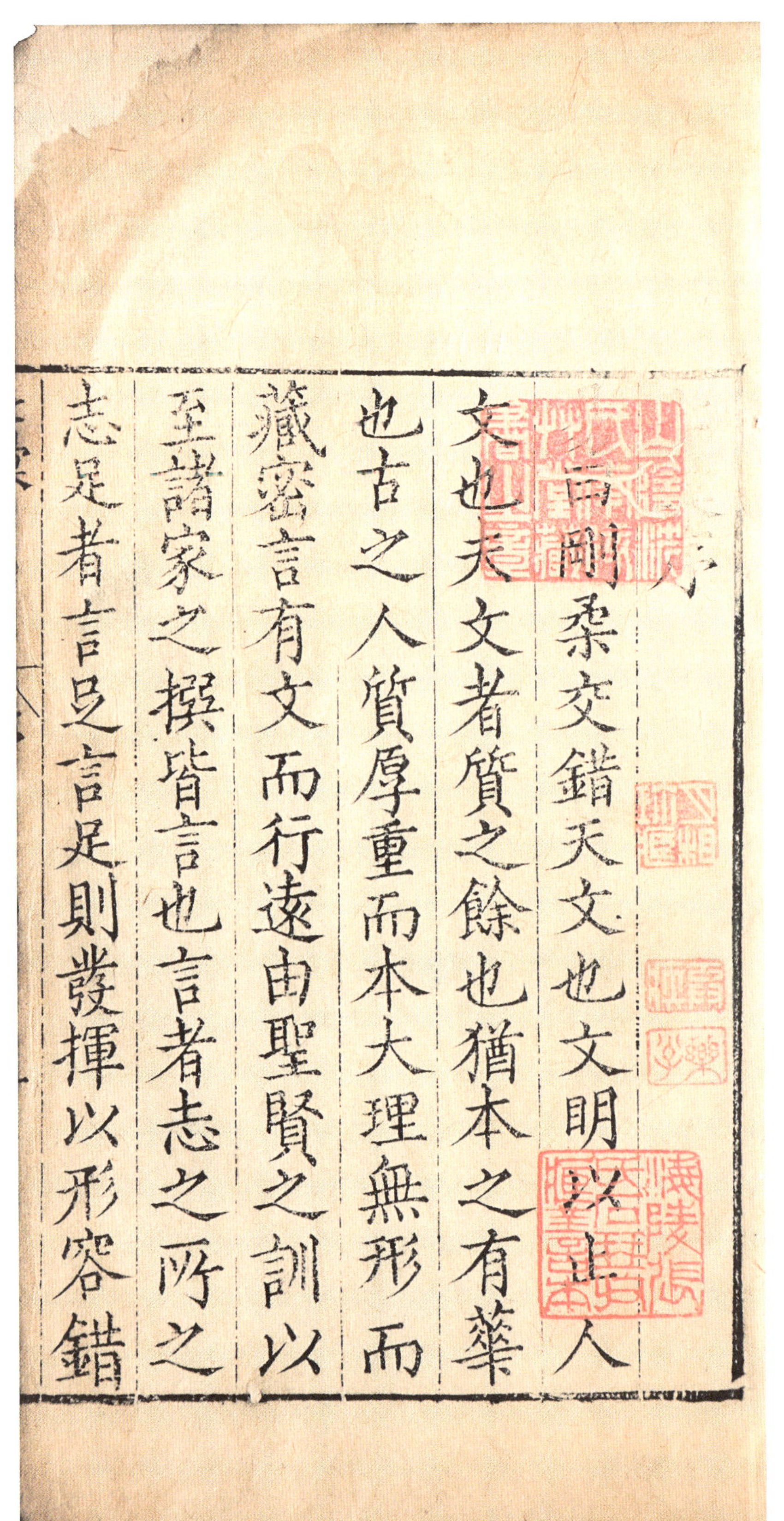

序

剛柔交錯天文也文明以止人
文也夫文者質之餘也猶本之有華
也古之人質厚重而本大理無形而
藏密言有文而行遠由聖賢之訓以
至諸家之撰皆言也言者志之所之
志足者言足言足則發揮以形容錯

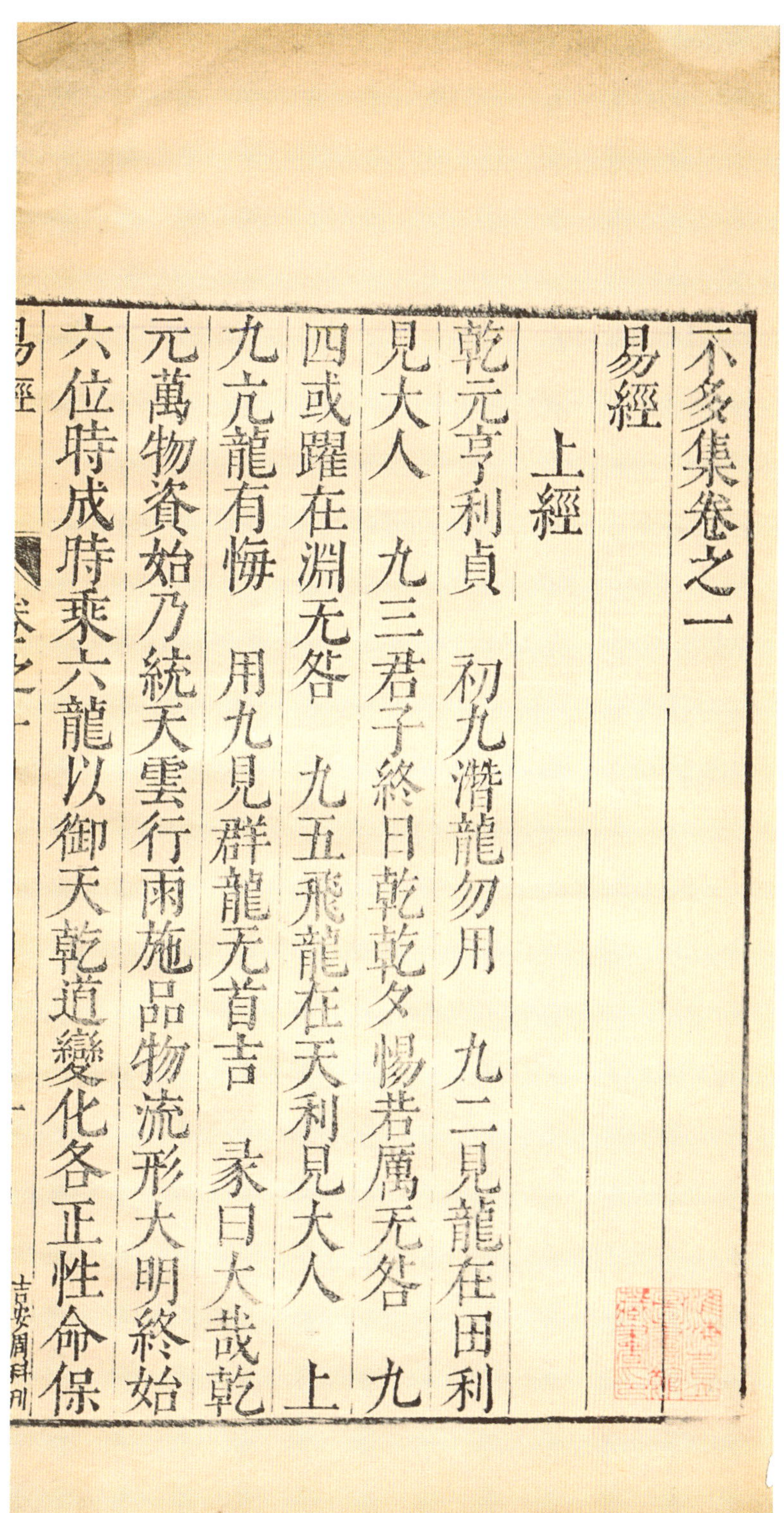

21187　不多集二十二卷　（明）吴士奇輯　明萬曆四十年（1612）刻本

版框：22×15　九行二十字　白口黑單魚尾　四周單邊　尺寸：27.8×18　册數：二十二册

《省名録》：02090

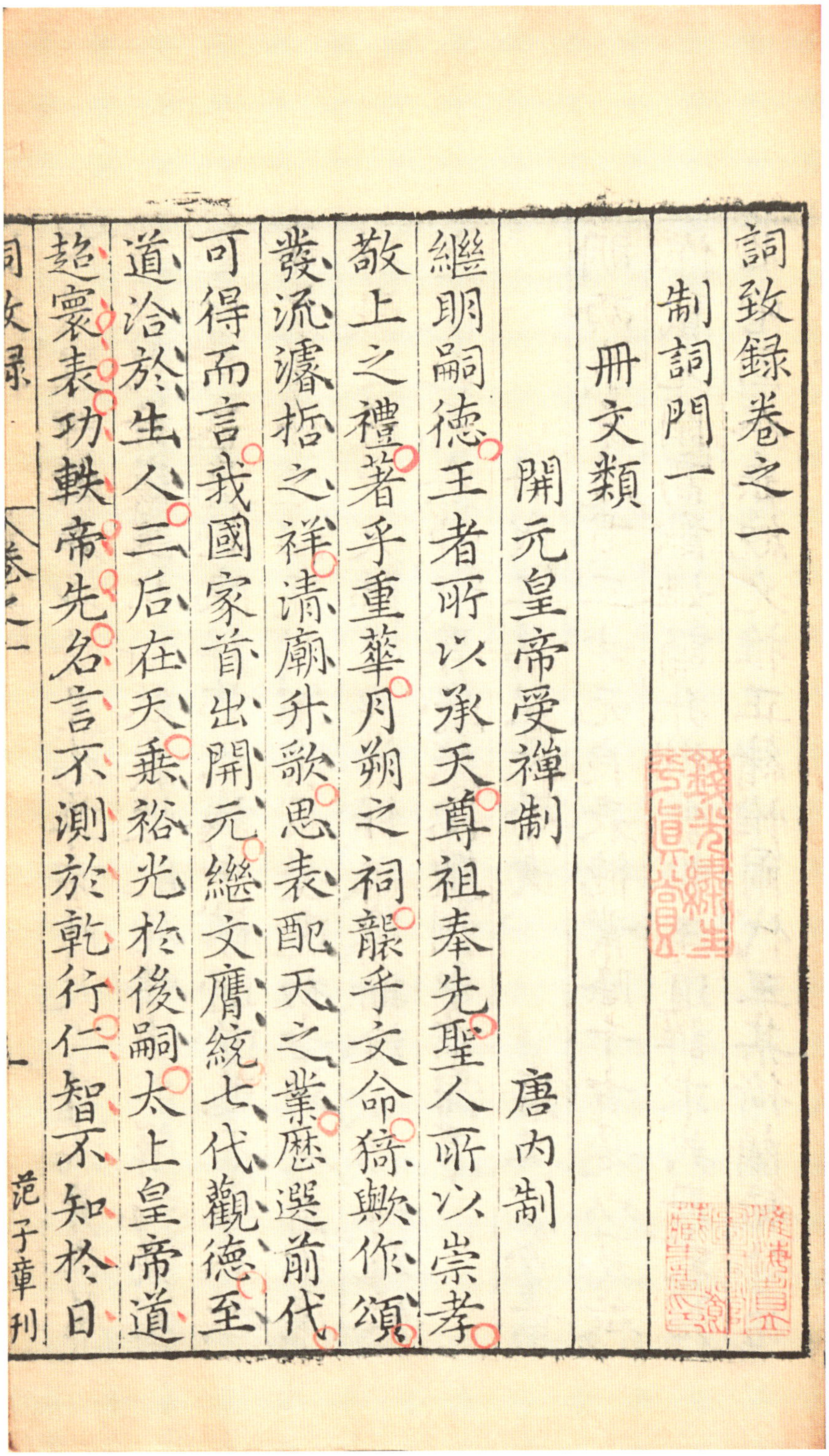
詞致録卷之一

制詞門一

冊文類

開元皇帝受禪制　唐　内制

繼明嗣德王者所以承天尊祖奉先聖人所以崇孝敬上之禮著乎重華月朔之祠襃乎文命猗歟作頌發流濬哲之祥清廟升歌思表配天之業歷選前代可得而言我國家首出開元繼文膺統七代觀德至道洽於生人三后在天乘裕光於後嗣太上皇帝道超寰表功軼帝先名言不測於乾行仁智不知於日

詞致録　卷之一　一　范子章刊

31797　詞致録十六卷　（明）李天麟輯　明萬曆十五年（1587）自刻本

版框：19.6×14　十行二十字　白口白單魚尾　四周單邊　尺寸：25×16　冊數：八冊　《省名録》：02375

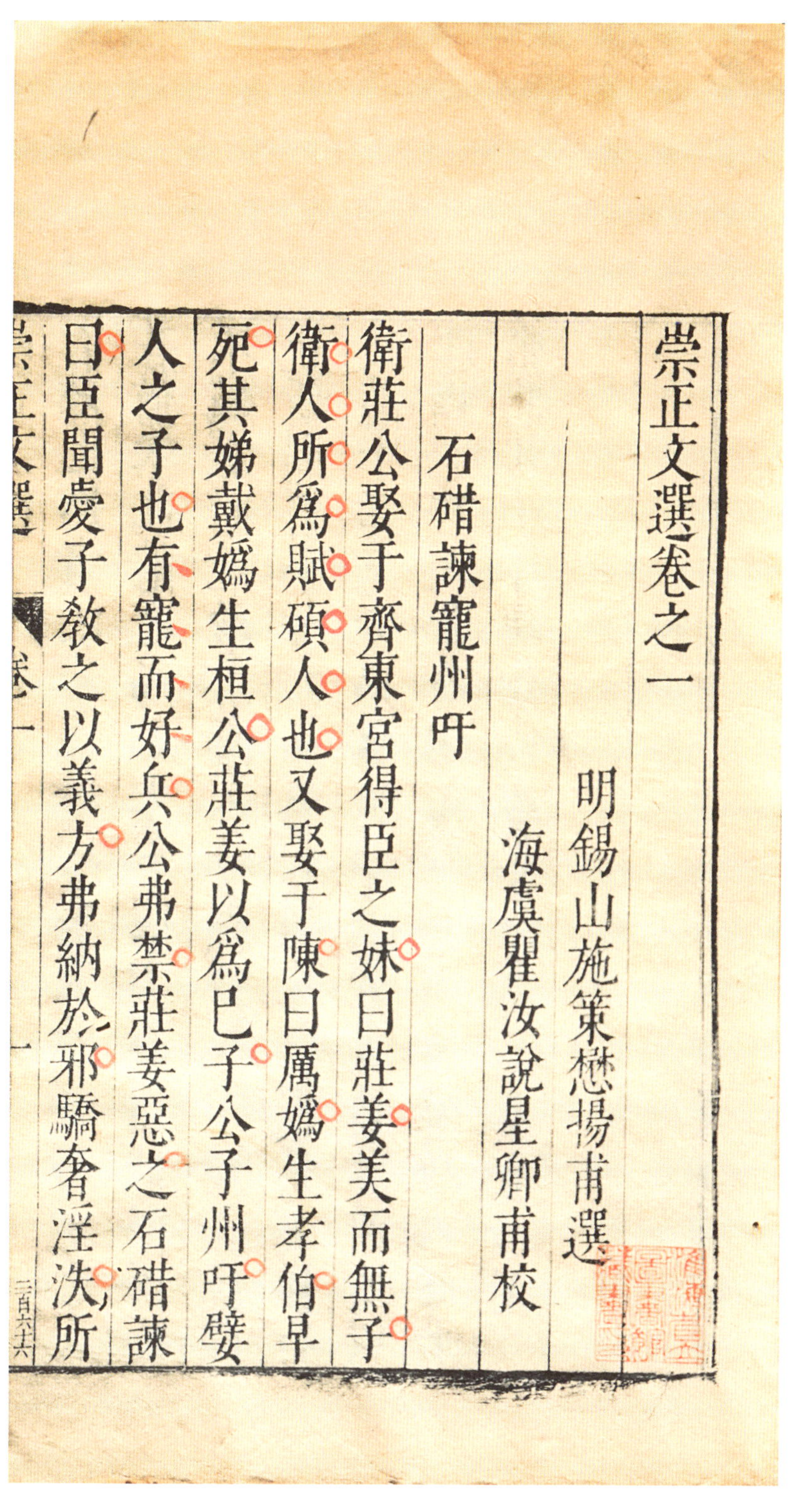

22185　崇正文選十二卷　（明）施策輯　明萬曆三十八年（1610）瞿汝說刻本

版框：20.2×14.2　九行十九字　白口黑單魚尾　左右雙邊　尺寸：27.4×17.5　冊數：十二冊

《省名録》：02088

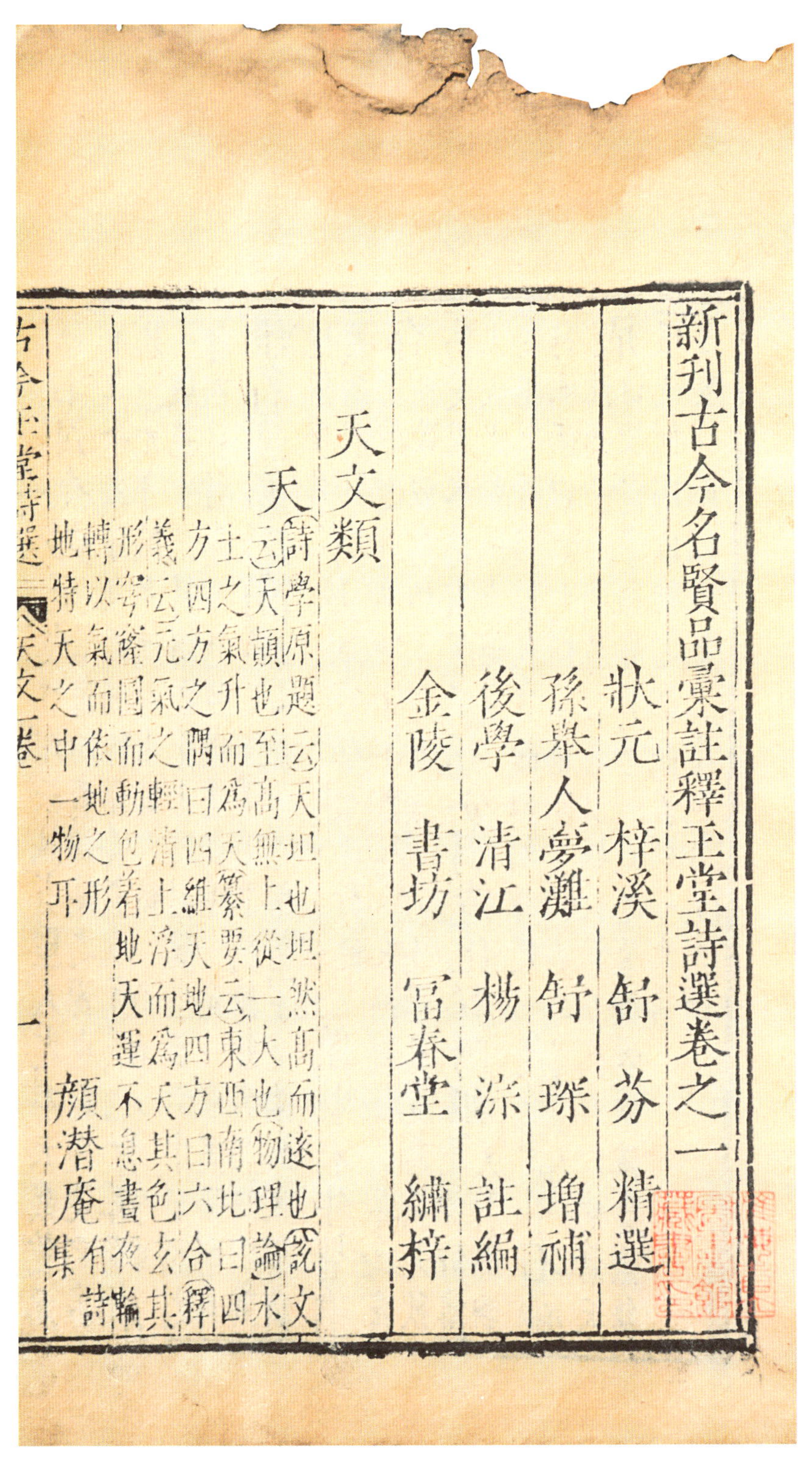

70773　新刊古今名賢品彙註釋玉堂詩選八卷　（明）舒芬選　（明）舒琛增補　（明）楊淙注編　明萬曆七年（1579）金陵書坊富春堂刻積秀堂重修本

版框：18.8×13.5　十行二十字雙行小字二十　白口黑單魚尾　四周雙邊　尺寸：25.1×16　册數：八册　《省名録》：02371

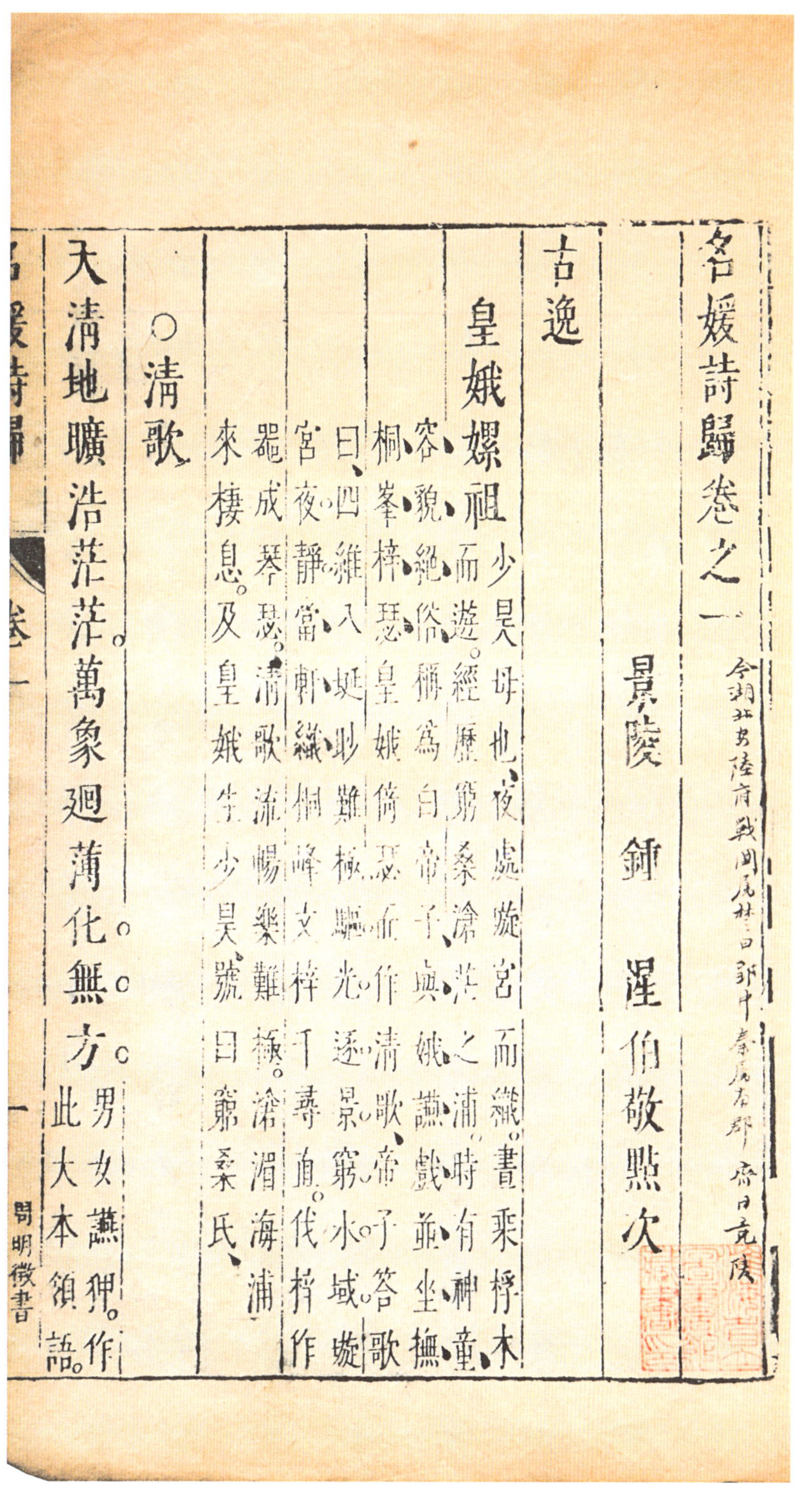

名媛詩歸卷之一

景陵　鍾　惺　伯敬　點次

古逸

皇娥嫘祖　少昊母也。夜處璇宮而織。晝乘桴木而遊。經歷窮桑滄茫之浦。時有神童容貌絕俗。稱爲白帝子。與皇娥讌戲。並坐撫桐峯梓瑟。皇娥倚瑟而作清歌。帝子答歌曰。四維八埏眇難極。驅光逐景窮水域。璇宮夜靜當軒織。桐峯文梓千尋直。伐梓作器成琴瑟。清歌流暢樂難極。滄湄海浦來棲息。及皇娥生少昊。號曰窮桑氏。

○清歌

天清地曠浩茫茫。萬象迴薄化無方。　男女讌狎作此大本領語。

名媛詩歸　卷一　一

36230　名媛詩歸三十六卷　（明）鍾惺輯　明萬曆刻本

版框：20.4×14　九行十九字雙行小字十九　白口黑單魚尾　左右雙邊　尺寸：26×16　冊數：八册　《省名録》：02373

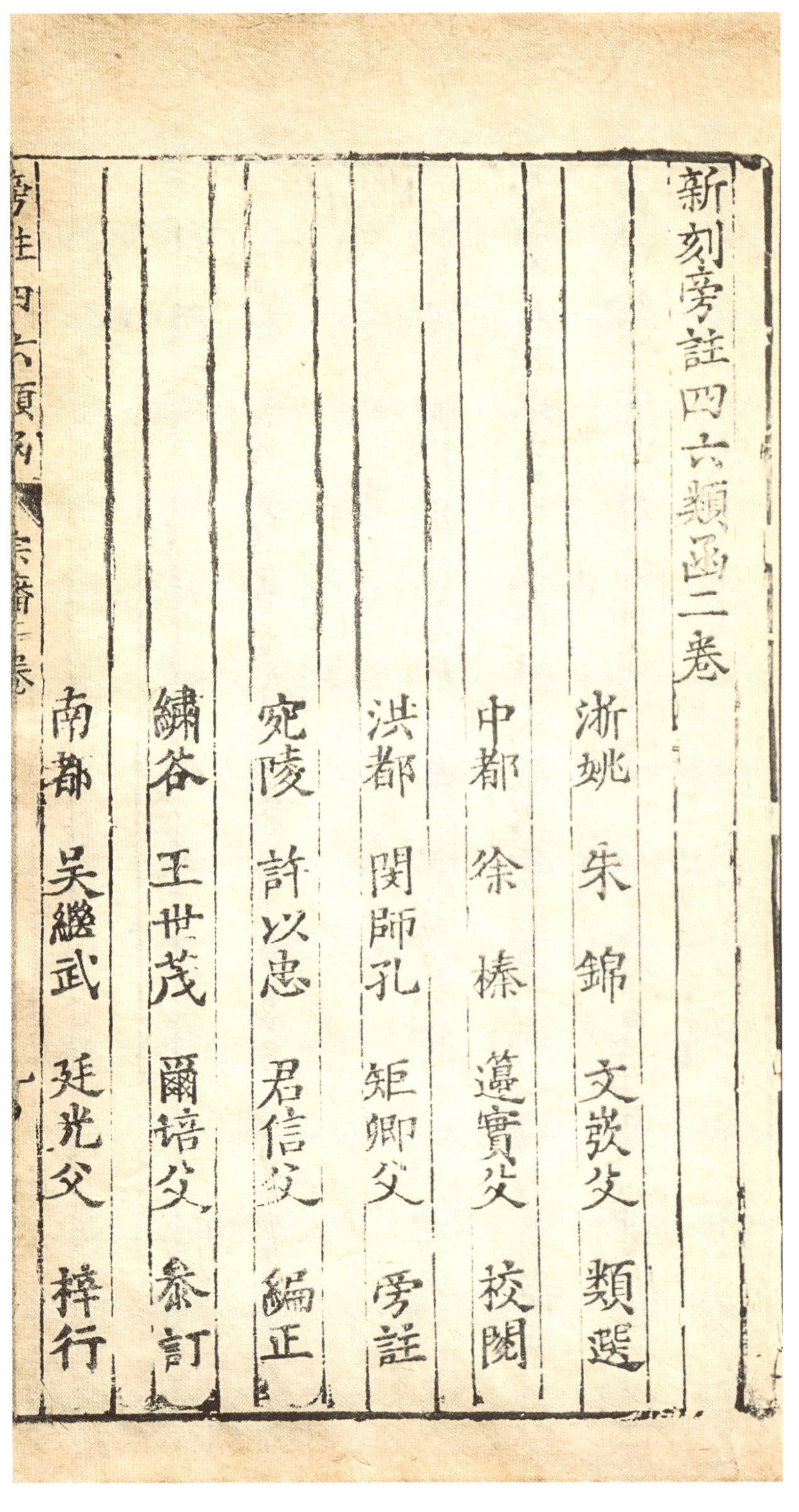

18588　新刻旁註四六類函十二卷　（明）朱錦輯　（明）閔師孔注　明萬曆三十六年（1608）王養恬刻本

版框：22.3×13.7　七行二十四字七行小字數不定　白口黑單魚尾　四周單邊　尺寸：25.5×15.5

册數：二册　《善本書目》：集部18895

○賀襄王生子啟　　徐時進

伏以日拜奉高藥旋復瞻承羽玉雖樺風雅好愈於緇衣而彼（詩 好賢如緇衣）

姝無良何當素紕廼者恭聞　殿下猗蘭毓祉喬桂凝芳嘉生（猗蘭喬桂頌王生子也）

蟬嫣而來敘究後先迪吉七世之廟以觀德固知麟鳳多姿耳（蟬嫣言如蟬聯相續而不斷也）

索於乾謂之男協羆熊上瑞某既緣多幸與聽休聲寧無戩穀（易係坎再索而得男故謂之中男）（堯華封人祝多男子）

之歌以答食苹之饗多男衍慶鼇祝不獨堯民長發為祥令德

何辭商頌已式歌而且詠復拜手以颺言物則戔戔今不稱大三

四六類函分目

起自宗藩繼内閣部院司寺科府藩臬郡州儒學及勛階貂

一貴武曹俱挨次鱗接以便觀覽其各戢封贈即附各戢類後

以便稽查又雜賀謝請祝冠婚喪祭辭送問荅各散啓俱另

附各類之後以便博採

一宗藩

上益王啓 謝廷諒　　賀曾王元旦千秋啓 于慎行

賀襄府冊封啓 黄錧　　賀襄王生子啓 徐時進

賀殿下啓 朱錦　　賀藩王元旦啓 李國祥

賀淮王壽啓 支大倫　　賀襄王重九啓 馮時可

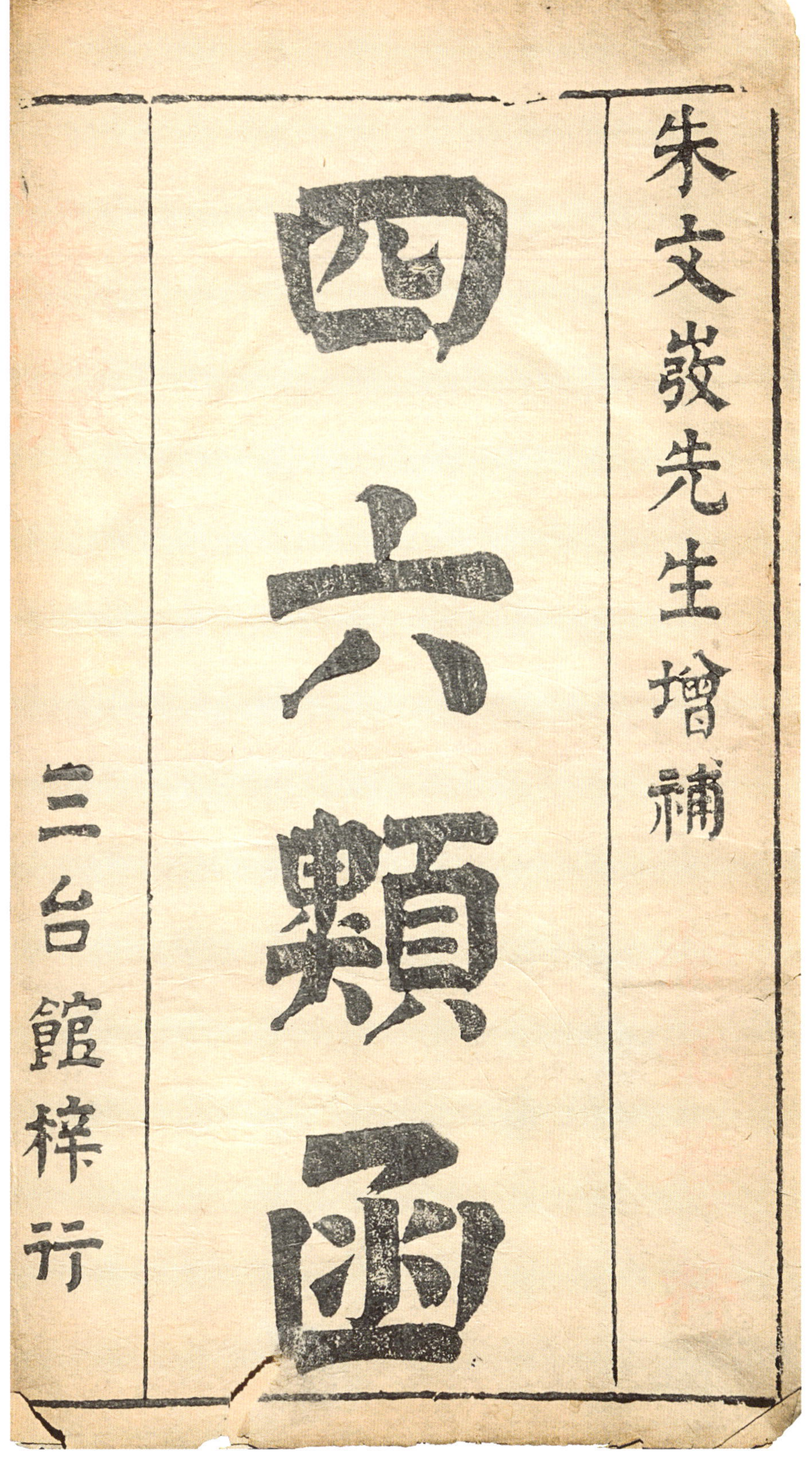
朱文敬先生增補
四六類函
三台館梓行

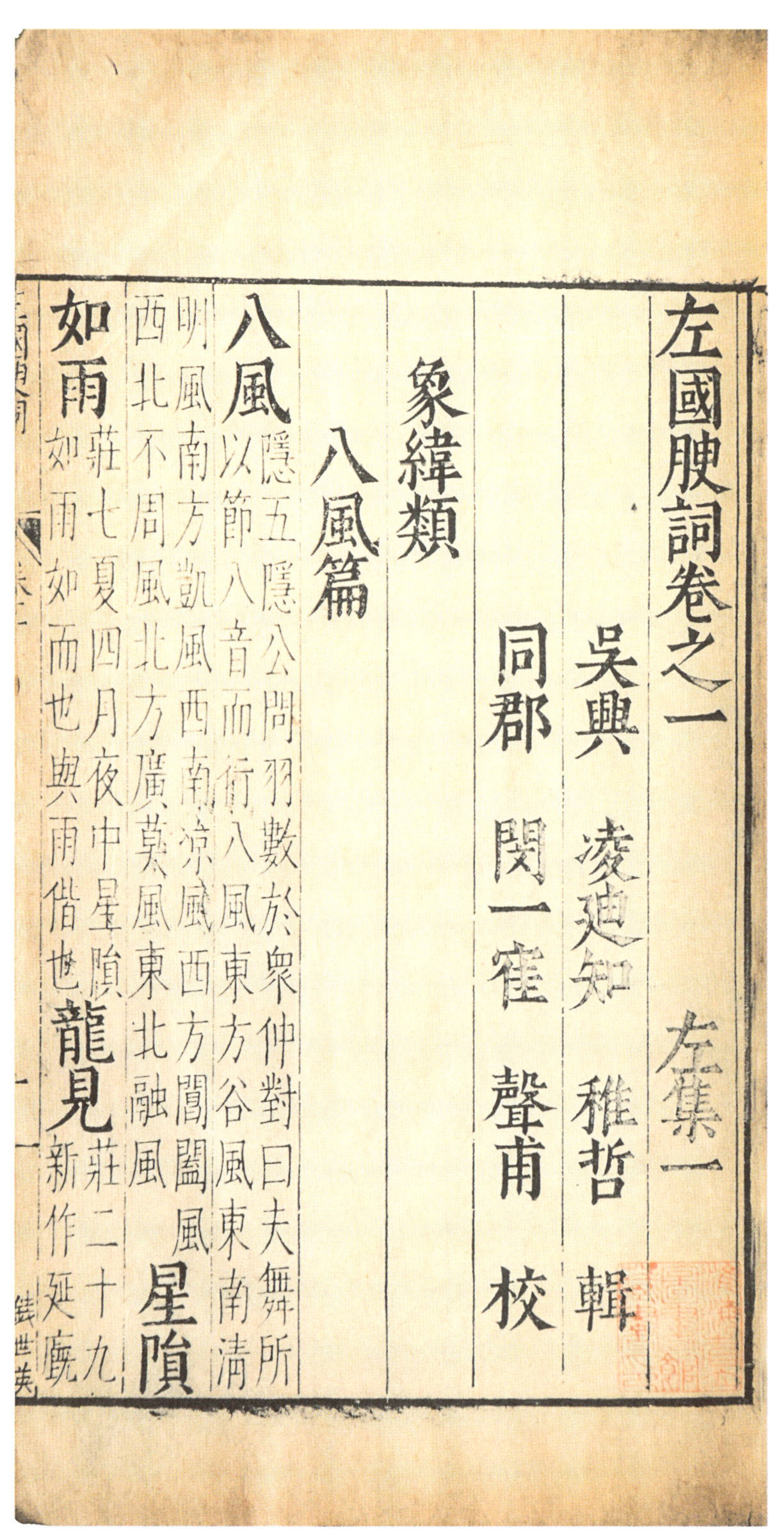

44785　文林綺繡五種五十九卷　（明）凌迪知編　明萬曆四至五年（1576—1577）凌氏桂芝馆刻三十六年（1608）萃慶堂印本

版框：19.4×13　八行十七字雙行小字十七　白口黑單魚尾　左右雙邊　尺寸：25.7×14.9　存卷數：左國腴詞八卷、太史華句八卷、楚騷綺語六卷、兩漢雋言十六卷　冊數：十八册　《省名録》：02391

楚騷綺語卷一

雲間張之象玄超輯
吳興淩迪知穉哲訂

斡維篇

斡維 斡維馬繫天極馬加斡轉也維綱也言天晝夜轉旋寧有維綱繫綴其際極安
所加 闢啓 西北闢啓何氣通焉言天西北之
平 門獨常開啓豈元氣所能通也
營度 圜則九重孰營度之言天圜名
而九重誰營度而知之乎 天地 字於齊
天地 后皇 后后土也皇皇天也 圜方 鴻鵠之
兮 后皇嘉樹橘徠服兮 一舉兮

太史華句卷之一

吳興　凌廸知　稺哲　輯

弟稚隆　以棟　校

天文門

天極篇

天極天官書中宮天極星注楊泉物理論云陽極北爲太陰日月五星行太陰則無光行太陽則能照故爲昏明寒暑之限極也天北極天之中陽氣之北極也極南爲太

一注正義曰天一一星疆閶闔外天帝之神主戰鬬知人吉凶明而有光則陰陽和萬

兩漢雋言卷之一

宋括蒼林　越次甫輯

明吳興凌迪知穉哲校

稱制篇

稱制 高后紀臨朝稱制師古曰天子之言一曰制書二曰詔書制書者謂爲制度之命也非皇后所得稱今呂太后臨朝行天子事斷決萬機故稱制詔

稱孤 田儋傳俱南面稱孤師古曰王者自稱曰孤蓋爲謙也

陛下 高帝紀大王陛下應劭曰陛者升堂之陛王者必有執兵陳於階陛之側羣臣與至尊言不敢指斥故呼在陛下者而告

萬曆戊申孟夏
穀旦萃慶堂梓

兩漢雋言卷之十六終　後集

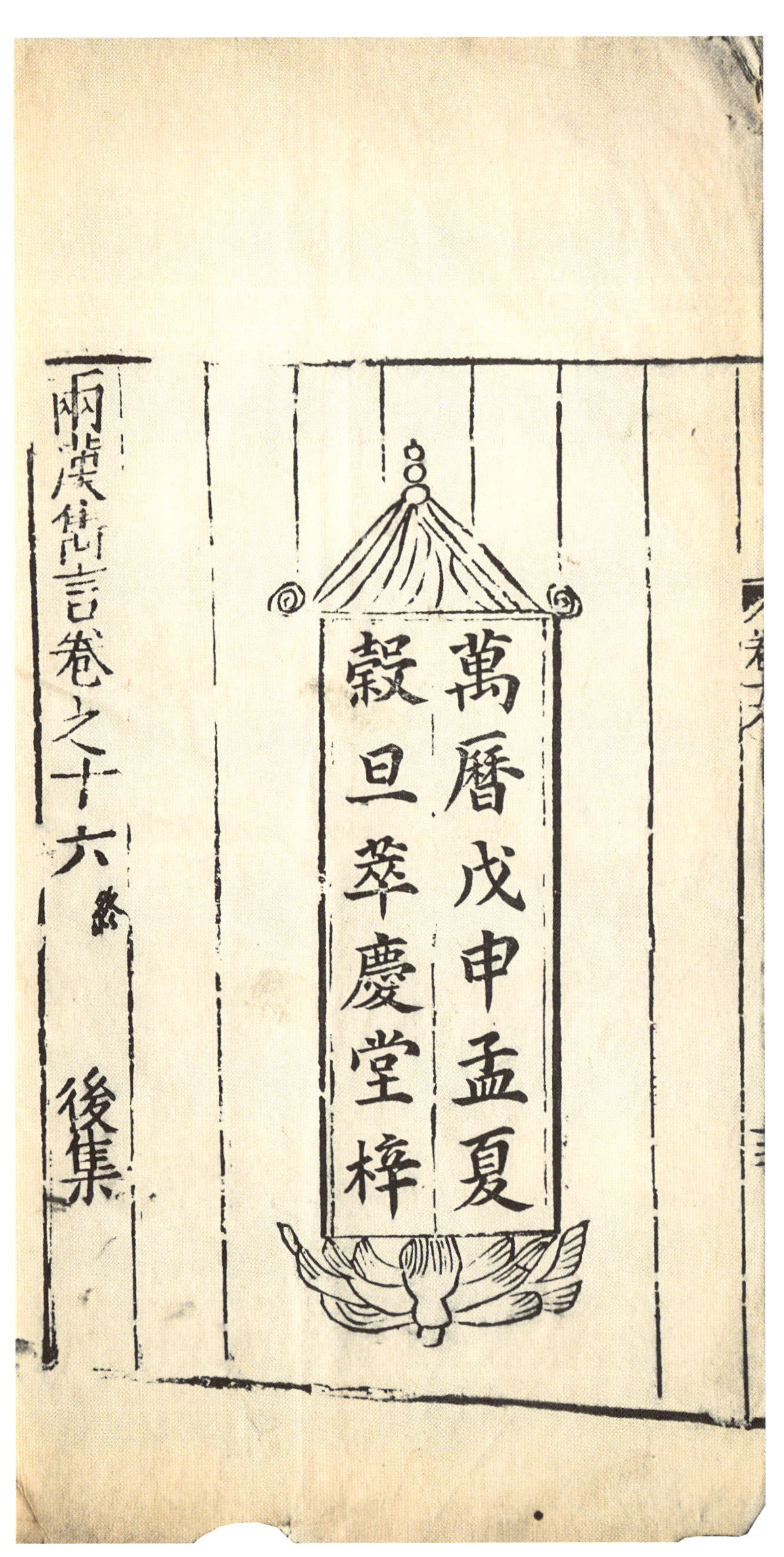

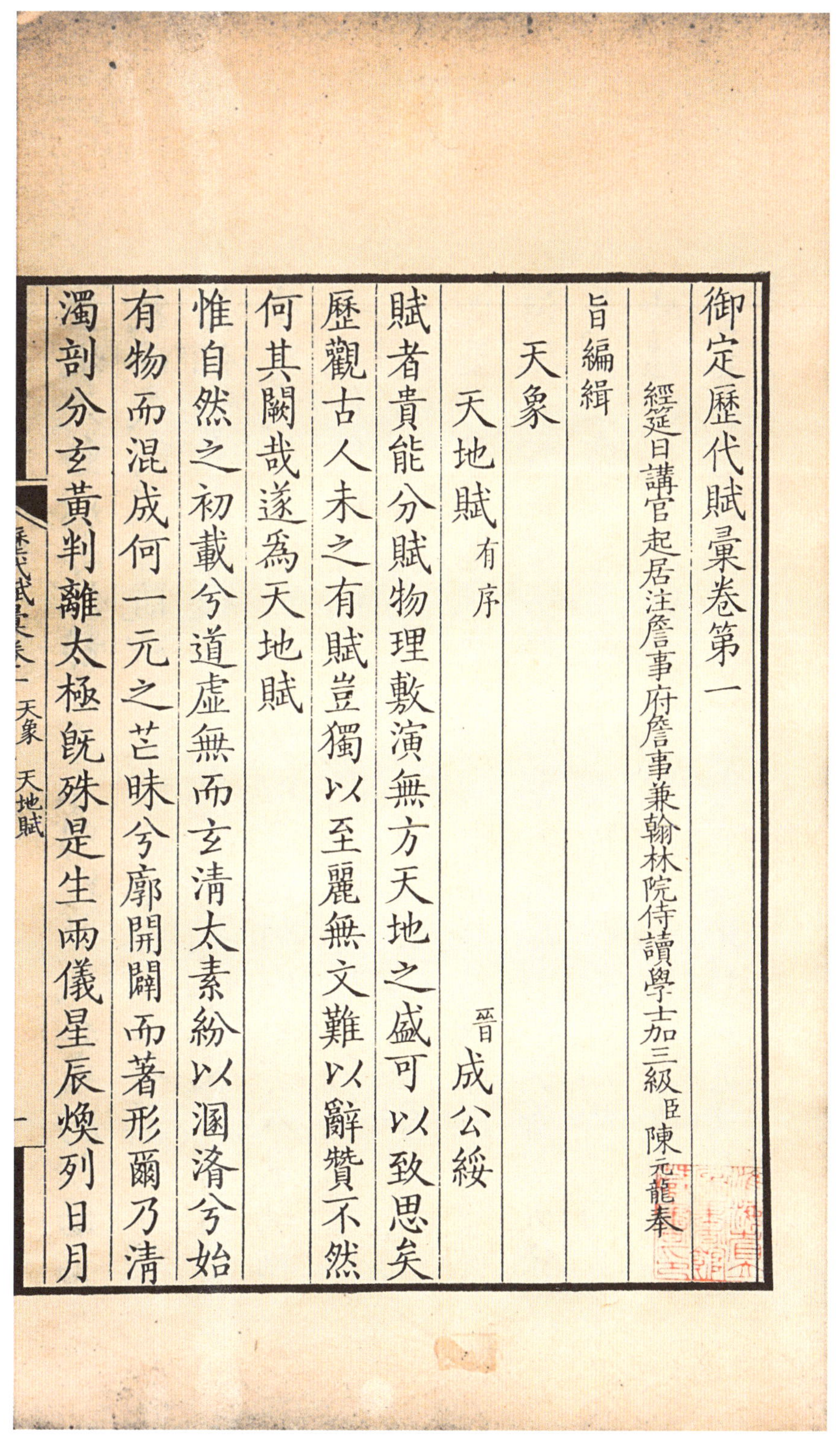

22632　御定歷代賦彙一百四十卷外集二十卷逸句二卷目録二卷　（清）陳元龍輯　清康熙四十五年（1706）武英殿刻本

版框：19×13.5　十一行二十一字　黑口黑單魚尾　左右雙邊　尺寸：27×18　册數：四十九册

《省名録》：1160

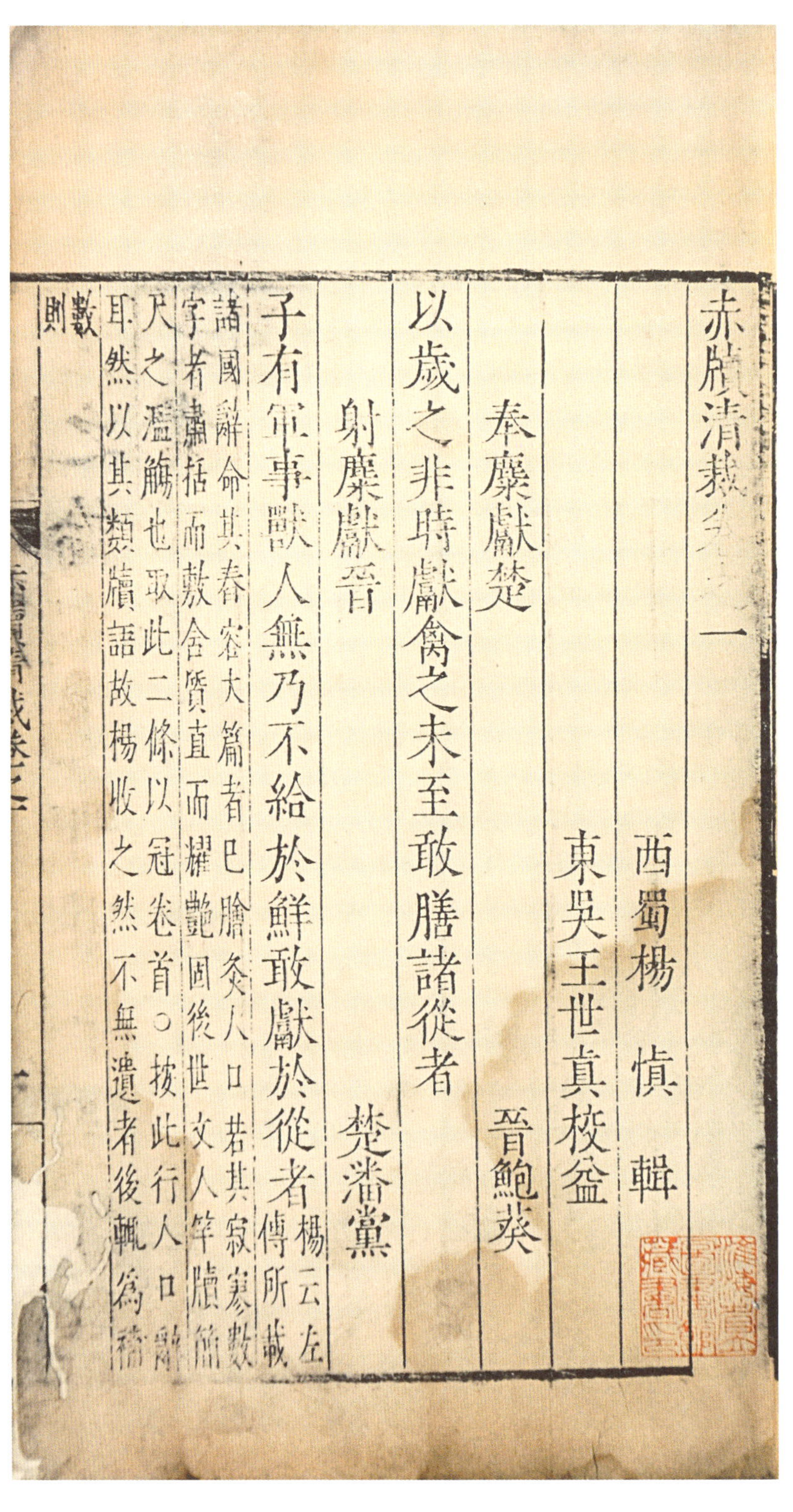

21733　赤牘清裁二十八卷補遺一卷　（明）楊慎輯　（明）王世貞增輯　明刻本

版框：20.4×14.5　十行二十字雙行小字二十　白口黑單魚尾　四周單邊　尺寸：26.8×16.4　裝訂：包背裝　冊數：五冊　《善本書目》：集部17812　《國家名録》：06408　《省名録》：1193

克之論亦是卿家子雲覆瓿
之業耳東吳王世貞元美甫
撰

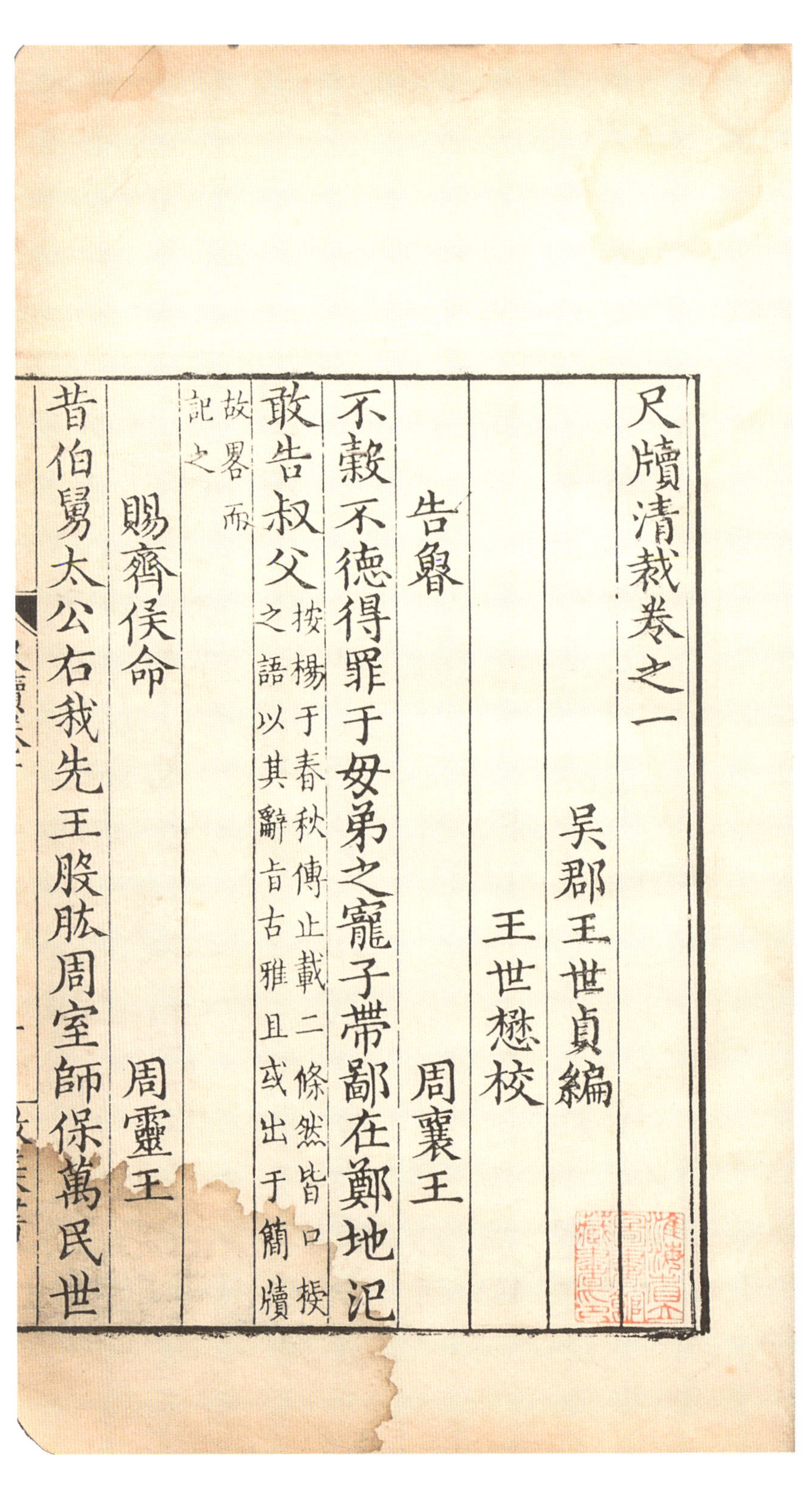

尺牘清裁卷之一
吴郡王世貞編
王世懋校
周襄王
告魯
不穀不德得罪于母弟之寵子帶鄙在鄭地氾
敢告叔父按楊于春秋傳止載二條然皆口授之語以其辭旨古雅且或出于簡牘故畧爲記之
周靈王
賜齊侯命
昔伯舅太公右我先王股肱周室師保萬民世

43006　尺牘清裁六十卷補遺一卷　（明）王世貞輯　明隆慶五年（1571）自刻本

版框：19.2×13.2　九行十八字　白口黑單魚尾　左右雙邊　尺寸：29×18.3　冊數：十二册

《國家名録》：06410　《省名録》：1194

重刻尺牘清裁小叙

楊用脩氏所纂尺牘僅八卷余
始益之得廿八卷頗行世世有
蔡中郎者愛之恨不得爲帳中
之秘耳然余時々覺有挂漏業
已付梓卒忽不復及而會歸自
太原幽憂之暇稍露隙日于鱗

尺牘清裁叙

夫書者辭命之流也昔在春秋游旌接轂矢揚刃飛之下不癈酧往嫺婉可餐故草創潤色既匪一人謀野禔邦以爲首務然而出疆斷割因變爲規寄文行人之口無取載

王李尺牘卷一

吳興凌廸知稚哲 選

王世貞

李于鱗

薊寺握手邀若河山既别之後意更深矣舟中忽忽無可與語者凡所接類作貴人態磬折感施相寒温而已近天津迅雨乍過波濤人立遠不見天茫茫盡白獨立艤際神王氣豁悵然不挈于鱗共賞也已命酌盡一斗則取于鱗長篇十絶爲曼聲歌之浮雲不

42980　王李尺牘六卷　（明）凌迪知輯　明嘉靖刻本

版框：20.5×13.1　九行二十字　白口黑單魚尾　四周單邊　尺寸：26.8×16　冊數：六册　《省名録》：1237

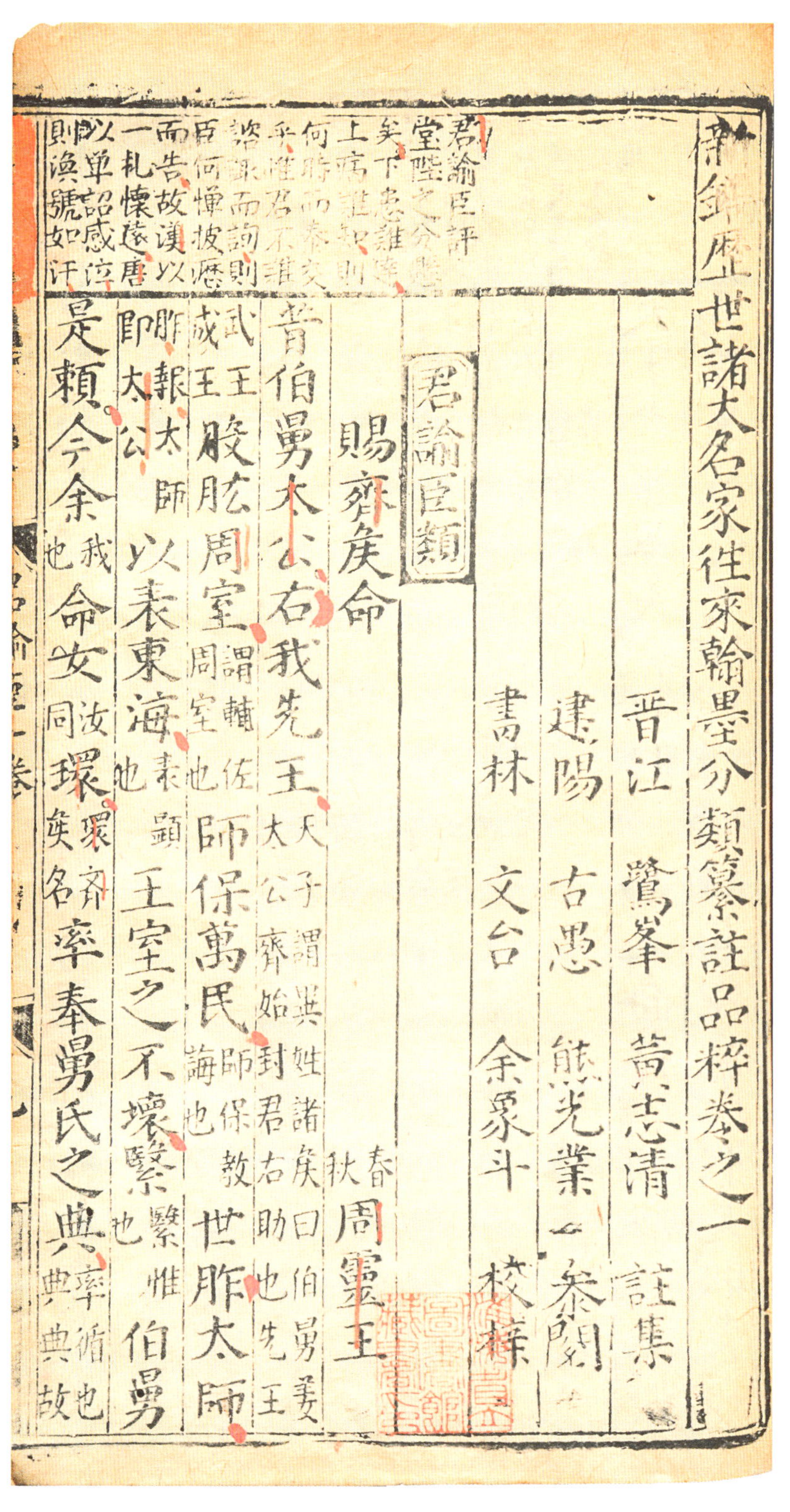

19175　新鐫歷世諸大名家往來翰墨分類纂註品粹十卷　（明）黄志清輯　明萬曆二十五年（1597）書林余象斗刻本

版框：3+18.5×12.4　上下雙欄　十行二十字雙行小字二十　下黑口黑雙順魚尾　四周雙邊　尺寸：23.4×13.6　册數：十册　《省名録》：02099

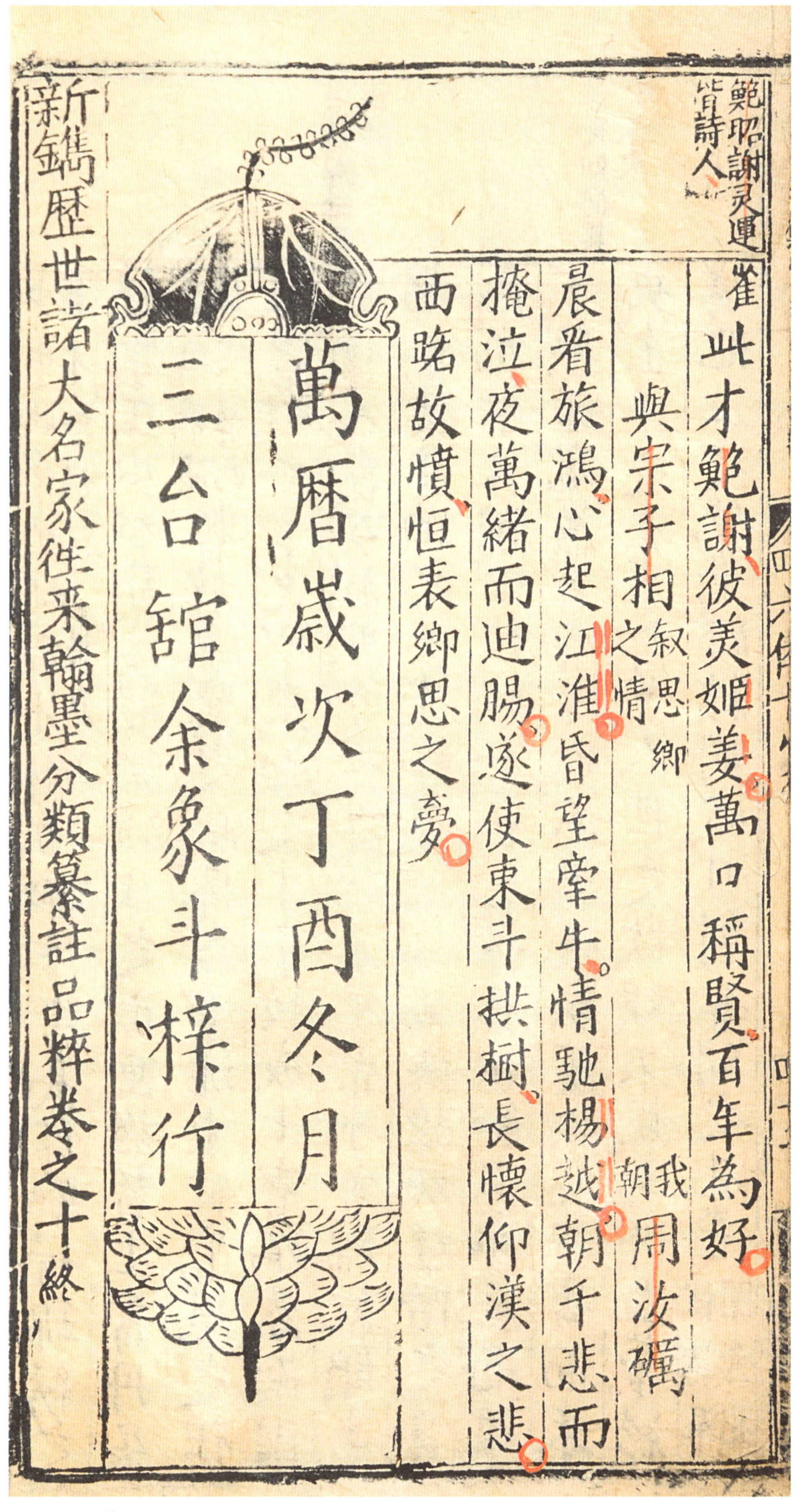

鮑照謝灵運皆詩人

崔此才鮑謝彼美姬姜萬口稱賢百年爲好

與宋子相叙思鄉之情我朝周汝礪

晨看旅鴻心起江淮昏望牽牛情馳楊越朝千悲而

掩泣夜萬緒而迴腸遂使東斗拱樹長懷仰漢之悲

西踣故憤恒表鄉思之夢

萬曆歲次丁酉冬月

三台館余象斗梓行

新鍥歷世諸大名家往来翰墨分類纂註品粹卷之十終

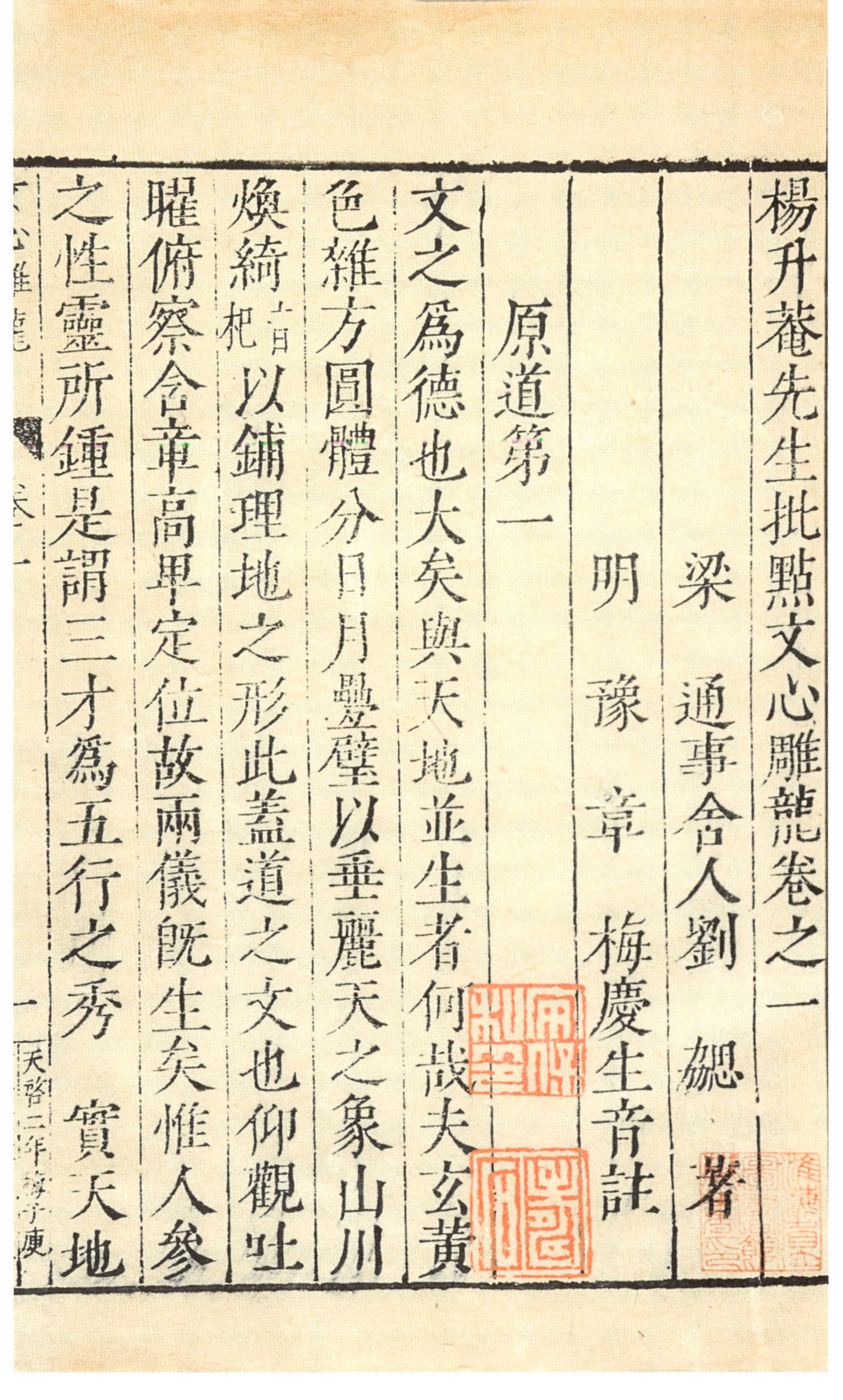

21790　楊升菴先生批點文心雕龍十卷　（南朝梁）劉勰撰　（明）楊慎批點　（明）梅慶生音注　明萬曆三十七年（1609）梅慶生刻天啓二年（1622）重修本

版框：20.8×14.5　九行十八字雙行小字十八　白口黑單魚尾　左右雙邊　尺寸：25.2×16.1　册數：四册　《善本書目》：集部20261

騷經九章朗麗以哀志九歌九辯作宋玉綺靡以傷情遠遊天問瓌音瑰詭而惠巧招魂作宋玉招隱淮南小山作耀豔而深華卜居標放言之志漁父寄獨往之才故能氣往轢古辭來切今驚采絕豔難與並能矣自九懷作王褒以下遽躡其跡而屈宋逸步莫之能追故其敘情怨則鬱伊而易感述離居則愴快而難懷論山水則循聲而得貌言節候則披文而見時是以枚乘賈誼追風以入麗馬相如揚雄沿波而得奇其衣被詞人非一

詩話類編卷之一

雲間嘉侯父王昌會纂輯

體格

風雅頌體

風雅頌詩之體也賦興比詩之言也六義之序一曰風五曰雅六曰頌其後先次第聖人初無加損也三者之體正如今人作詩有律有吕有歌行是也風者出于土風大槩小夫賤隸婦人女子之言其意雖遠其言淺近重複故謂之風雅出朝廷士大夫其言純

詩話類編　卷之一　體格

22560　詩話類編三十二卷　（明）王昌會輯　明萬曆刻本

版框：22.4×14.2　九行二十字　白口黑單魚尾　四周單邊　尺寸：26.5×17　冊數：三十二冊

《善本書目》：集部20569

叙詩話類編

古今學士大夫莫不以經術訓家，文莫不高談風雅所當其濡跡舉子則未嘗暇術集字

武林洪文刊

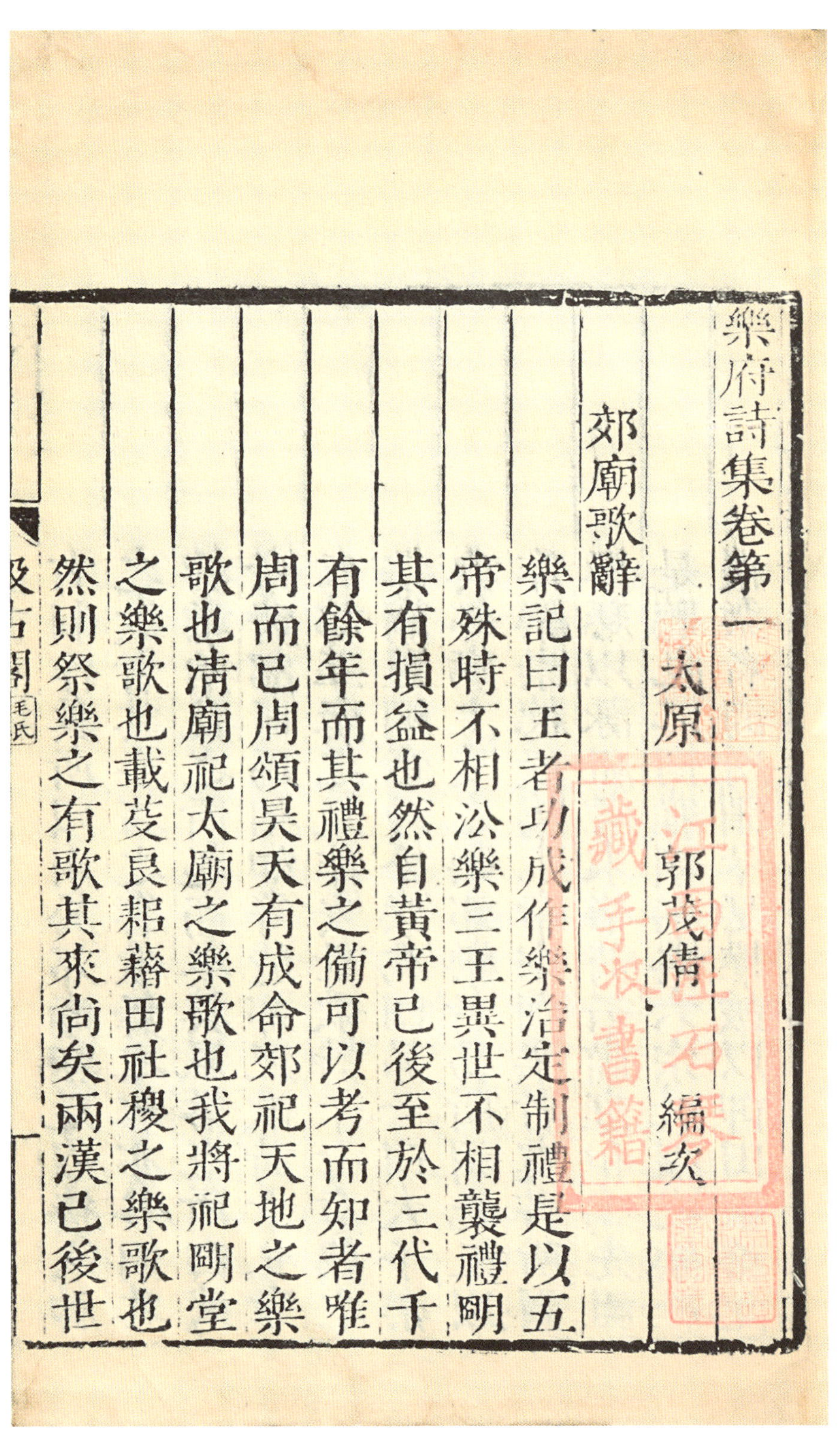

樂府詩集卷第一　太原　郭茂倩　編次

郊廟歌辭

樂記曰王者功成作樂治定制禮是以五帝殊時不相沿樂三王異世不相襲禮明其有損益也然自黃帝已後至於三代千有餘年而其禮樂之備可以考而知者唯周而已周頌昊天有成命郊祀天地之樂歌也清廟祀太廟之樂歌也我將祀明堂之樂歌也載芟良耜藉田社稷之樂歌也然則祭樂之有歌其來尚矣兩漢已後世

汲古閣　毛氏

35280　樂府詩集一百卷目録二卷　（宋）郭茂倩輯　明末毛晉汲古閣刻本

版框：18.6×14.4　十一行二十一字　細黑口黑單魚尾　左右雙邊　尺寸：24.6×15.6　册數：十二册　《省名録》：02369

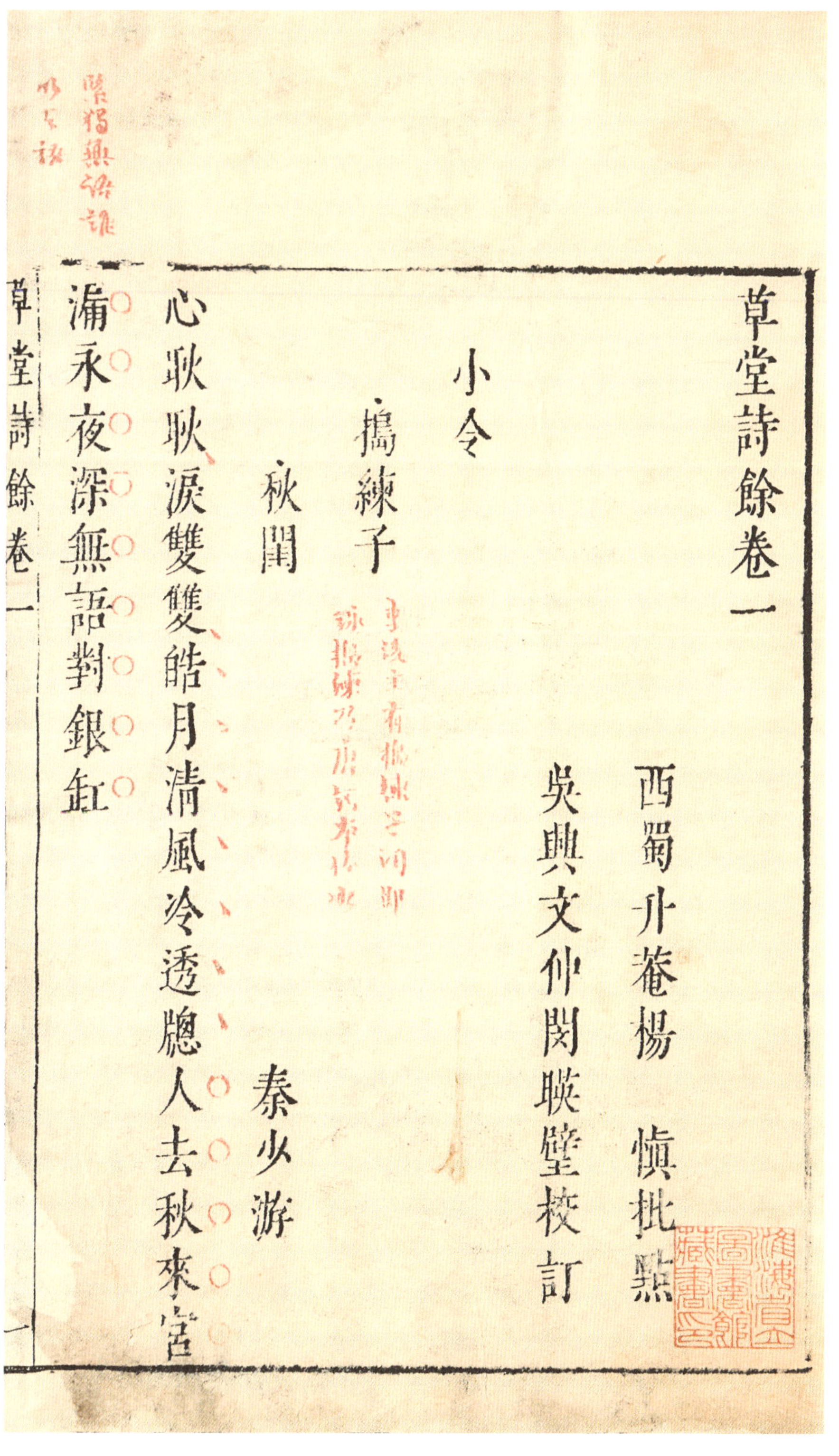

18504　草堂詩餘五卷　（明）楊慎評點　明閔暎璧刻朱墨套印本

版框：20.4×14.7　八行十八字　白口無魚尾　四周單邊　尺寸：26.3×16.5　册數：四册　《省名録》：1261

魯直兩漁父詞俱見道語可以發世 新婦磯女兒浦天然絕對

不惟詞句宛蕭而遠理其淑足醒人

漁父　　黃魯直

新婦磯頭眉黛愁，女兒浦口眼波秋。驚魚錯認月沉鈎。青篛笠前無限事，綠蓑衣底一時休。斜風細雨轉船頭。

詠酒　　歐陽永叔

堤上遊人逐畫船，拍堤春水四垂天。綠楊樓外出鞦韆。白髮戴花君莫笑，六么催拍盞頻傳。人生何處似樽前。

精選古今詩餘醉卷一

荊南潘游龍選　　秣陵陳　珽訂

內江范文光叅　　海陽胡正言較

催春　最高樓　　蔣勝欲

新春景、明媚在何時、宜早不宜遲、輭塵巷陌青

油幰重簾深院畫羅衣要些兒晴日照暖風吹

一片片雪兒休要下一點點雨兒休要灑纔

恁地越慫期悠悠不趁梅花到忽忽枉帶柳花

古今詩餘醉　卷一　立春　一　十竹齋

42930　精選古今詩餘醉十五卷　（明）潘游龍輯　明崇禎胡氏十竹齋刻本

版框：20.2 × 14.2　八行十八字　白口白單魚尾　四周單邊　尺寸：26 × 17.7　冊數：十六冊

《省名録》：02136

宮詞卷一

明東吳毛晉子晉輯

王建

蓬萊正殿壓金鼇紅日初生碧海濤開着五門
遙北望赭黃新帕御牀高
殿前傳點各依班召對西來八詔蠻上得青花
龍尾道側身偷覷正南山

22235　三家宮詞三卷　（明）毛晉編　明天啓五年（1625）毛氏緑君亭刻本

版框：20.4×13.3　八行十八字　白口無魚尾　四周單邊　尺寸：25×16　冊數：二冊　《省名録》：1104

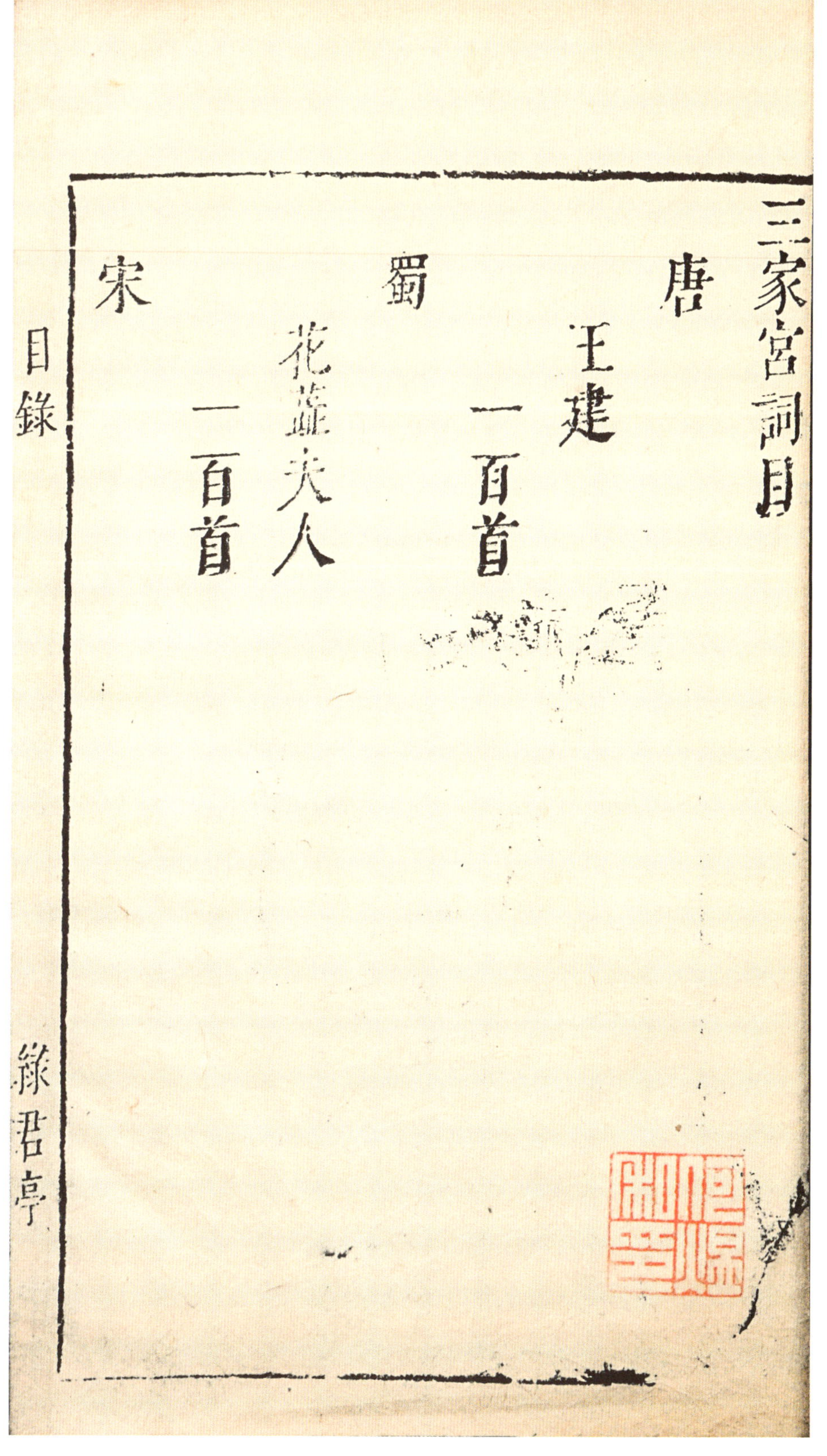

三家宮詞目

唐

王建　一百首

蜀

花蕊夫人　一百首

宋

目錄　綠君亭

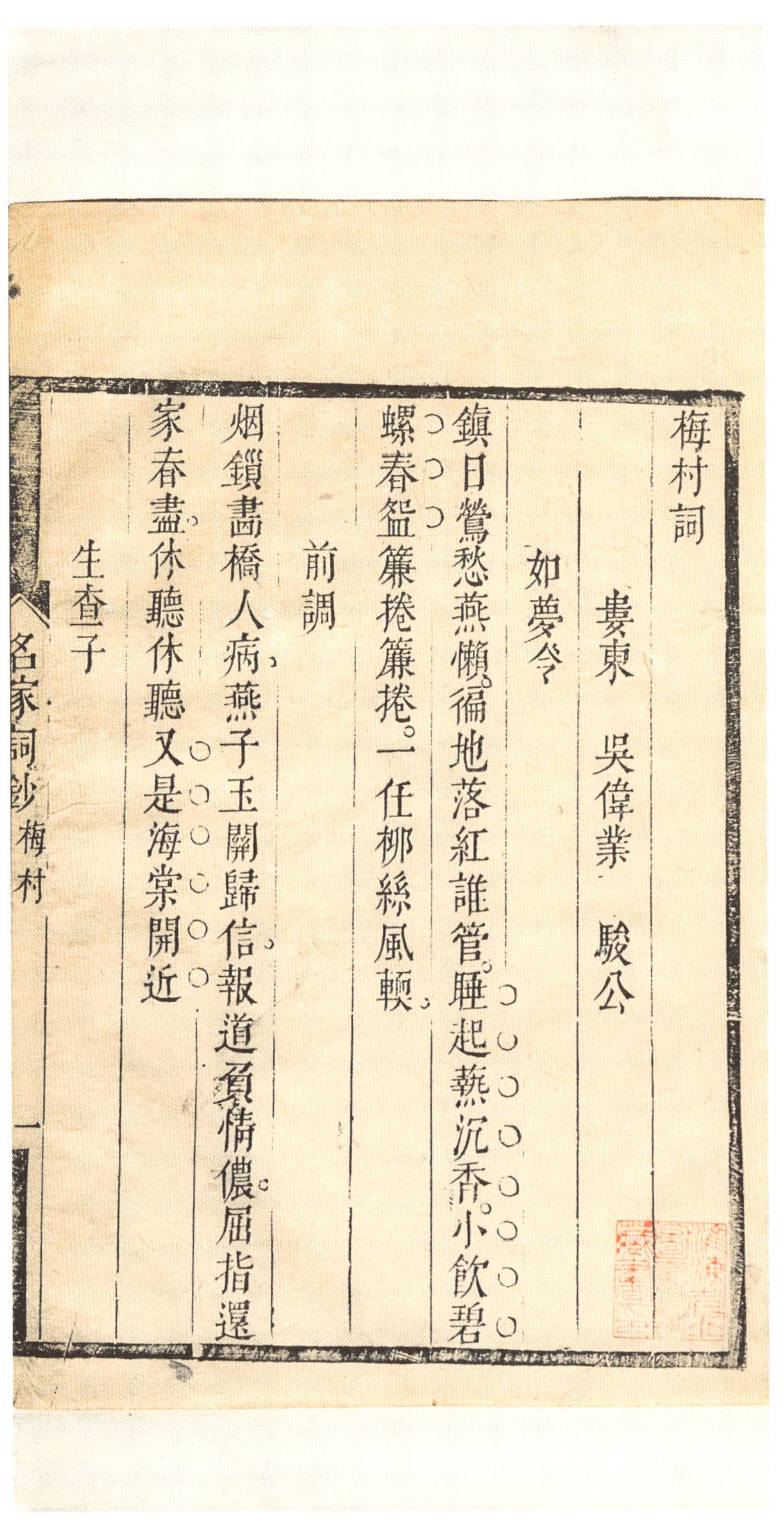

梅村詞　婁東　吳偉業　駿公

如夢令

鎮日鶯愁燕懶徧地落紅誰管睡起爇沉香小飲碧螺春盌簾捲簾捲一任柳絲風輭

前調

烟鎖畫橋人病燕子玉關歸信報道負情儂屈指還家春盡休聽休聽又是海棠開近

生查子

名家詞鈔　梅村　一

20929　百名家詞鈔不分卷　（清）聶先　（清）曾王孫輯　清順治金閶八咏樓刻本

版框：18.8×14.1　九行二十字　黑口黑單魚尾　四周單邊　尺寸：27.7×17.6　裝訂：金鑲玉

存卷數：七十一家七十一卷　冊數：三十冊　《國家名録》：07432　《省名録》：02134

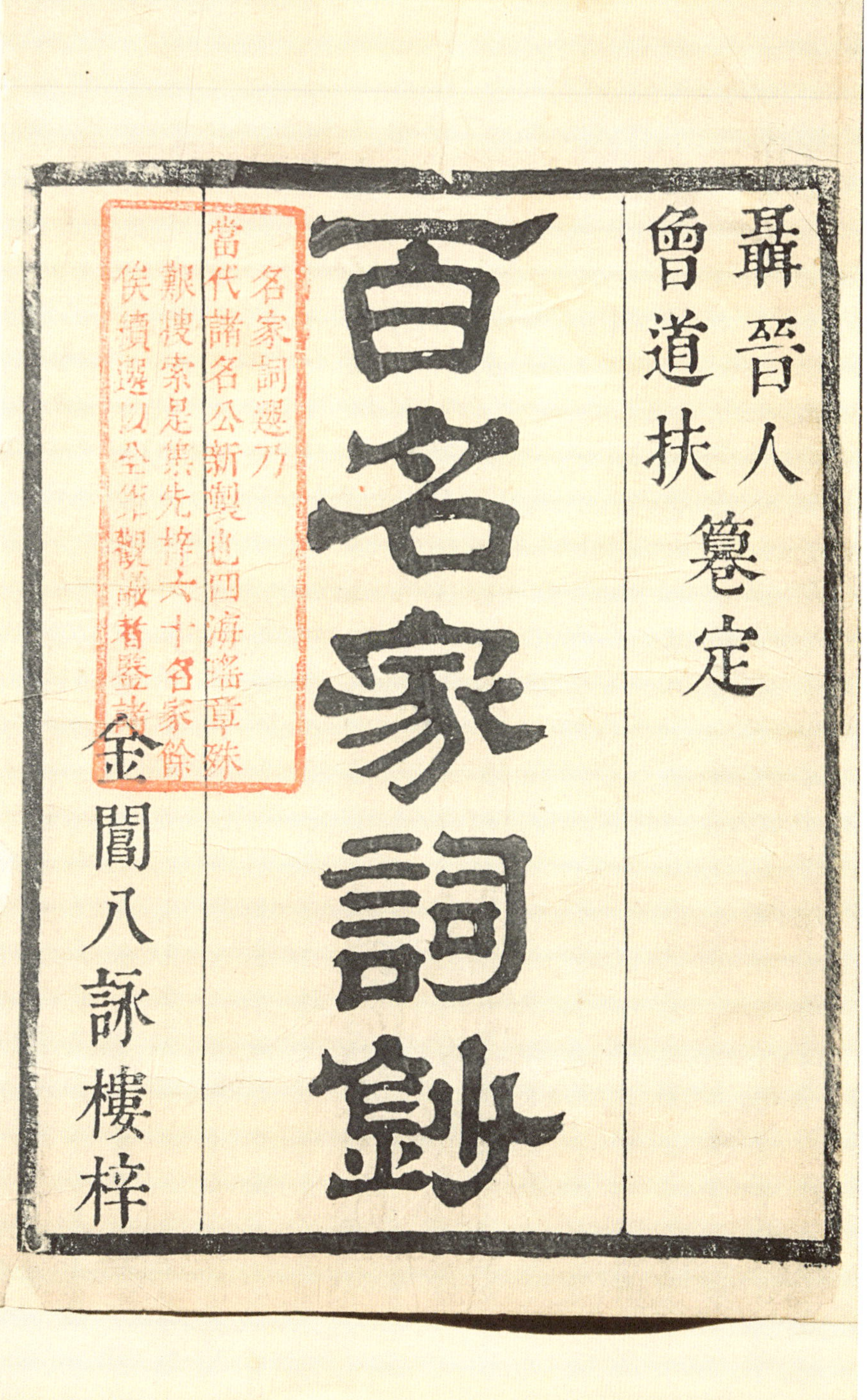

聶晉人
曾道扶 篹定
百名家詞鈔
名家詞選乃
當代諸名公新製也四海瑤章殊
艱搜索是集先梓六十名家餘
俟續選以公竝觀識者鑒諸
金閶八詠樓梓

名家詞鈔

廬陵　聶先　晉人
長水　曾王孫　道扶　　纂定

總目

46742　偶記十卷蘭畹居清言十卷　（明）鄭仲夔撰　明萬曆四十五年（1617）刻本

版框：20.9×13.9　八行十八字　白口無魚尾　四周單邊　尺寸：27.2×15.8　冊數：八冊　《省名録》：02301

蘭畹居清言卷之一

信州鄭仲夔龍如撰

門人劉茂椿靈元次

德行

公涉穆遊太學無資糧乃變服客傭爲吳季英賃舂吳與語大驚遂共定交杵舂間

蔡中郎性篤孝母滯病三年邕自非寒暑節

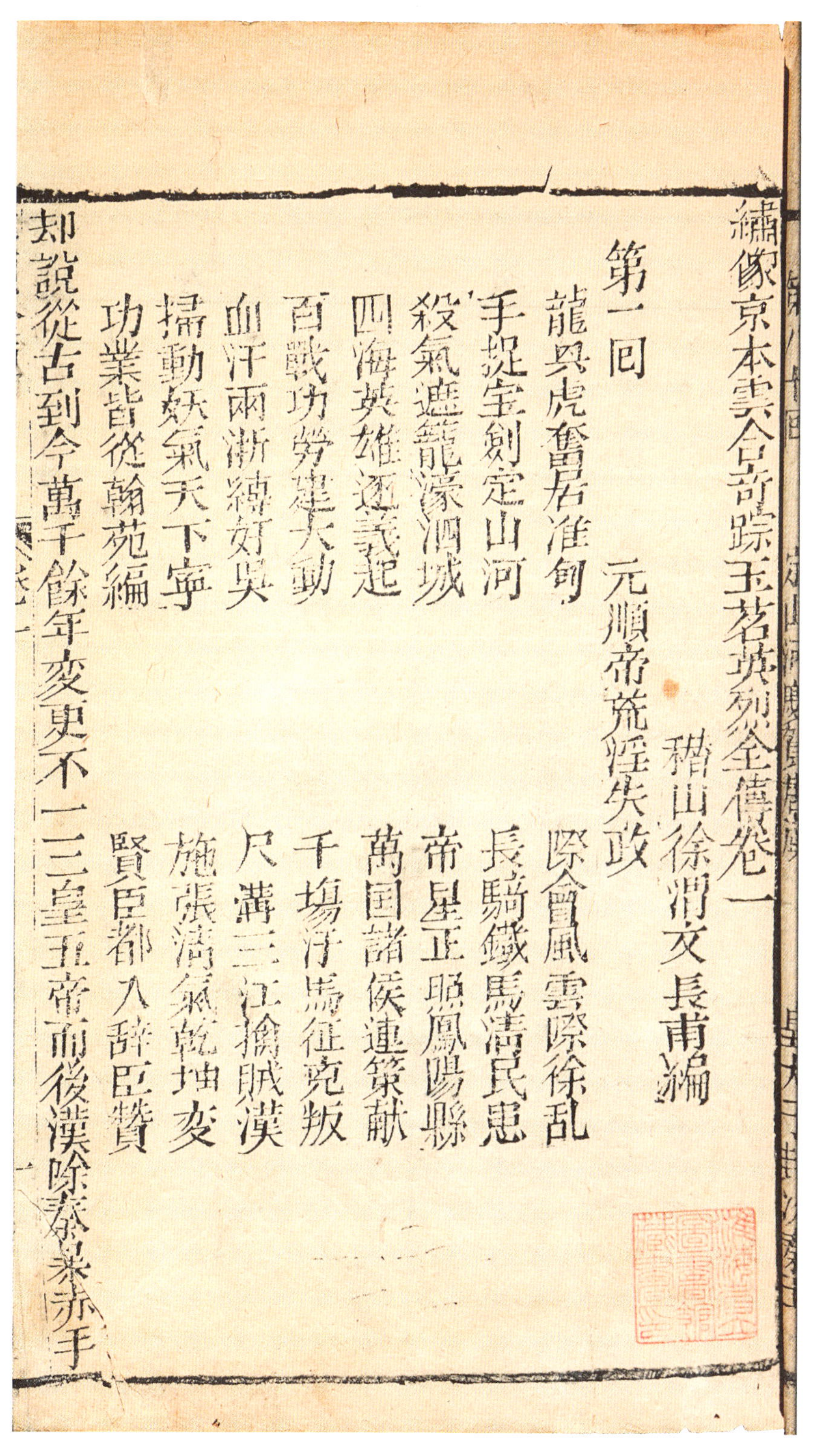

12900　繡像京本雲合奇踪玉茗英烈全傳十卷八十回　（明）徐渭撰　明萬曆积秀堂刻清東山主人重修本

版框：20×13.4　十二行二十六字　白口黑單魚尾　四周單邊　尺寸：23.5×15.2　裝訂：金鑲玉

册數：六册　《省名録》：01916

朱太祖

满屋红光释
瑞绕尔形像
上逢真龍群
耍闲戲山坡
下暗有星辰
辅圣君

孟憨

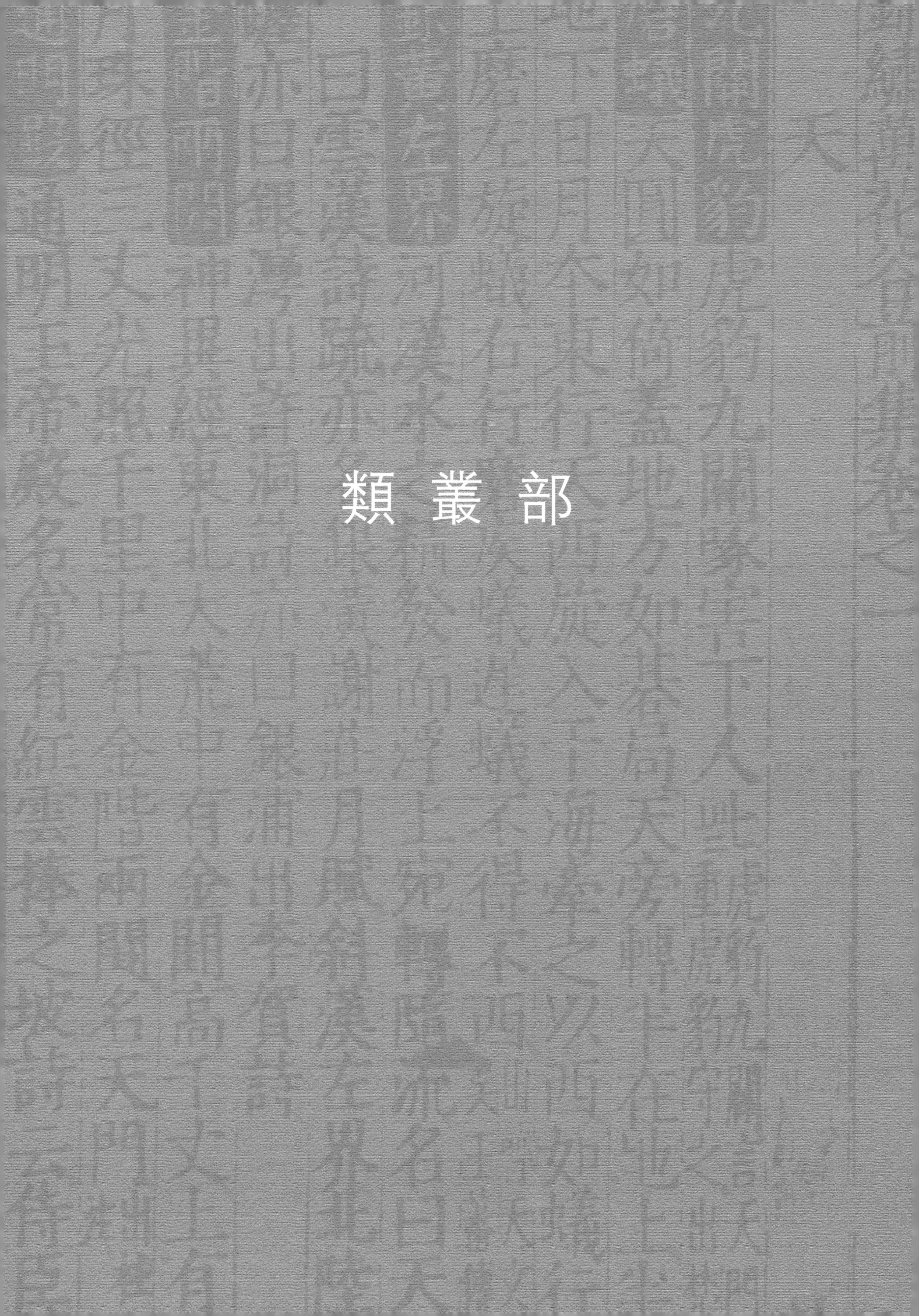

類叢部

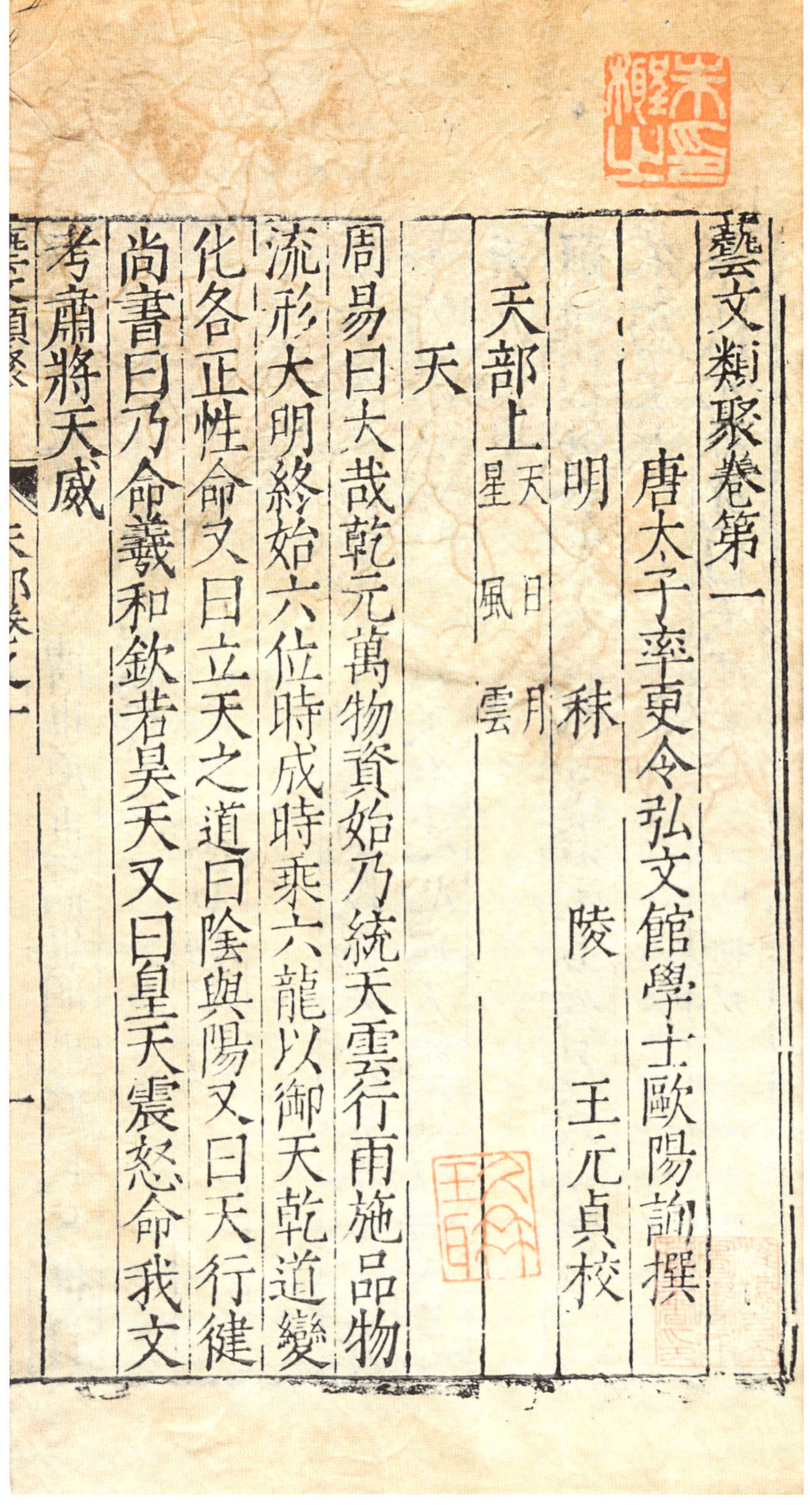

20556　藝文類聚一百卷　（唐）歐陽詢輯　明萬曆十五年（1587）王元貞刻本

版框：20×14　十行二十字　白口黑單魚尾　左右雙邊　尺寸：25.3×16.3　冊數：二十四冊

《善本書目》：子部9195

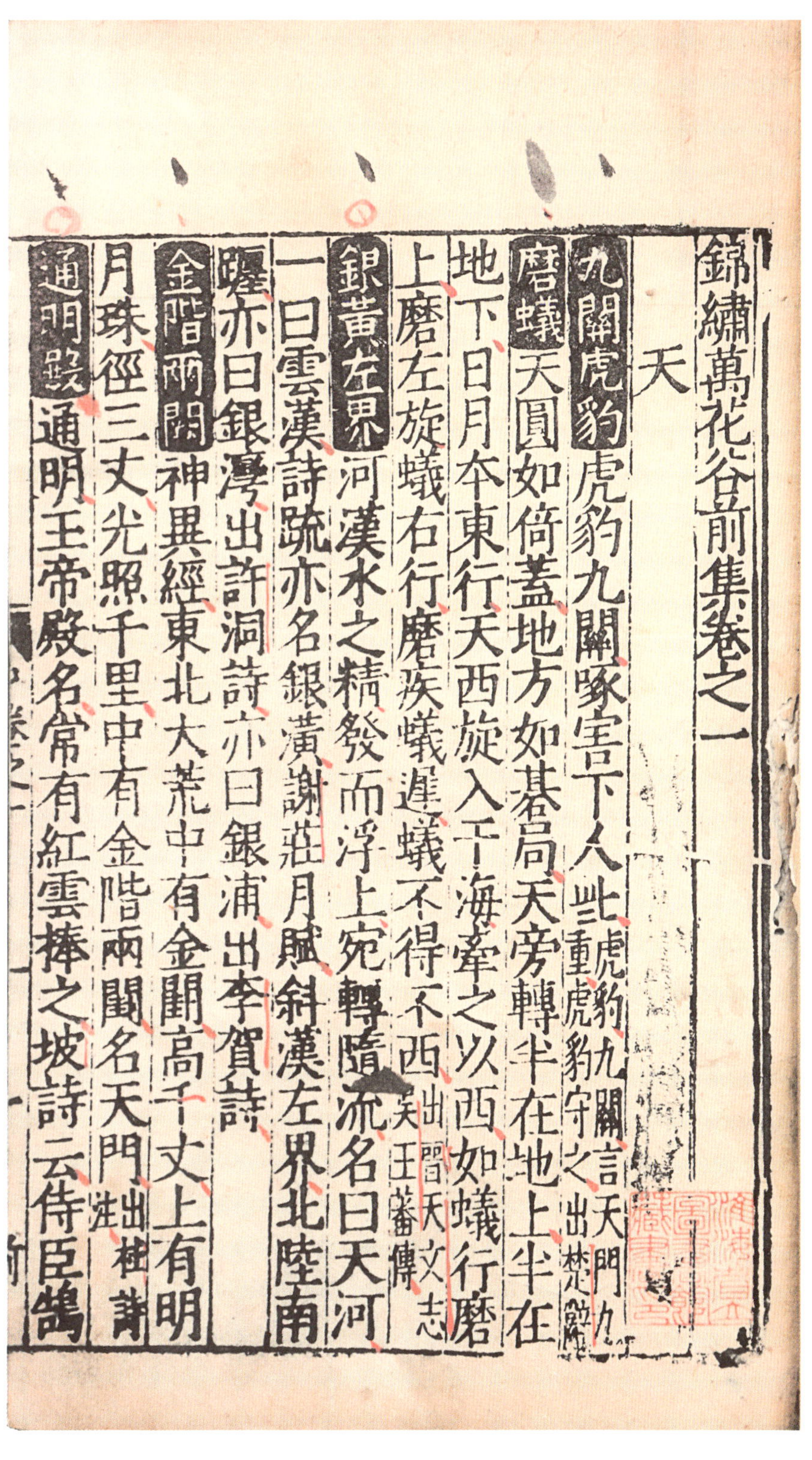

47354　錦繡萬花谷前集四十卷後集四十卷續集四十卷　（宋）佚名輯　明嘉靖十五年（1536）錫山秦汴綉石書堂刻本

版框：19×13.2　十二行二十一字雙行小字二十一　白口黑單魚尾　左右雙邊　尺寸：24×15.5

存卷數：缺前集三、四卷　册數：四十册　《省名録》：0734

新編古今事文類聚前集卷之二

建安　祝穆　和父　編

金陵　唐富春　子和　刊

天道部

天

羣書要語　天顛也至高無上從一大也說文　大哉乾元萬物資始乃統天雲行雨施品物流形乾卦　天行健同上　今夫天斯昭昭之多及其無窮也日月星辰繫焉萬物覆焉中庸　上天之載無聲無臭大雅　天何言哉四時行焉百物生焉論語　天之蒼蒼其色正邪莊子　域中有四大一曰天大老子　天得一以清

新編古今事文類聚前集　卷之二

15913　新編古今事文類聚前集六十卷後集五十卷續集二十八卷別集三十二卷　（宋）祝穆輯　新集三十六卷外集十五卷　（元）富大用輯　遺集十五卷　（元）祝淵輯　明萬曆三十二年（1604）書林唐富春德壽堂刻本

版框：21.5×15　十一行二十二字　白口黑單魚尾　四周單邊　尺寸：24.5×15.6　冊數：六十四冊　《善本書目》：集部9449

夫子論太極

易有太極是生兩儀兩儀生四象四象生八卦八卦定吉凶吉凶生大業易繫

莊子論太極

夫道在太極之先而不爲高在太極之下而不爲深先天地而不爲久長於上古而不爲老豨韋氏得之以挈天地伏羲得之以襲氣母維斗得之終古不忒日月得之終古不息堪杯得之以襲崑崙馮夷得之以遊大川肩吾得之以處太山黄帝得之以登雲天顓帝得之以處玄宫禺强得之以立乎北極王母得之坐乎少廣莫知其終大宗師篇

前集六十卷　後集五十卷　續集二十八卷

別集三十二卷　以上宋祝穆撰

新集三十六卷　外集十五卷　遺集十五卷

新外集元富大用撰　遺集元祝淵撰

共二百三十卷　計六十四本　孫廣霈敬注

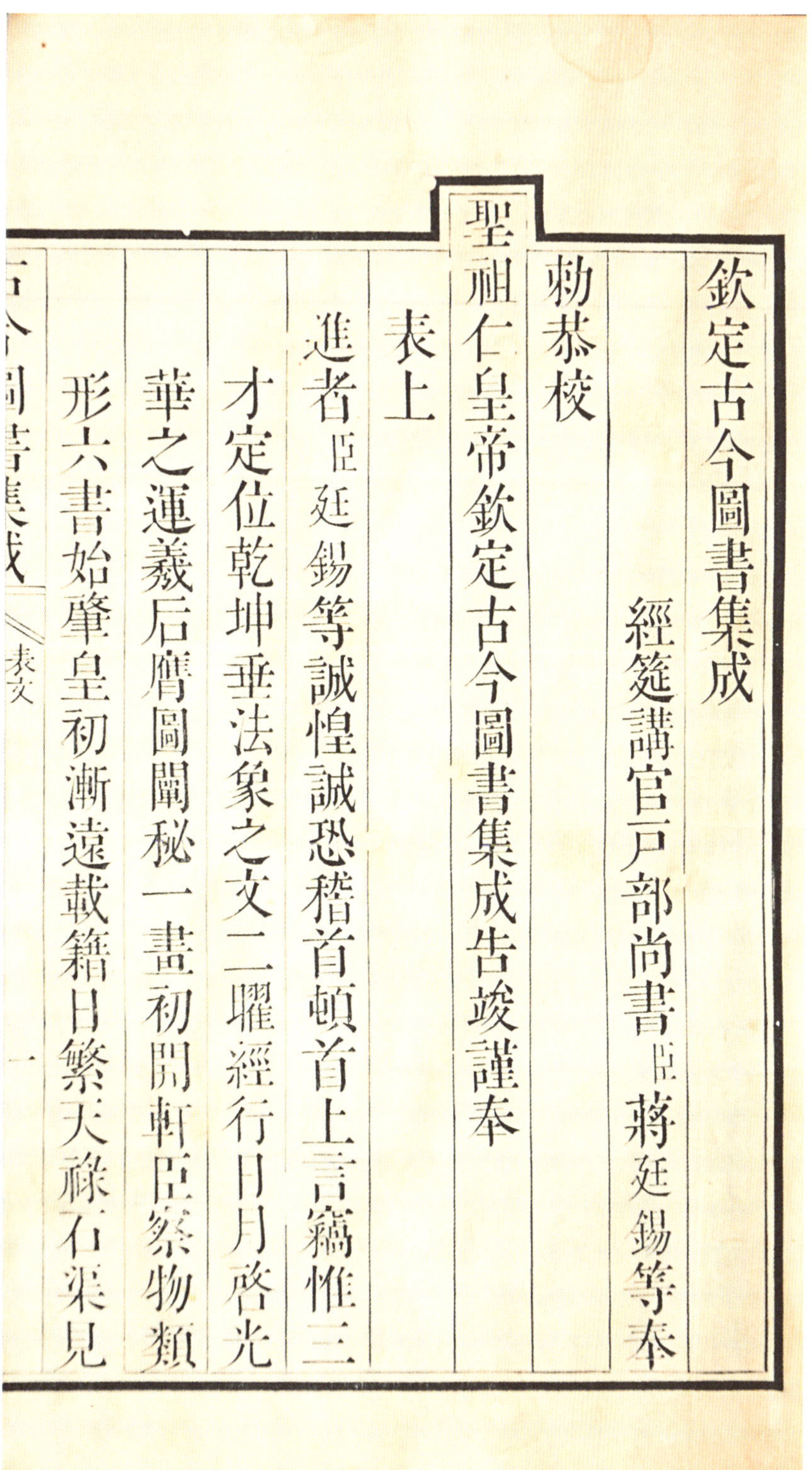

37107　欽定古今圖書集成一萬卷目録四十卷　（清）蔣廷錫　（清）陳夢雷等輯　清雍正四年（1726）武英殿銅活字本

版框：21.4×14.8　九行二十字雙行小字二十　白口白單魚尾　四周雙邊　尺寸：27×17　册數：五千二十册　《善本書目》：子部10213　《國家名録》：01948　《省名録》：1502

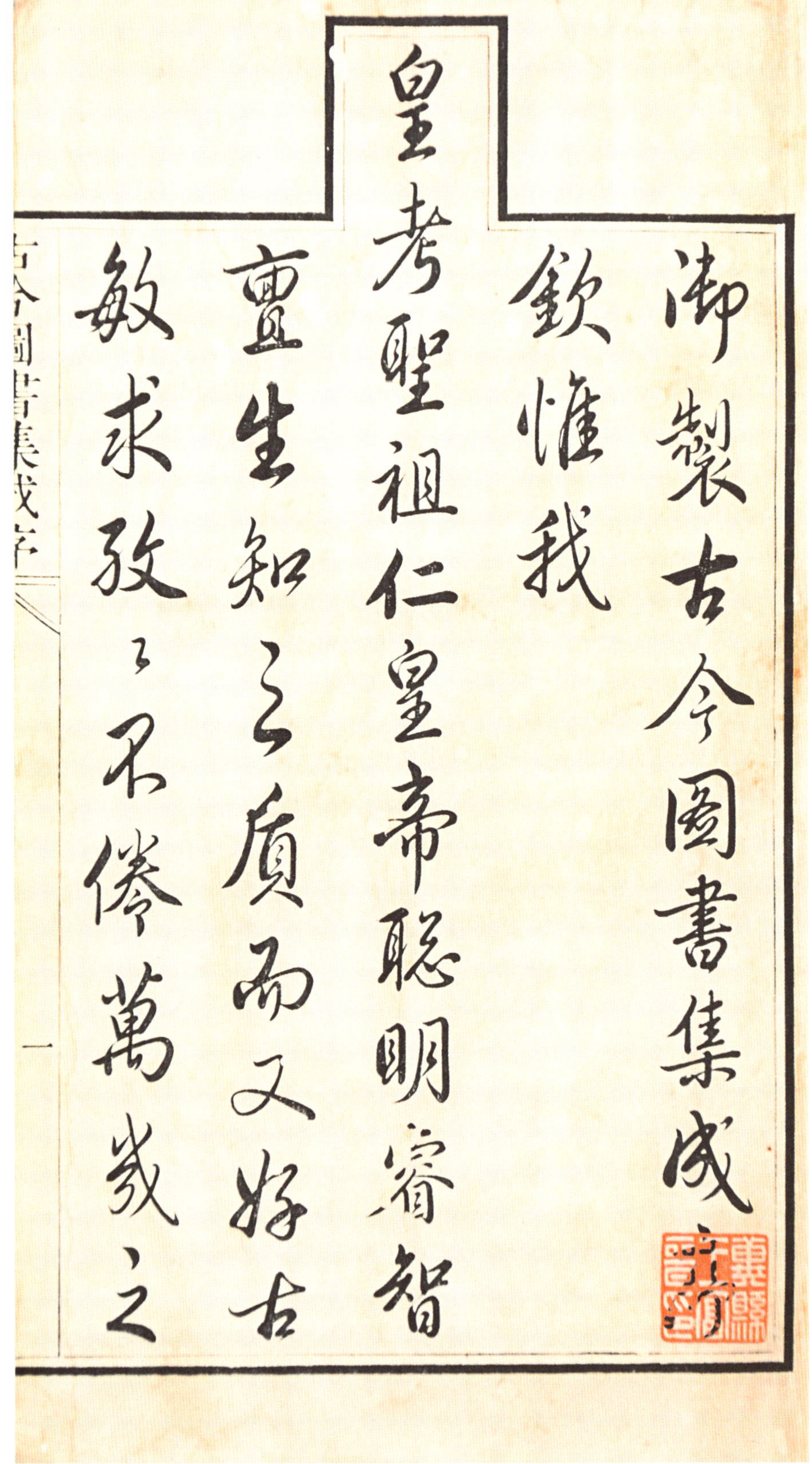

御製古今圖書集成序

欽惟我

皇考聖祖仁皇帝聰明睿智

亶生知之質而文好古

敏求孜孜不倦萬幾之

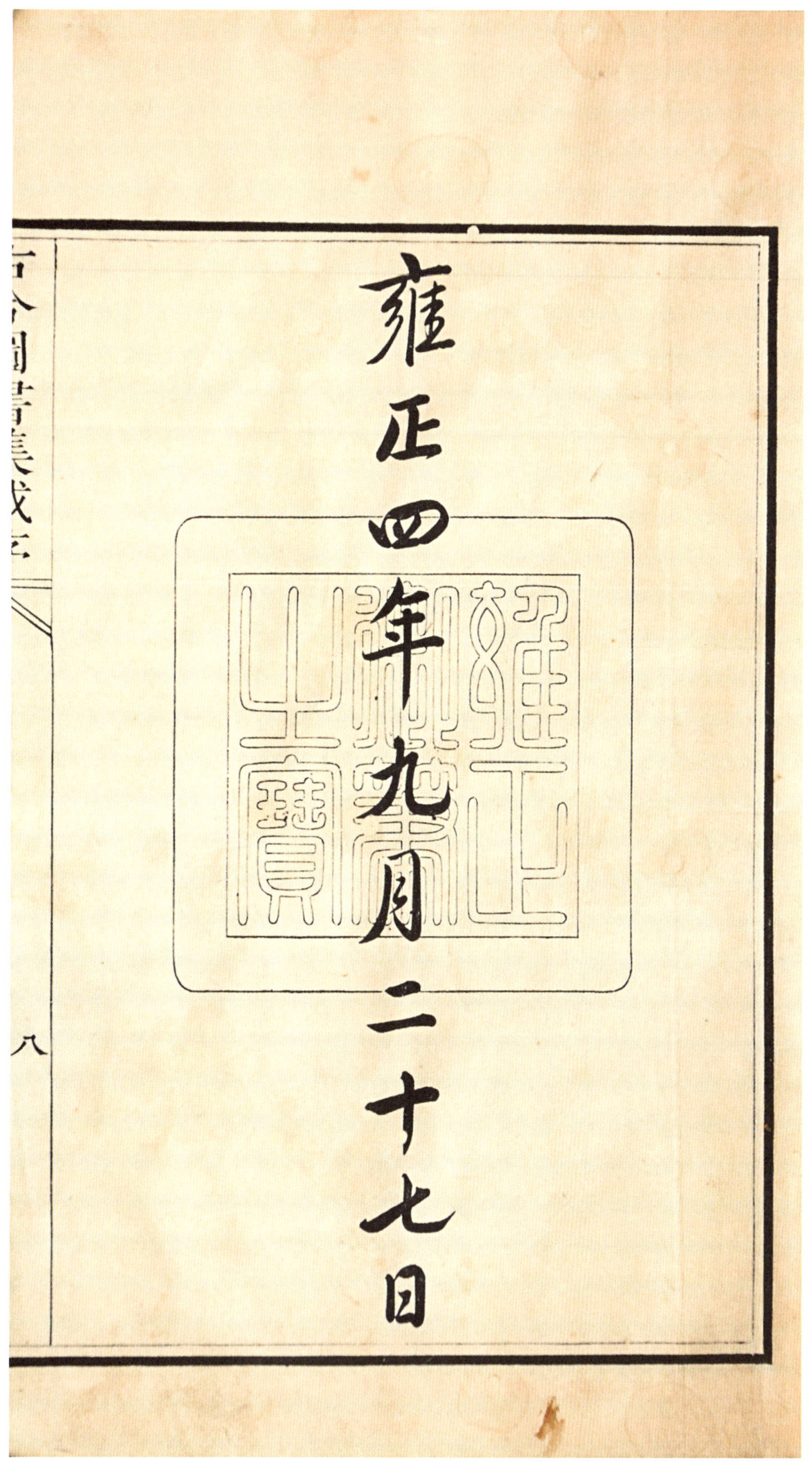
古今圖書集成序
八
雍正四年九月二十七日
雍正御覽之寶

聞

雍正三年十二月二十七日經筵講官戸部尚書臣蔣廷錫等

上

表

欽定古今圖書集成總目

曆象彙編

乾象典　二十一部一百卷

歲功典　四十三部一百一十六卷

曆法典　六部一百四十卷

庶徵典　五十部一百八十八卷

方輿彙編

坤輿典　二十一部一百四十卷

職方典　二百二十三部一千五百四十四卷

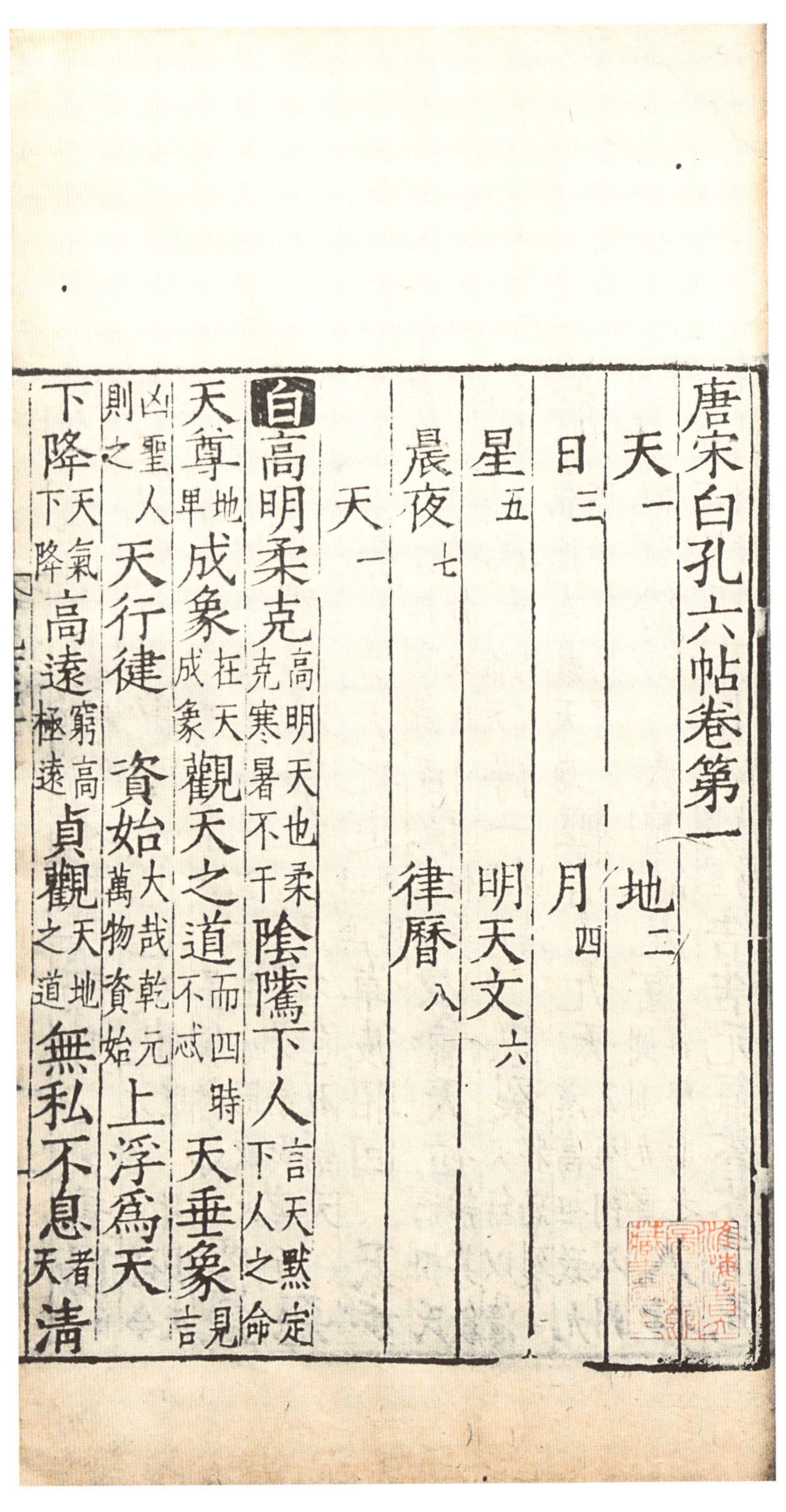

唐宋白孔六帖卷第一

天一　地二

日三　月四

星五　明天文六

晨夜七　律曆八

天一

白高明柔克高明天也柔克寒暑不干陰騭下人言天默定下人之命天尊地卑成象在天成象觀天之道而四時不忒天垂象言見凶聖人則之天行健資始大哉乾元萬物資始上浮爲天下降天氣下降高遠窮高極遠貞觀天地之道貞觀者無私不息天清

22535　唐宋白孔六帖一百卷目録二卷　（唐）白居易　（宋）孔傳輯　明刻本

版框：19.2×15　十行十八字雙行小字十八　白口白單魚尾　左右雙邊　尺寸：28.3×17.3　册數：二十五册　《善本書目》：子部9274

唐宋白孔六帖序

陵陽韓　駒　子蒼

唐白居易攟摭諸書事提其要區分彙聚有益於世或謂白公文釆道德自足以託不朽顧爲此何歟古之君子學則與人共之未有獨善其身者也且其大者尚將發明以示後世況其細乎使學者不執業不佔畢而有博聞之益此仁

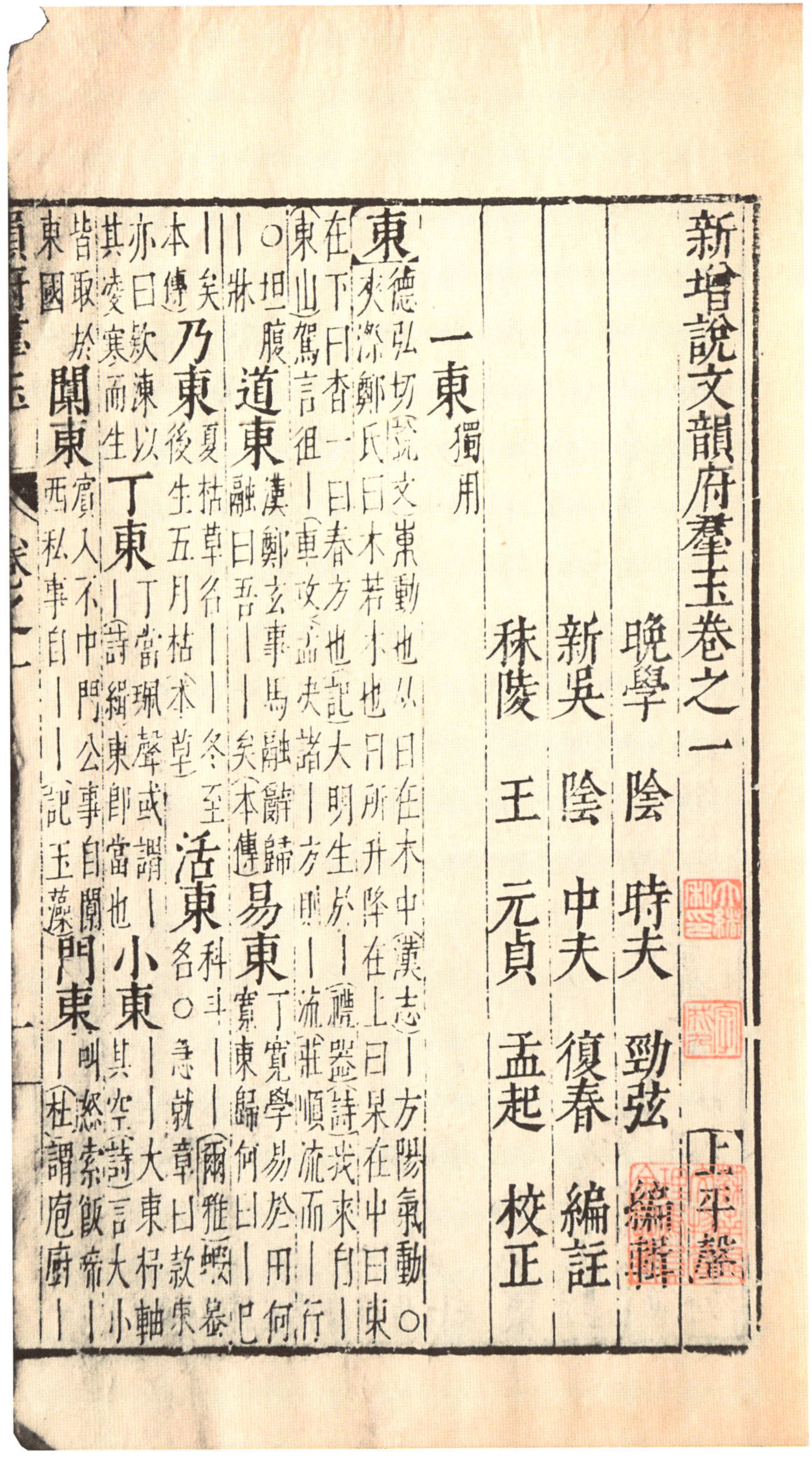

53003　新增說文韻府羣玉二十卷　（元）陰時夫輯　（元）陰中夫注　明萬曆十八年（1590）王元貞刻本

版框：21.6 × 14.4　十一行二十二字雙行小字二十二　白口黑單魚尾　左右雙邊　尺寸：26.8 × 17.4　册數：十册　《省名録》：02314

韻府羣玉序

元人陰氏兄弟著韻府羣玉京師舊有槔本歲久板漶漫難讀學士病焉吾友王孟起秣陵人也家藏墳典于書無所不窺學富半豹目無全牛詩歌之暇校而新之洗魚魯金根之繆音釋既明剞劂尤精

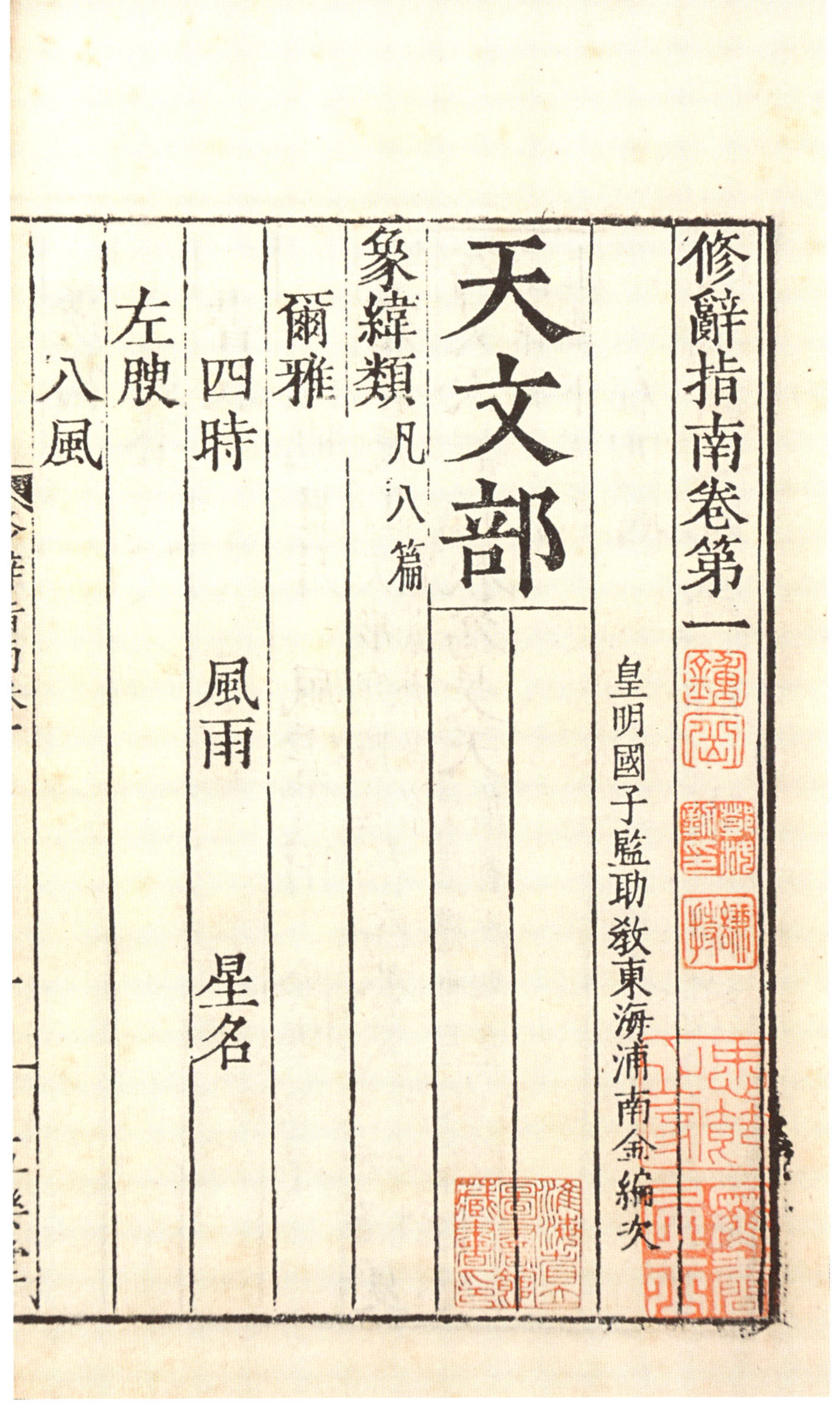
修辭指南卷第一

皇明國子監助教東海浦南金編次

天文部

象緯類 凡八篇

爾雅

四時 風雨 星名

左腴

八風

21738　修辭指南二十卷　（明）浦南金輯　明嘉靖三十六年（1557）浦氏五樂堂刻本

版框：18.7×13.5　九行十八字雙行小字十八　白口黑單魚尾　左右雙邊　尺寸：24.5×16.5　册數：六册　《善本書目》：子部9760　《國家名録》：01933　《省名録》：1497

修辭指南序

傳曰、述事者必舉其要、纂言者必鉤其玄、是故纂述之家如杜君卿之通典、王伯厚之玉海等書、其考覈非不詳、蒐輯非不廣、而篇帙浩瀚、如涉大海、茫無津涯、讀者苦之、吳郡海濱浦先生、夙稟異資、晚窺

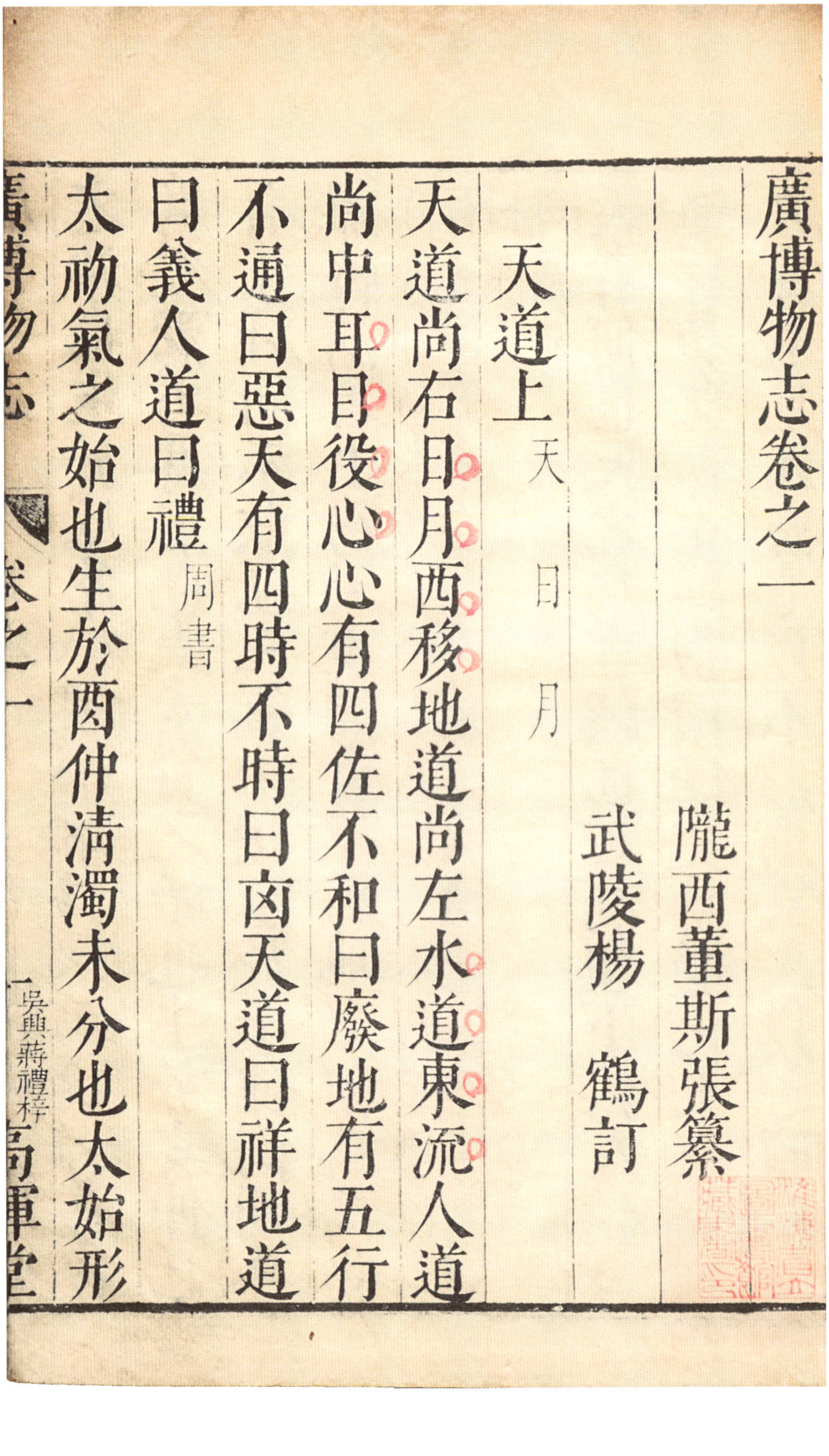

廣博物志卷之一

隴西董斯張纂

武陵楊　鶴訂

天道上　天　日　月

天道尚右日月西移地道尚左水道東流人道尚中耳目役心心有四佐不和曰廢地有五行不通曰惡天有四時不時曰凶天道曰祥地道曰義人道曰禮　周書

太祕氣之始也生於酉仲清濁未分也太始形

廣博物志　卷之一　吳興蔣禮梓　高暉堂

23017　廣博物志五十卷　（明）董斯張輯　明萬曆高暉堂刻本

版框：20.8×15.2　九行十八字　白口黑單魚尾　四周單邊　尺寸：25×16.5　冊數：二十四冊

《省名録》：02322

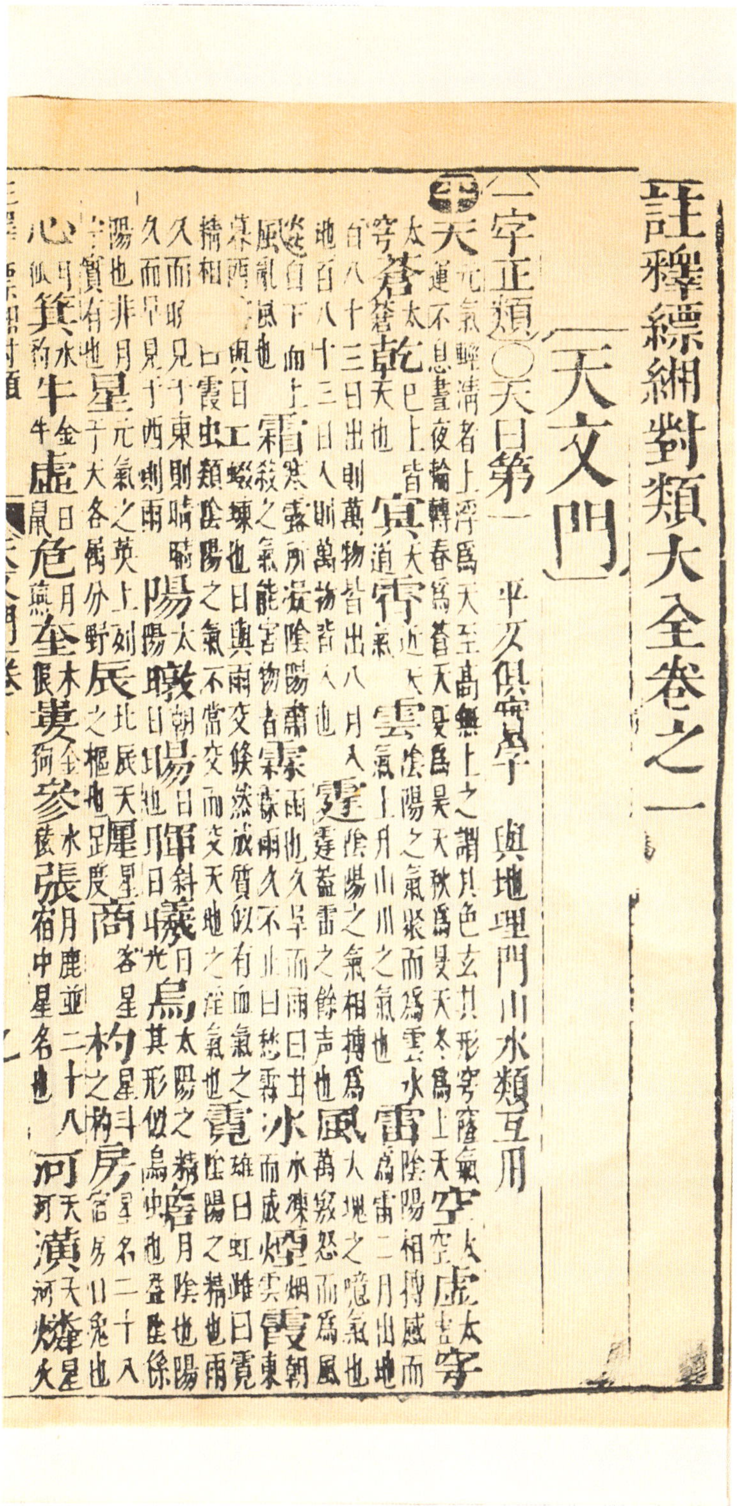

13174　註釋標緗對類大全二十卷詩對一卷詩對押韻三卷　明末刻本

版框：22.3 × 13.2　十一行三十字雙行小字三十　白口黑單魚尾　四周單邊　尺寸：27（23.9）× 15.8　裝訂：金鑲玉　冊數：十六冊　《省名録》：01928

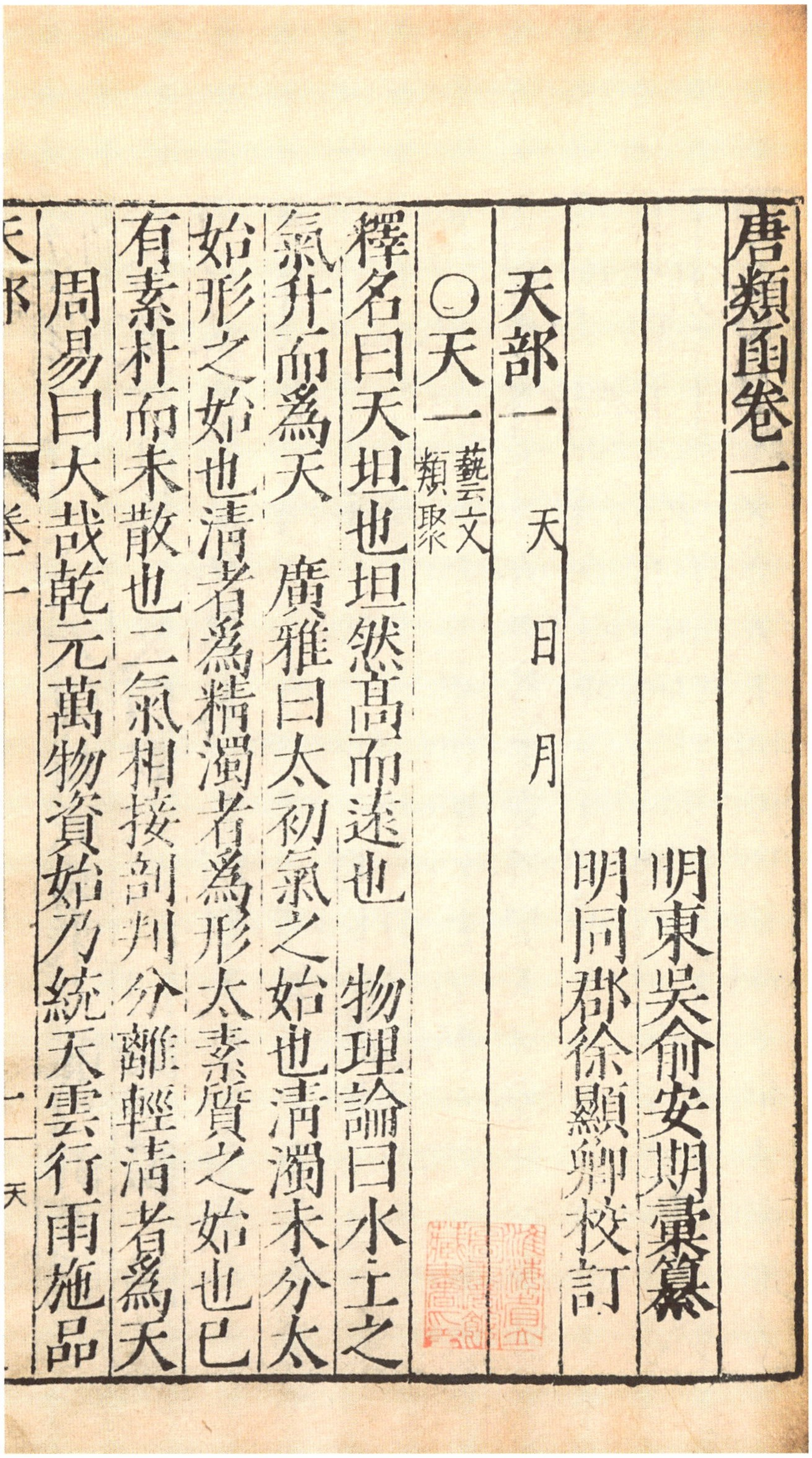
唐類函卷一

明東吴俞安期彙纂

明同郡徐顯卿校訂

天部一　天　日　月

〇天一 藝文類聚

釋名曰天坦也坦然高而遠也　物理論曰水土之
氣升而爲天　廣雅曰太初氣之始也清濁未分太
始形之始也清者爲精濁者爲形太素質之始也已
有素朴而未散也二氣相接剖判分離輕清者爲天
周易曰大哉乾元萬物資始乃統天雲行雨施品

天部　卷一　一　天

22363　唐類函二百卷目録二卷　（明）俞安期輯　明萬曆三十一年（1603）刻本

版框：20.7×14.8　十行二十字雙行小字二十　下黑口黑單魚尾　四周單邊　尺寸：25.6×16.8

册數：八十册　《省名録》：02320

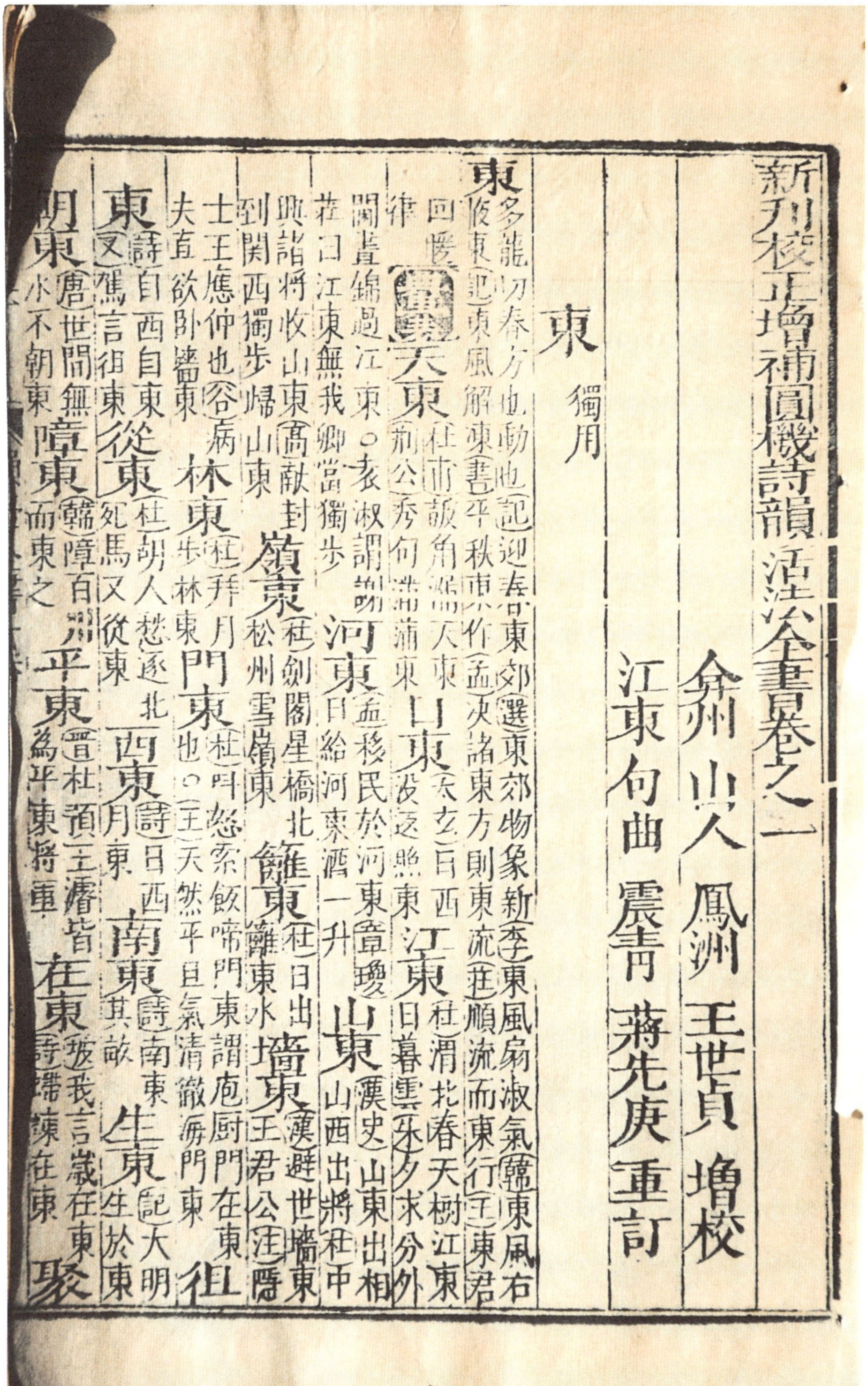
新刊校正增補圓機詩韻活法全書卷之一
弇州 山人 鳳洲 王世貞 增校
江東 句曲 震青 蔣先庚 重訂
東
獨用

52128　新刊校正增補圓機詩韻活法全書十四卷　明末刻本

版框：21.5×15.6　十一行三十字雙行小字三十　白口黑單魚尾　四周/左右雙邊　尺寸：26.3×17

册數：五册　《省名録》：02317

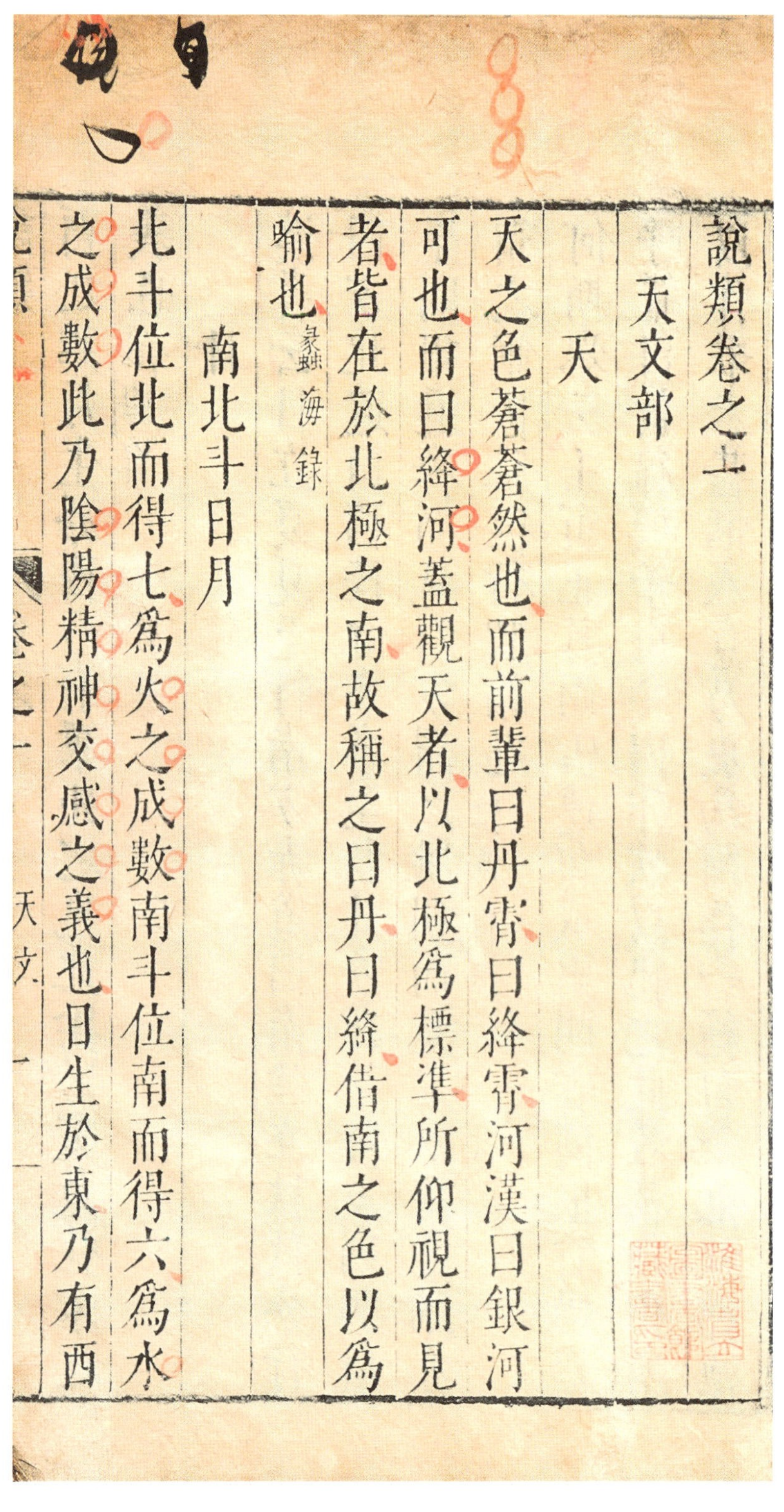

22153　說類六十二卷　（明）葉向高輯　明萬曆刻本

版框：22.5 × 15　十行二十字　白口黑單魚尾　左右雙邊　尺寸：27.6 × 17　册數：八册　《善本書目》：子部8299

說類序

稗官家言自三代時已有而後莫盛於唐宋學者多棄而不道然其間紀事固有足補正史之所未及而格言眇論微辭警語讀之往往令人心開目明手舞

文則野此野史也禮失而求諸
野吾方欲以救史之失焉用文
客唯唯請述而弁其端客部名
茂槐余里人

福唐葉向高書

稗存卷之一

天文部

天

天之色蒼蒼然也而前輩曰丹霄曰絳霄河漢曰銀河可也而曰絳河蓋觀天者以北極爲標準所仰視而見者皆在於北極之南故稱之曰丹曰絳借南之色以爲喻也 蠡海錄

南北斗日月

北斗位北而得七爲火之成數南斗位南而得六爲水之成數此乃陰陽精神交感之義也日生於東乃有西

稗存　卷之一　天文　一

16067　稗存六十二卷　（明）葉向高輯　明刻本

版框：22.4×14.8　十行二十一字　白口黑單魚尾　左右雙邊　尺寸：25×16　冊數：二十八冊

《省名録》：0346

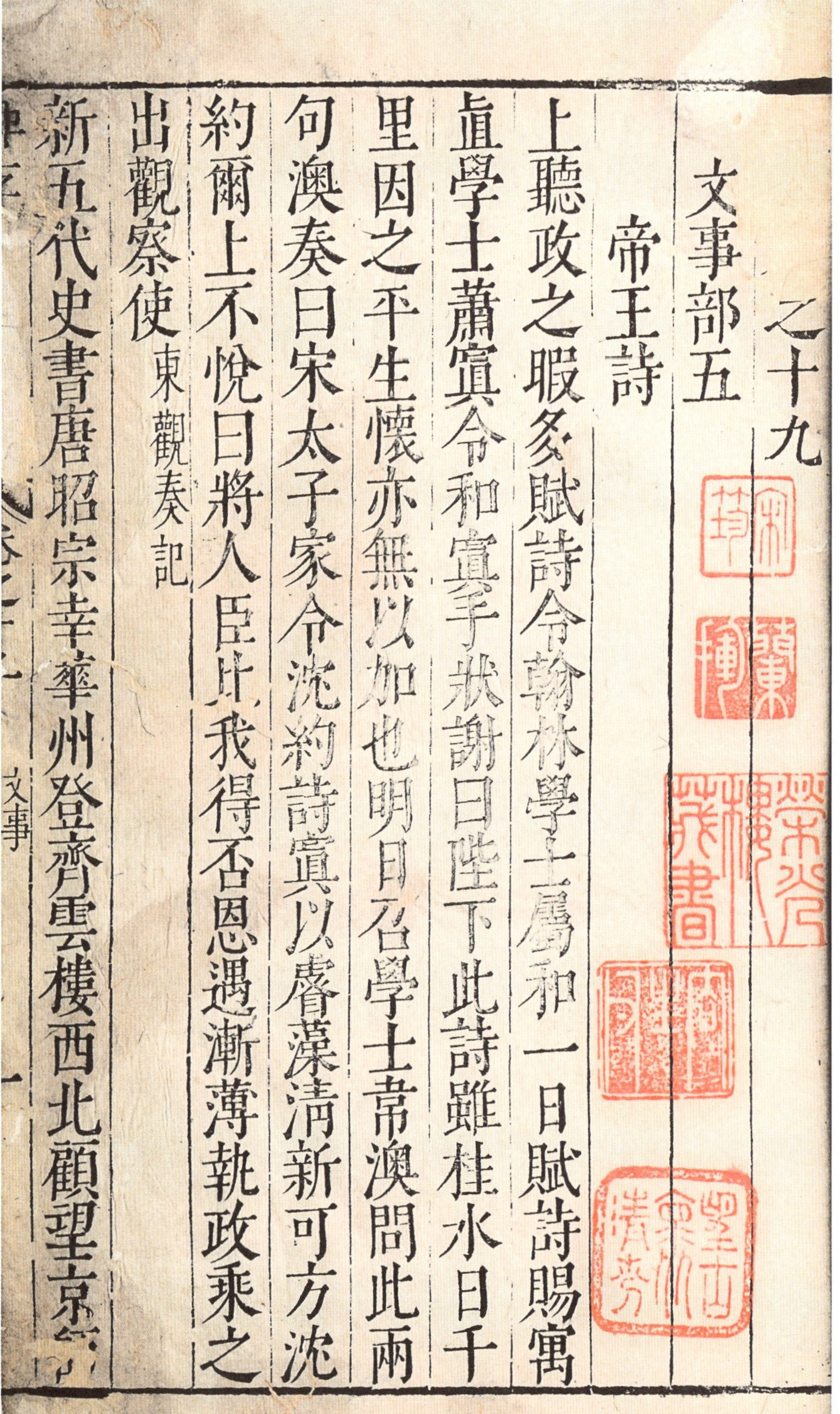

之十九

文事部五

帝王詩

上聽政之暇多賦詩令翰林學士屬和一日賦詩賜寓直學士蕭寘令和寘上狀謝曰陛下此詩雖桂水日千里因之平生懷亦無以加也明日召學士常澳問此兩句澳奏曰宋太子家令沈約詩寘以睿藻清新可方沈約爾上不悅曰將人臣比我得否恩遇漸薄執政乘之出觀察使 東觀奏記

新五代史書唐昭宗幸華州登齊雲樓西北顧望京師

增訂二三場羣書備考卷之一

古吳袁　黄坤儀甫著　袁　儼若思甫注

洪吉臣載之甫　沈昌世伯文甫

西湖　閱

龔五薇華茂甫　徐行敏幼魯甫訂

聖製

易曰大人虎變其文炳也詩云追琢其章金玉其相楊子曰聖人之言炳若丹青又曰聖人矢口而成言肆筆而成書呂東萊曰聖人之文與天地並綜以元氣之機軸斷以陰陽之斧斤濯以江漢之波瀾潄以雲漢之黼

羣書備考　卷一　聖製　一

47667　增訂二三場羣書備考四卷　（明）袁黄撰　（明）袁儼注　明崇禎大觀堂刻本

版框：20.8×14.2　九行二十字雙行小字二十　白口白單魚尾　四周單邊　尺寸：26.4×15.8　册數：八册　《善本書目》：子部9883

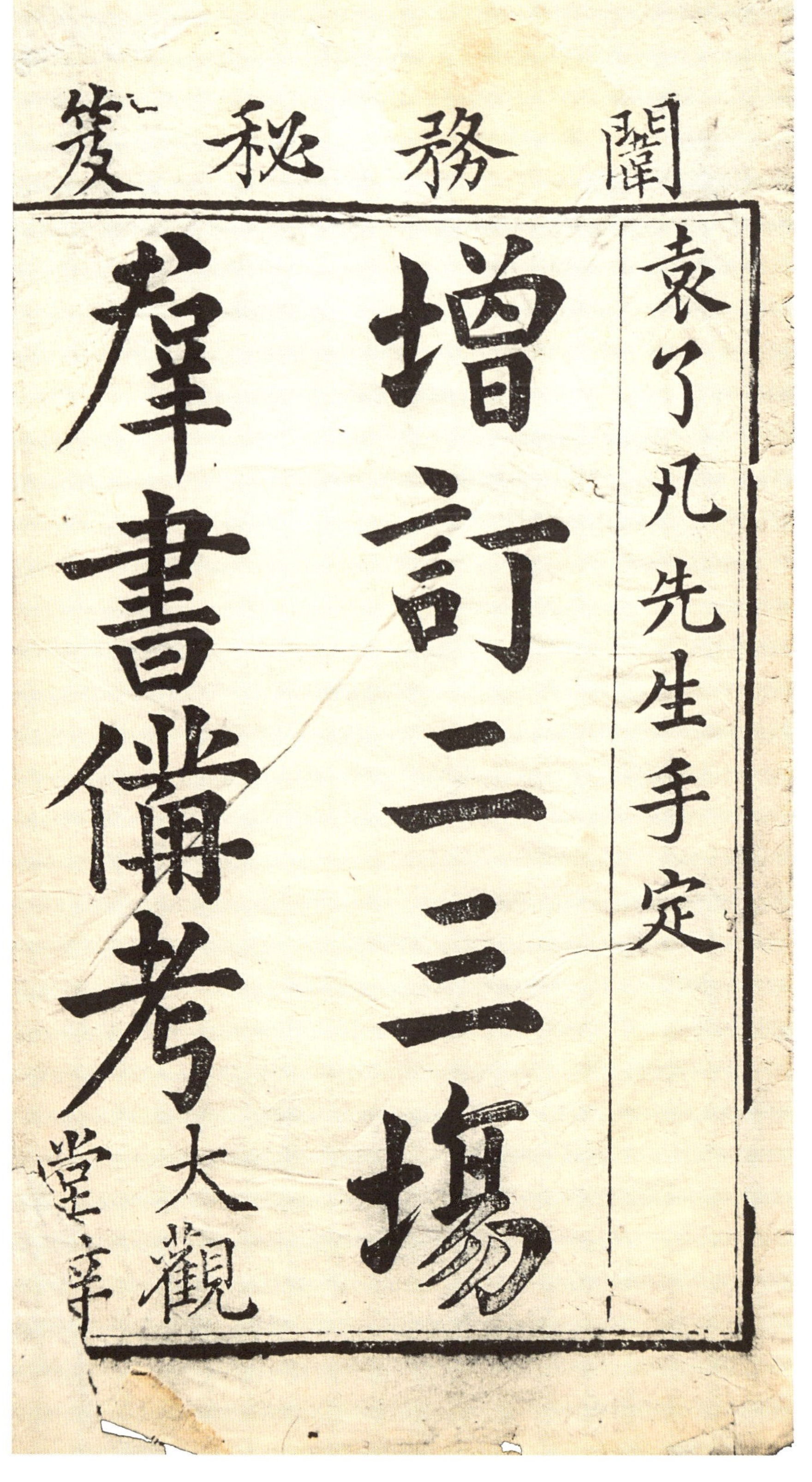
闈務秘笈
袁了凡先生手定
增訂二三場羣書備考
大觀堂

潛確居類書卷之一

史官陳仁錫明卿父纂輯

玄象部一　形氣　日　月　星一

形氣

堪輿○張晏曰堪輿天地總名也

陰陽○〔易〕立天之道曰陰與陽○成公綏天地賦體而言之則曰兩儀假而言之則曰乾坤氣而言之則曰陰陽性而言之則曰剛柔色而言之則曰玄黃

渾元○幽通賦渾元運物○師古曰渾元天地之氣

潛確類書　卷之一　玄象部一　形氣

9673　潛確居類書一百二十卷首一卷　（明）陳仁錫輯　明崇禎刻本

版框：21.4×15　十行二十字雙行小字二十　白口黑單魚尾　四周單邊　尺寸：25.3×16.7　册數：八十册　《善本書目》：子部10049

潛確居類書序

類從乾道起本乎天者親
上本乎地者親下則各從
其類也類聚而羣分惟本
之是吕聚之聚之是吕親

八編類纂卷之一

圖書編

六經類

易

漢儒所說龜文可證者，莫如大戴禮經注之言，大抵圖書之說，至宋始詳，其源發于希夷，而劉牧亦從范諤昌傳希夷之學，其紊亂圖書，特錯午言之以祕其術爾。熊朋來辯河圖洛書

孰知河圖洛書者，皆伏羲之所以作易，而洪範九疇則禹之所自敘，而非洛書也。陰陽奇偶之數，洪範無

22681　八編類纂二百八十五卷圖二卷六經圖六卷　（明）陳仁錫輯　明天啓刻本

版框：21×14.2　十行二十字　白口黑單魚尾　四周單邊　尺寸：26.7×17　册數：二百二十册

《省名録》：02326

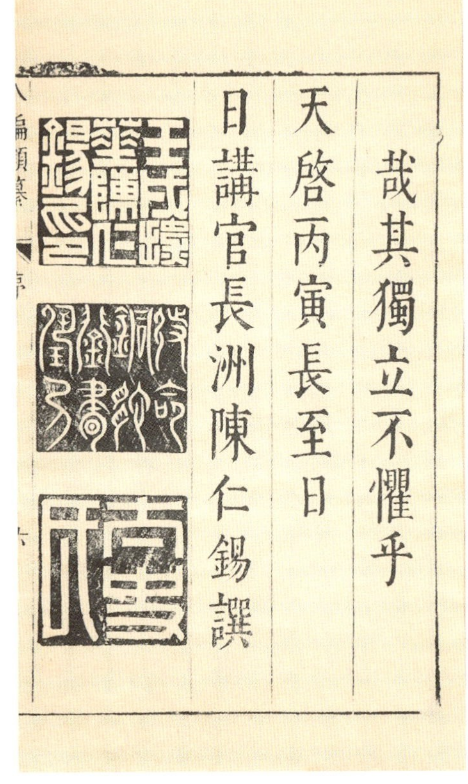

哉其獨立不懼乎

天啓丙寅長至日

日講官長洲陳仁錫譔

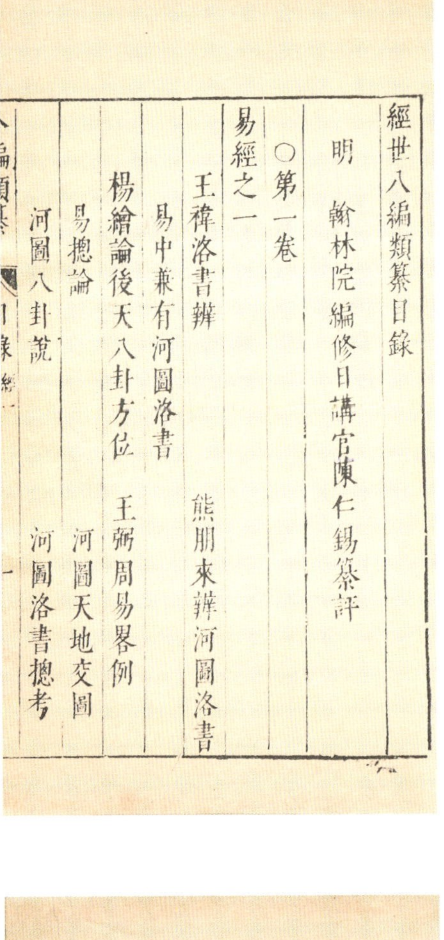

經世八編類纂目錄

明　翰林院編修日講官陳仁錫纂評

〇第一卷

易經之一

王禕洛書辨　熊朋來辨河圖洛書

易中兼有河圖洛書

楊繪論後天八卦方位　王弼周易畧例

易揔論　河圖天地交圖

河圖八卦說　河圖洛書揔考

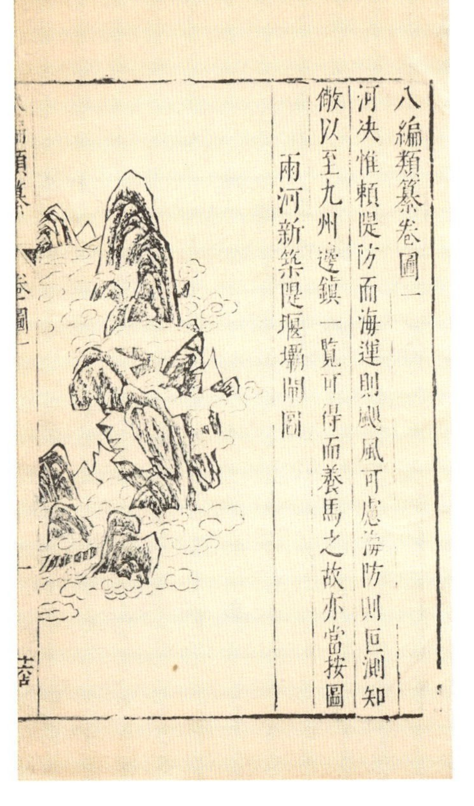

八編類纂卷圖一

河决惟賴隄防而海運則颶風可慮海防則巨測知

徼以至九州邊鎮一覽可得而養馬之故亦當按圖

兩河新築隄堰壩閘圖

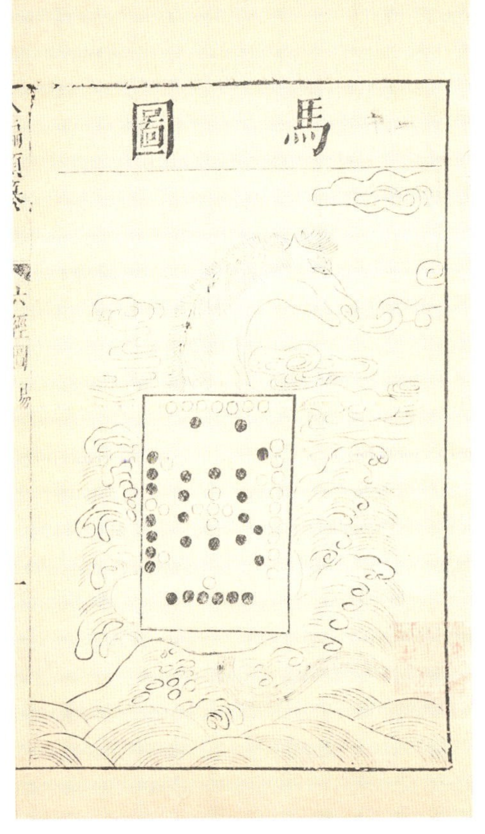

馬圖

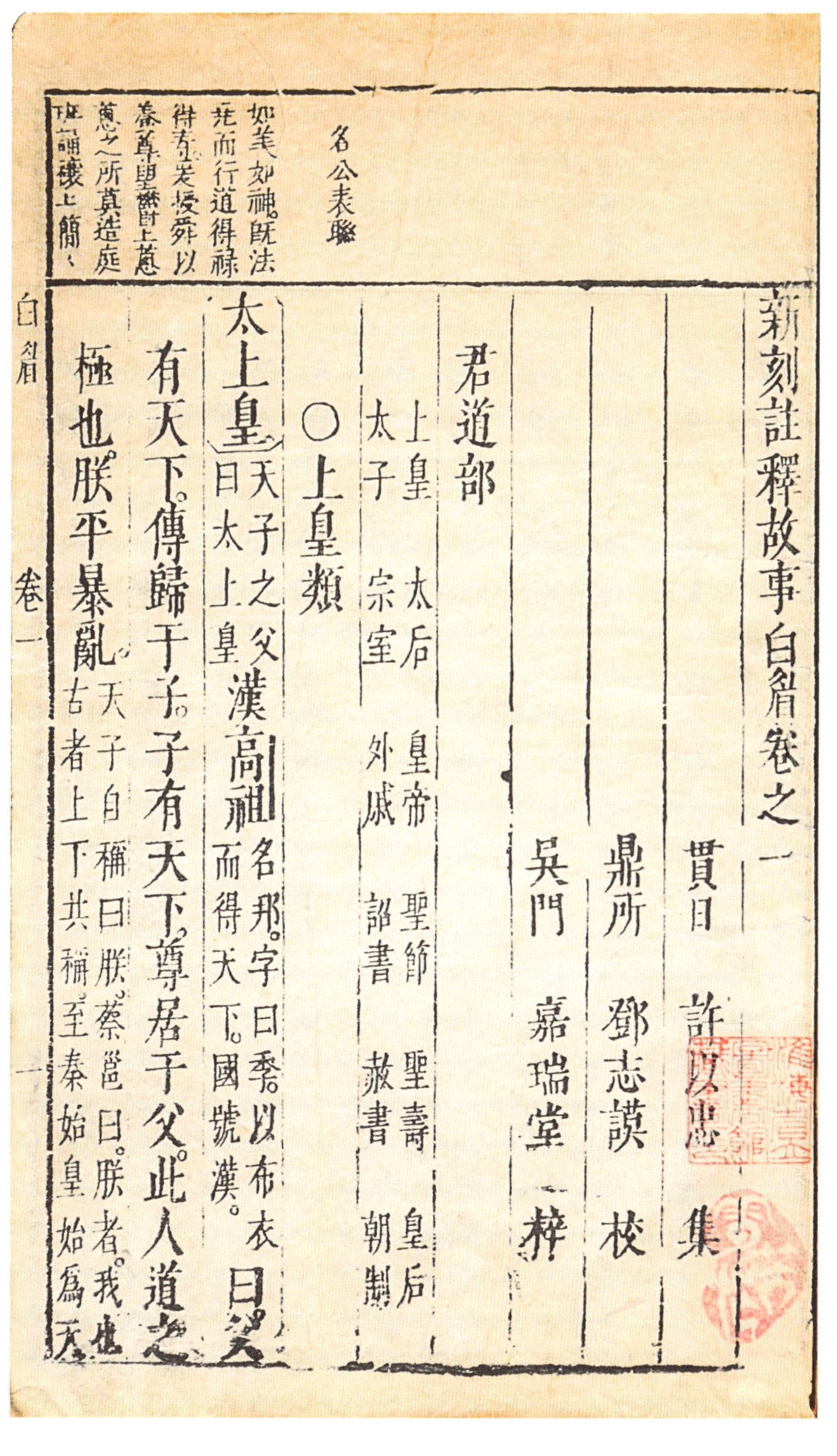

22018　新刻註釋故事白眉十卷　（明）許以忠輯　明金閶李碧泉嘉瑞堂刻本

版框：3.4+19×14.4　上下雙欄　十行二十字雙行小字二十　白口無魚尾　四周單邊　尺寸：24.3×15.4　册數：四册　《省名録》：02323

韻府拾遺卷一

上平聲　一東韻

東 唐韻正韻德紅切集韻韻會都籠切竝音蝀

〔補藻〕**北東** 書導沇水又丨丨入于海漢書地理志註師古曰丨折而丨也遼史地理志淶流河自西北南流遶京三面東

入于曲江其丨丨流爲按出河 **角東** 詩序情發于聲疏五聲之配五方丨丨商西徵南羽北宮中央 **沫東** 詩爰采葑矣丨

之丨矣〔按〕沫衛邑 **豐東** 詩丨水丨丨注箋豐邑在豐水之西鎬京在丨水之丨 **衛東** 詩式微箋黎國在衛西今所寓在丨

丨 **秦東** 詩渭陽疏雍在渭南水北曰陽晉在丨丨行必渡渭 **洛東** 詩鄭國譜疏濟西丨丨河南潁北是四水之間其子

男之國有十唯號鄶爲大又雒同史記鄭世家桓公東徙其民雒東而號鄶果獻十邑竟國之 **出東** 禮記日丨于丨月生于西

漢書天文志太白當期而出其國昌丨丨爲東方入爲北方出西爲西方入爲南方 **日東** 周禮地官大司徒以土圭之法測土

深正地景以求地中丨丨則景夕多風日西則景朝多陰 **薦東** 儀禮士冠禮冠者升筵坐左執爵右祭脯醢祭酒興筵末坐啐

酒降筵拜賓苔拜冠者奠爵于丨丨立于筵西唐書禮樂志皇帝帨手取觶以柶祭醴啐醴建柶奠觶于丨丨 **寢東** 儀禮燕禮

膳宰具官饌于丨丨 **几東** 儀禮士昏禮婦拜扱地坐奠菜于丨丨席上還又拜如初 **尊東** 儀禮鄉射禮主人揖讓以大夫

54099　韻府拾遺一百六卷　（清）汪灝等纂修　清康熙五十九年（1720）內府刻本

版框：16.4×10.8　十二行二十四字雙行小字二十五　白口黑單魚尾　四周雙邊　尺寸：22.4×13.7　册數：二十册　《省名録》：0774

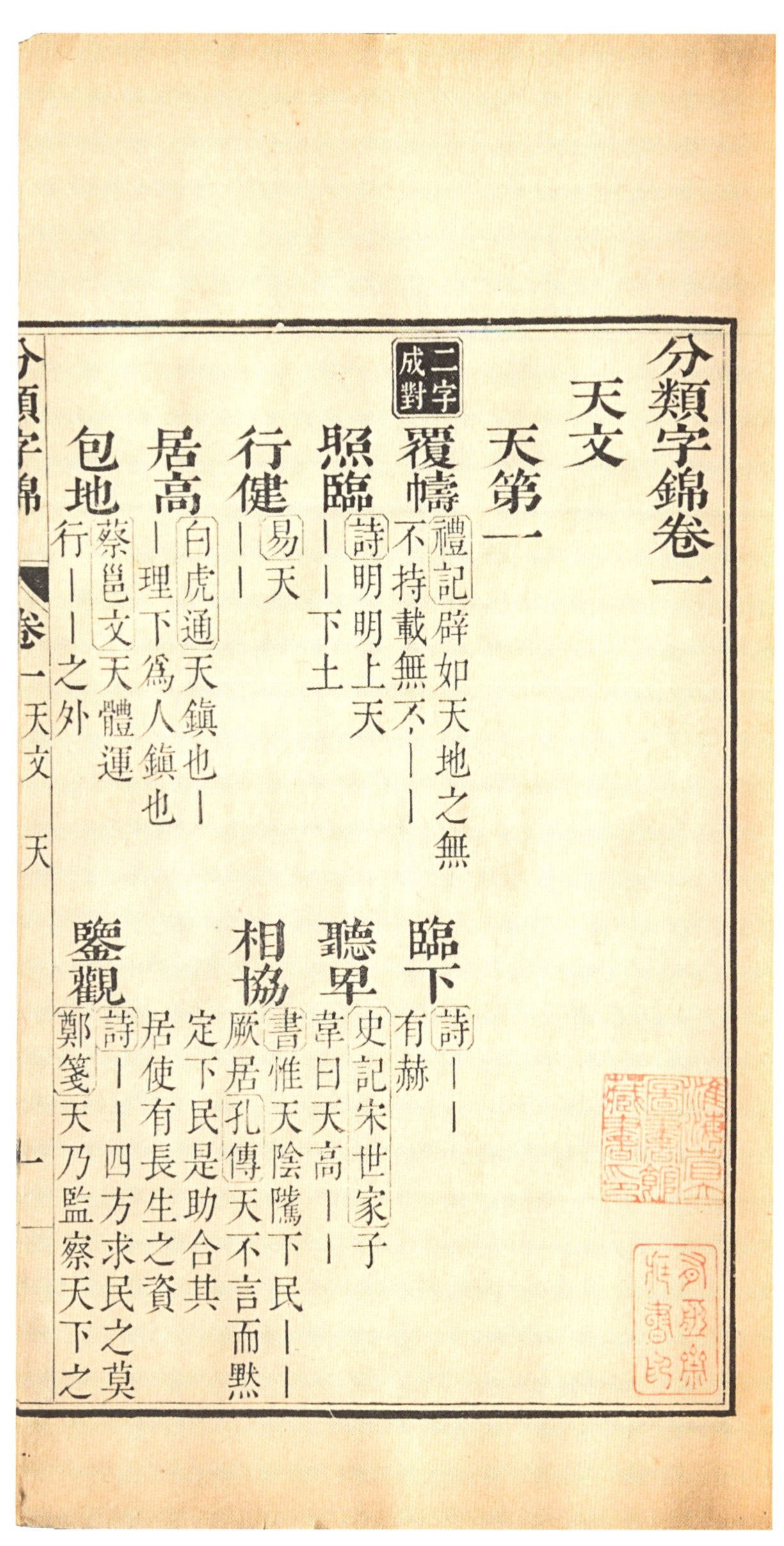

27050　分類字錦六十四卷　（清）何焯等纂　清康熙六十一年（1722）武英殿刻本

版框：18.4×12.8　八行二十四字雙行小字二十四　白口黑單魚尾　四周雙邊　尺寸：25.4×15.1

册數：七十二册　《省名録》：0779

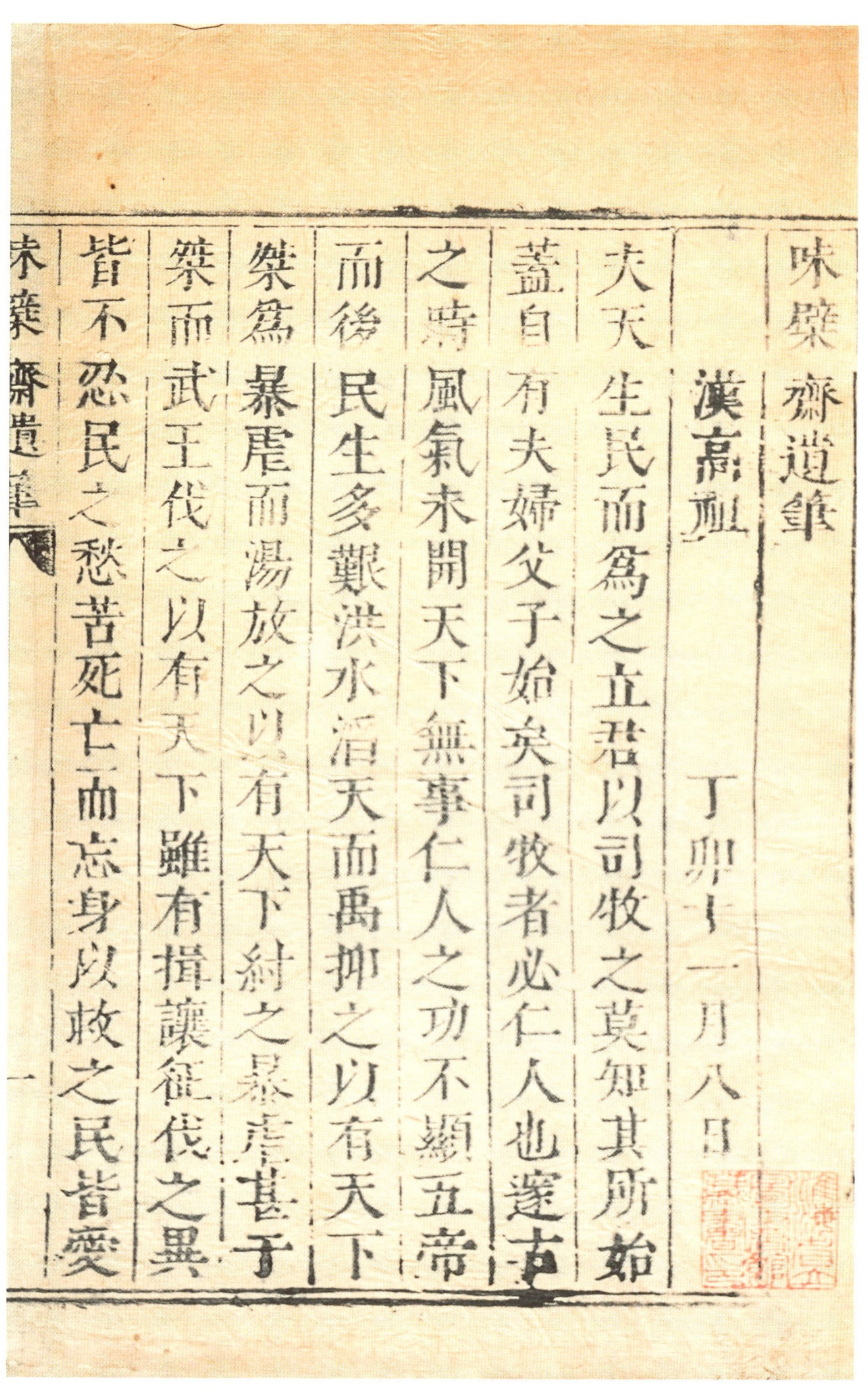

味檗齋遺筆

漢高祖　　丁卯十一月八日

夫天生民而為之立君以司牧之莫知其所始
蓋自有夫婦父子始矣司牧者必仁人也邃古
之時風氣未開天下無事仁人之功不顯五帝
而後民生多艱洪水滔天而禹抑之以有天下
桀為暴虐而湯放之以有天下紂之暴虐甚于
桀而武王伐之以有天下雖有揖讓征伐之異
皆不忍民之愁苦死亡而忘身以救之民皆變

味檗齋遺筆　一

21784　味檗齋遺書六種六卷　（明）趙南星撰　明末刻本

版框：20.2×14　九行十八字　白口黑單魚尾　四周雙邊　尺寸：25×15.7　冊數：六冊　《善本書目》：叢部378

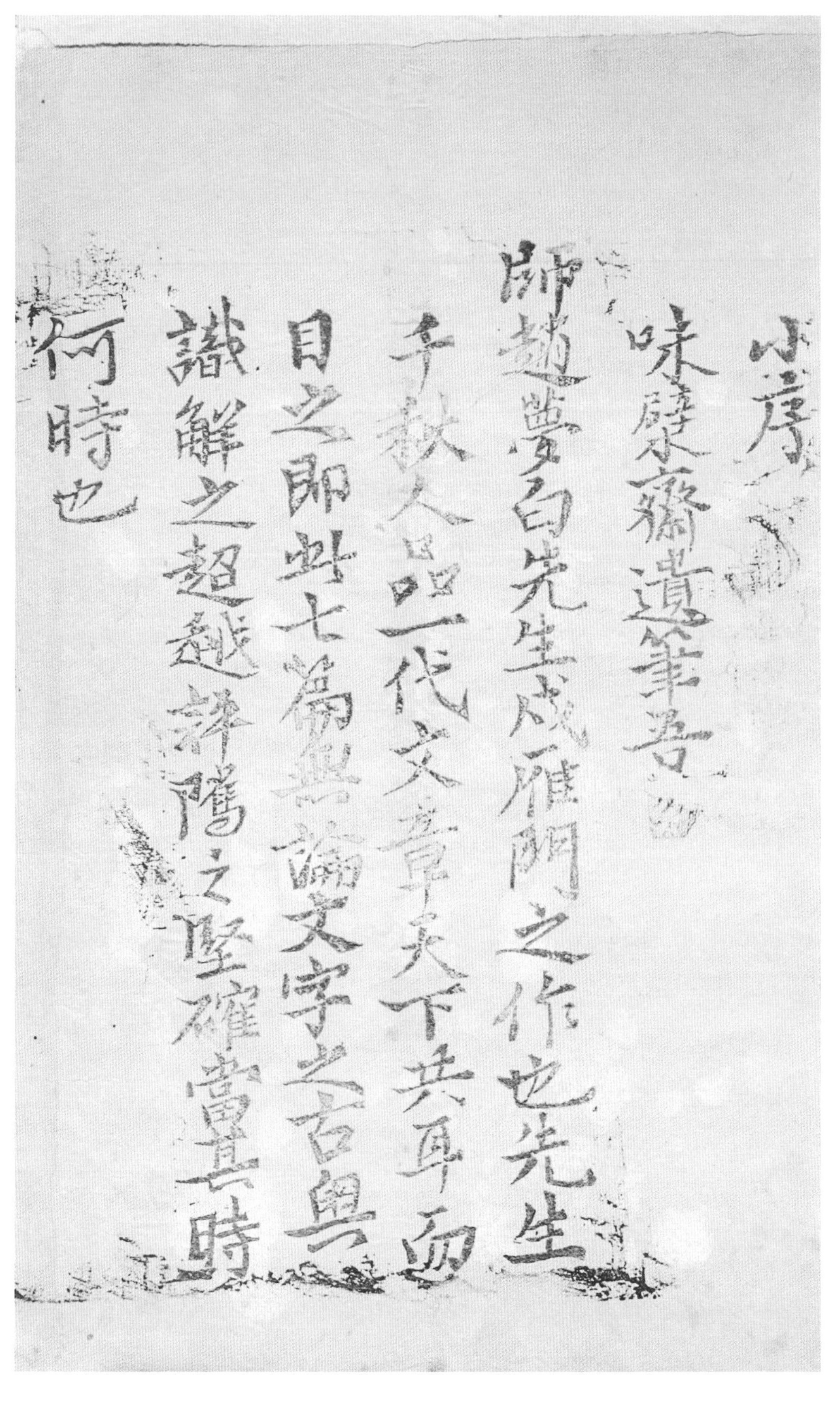

小序

味檗齋遺筆者

師趙夢白先生成雁門之作也先生

手執人品一代文章天下兵耳而

目之即此七篇無論文字之古奧

識解之超越群倫之堅確當其時

何時也